U0807545

# 面向生活变革

## ——21 世纪以来中国民俗学的学术转型

魏甜甜　著

學苑出版社

**图书在版编目（CIP）数据**

面向生活变革 ：21 世纪以来中国民俗学的学术转型 / 魏甜甜著. -- 北京 ：学苑出版社，2024. 12. -- ISBN 978-7-5077-7038-4

Ⅰ. K892

中国国家版本馆 CIP 数据核字第 2024H07A60 号

**出 版 人**：洪文雄
**责任编辑**：徐志琴
**出版发行**：学苑出版社
**社　　址**：北京市丰台区南方庄 2 号院 1 号楼
**邮政编码**：100079
**网　　址**：www.book001.com
**电子信箱**：xueyuanpress@163.com
**联系电话**：010-67601101（营销部）、010-67603091（总编室）
**印 刷 厂**：北京建宏印刷有限公司
**开本尺寸**：710 mm × 1000 mm　1/16
**印　　张**：20.5
**字　　数**：300 千字
**版　　次**：2024 年 12 月第 1 版
**印　　次**：2024 年 12 月第 1 次印刷
**定　　价**：96.00 元

谨以此书，献给恩师刘铁梁先生！

本书出版得到山东女子学院旅游学院重点学科建设经费项目资助

# 目 录

# 绪 论

## 第一节 为何关注“面向生活变革”的学术转型

### 一、面向“非遗保护”就是面向当下吗？

本研究的酝酿，始于反思非物质文化遗产（以下简称非遗）研究与民俗学研究的关系。20世纪90年代，中国民俗学开始出现了“面向当下”的学术转向，文献考据和文化史溯源式的研究逐渐转为面向当下生活、以田野调查为方法的新范式。进入21世纪，这一学术转型持续发生，在面向当下生活研究的同时，发生了由政府主导的非遗保护运动。中国民俗学的研究重心不断向非遗研究倾斜，甚至有部分学者认为非遗研究可以成为未来民俗学发展壮大的学术增长点。由此，在民俗学应有的面向当下的方向上，研究成果相较于非遗研究较少，其中不少研究也将非遗研究归为民俗学面向当下的研究。这一现象促使笔者反思，中国民俗学真正大有可为的领域究竟是在非遗研究上，还是在面向生活变革研究上？

2001年，冯骥才当选中国民间文艺家协会主席，开始筹划实施中国民间文化遗产抢救工程。2003年，由中国民间文艺家协会发起的“中国民间文化遗产抢救工程”在北京启动。[1]此行动希望以民俗文化全面普查的方式，呼吁学者“主动参与保护利用民俗资源的群众实践活动”[2]，实现学术与社会发展的良性结合。几乎同时发生的是中国非遗保护运动。2004年，中国成为联合国教科文组织《保护非物质文化遗产公约》（Convention for the Safeguarding of the Intangible Cultural Heritage）的重要缔约国。此后，中国政府建立国内多级非遗名录评审与保护机制，推行利好的文化政策，支持学术界进行非遗研究。在政策引导下，从2005年起，民俗学、历史学、艺术学、民族学等众多学科迅速投身到非遗保护运动中，自此中国民间文化遗产抢救工程也与非遗保护运动合流。20年来，民俗学者不仅参与到政府主导的非遗普查、申报、评定工作之中，而且发表了数量可观的论文及学术专著，为非遗保护工作提供了学理性支持。其中，部分学者将非遗研究视为民俗学的前沿研究、实践研究，过分强调两者的一致性，而对两者研究的差异性进行模糊化处理。对非遗研究与民俗学研究之间的关系，尤其是两者的差异性，学界缺乏应有的、深入的讨论。基于这种研究现状，笔者对二者的关系问题进行了检讨。

在检讨过程中，笔者发现，非遗研究与民俗学研究虽都关注民俗文化，但是二者的研究性质和目的却有所不同。非遗研究是工作性质，以改进文化保护策略为目的，而民俗学研究是以认知、理解、体认民族文化为目的。由于研究目的和性质的限制，非遗研究与当下民俗学已确立的整体的、实践的、主体的研究范式相脱节。非遗研究的问题在于将自然遗产、考古遗产等非生活态文化的保护理念应用于生活态文化，整体研究呈现出脱离生活整体、缺乏实践主体观的倾向。因此，非遗研究与民俗学研究不能混为一谈，二者有着根本不同。其根本不同在于视野的差异，即非遗研究是“遗产视野”，民俗学研究是“文明进程视野”。因此，民俗学研究应超越“遗产视野”，真正关注到文明进程中民

1 徐涟:《“中国民间文化遗产抢救工程”启动》,《中国文化报》2003年2月21日第1版。

2 刘铁梁:《民间文化遗产的调查与抢救》,《温州师范学院学报（哲学社会科学版）》2001年第5期。

众的生活变革和文化实践，在中华优秀传统文化创造性转化、创新性发展中做出应有的学术贡献。

## 二、面向当下的研究转型本质是面向生活变革的研究转型

与非遗研究几乎同步发生的是民俗学面向当下的研究转型。这里的当下，指的是具有变化性和过程性的当下生活，是当代中华文明进程中的日常生活，而不是力求文化原型的遗产保护行动。事实上，民俗本身就关系着生活的变化，这种变化不是断裂的，也不是片断的、区域的，而是与整个中华文明发展进程紧密相连的。因此，面向当下的研究转型本质是面向生活变革的研究转型。

面向生活变革的学术转型，包含着两方面的理解。一是对以往民俗学研究的批判和超越。以往的民俗学研究主要聚焦于事象研究，容易将事象视为"'被冻结'的状态残留到今天"[1]的文化，即将其视为凝固的、有原型的文化而加以研究。面向生活变革的研究，是要重新回到生活传承的核心对象上去，将生活传承作为对象本质去理解。生活传承的本义不是"时间轴上的'同一性/连续性'"[2]，而是指民俗在生活世界中处于持续动态的传承。面向生活变革的研究矫正了以往对研究对象的理解偏差，反思民俗事象研究，批判将文化遗产保护视为学术研究大局的认识误区。

二是确立民俗学研究为关注文明进程的研究。日本学者柳田国男将民俗学视为"史外史"，是"常民大众的平素生活之历史"[3]，是史书未能记录的历史。同理，中国民俗学面向生活变革的研究，也是一种"史外史"的研究，本质上是关注中华文明的进程。文明进程研究包含着两个方面的含义：一方面是要看到"百年未有之大变局"的历史变局问题，是一种历时性的视角，即透过民众的劳作、交往、交流、消费等生活变革来考察文明进程历时性的问题。需要强

1 ［日］加藤秀雄：《"传承"概念的解构与重构》，［日］西村真志叶译，《文化遗产》2017年第5期。
2 ［日］加藤秀雄：《"传承"概念的解构与重构》，［日］西村真志叶译，《文化遗产》2017年第5期。
3 ［日］加藤秀雄：《"传承"概念的解构与重构》，［日］西村真志叶译，《文化遗产》2017年第5期。

调的是，文明进程的历时性视角指的不是单线进化论视角，而是关注不同文明历时传承过程的视角。另一方面是从文明交流互鉴的视角看文明类型性的问题。文明进程视野是在生活传承中看到中华文明的独特性和主体性，认识到当代中国人的主体力量，认知、理解、体认本民族文化。

因此，面向生活变革就是面向当下，面向生活变革的学术转型应该具备文明进程视野和生活传承理念。近几十年的发展中，不少民俗学者关注到了当下正在发生的现实生活，书写出不少面向生活变革研究的精彩论述。这些研究对民俗学的民俗观、研究范式、研究方法、研究视角、研究理论、研究重心等学术问题给出了自己的解答。基于此，本书以学术史的眼光考察民俗学面向生活变革研究的学术转型，探讨自21世纪以来民俗学在当下生活变革领域取得的经验、成绩，以及民俗学的未来发展、学术使命问题。

## 第二节　新时期中国民俗学学术史研究现状

民俗学应该研究什么？民俗学应该走向何方？民俗学的使命是什么？

这些问题长久以来困扰着中国民俗学界。新时期[1]以来，不断有学者以回顾学术史的方式，探讨这些问题的解决之道，如刘铁梁的《中国民俗学思想发展的道路》[2]、高丙中的《中国民俗学三十年的发展历程》[3]、安德明和杨利慧的《1970年代末以来的中国民俗学：成就、困境与挑战》[4]等。学术史研究，本就是民俗学学科建设和理论体系建设的重要一环。中国民俗学当下的转型，也是在不断回顾、检讨新时期民俗学发展历史的过程中谋求进步的。本书研究的是21世纪

1　为表述简洁方便，按照民俗学表述惯例，本书将自1978年中国民俗学恢复以来的时间段统称“新时期”。

2　刘铁梁：《中国民俗学思想发展的道路》，《民俗研究》2008年第4期。

3　高丙中：《中国民俗学三十年的发展历程》，《民俗研究》2008年第3期。

4　安德明、杨利慧：《1970年代末以来的中国民俗学：成就、困境与挑战》，《民俗研究》2012年第5期。

以来中国民俗学面向生活变革的学术转型。生活变革研究本质上就是面向当下的研究。面向当下的研究成果虽然主要集中在2000年以后，但其转型探索过程自1978年中国民俗学恢复以来就开始了。因此，为了更加全面地探讨这一历程，本部分将梳理新时期面向当下的学术史研究现状，考察学界如何认知、评价这一学术转型，进而讨论这些研究为本研究带来哪些思考借鉴。

相较于20世纪前半叶，新时期中国民俗学面临的问题不再是民族存亡和文化破旧立新，而是国家文化政策的推行和中外文化交融。这一阶段，学术史研究主要关注民俗学本土发展与国外成果的对话关系，以及学术侧重点与对国家文化事业的参与，研究特征是重视非遗保护运动和表演理论等外部因素，而轻视自身已有成就。这些问题反映了当前民俗学研究的不足，也是本书对新时期中国民俗学学术史研究现状的反思起点。接下来，本书将从三个方面讨论面向当下的学术史研究，进而探讨哪些研究才是真正的学术转型。

## 一、学科本体论视角下中国民俗学的发展特征、思想演进

审视本土学术史，虽然不能剔除社会背景、学科间交流、国际交流等外部因素，但出发点是可以有所侧重的。本部分所讨论的学术史研究，其审视的出发点和立足点是学术本体，检讨自身的范式、理论、对象等基本问题的研究成就和亟待进步之处。这一视角对于民俗学研究来说是至关重要的，它能够展现出“中国民俗学之所以能成为中国民俗学派”的思想演进脉络。

较早总结新时期中国民俗学学术发展成就和特征的是刘铁梁。1998年，刘铁梁将1918—1998年中国民俗学的发展分为5个阶段，其中1978年以来为复兴阶段。1978—1998年，中国民俗学的主要特点是“以实地调查为基本手段，对民俗生活作整体观察的主张也开始成为风气”[1]。这一总结是已经意识到通过实地调查对当下生活加以整体性观察，是民俗学学术转型和发展进步的标志。同

1 刘铁梁：《中国民俗学发展的几个阶段》，《民俗研究》1998年第4期。

样，在这一阶段，中国民俗学也建设为独立的、拥有完整学术体系的学科，不少研究著作开始“具有参与整个人文社会科学建设的意识”[1]。此观点与同时期钟敬文提出的建立“中国民俗学派”的倡议相呼应，体现出中国民俗学有意识地以历史阶段回顾的方式来建构学术本体的时代特征。

21世纪以来，这种突破旧范式的转型特征更加鲜明。刘铁梁在2008年发表的《中国民俗学思想发展道路》一文中回顾了中国现代民俗学诞生以来的90年内一些基本理论的建构与反思过程。[2]他指出，在20世纪90年代，现代田野作业方法和生活文化观的确立，尤其具有重要意义。在这篇文章中，“对话”的意义被提到了思想成果的高度。这里的对话，一方面涉及的是研究主体和对象主体主客位的辩证关系问题，另一方面涉及学术意义和价值的生成问题。民俗学的价值和意义是在与自身所处的田野和田野中的民众平等对话时生成的，不能生搬硬套人类学的主客体理论。他还提出，20世纪90年代以后，中国民俗学发展的核心议题是“学者们在田野调查和民俗志书写中如何看待自己与拥有其生活感受的民众的关系，如何正常地参与社会生活”[3]。他对新时期中国民俗学发展的这些总结和思考，是与其个人学术经历有关的。20世纪90年代，他参与了日本民俗学家福田亚细男主导的中日联合考察，然后根据所获得的经验写出《村落——民俗传承的生活空间》[4]一文。21世纪以后，他提出的标志性文化统领式民俗志、劳作模式、感受生活的民俗学、个人叙事等概念，都与他对当代民俗学发展的研究有着一致性的关联。

较早总结、阐述新时期中国民俗学学术发展的还有叶涛。2000年，叶涛在《新时期中国民俗学论纲》中总结了1978年中国民俗学恢复以来的发展阶段、成绩和不足之处。相较于刘铁梁，叶涛更侧重于民俗学学科建设方面的发展。他将新时期中国民俗学的成就分为五个方面，分别是注重民俗学理论研究、提

1　刘铁梁：《中国民俗学发展的几个阶段》，《民俗研究》1998年第4期。
2　刘铁梁：《中国民俗学思想发展道路》，《民俗研究》2008年第4期。
3　刘铁梁：《中国民俗学思想发展道路》，《民俗研究》2008年第4期。
4　刘铁梁：《村落——民俗传承的生活空间》，《北京师范大学学报（社会科学版）》1996年第6期。

倡民俗学的田野作业、民俗学组织与活动十分活跃、民俗学人才培养和学科建设全面展开、多渠道开展国际学术交流活动。[1]从这五个方面可以看出，1978—2000年是中国民俗学现代学科建设和学术发展的奠基时期，理论创新、国际学术交流、学科间学术对话、田野作业方法确立，是这一历程的关键点。这与其他考察新时期学术史的观点，也是相一致的。

整体性研究、生活文化研究、田野作业，是新时期中国民俗学学术史研究的重要关注点，但学者们的理解有着各自的鲜明个性特征。2009年，刘晓春考察了中国民俗学研究范式的转型历程。其中，从民俗事象的研究转向语境中的民俗研究，是他对1990—2009年间学术转型的认识。这里的"语境中的民俗"也是对整体性研究、生活文化研究的一种理解。他认为当前的研究新范式主要呈现为"强调在田野中观察民俗生活、民俗表演的情境、民俗表演的人际互动、民俗表演与社会生活、社会关系、文化传统之间的复杂关联等等，呈现出民族志式的整体研究取向"[2]。刘晓春的整体性研究思考，从博士期间就开始了。他的博士学位论文《一个客家村落的家族与文化——江西富东村的个案研究》[3]，是民俗学领域较早以村落生活整体为考察对象的文章。因此，他对中国民俗学学术史的回顾，更加注重民俗与生活整体的关联。文中对"语境"的强调，在一定程度上受到当时表演理论中文译介成果的影响。在此之前，杨利慧在译介表演理论相关成果时重点强调了语境的定义和语境研究的意义。[4]刘晓春不仅考察了整体性研究转向的问题，还探讨了"时空、人、社会、表演、变迁、日常生活等系列关键词"[5]的研究进展，以及这些进展对学术范式建构的意义。他以"语

1　参见叶涛：《新时期中国民俗学论纲》，《江苏社会科学》2000年第3期。

2　刘晓春：《从"民俗"到"语境中的民俗"——中国民俗学研究的范式转换》，《民俗研究》2009年第2期。

3　刘晓春：《一个客家村落的家族与文化——江西富东村的个案研究》，北京师范大学1998年博士学位论文，指导教师钟敬文。

4　参见杨利慧：《语境、过程、表演者与朝向当下的民俗学——表演理论与中国民俗学的当代转型》，《民俗研究》2011年第1期。

5　刘晓春：《从"民俗"到"语境中的民俗"——中国民俗学研究的范式转换》，《民俗研究》2009年第2期。

境”归纳总结了整体性研究转型，同样也赞同在语境中研究民俗的学术范式。

与刘晓春不同的是，安德明和杨利慧在梳理 20 世纪 70 年代末至 2012 年的学术成就和问题时提出，过度强调语境研究、忽视文本研究是这一阶段的问题。他们认为，“过度强调对以文本为中心的视角的矫正，结果导致了重视外部的语境研究而轻视内部的文本或民俗事象内在属性分析的倾向”[1]。他们充分认可了中国民间文学三套集成[2]和非遗研究的学术意义，也检讨了当时个案碎片化和缺乏理论概括性等问题。这篇文章与此前及此后的新时期学术史回顾都不同，他们重点反思了语境研究的问题，认为这折射出当时民间文学研究逐渐减弱、对朝向当下理解偏颇等问题。

但是，无论是语境研究还是文本研究，实际上都是对生活文化整体性的割裂性理解，因为民众生活是无法区分出文本与语境的。2019 年，祝鹏程回顾改革开放以后的学术热点时，明确提到了这些问题。他在肯定这一阶段研究对生活文化整体研究和实践主体研究的开拓性意义的同时，也反思了此历程中民间文学研究削弱、同质化严重、对朝向当下的偏颇理解等问题。[3]

在这篇文章中，祝鹏程也关注到了“个人作为实践主体”在民俗学研究中逐渐突出的问题。他提出，新时期的民俗学“凸显了‘人’作为实践主体在研究中的核心地位，普通人的生活文化与精神世界被推到了前台，个人在日常生活中的交流实践、感受与言说成为研究的核心”[4]。这一归纳是对当时个人叙事、个人生活史、交流式民俗志、感受生活的民俗学、身体民俗学、实践民俗学等理论成果的精准概括，也是对民俗学面向当下转型中主体性研究发展的正向肯定。同年，户晓辉也探讨了“新时期中国民俗学基础理论研究的逻辑进程”，提出新的学术范式是“以实践民俗学为本体论、以维护每个民俗之‘民’的自由

1 安德明、杨利慧：《1970 年代末以来的中国民俗学：成就、困境与挑战》，《民俗研究》2012 年第 5 期。

2 中国民间文学三套集成，包括《中国民间故事集成》《中国歌谣集成》《中国谚语集成》。

3 参见祝鹏程：《改革开放以来的中国民俗学：热点回顾与现状反思》，《民俗研究》2019 年第 2 期。

4 祝鹏程：《改革开放以来的中国民俗学：热点回顾与现状反思》，《民俗研究》2019 年第 2 期。

意志能力和文化权利为目的论的‘现在学’”[1]。户晓辉的研究与其他学术史考察有着根本不同，他阐述的是以逻辑演绎方法得出的学科原理。[2]但是，文中强调的实践和主体，也反映出新时期，尤其是近些年中国民俗学的思想成果主要集中在实践和主体两个方面。

总结成就和反思问题，是近些年学术史考察的核心结构，最终都是为了审视中国民俗学自身学科意识、学术理念的发展进程。例如，李海云以边界为视角考察新时期中国民俗学发展脉络，回答了学科意识、学术理念发展等问题。她认为，“新时期以来的中国民俗学，承20世纪80年代‘文化热’之余波而兴起，以20世纪90年代的田野转向为标志而发生视角转换，由此引发了学术理念、研究方式、知识生产及学科意识的递进式发展，逐渐壮大成为当代中国不可忽视的学术力量”[3]。这篇文章非常全面地总结出面向当下转型的学术成果，如提出标志性文化、语境中的民俗、身体感受的民俗、家乡民俗、礼俗互动等学术概念。[4]此文以这些学术成果为依据，探讨了民俗学在当代学术界的贡献和本体属性。

在阐释学术史发展特征时，学者们不仅讨论了理论研究成果，也关注到了学界日益盛行的田野个案研究和区域研究成果。这些讨论有着截然不同的两种评价。安德明、杨利慧认为个案研究和区域研究使研究支离破碎，缺乏理论提炼[5]，刘铁梁、高丙中、李海云、祝鹏程则是着重讨论了田野作业、个案研究、区域研究的积极意义。其中，祝鹏程总结认为，描述与记录不再是民俗学唯一的目的，学者们采取区域性的个案研究，引入“语境”等概念，加强了对生活

1 户晓辉：《新时期中国民俗学基础理论研究的逻辑进程》，《东方论坛—青岛大学学报（社会科学版）》2019年第4期。

2 参见户晓辉：《新时期中国民俗学基础理论研究的逻辑进程》，《东方论坛—青岛大学学报（社会科学版）》2019年第4期。

3 李海云：《边界视角：新时期中国民俗学发展脉络考察》，《民俗研究》2018年第6期。

4 参见李海云：《边界视角：新时期中国民俗学发展脉络考察》，《民俗研究》2018年第6期。

5 参见安德明、杨利慧：《1970年代末以来的中国民俗学：成就、困境与挑战》，《民俗研究》2012年第5期。

文化的整体性观照。[1]在肯定田野个案研究的学者中，刘铁梁与刘晓春的观点也有一些差别。刘晓春讨论的是“语境中的民俗”[2]；刘铁梁强调民俗学研究不仅要注重整体性，更要重视民俗的生活传承性[3]。从这一层面来讲，当下性、主体性、整体性这些特征本身并不是问题反思要点，如何认知当下性、如何进行整体性研究、如何看待研究主体与对象主体的关系问题等，才是学术史讨论的要点。本书所讨论的21世纪以来生活变革研究转型，也将对这些问题进行一定程度的回答。

## 二、检讨本土学术进展与国外研究成果之间的关系

新时期中国民俗学的一大特点是具有国际视野。学术范式、理论方法皆是在与国际民俗学、其他学科的交流对话中不断革新的。具体来看，中国民俗学本土学术进展到底在多大程度上受到国外研究成果的影响，如何看待二者的关系问题，应该是这类学术史研究的主要关注点，也是本部分将要讨论的重点。

20世纪80年代末至21世纪初，学界有意识地开始运用国外理论资源来建构本土理论，试图回答中国民俗学学术转型的基本问题。表演理论、现代田野作业、身体民俗学、实践理论、村落研究、基层市场研究等相继与中国民俗学的研究思考相结合，推动了民俗学学术转型的深化。2008年，高丙中强调了中国民俗学理论资源的丰富与哲学理论借鉴的关系。他认为，“从高丙中、吕微、户晓辉等人的有关论著来看，中国民俗学从1990年代初就开始逐渐形成了对学科的哲学和思想的基础进行反思和自省的能力”[4]。这一看法与他本人的研究背景是密不可分的。高丙中的博士学位论文借用萨姆纳（William Graham Sumner）、

1 参见祝鹏程：《改革开放以来的中国民俗学：热点回顾与现状反思》，《民俗研究》2019年第2期。

2 刘晓春：《从“民俗”到“语境中的民俗”——中国民俗学研究的范式转换》，《民俗研究》2009年第2期。

3 参见刘铁梁：《钟敬文民俗学思想的文明视野》，《民俗研究》2023年第4期。

4 高丙中：《中国民俗学三十年的发展历程》，《民俗研究》2008年第3期。

胡塞尔（Edmund Husserl）等哲学家的理论，重新阐释了民、俗、民俗生活等问题，提出了开展整体性的生活研究。[1]此后，他较少开展田野研究，主要关注点是借鉴哲学理论来建构学科新理论，如日常生活、公民社会等。2019年，户晓辉在梳理基础理论研究的逻辑进程时，提出了民俗学基础理论的建构是通过逻辑演绎方法得出学科原理和实践法则。[2]结合近些年高丙中、吕微、户晓辉三人的论述，可以看出，他们主张中国民俗学本土学术进展并非源自经验研究，而是从哲学理论，尤其是康德（Immanuel Kant）、胡塞尔等人的思想中逻辑推衍出新的学科理论，在此基础上推动民俗学转型为具有社会学性质的、面向当下和现实社会的学科。

21世纪初，安德明和杨利慧前往美国访学。他们采访到表演理论的核心人物理查德·鲍曼（Richard Bauman），出版了访谈录，并译介了表演理论的多篇重要论述。自此，借鉴表演理论开展田野研究，在21世纪初成为一种新的研究潮流。2011年，杨利慧在回顾中国民俗学当代转型时，特别考察了表演理论进入中国后的本土化成果，认为表演理论对中国民俗学向后看、文本与语境等研究有着修正作用，并重点强调"在表演理论直接和间接的影响与推动下，当代中国民俗学的研究取向逐渐向注重语境、过程、表演者和当下发生转型"[3]。她认为当下转型的部分理念是在表演理论的影响下发生的。她的这一观点在民俗学界存在一定争议。2018年，毛晓帅提出，这些成就意味着在表演理论进入中国之前，中国就已经开始了交流实践的研究。因此，表演理论与中国民俗学并不是指导与被指导的关系，而是有着平等的对话性。[4]

杨利慧与毛晓帅的观点，代表了如何评价国际交流与民俗学发展关系的学

---

1　参见高丙中：《民俗文化和民俗生活：民俗学的研究对象和学术取向》，北京师范大学1991年博士学位论文，指导教师张紫晨。

2　参见户晓辉：《新时期中国民俗学基础理论研究的逻辑进程》，《东方论坛—青岛大学学报（社会科学版）》2019年第4期。

3　杨利慧：《语境、过程、表演者与朝向当下的民俗学——表演理论与中国民俗学的当代转型》，《民俗研究》2011年第1期。

4　参见毛晓帅：《中国民俗学转型发展与表演理论的对话关系》，《民俗研究》2018年第4期。

术史观察的两种意见。笔者在考察生活变革研究转型的过程中发现，国外民俗学、哲学、人类学等卓越的理论成果，确实在中国民俗学转型发展中发挥了重要的作用。这些理论成果给学者们提供了更加广阔的学科视野和国际视野，促使学界不断反思、审视、检讨自身研究亟待改进之处。但这并不意味着，学术转型是在这些理论成果的指导下，或者是在纯粹逻辑的规定下发生的。综观转型中的成果，它们都是根植于中国民俗学的自身学术传统和有关学术动机，在面向当下研究经验的基础上生产出的理论、知识成果和范式创新。对于这种认识，本书将给予进一步论述。

## 三、检讨民俗学的学术发展与参与社会文化发展实践的关系

民俗学本就是经世致用的学科，研究过程不可能脱离当时的社会环境和文化政策而闭门造车。新时期以来，学者们更进一步地探讨了学术研究与社会文化发展、人民文化需求之间的关系。钟敬文在20世纪80年代参与文化热讨论时，提出建立民俗文化学，倡议将民俗学研究与中华民族优秀传统文化研究相结合。钟敬文的这一提议，高屋建瓴地诠释了民俗学的研究应如何参与社会文化发展实践的问题。20世纪90年代末以来，一些学者有感于部分民间文化消失的问题，提出保护和抢救优秀民族民间文化。21世纪初，非遗保护运动兴起，深刻影响到了中国民俗学的学术转型之路。因此，一些学术史考察是从学术参与社会文化发展实践，尤其是非遗保护运动的角度来讨论的，探讨民俗学学术发展与社会文化发展实践参与的关系问题，并且检讨了参与过程对民俗学学术本体的影响。这种影响的表述，有着两种截然不同的观点。

不少学者看到了非遗保护运动带给民俗学的机遇，在学术史考察中给予了正向的评价。2007年，山东大学赵龙在其硕士学位论文中梳理了1978—2006年中国民俗学的四个发展阶段及其成就。[1]他将2001—2006年视为中国民俗学的发

1　参见赵龙：《论新时期民俗学的发展阶段》，山东大学2007年硕士学位论文，指导教师叶涛。

展成熟阶段，发展成熟是非遗保护运动给予的机遇。高丙中同样将非遗保护运动视为民俗学发展的机遇，强调要将学术发展与文化事业、社会事业相衔接。[1]安德明、杨利慧在梳理20世纪70年代末以来民俗学的成就与挑战时，同样肯定了非遗保护运动给21世纪民俗学发展带来的机会。这些机会体现在更多的经费、更宽松的研究环境、更高的社会地位等。[2] 2016年，高艳芳主要以非遗保护运动以来的民俗学发展为研究对象，考察这一时期民俗学的转型。转型主要体现在“研究方法转型、学科制度的探索、研究对象转型、民俗学功能的变化”[3]四个方面。文章分析了学科对非遗保护运动的两种观点，最后认为学术研究当前的问题是操作性欠佳和重复研究频发，解决这一问题的关键点之一是“紧密与非遗结合”。[4] 2021年，程艳林将新中国成立以来民俗学的发展分为四个时期，如1970—2000年是发展期，2001—2021年是繁荣期，这一阶段，非遗热给民俗学发展带来了机遇。[5]上述论文在考察21世纪以来的学术发展时，都给予非遗保护运动正面的评价，认为参与非遗保护运动极大地促进了民俗学学科的发展，发展则主要体现在经费增多、人才队伍壮大、学科点增多、研究环境改善、学科地位提升上。但就学术本体而言，非遗研究是否能够助力民俗学学术成长，以上文章并未论及。

上述问题在反思非遗保护运动带给民俗学负面影响的文章中有所体现。刘铁梁在探讨民俗学思想发展道路时，对非遗保护运动给民俗学带来的挑战深感忧虑，担心非物质的概念影响学科对“身体性”这一民俗性质的理解。[6]刘晓春

---

1 参见高丙中：《中国民俗学三十年的发展历程》，《民俗研究》2008年第3期。

2 参见安德明、杨利慧：《1970年代末以来的中国民俗学：成就、困境与挑战》，《民俗研究》2012年第5期。

3 高艳芳：《近十年来中国民俗学转型的思考》，《湖北民族学院学报（哲学社会科学版）》2016年第3期。

4 参见高艳芳：《近十年来中国民俗学转型的思考》，《湖北民族学院学报（哲学社会科学版）》2016年第3期。

5 参见程艳林：《新中国民俗学发展的历史分期考述》，《民间文化论坛》2021年第6期。

6 参见刘铁梁：《中国民俗学思想发展的道路》，《民俗研究》2008年第4期。

考察学科危机时，也提出了同样的忧虑。他发现，参与非遗保护运动未能给民俗学带来新的学术增长，反而增添了新的问题。“非遗保护为民俗学提出了诸多新的问题，如原生态问题、整体保护问题、生态保护区问题、生产性保护问题等。但是，这些有可能产生新的理论、方法的现实问题，无论是在理论还是在实践层面，更多的只是泛泛而论，都没有置放于历史与现实的脉络之中予以认真梳理，遑论全面而深入的调查研究。”[1]刘晓春准确切中了21世纪以来中国民俗学的一大问题，即热闹的非遗保护运动带给民俗学众多学术理念上的挑战，使学术研究的开展不得不跟随政策话语泛泛而谈，甚至挑战了学术已有的、前沿的理念和成果。祝鹏程针对这一问题，提出非遗的保护概念、本真性概念等给民俗学现有理念带来的冲击，同样也使部分学者简单地将保护工作视为学术研究，导致这一部分研究成果质量较低。[2]

这三篇文章检讨了国家文化事业对学术本体的影响。非遗的文化抢救、原真性保护等概念，与民俗学对“民俗的性质有变异性、身体性”和“民俗是生活传承”的基本认知是不同的。部分学者为了迎合非遗保护的需要，放弃了原有的认知观念，将面向非遗视为面向当下，事实上伤害到了学术发展进步。

总体而言，新时期中国民俗学学术史确实看到了面向当下转型的特征和成就，但也存在一些不足之处。一方面，研究成果较少，21世纪以来的成果更是寥寥。这与中国民俗学蓬勃发展的现状并不相符。而且，在这些有限的研究成果中，真正将民众真实的生活变革视为社会背景来考察学科已有的成就和问题的文章，少之又少。这些研究往往借助学术史梳理来强调国外理论、非遗研究、纯粹哲学思考的重要性，对中国民俗学自身的学术成就讨论较少。另一方面，这一阶段的学术史研究绝大多数意识到了面向当下的转型进程，但主要是重复性地强调学科已经面向了当下，而面向了怎样的当下，如何面向当下，这些研究却较少讨论，甚至有研究将结合非遗研究视为面向当下、深化学科体系

1 刘晓春：《资料、阐释与实践——从学术史看当前中国民俗学的危机》，《民俗研究》2011年第4期。

2 参见祝鹏程：《改革开放以来的中国民俗学：热点回顾与现状反思》，《民俗研究》2019年第2期。

的路径。

本部分综合考察了学者经由新时期中国民俗学学术史研究表达的核心观点。可以看出，面对日新月异的日常生活，学界正在积极寻找学术研究与日常生活变革之间同频共振之处，并给予了不同的学理思考，探索着提出全新的理论概念，或者实现方法论意义上的创新。这些不同的学理思考，代表着不同的民俗观。民俗观是开展民俗学研究的根本观点和根本动机。不同的民俗观，意味着对民俗的本质、民俗的结构、民俗在整个社会生活中占据的位置、如何研究民俗的理解有着极大差异性。[1]目前学术的多元状态也呈现出彼此间没有交集、自说自话，甚至出现“糊涂庙里砌糊涂神儿”的情况。但是，中国民俗学想要在当今社会有所作为和贡献，不得不辨清这些问题。因此，民俗观问题必然要辨析清楚，即“究竟哪一种才是我们应该具有的民俗观”。

目前这一方面，学界较少有人给予系统的思考。2021年，刘铁梁在山东大学举办了两次讲座，讲座题目分别是《文明视野下的民俗观》和《再论文明视野下的民俗观》。两次讲座深入辨析中国民俗学恢复以来民俗观的三次转变，提出当前中国民俗学的民俗观不应该是“保护和抢救非物质文化遗产”，或者是“只一味接受国外理论，不结合中国实际”。他强调应该树立文明视野的民俗观，最核心的问题意识之一是“中国民俗学如何与中华文明的历史、与当代进程的研究发生紧密联系，这应当是民俗学不可回避的问题意识”[2]。刘铁梁提出的“文明视野的民俗观”，是希望超越局部抢救研究，超越只注重学习国外理论的研究，超越仅局限于地方不注重文明整体联系的研究，真正关注到民众日常生活实践，“在老百姓生活变化中发现那些具有文明风范和精神价值，发现体现文明交流与交融进程的种种作为和丰富经验”[3]。刘铁梁的两次讲座，辨析了“民俗

1 参见刘铁梁:《文明视野下的民俗观》，山东大学儒学高等研究院2021年中华古典学术传承创新暑假学校，2021年7月26日。

2 刘铁梁:《文明视野下的民俗观》，山东大学儒学高等研究院2021年中华古典学术传承创新暑假学校，2021年7月26日。

3 刘铁梁:《文明视野下的民俗观》，山东大学儒学高等研究院2021年中华古典学术传承创新暑假学校，2021年7月26日。

学应该具有什么样民俗观”的问题。

这也让笔者意识到，中国民俗学应从“文明进程的视野”出发进行学术转型。同时，笔者深入思考了21世纪以来，中国民俗学为何需要新的工具性概念和方法论意义上的研究性创新，以及为何要将这些研究置于文明进程中理解。当前中国民俗学暂未出现有关这些问题的较为系统的综述、批判和评析。因此，本书有必要在中国民俗学学术发展现状和民众生活变革现状基础上，展开生活变革研究转型历程的学术史考察，对当前面向生活变革的各类研究成果进行学术史分析、判断和研究，包括学理性质和彼此间的差异。在此基础上，厘清中国民俗学实现了怎样的理论和方法突破。这些问题的讨论，实际上也是对“面向怎样的当下，如何面向当下”的解答，是对中国民俗学真正大有可为之处的检讨。

## 第三节　研究思路和概念说明

### 一、研究思路

本书将21世纪以来面向生活变革研究作为学术转型的中心现象进行讨论，超越仅关注非遗保护的领域，进入民俗学与生活变革大潮密切联系的宽广领域，检讨21世纪以来中国民俗学的学术转型成就，探讨研究重心的转换、研究领域的开拓、研究范式的确立。因此，基于这一基本研究思路，本研究必然要考虑以下四个问题：

第一，民俗学对大众生活的深刻变革都给予了哪些关注与研究？

第二，民俗学的这些关心和学术应用，是否又成为生活变革及其文化实践的组成部分？在具体研究中，如何处理传统与现代、历史与当下、局部文化抢救与生活整体变革的关系？

第三，与其他研究当下的学科相比，民俗学有哪些独特的基本视角、研究途径和学术贡献？

第四，在文明进程中，民俗学应具备怎样的学术视野？如何通过学术研究和文化实践建构学科意义，实现学术使命？

围绕这些要辨明、厘清的基本问题，本书将展开对21世纪以来民俗学面向生活变革研究的学术转型历程的回顾、梳理和反思，以期形成对当代民俗学学术史具有阶段性总结和框架性认知意义的一个研究文本。希望本书能够引起一定的批评和争鸣，从而有助于中国民俗学界广大师生更好地开展学术理论与实践经验的交流。

本书以“分问题的个别研究学术史”[1]为研究框架，将学术史考察分为三个主要方面，分别是新视角的探索、民俗学本土理论的创新、当代地方民俗志书写的建构与意义。这三个方面探讨的是生活变革研究历程中的视角、理论和方法的转型。

基于上述的研究问题、研究目的和研究框架，本书的具体研究思路如下。

### （一）阐述和分析中国民俗学研究与文明进程下生活变革之间的关系

本书首先是从中国民俗学面对的社会背景和学术背景出发的。社会背景主要阐述的是当代中华文明进程下民众日常生活变革现象，是广大中国人的生活方式、时间观念、行为模式、交往模式等方面的当代进程。阐述此进程，是为了明确生活变革研究的对象范畴，厘清“生活变革”与“生活革命”“民俗主义”等概念的关系。学术背景考察了新时期以来中国民俗学学术转型过程中的几个关键性问题，进而提出现阶段民俗学确立了整体的、实践的、主体的研究

---

1 学术史研究的视角并非既定的，研究者会根据研究主题、预设结论等选择合适的研究视角。井之口章次在《民俗学的方法》一书中曾阐述了七种途径：“历史时期划分、分领域分问题的个别研究学术史、中心性期刊的学术历程审视、与相邻学科关系的考察、从学者的人际关系网络出发的学术史、学科对社会影响的角度、地方民俗史的研究。”（井之口章次：《民俗学的方法》，转引自郭海红：《继承下的创新轨辙——70年代以来日本民俗学热点研究》，山东大学2008年博士学位论文，指导教师刘铁梁。）

范式。本书学术转型研究是在这一全新的研究范式基础上开展的。

生活变革现象和自身学术进展的考察，是为了阐述中国民俗学研究与民众生活变革有着紧密关联。一方面，中国民俗学不能忽视正在发生的日常生活变革，要正确认知真正发生生活变革的领域；另一方面，民俗学的研究成果应该回归到生活之中，成为生活变革和文化实践的一部分。这一问题源自民俗学的交流实践特征。一般的学术研究，都是将学术超然于生活变革之上，以学术的理论和视野去总结、归纳、阐释生活。民俗学是裹挟其中的学问。民俗学不仅关心生活变革，而且其生产的知识成果又会回到生活中，成为民众生活实践和文化再生产的一部分。可是，民俗学曾经忽略了这种回归，只关注文本与语境，只注重学术对生活的启蒙性，没有把交流作为学术的反观对象。民俗学与生俱来的现实关怀取向，促使学科要与民众讨论变革的体验和感受。

**（二）梳理和阐释中国民俗学面向生活变革研究在视角、理论、方法上的进展**

视角、理论与方法，是学术转型的基本表现。中国民俗学面向生活变革研究学术转型的重要内容，是在视角上的开拓、理论上的创新和研究方法上的建构。这些内容直接反映出学术转型发展的几个关键问题：中国民俗学如何关注民众生活中的深刻变革？如何理解“民”“俗”等关键概念？如何处理好自身学术发展与社会知识需要的关系？如何建构起有利于社会文化发展和学术体系建设的知识生产模式？如何更好地生产出本土理论成果？在当代中华文明进程中，广大中国民众如何更主动地参与到社会文化发展中来，中国民俗学如何研究民众的文化实践，才能更好地实现“经世致用”的社会价值？因此，本书将回顾、梳理和分析中国民俗学面向生活变革的学术转型中的新视角、新理论和当代地方民俗志，以此回答上述几个关键性问题，反思学术转型的必然、应然问题。

民俗学的新视角是与文明进程和社会需求息息相关的。新研究视角是基于对“乡土研究传统”的反思、民俗之“民”和民俗之“俗”的重新诠释所展开的，迄今拓展出都市研究、群体研究和网络生活研究等视角。第二章回顾、反思这三种新视角的开拓历程和研究成果，讨论了当下中国民俗学对乡土研究、都市研究、民的定义、俗的定义和日常生活研究等基本问题的重新阐释过程。本书探讨中国民俗学新视角开拓与基本学术问题新建构之间的关系，探讨民俗学应该如何有效地关切民众生活变革，发挥学术效用。

在开拓新视角时，不少学者意识到，中国民俗学真正的问题是本土理论的缺失。目前，中国民俗学生产出的、真正有补于学术知识体系的理论成果并不多，主要集中在对民间社会秩序和民众行为模式的理解、认知、阐释方面。劳作模式和礼俗互动是面向生活变革研究建构出的两个重要本土理论。第三章以劳作模式和礼俗互动的建构与运用为研究对象，讨论它们的建构历程、研究现状和学术价值，探讨中国民俗学在本土理论创新时应该如何处理本土话语与国际交流，辨明当前学术界建构出的一些新概念是否可以称为本土理论的创新点，以及本土理论创新的应然问题。最终，基于对本土理论的建构过程和应然、必然问题的检讨，本书将讨论中国民俗学建构知识生产模式的有效途径。

民俗志既是民俗学的重要研究方法，也是一种知识生产成果。第四章首先梳理了民俗志的发展历程。民俗志发展有着悠久的、深厚的文化传统。这种文化传统在如今得到了全新的诠释和发展，形成了书写标志性文化、关注交流与实践、介入生活变革的模式。本书紧接着讨论当代地方民俗志的书写过程及其中的几个关键性问题，结合笔者书写民俗志的经验来反思这一过程，讨论其意义的建构过程。当代地方民俗志的意义建构，主要体现在提倡以民俗志书写来介入生活变革，形成学术生产与民众文化实践双向的交流过程，从而实现民俗学对社会文化发展的贡献。基于此，本书论及了当前有着同样意义表述的公共民俗学、应用民俗学、实践民俗学等研究方向，最终检讨了当代地方民俗志与这些研究的区别，探讨当代地方民俗志的价值所在。

### （三）从学术史出发反思和总结中国民俗学面向生活变革研究的几个关键问题

21 世纪以来，中国民俗学学术转型最重要的表现在于面向生活变革开展了研究。面向生活变革的研究，主要体现在树立文明进程的视野，以及与民俗学实践转向、建立中国民俗学派的紧密关联之上。

首先，文明进程视野是中国民俗学应有的根本视野，这是对民俗学应该如何应对文明进程，以及介入文明研究的解答。其次，关于生活变革研究与中国民俗学实践转向的关系，通过分析和阐释学术转型历程，笔者发现，面向生活变革的研究就是面向实践的研究，生活变革研究与中国民俗学实践转向有着紧密关联。最后，中国民俗学面向生活变革的研究，就是中华文明主体性、当代进程的问题，同样也是中国民俗学学派的问题。因此，中国民俗学面向生活变革的研究，事关文明主体性的意识和文明进程的视野，是中国民俗学发生时代性转型与发展的必然选择。

## 二、相关概念说明

21 世纪以来中国民俗学：本书将 21 世纪以来作为时间范畴，缘于中国民俗学的历史发展阶段特征。1978—2000 年，中国民俗学研究的民俗文化传统，主要指向稳定的历史文化传统，具有前后一致的稳定性、统一性和同一性。这一阶段，虽然生活研究和田野作业已经得到讨论，但并未直接面对生活变革的挑战，仅是在生活变革的历史背景下进行民俗学研究。21 世纪以来，生活变革日新月异。大部分中国民俗学者在经历民间文化抢救与保护工作后，意识到了日新月异的生活变革给学科带来巨大危机和挑战，而文化的抢救与保护工作无法解决学科的危机。因此，在学术危机和生活变革俱存的情况下，中国民俗学正式提出面向当下，也就是面向生活变革的学术转型。这不仅是在生活变革的历史背景中研究，而且直接面向了生活变革本身，以生活变革为研究对象。20 余年里，中国民俗学贡献出不少直面当下生活变革、彰显民众现实存在感和行动意义的研究成果。这些成果促成自身学术理论体系、话语体系和研究实践方式的转型与发展。因此，本书考察的是 21 世纪以来的中国民俗学历史发展阶段。

生活变革：本书使用的“生活变革”，指的是当代中华文明进程中，由于工业化、城镇化、信息技术革命和市场经济发展，中国人的劳作、交往、观念、言行举止、人与自然的相处行为方式等都发生了模式性的变化。中国人的日常生活从以农耕为主要特征的生活方式，转向更加现代化、工业化、城镇化的生活方式。民俗文化是与生活一起变革的。生活变革研究，是通过生活变革来理解民俗文化的古今之变，将“变”视为民俗文化常态的存在方式。因此，生活变革研究，面向的不是强调民俗文化“历史价值”和“本真状态”的非遗保护行动，也不是注重文化资源开发利用的民俗主义行为，而是面向真正的、正在日新月异的日常生活，把生活变革视为古今一脉的中国传统文化历史发展新阶段，理解、体会民众在当代中华文明进程中的现实存在感和行动意义。此外，相较于“生活革命”概念，生活变革研究不仅是面向消费领域、物质领域的变革研究，更多的是面向关系和行为模式的变革研究。

学术转型：中国民俗学的学术转型，一般来说是事关民俗观及民俗学基本概念反思、研究范式和研究方法建立、研究重心转移等方面的转型。本书所探讨的学术转型，指向20余年来生活变革研究与民俗学学术转型的密切关联。一方面，是力求告别旧有的、民俗事象的文化溯源范式，从文献研究走向田野研究，建立面向当下的、直面民众生活变革的研究范式，从探讨学术研究与民众现实生活之间的紧密关联来实现民俗学的学术使命和社会价值；另一方面，是反思当前部分研究期望非遗研究来实现民俗学经世致用价值的倾向。当前的非遗研究，专注于检讨、改进、落实文化保护工作，很难在范式和方法上有所突破，也未能确立民俗文化古今一体的民俗观。因此，非遗研究与民俗学学术转型的关系并不密切。当前部分学者在经历了民间文化抢救与保护运动后，开始探析民俗学所面对的真正的日常生活所在，思索学术研究与大众对日常生活变革存在感所结成的深刻意义关联，力图探讨在当代中华文明进程中中国民俗学真正大有可为的领域在哪里。以上两个方面，分别是反思民俗学传统与民俗学当下发展，是从学术的横、纵向比较和检讨中踏上新的驿程，促成自身学术理论体系、话语体系和研究实践方式的转型与发展。

文明进程的视野：在人文社科研究应用中，“视野”不仅指研究对象的范围，还指对研究对象属性、意义、背景等相关因素的认知方式，如文化视野、空间人类学视野、都市民俗学视野等。对同一研究对象的不同研究视野，意味着认知的方式、深度和广度不同。这不是由研究对象决定的，而是由视野决定的。本书使用的“文明进程的视野”，指的是民俗学应有的视野，是以“民间视野”为基础的“文明进程视野”，是在文明类型、文明转型和文明交融背景下，探讨各个地方日常生活实践内容的研究视野。“文明进程视野”，源自民俗学建立的根本动机，即真正认知、理解、体认本民族文化。民俗学发端时期的赫尔德（Johann Gottfried Herder）、雅各布·格林（Jacob Grimm）和威廉·格林（Wilhelm Grimm）等学者，通过搜集整理民歌、民间故事来发掘民族精神，重建民族文化。这一思想奠定了后世民俗学研究与本民族文化体认之间的紧密关联。钟敬文晚年在思考中国特色社会主义文化、传统精英文化、民俗文化以及西方外来文化时，倡导建立民俗文化学，他的根本目的就是希望将民俗学与中华民族优秀传统文化研究结合起来。这一观点，实际上体现出钟敬文在晚年已具备了“文明视野”。2021年7月26日和9月13日，刘铁梁在山东大学的讲座《文明视野下的民俗观》和《再论文明视野下的民俗观》，明确提出“文明进程视野”下的民俗学研究。文明进程的视野，是在国内外民俗学学术传统和前沿研究的基础上，继承和深化了赫尔德、钟敬文等前辈学者的学术思想，努力将民俗学与当下研究相结合，真正与当下生活变革相结合。

## 第四节　研究意义和研究方法

### 一、研究意义

本研究的意义主要有两点：一是针对近期民俗学发展史研究的薄弱状况，特别是针对几个关键性的认识分歧现象，及时提出一些总结性和明辨性的建议；

二是力图结合对中国社会发展现实的观察，提出关于民俗学发展方向的一些建议。由于这些建议大多具有时代性、前沿性特点，笔者特别期待能够得到民俗学界师生的重视和讨论。正如书名所表明的，本研究的目的是希望中国民俗学的转型发展能够具备更为开阔的文明视野，与广大民众在生活变革中结成密切的交流关系，为全社会做出更大的学术贡献。

21世纪以来，中国民俗学的研究成果丰硕，转向"当下之学"已经成为不争的事实。但是，目前对这些成果的梳理并不多，部分成果仅从城市化等单一方面探讨中国民俗学的当代转型问题，缺乏系统的讨论。而且，有些研究由于非遗保护的需要，沿用向后看、文化史溯源、缺乏主体性的旧有范式。基于这两个方面的反思，本书首先从生活变革研究的方面对学术传统与当代创新的关系进行必要的论述，进而明确当下民俗学的重要作用和社会地位。其次，本书力图较为系统地梳理中国民俗学在21世纪的学术成就，探讨民俗学的研究与当下社会进程中的普遍问题如何结合、如何应对其中的挑战，以及研究视野和学科使命等问题。最终，通过学术史考察的方式，探讨树立民俗学应有的文明进程视野的必然性。文明进程视野的民俗学要进入日常交流领域，结合中华文明的独特性，采取中华文明独特历史和文明交流互鉴的视野，以认知中国社会秩序和中国生活方式为研究宗旨。

从文明独特性和主体性认知的意义来谈，民俗学可以贡献独特的、事关每个中国人的研究成果。这是民俗学的学术传统所决定的。"歌谣运动"、白话文的兴起和学者的调查行动，是审视传统精英文化、重建民族文化和发现民族精神的过程。顾颉刚等人在调查妙峰山香会后认为，"在这种民众运动中，看到'民族中的下级社会的文化保存着一点新鲜气象'，而他们认为这正是拯救民族衰老的'强壮性的血液'"[1]。钟敬文在总结"五四"时期民俗文化学兴起时，认为当时民俗文化学的研究对象"体现着民族社会生活及其多数成员的思想、感

1 钟敬文：《五四时期民俗文化学的兴起 —— 呈献于顾颉刚、董作宾诸故人之灵》，钟敬文著，董晓萍编：《民俗文化学：梗概与兴起》，中华书局，1996年，第129页。

情和创造能力”[1]。当代参与到中国文化建设的学科主要有历史学、人类学、社会学、政治学等，它们往往从宏观的历史文化、经济社会、体制结构等层面提供文化建设的建议，而民俗学从每个普通国民的日常生活出发，进入大众日常交流领域，采取中华文明独特历史和文明交流互鉴的视野，结合对中华文明独特性的理解来进行民俗生活文化实践的具体考察和研究，在这一过程中发现民众对文化的贡献及其行动逻辑、心理需求，更好地体认本民族文化。本民族文化的体认是至关重要的，不仅关系着每个中国人的身份建构和文化认同，也关系着对中华文明主体性和独特性从何而来等问题的解答。

## 二、文献研究与田野作业相结合的研究方法

本书采取的是文献研究与田野作业相结合的学术史研究方法。笔者在掌握大量的、全面的第一手文献资料的基础上，对中国现代民俗学发端以来不同的研究分支、研究方向、研究课题均进行了一定程度的考察，最终在核心问题意识的指导下，确定了对文明进程视野中21世纪以来民俗学开拓生活变革研究进行考察。在掌握大量学术研究文献的基础上，笔者也结合了自身的田野研究经验。

田野作业是民俗学、民间文学的重要研究方法，也是人类学、社会学等人文社会学科的重要研究方法。民俗学以“眼光平视”的视角进入民众的生活世界，平等、尊重地与他们对话交流，体验、感受、观察、参与民众的生活，最终与他们协商，形成能够展现生活整体的文本资料。

2016年7—8月、2017年7—8月和2018年7—8月，笔者参加了《中国民

1　钟敬文:《五四时期民俗文化学的兴起——呈献于顾颉刚、董作宾诸故人之灵》，钟敬文著，董晓萍编:《民俗文化学：梗概与兴起》，中华书局，1996年，第133页。

俗文化志·北京·海淀区卷》[1]《中国民俗文化志·北京·丰台区卷》[2]《中国民俗文化志·北京·石景山区卷》[3]三部民俗文化志的田野调查和文章编写工作。民俗志写作是一次深刻的面向当下和介入生活变革的实践。在三部民俗文化志田野调查和写作过程中，笔者不仅关注到广大民众日常生活发生的深刻变化，关注到当地民众的身体记忆和个人叙事，而且调动身体感受去深刻理解民众的生活变革，为理解学科前沿理论奠定了田野基础。这些田野调查经验和文献资料积累工作，促使笔者不断回顾和反思中国社会发展、民众生活变革过程中的现实需求状况与民俗学研究现状之间的关系问题，形成了文明进程视野下民俗学开拓生活变革的学术史考察。

需要特别说明的是本书的资料选取原则。21世纪以来生活变革的民俗学研究成果不胜枚举，本书仅选取生活变革研究转型中与本书问题意识取向相近、具有详细田野个案和突出民俗主体性的重要论述。除了选取知名学者的研究论述外，本书也重点探讨20余年来硕、博士学位论文中对生活变革研究的实践。这些研究通过鲜活的个案和生动的生活描写，与学术前沿理论进行对话和探讨，是学科发展中不可或缺的重要力量。

1 刘铁梁主编:《中国民俗文化志·北京·海淀区卷》，北京出版社，2016年。下文简称《海淀区卷》。

2 刘铁梁主编:《中国民俗文化志·北京·丰台区卷》，北京出版社，2018年。下文简称《丰台区卷》。

3 刘铁梁主编:《中国民俗文化志·北京·石景山区卷》，北京出版社，2019年。下文简称《石景山区卷》。

第一章

# 民俗学如何面对生活变革的挑战

21世纪以来，中国现代化的建设与中华文明的复兴进入了全新阶段，中国民众日常生活发生了结构性和全方位的深刻变革。在这样的历史环境中，中国民俗学必然面临巨大挑战与机遇，而且必然要选择“面向当下”的研究方向，踏上自身学术理论体系、话语体系和研究实践方式转型发展的新征程。

## 第一节 文明进程中的日常互动关系变革

1983年，钟敬文提出“民俗学的研究是现代学，它研究的资料主要是现代社会中采集来的”[1]。这一定义是出于学术的社会关怀，无论是进行民俗文化的历史研究还是关注到现代正在发生的民俗文化，归根结底是探讨中国人的民族文化特征，研究中国人的社会秩序和生活方式。21世纪以来，面对民众日新月异的生活变革，学界给予了一定程度的关注，也从中探索出了面向当下的、整体的、实践的研究范式，但并未系统阐述生活变革现象。

1 钟敬文：《民俗学的历史、问题和今后的工作》，《钟敬文民俗学论文集》，上海文艺出版社，1998年，第170页。

当前直接讨论民众生活变革现象的民俗学概念有“生活革命”“民俗主义”。“生活革命”描述和分析了中国人衣、食、住、行等方面发生的都市型生活方式革命，并检讨了民俗学如何理解、应对生活革命的问题。[1]但是，中国人的生活变革现象不仅限于衣、食、住、行等消费领域的变革，更重要的是劳作模式、交往模式等事关民众根本生活方式的变革。中国民俗学所论及的“民俗主义”，不仅是指社会中民俗资本化的现象，更多的指向民俗学本身对民俗的操弄、挪用及赋予其普世价值的行为。因而，“生活革命”“民俗主义”两个概念的问题在于，它们无法全面地解释文明进程与民众生活变革的关系，也很难触及真正的生活变革领域。

民俗学面对的生活变革，应该是文明进程中民众日常生活方方面面的变化。因此，本书有必要对现实的生活变革现象进行系统阐述，以便更好地审视这一社会背景下的研究进展，反思学术与社会的关系。

以往学术界对文明进程的考察，基本集中在经济、政治、宗教、精英思想等层面，而德国社会学家诺贝特·埃利亚斯（Norbert Elias）从“社会结构变化和人的行为、心理结构变化之间的关系”[2]解读了文明进程。埃利亚斯的文明思想，是从民众日常生活的视角，尤其是从言行举止的视角去探讨文明类型和文明进程问题。这启发笔者，民俗学要研究的文明进程，是民众在生活变革层面的表现，是广大中国人的生活方式、心理性格、行为方式等方面的转型进程。因此，本部分将基于文明进程的视野，对当前民众生活变革现象本身进行考察，探讨民俗文化和日常生活究竟发生了哪些方面的变革，民俗学应该如何应对这些生活变革和现实需求。

1 参见周星：《“生活革命”与中国民俗学的方向》，《民俗研究》2017年第1期。

2 ［德］诺贝特·埃利亚斯：《文明的进程：文明的社会起源和心理起源的研究》，王佩莉译，上海译文出版社，2009年，第5页。

## 一、劳作模式变革下交往方式和生活方式的变化

中国自1978年开始的改革开放是一场深刻的社会变革，不仅是经济体制的转型，国民经济飞跃式增长，而且意味着当代中华文明进程加速，走上了工业化、现代化、城镇化、信息化飞速发展的道路。文明新形态也体现在每个中国人的劳作、交往、消费、休闲等方方面面的日常生活中。改革开放带来的经济体制改革首先是在农村实施家庭联产承包责任制。这极大地提高了生产效率，促进了大量农村剩余劳动力的出现。为了适应城镇建设的需要，转移农村过剩劳动力，人口迁移限制的政策开始缓和。20世纪80年代，国务院放宽农民进镇落户政策，改革城乡二元户籍制度。农民不断地流入就近的城镇或者东部沿海经济较发达的城市，在这些城市中务工、求学、安家。这不仅提高了城镇化水平，而且极大地改变了中国人的劳作模式和交往模式，也深刻改变了人与人之间的互动关系。

### （一）交流交往模式的变化

按照唯物史论的观点，经济基础决定上层建筑，“社会的经济政治变革是文化、意识形态和其他一切方面变革的基础”[1]。因此，改革开放带来的生活变革是全方位的。发生变革的不仅是民众生活方式的物质层面，以及人与物的关系层面，还有民众的日常劳作模式、日常思维、日常时间观念、日常消费与休闲习惯、日常交往等意识与行为方面，具体来讲是人与人的互动关系发生了巨大的变化。

人的交往本就是一种实践性的活动，与人类历史发展阶段相协同。日常交流交往模式的变化，归根结底是生产力、生产关系的变化。研究“日常生活”理论的阿格妮丝·赫勒（Agnes Heller）曾说：“‘日常交往’并不是指‘人’同另一个‘人’处于交流、交往之中，它是指社会劳动分工中一个位置的占有者，

1 ［匈］阿格妮丝·赫勒：《日常生活》，衣俊卿译，重庆出版社，2010年，《中译者序言》第9页。

同另一个位置的占有者处于交流与交往之中。”[1]刘铁梁提出村落中劳作模式的变化不仅包含着劳动本身，还影响着整个日常生活的变化，尤其是交往模式方面。[2]因此，当代中国民众的生活变革，直接体现在劳作领域，典型展现于因劳作变革而发生的交流、交往模式的变化方面。

交流、交往模式的变化，离不开中国人个人认同意识的崛起。工业化、现代化进程之前，中国社会是乡土性的。[3]20世纪50年代土地改革前，以家户为生产单位的小农经济是中国乡土社会劳作的基础。乡土社会在地方性的限制下成了生于斯、死于斯的社会。[4]农民的关系网依附于土地。地缘、亲缘是其关系的核心，差序格局是其关系网的结构。中国传统的价值观里，个人的认同来自对家国的认同，只有“我们－认同”，而不是“自我－认同”。20世纪50年代后，随着土地改革的完成和集体化时期的开始，国家以强势的政治力量介入民众的生活中，个体从家族、家庭、亲缘的束缚中脱离，进入政治构建的集体之中，民众从家庭成员变成了原子化的个体。其间，虽然城乡二元壁垒依然存在，农民依然依赖于土地，但民众意识到个人的主体性，高度自我中心的个人开始崛起。尤其是女性走出家庭参与到了社会公共事务中，这对女性地位的提高产生了深远的意义。中国现代化进程中，一种新型的社会性悄然出现。这种“新社会性”是指作为个体而不是作为家庭或者其他社会群体代表的个体之间的社会互动。[5]这种新社会性，表现在民众交流、交往模式的深刻变化。

目前，交流、交往模式的变化，主要表现是劳作领域交往与日常亲情交往之间的分离。

传统社会，尤其是村落中，民众基于村落劳作模式[6]所形成的交往关系，还与日常亲情交往实践存在同构性，如婚丧嫁娶。农民劳作时的交往对象与看病

1　［匈］阿格妮丝·赫勒：《日常生活》，衣俊卿译，重庆出版社，2010年，第232页。

2　内容参考2019年10月10日刘铁梁教授在山东大学所做的讲座：《日常生活中的村落传统》。

3　参见费孝通：《乡土中国　生育制度》，北京大学出版社，1998年，第6页。

4　参见费孝通：《乡土中国　生育制度》，北京大学出版社，1998年，第9页。

5　赵爽：《中国社会个体化的产生及其条件》，《长安大学学报（社会科学版）》2011年第2期。

6　参见刘铁梁：《劳作模式与村落认同——以北京房山农村为案例》，《民俗研究》2013年第3期。

问事、休闲娱乐、参与红白喜事的交往对象是大体相同的，村民们既是亲友邻里，也是劳作合作伙伴。随着现代化、城市化和市场经济体系的确立，民众日常交往主体间关系和身份认同发生重构，民众因居住分散、就业各有不同，原来基于血缘、地缘关系的“熟人社会”逐渐走向解体。

劳作领域与生活领域的交往分离还表现在人的空间移动之上。农民离开土地进城务工，与陌生人结成业缘关系，再回到家中、村落中、社区中进行生活、消费、娱乐、礼尚往来。这种分离并不是民众与原有社区脱离，也不意味着走向了彻底原子化的陌生人社会，而是民众正在建构新的社会交往关系。以北京方庄小区为例。方庄小区是北京第一个，也曾经是亚洲规模最大的现代化住宅小区。[1]1984年之前，方庄小区所在地曾是本地村民与拆迁移居至此的村民共同居住、共同生产劳动的空间。1985年，方庄小区开始建设，原居民全部拆迁上楼，搬进了现代化的居民楼房。除此之外，许多商人、明星、政府机关及企事业单位职工也搬来方庄居住。来自不同社会职业的人们聚居在方庄小区。方庄这片土地从熟人村庄变成了各种职业人群云集、异质化的现代社区。居民感受到了邻里关系的疏远和淡漠。杨宝生感叹：“原来住在一地儿的老街旧坊一下都分开了，有的弟兄几个分房都不在一个楼，离得远了，走动得少了，可不是就慢慢疏远了嘛。”[2]但是，方庄居民并不止步于关系的疏远，而是在适应新的城镇生活中积极建立新的交往。他们在休闲领域建立地缘交往关系，组建了各种文化艺术团、京剧戏迷社、艺术馆、志愿服务队、治安巡逻队等。他们在此基础上建立起生活中的全方位交往，在交往中互帮互助，互相倾吐心声，增强了对方庄的认同感和归属感。

由于村落劳作模式的变革及男女平等思想的普及，社会交往中的性别分工模式同样发生了变化。原有的“男主外、女主内”模式被打破，女性也可以外出工作。“女性社交以闺帷、娘家、妯娌姑嫂为主”的交往秩序被打破，女性

1 参见刘铁梁主编：《中国民俗文化志·北京·丰台区卷》，北京出版社，2018年，第317页。
2 刘铁梁主编：《中国民俗文化志·北京·丰台区卷》，北京出版社，2018年，第335页。

走出了闺帷，可以自主处理过去以男性为主的见官诉讼、维权投诉等公共领域关系。

新媒体的发展也打破了时空距离，建构起新的交往形式，增进了异地生活亲友的感情。亲友可以通过电话、视频、朋友圈点赞等表达感情。这种网络社交，是对移民时代人口快速流动带来的社交网络空缺的补偿。2020年疫情暴发后，“少出门、少聚集”成为人们的共识，线上交往成为补偿形式，“云聚餐”在当时成为新的交流、交往方式。有新闻报道，2020年“五一”期间，75岁的老杨无法像往常一样与老友相聚，于是决定以多人视频连线的方式进行一场“云聚会”。老杨认真地准备了着装，拿出了陈年好酒，让老伴做了几道拿手“硬菜”，与多位老友欢乐地通过视频相聚，弥补了因疫情无法相聚的遗憾。[1]

交流、交往模式的变化，既有社会结构变革和劳动分工关系重组的原因，也有民众面对日新月异、风险迭出的生活主动加以适应的原因。关注这一变化，关乎每个普通国民在文明进程中的切身感受，是对民众行为逻辑和身体经验的研究。

### （二）时间感的改变

涂尔干（Émile Durkheim）曾提出时间是“集体生活的节奏”[2]，时间的安排“并不是我的时间，而是普遍的时间，是同一文明中的每个人从客观出发构想出来的时间”[3]。时间观念是社会建构的产物，与人类生产生活方式紧密相连。不同文明社会、同一文明所处的不同阶段，人们的时间观念截然不同。如有学者提出不同文明阶段分别有“农业社会自然时间、工业社会钟表时间、网络社会组

1 资料来源于《冰城市民自备酒菜 “云聚餐”照样嗨》，哈尔滨新闻网，https://baijiahao.baidu.com/s?id=1665549883259942406&wfr=spider&for=pc，发表时间：2020年5月2日，浏览时间：2022年5月3日。

2 ［法］爱弥尔·涂尔干：《宗教生活的基本形式》，渠东、汲喆译，上海人民出版社，1999年，第12页。

3 ［法］爱弥尔·涂尔干：《宗教生活的基本形式》，渠东、汲喆译，上海人民出版社，1999年，第11页。

织时间”[1]。换言之，时间观念不仅存在于对世界感知的主观感受中，更主要的是存在于民众生活模式之中。

中华文明过去以农耕文明为主。农耕文明塑造了中国民众的生活模式和时间观念。“春言生，夏言长，秋言收，冬言藏”[2]以及二十四节气是中国人对以年为单位的农业生产的时间观念，也是对以农耕劳作为主的生活方式的模式化写照。“日出而作，日落而息”，就是人们把自己的日常活动与太阳的活动轨迹相协调一致的真实写照。[3]顺应天时是农耕文明中时间生活模式的特点。农事劳作是民众时间安排的优先选择。民众往往在忙完农事之后再选择从事其他活动。因此，传统社会中国人“逐步形成了以个体时间为主的生活时间模式”[4]。学者们在与其他文明的时间观比较时，认为传统中国的时间观是循环时间观，以过去的事件作为现在和未来的参照，缺乏时间感的精确性。[5]

工业时代来临后，人的劳作是社会大生产协作中的一环，精确的时间安排才能保证生产的顺利进行。中国社会在工业化、现代化、城镇化的同时，也形成了新的社会时间观，形塑了现代中国民众新的时间生活模式。

“在现代世界，霸权的、支配性的时间是一种机械时钟时间。我们生活的每一部分都被分成小时、分钟和秒。”[6]工业时代，时间成为一种商品。“996”[7]工作模式成为现代都市打工人的日常生活写照。但是在当代中华文明转型发展的进程中，中国人的时间观念并非完全发展为西方文明中的工业时间观，而是

1　参见原理：《网络时代的组织时间观转变》，《中国人民大学学报》2021年第4期。

2　吕不韦：《吕氏春秋》，《诸子集成》第六册，上海书店出版社，1986年，第185页。

3　王加华：《农民的时间感——以山东省淄博市聚峰村为中心》，《民俗研究》2006年第3期。

4　王加华：《农事与时间：中国传统时间观的特点、成因及其社会影响》，《山东省民俗学会2012年学术年会论文集》，第205页。

5　“循环时间观”的论述参见以下论述。吴国盛：《时间的观念》，中国社会科学出版社，1996年；曾剑平、廖晓明：《时间观与民族文化——中美时间观比较研究》，《南昌大学学报（人文社会科学版）》2001年第3期；王加华：《农事与时间：中国传统时间观的特点、成因及其社会影响》，《山东省民俗学会2012年学术年会论文集》，第205页。

6　［英］阿雷恩·鲍尔德温等：《文化研究导论》，陶东风等译，高等教育出版社，2004年，第188页。

7　“996”指的是每天早9点上班、晚9点下班，每周工作6天的工作制度。

表现出多元杂糅的时间观。北京海淀区的环卫工人傅强是来自山西的农民，负责蓝靛厂长春桥以北路段（以京密引水渠为中心，分东、西两段，每段各6千米）的道路卫生。[1]环卫工人的工作时间有着严格的规定。他每天早晨4点半起床，吃早饭后，6点半前乘坐公交车到达需要工作的片区。每天打扫片区道路来回3次，打扫卫生过程中，他不能与路人交谈超过2分钟，上厕所不能超过10分钟，否则就要受到处罚。中午乘公交车返回公司简单午饭后，再工作到下午6点下班。工作之余，他很少出门游玩，但每年农忙时，都会请假回家收庄稼。忙完农活后，他再返回北京继续工作。在北京工作期间，傅强的时间生活模式完全是按照精确化的机械钟表时间来安排日常，睡眠、工作、吃饭、如厕、与人交往都精确到小时甚至分钟。他的时间高度商品化，缺勤和迟到意味着工资的减少。但是，他依然在收割庄稼之时请假回到老家，这一行为再次遵从了自然天时的安排。

之所以会形成这种多元时间观念的生活模式，一方面是因为土地产出是其重要收入之一；另一方面是农民与土地、乡土的血脉连接并未因其进城务工而中断，在农忙、节庆之时如候鸟般重返故土成为他们的生活模式。例如，每年农历三月，陕北绥德、清涧等地的村镇轮流举办“娘娘庙花会”。2016年，定仙墕举办娘娘庙花会期间，有约90%的村民从外地赶回村里参加花会。此次花会举办地王家墕村在2015年的村落常住人口仅15人左右，而花会期间返乡参与花会的村民有四五百人之多。“在娘娘小像接到村内之后举行的公灶流水席上，原本只准备了400人的食材，没想到最后又多出十桌客人。”[2]花会结束后，村民们又回到城市里各自的岗位上，村里再次回到仅有极少数人常住的状态。与傅强回乡收庄稼不同的是，在娘娘庙花会期间返乡的村民并没有经济收益上的期许，反而在损失经济收入的情况下，依然要回到乡土参加花会。

“中国社会是乡土性的。”[3]乡土性不仅体现于中国人与土地的依存性关系，

1 参见刘铁梁主编：《中国民俗文化志·北京·海淀区卷》，北京出版社，2016年，第246页。
2 裴诗贇：《离村与归来——一场陕北花会背后的时间观变迁》，《民艺》2019年第4期。
3 费孝通：《乡土社会 生育制度》，北京大学出版社，1998年，第6页。

更体现于即使在农耕社会向工业社会转型的时代，人们对乡土之上生长出来的乡土文化、时间观念、社会关系依然保持着眷恋和惦念。因此，人们在安排自己的时间时，并未成为理性和经济利益最大化理念下的“理性农民”，而是在自己的时间观念和生活模式中保存着一份乡土底色。

### （三）消费领域生活方式的变化

2022年春天，上海全力防控疫情之时，某小区暂时解封6小时以便居民采购物资，有位女士在超市的兵荒马乱之中边跑边喊：“我要买咖啡。”[1]电影《爱情神话》讲述了几位上海居民的生活故事。其中，小皮匠即使在路边给人修鞋，也要停下来手磨一杯咖啡，享受属于自己的咖啡时间。自开埠以来，上海居民对咖啡的热爱与日俱增，消费咖啡成为一种生活方式的选择和生活风格的展示。因此，有人称呼上海为“咖啡市”。消费品的选择，作为一种模式进入社会之中，成为民众表现个人生活风格的一种标志。他们期待通过消费品来进行自我身份、地位、个性的表达。事实上，“生活方式是日常生活本身”[2]。

改革开放以来，民众的日常生活在生活方式层面表现出近乎革命性质的更迭状态。生活方式的变革，“根本动力在于生产方式的变革”[3]。上海是中国现代工业和中国工人阶级的摇篮，是国内最具影响力的消费城市之一，也是社会主义市场经济体制改革成就代表城市之一。繁荣的市场经济和先进的生产力，以及上海政府推出的“上海消费”品牌，使上海人的消费型生活方式显得格外突出。

消费领域的生活方式变化，主要体现在民众的衣、食、住、行、休闲娱乐等方面。这一现象曾引发媒体、学者与大众的广泛讨论。我们透过消费领域的生活方式变革，不仅要看到生活方式的都市性，更要看到城乡关系变革、劳作

---

1 资料来自《为什么疫情都阻挡不了上海人喝咖啡？》，北京日报客户端，https://bj.bjd.com.cn/5b165687a010550e5ddc0e6a/contentShare/5b1a1310e4b03aa54d764016/AP623d958de4b0e463dace829a.html，发表时间：2022年3月25日，浏览时间：2022年5月20日。

2 ［法］亨利·列斐伏尔：《日常生活批判》，叶齐茂、倪晓晖译，社会科学文献出版社，2018年，第670页。

3 陆昱瑾：《“地摊经济热”与城市生活方式——历史唯物主义的视角》，《经济师》2021年第7期。

模式变革、民众行动逻辑变化、社会区隔等问题。

近些年，古风审美的消费品逐渐受到更多年轻人的青睐，其中，汉服占据非常大的比例。“艾媒咨询”的数据显示：“2019年中国汉服爱好者规模已达到356.1万人，连续4年保持70%以上高增长。”[1]在这部分消费人群中，生活在一二线城市、大学本科以上学历、女性、26—40岁中青年、月收入5000元以上等这几个特征均占据消费者的半数以上。这就意味着，消费汉服、穿着汉服的人群具有鲜明的群体特征。他们认可的不是汉服，而是具有传统文化风格、二次元和非主流风格的全新生活方式。在2021年12月“第三届济南汉服节”中，除了汉服这一主题要素外，现场还展出了茶道、香道、手工绒花饰品、手工缠花饰品、花丝镶嵌传统首饰、传统弓箭、汉服婚礼、传统乐器、文玩、投壶、捶丸等具有传统文化特征的消费项目。这些以传统文化为卖点的消费项目，正是捕获了中青年的一种期待，即期待以超越主流文化来扮演、实现一种“身份认同的方式和模式”[2]。汉服只是当今风格化的生活方式作品之一。德国学者卡舒巴（Wolfgang Kaschuba）曾提出，当今城市“已经成为生活风尚的舞台和文化实验场了”[3]。汉服爱好者正是印证着卡舒巴的这种说法。他们既要超越主流文化，拥有个性化的生活方式和传统文化精英的身份感，又不愿彻底脱离主流，因此以“文化复兴”“华夏复兴衣冠先行”等名义与主流文化保持若即若离的关系，在城市的舞台上展现自己的生活主张。

与时尚消费并驾齐驱的是时尚商品的生产。“2015—2020年，中国汉服市场销售规模实现了由1.9亿元到63.6亿元的激增。”[4]民众对生活方式的选择，也

1　艾媒咨询：《中国汉服市场报告：汉服爱好者基数不断扩大，市场迎来井喷》，微信公众号“艾媒咨询”，https://baijiahao.baidu.com/s?id=1666709815617107811&wfr=spider&for=pc，发表时间：2020年5月15日，浏览时间：2022年5月20日。

2　［德］沃尔夫冈·卡舒巴：《城市，一个硕大的自拍照？——在舞台与舶来品之间游弋的城市性》，包汉毅译，《民俗研究》2018年第6期。

3　转引自［德］沃尔夫冈·卡舒巴：《城市，一个硕大的自拍照？——在舞台与舶来品之间游弋的城市性》，包汉毅译，《民俗研究》2018年第6期。

4　艾媒咨询：《2021年市场规模将突破100亿！85页报告深度解读汉服产业发展现状及趋势》，微信公众号“艾媒咨询”，https://mp.weixin.qq.com/s/nFaoBq0qYwWt6RcKCJX6dA，发表时间：2021年12月1日，浏览时间：2022年5月20日。

影响到了消费品生产地的日常生活。近几年，随着汉服市场的兴盛，曹县汉服多次冲上微博热搜，曹县的互联网经济受到关注，曹县也被网友赋予“宇宙中心”“北上广曹”的称号。山东曹县孙庄村的村落劳作模式在20世纪50年代以来经历了“甜秫秸、蔬菜大棚和外出打工的三个阶段”[1]。近些年，随着互联网发展、物流便捷和汉服产业兴起，加工销售演出服和汉服成为该村新的劳作模式，“淘宝村”成为该村村落标签。收入的提高推动了当地民众生活方式的变革，这种生活方式既要契合当地服装加工的时间节奏，也向城市型生活方式靠拢。“据村民们说，‘淘宝’的兴起盘活了一个曾经的烂尾楼盘，正是因为村民们依靠销售演出服获得了较高的利润，提高了购买力，才开始有大量的村民购置房屋。村民孙文思在县城购置了一套四室两厅两卫的洋房式学区房，为三个孩子上学做准备。”[2]

可见，生活方式的变化联结着民众日常生活的方方面面。人们通过趋同的消费品位来实现彼此之间关于生活文化的共鸣，在社会上形成不同的阶层、群体，这些人群又因生活方式的差异存在着区隔。研究民众的生活方式，可以“从整体上关注国民生活的样貌和特征”[3]，从生活整体层面关注民众在社会现代化巨大变迁历程中如何应对、如何行动、如何反思自己的生活，以及如何处理个体与社会之间的关系等。

### （四）技术世界新交流形式的产生

当今社会，技术更加深入地嵌入人们的日常生活之中。手机支付、扫码购票、网络购物、网络交友等技术形式正在快速取代原有支付、购物、交友的形式，不能熟练操作智能手机的老人遭遇到不少困境。2020年，一段《科技不等

1 尚小芳：《互联网与新型的村落劳作模式——以鲁西南孙庄村为个案》，山东大学2020年硕士学位论文，指导教师刘铁梁。

2 尚小芳：《互联网与新型的村落劳作模式——以鲁西南孙庄村为个案》，山东大学2020年硕士学位论文，指导教师刘铁梁。

3 徐赣丽：《中产阶级生活方式：都市民俗学新课题》，《民俗研究》2017年第4期。

老人，那我们等一等嘛》的短视频在网络流传，引发了网友们的热烈讨论。[1]视频中，一位老人在服务窗口缴纳医保，但该窗口不收现金，老人不会手机支付，因此不得不在沮丧地苦等。这一视频中的内容未必是真实发生的，但是反映出的社会现实却是很多人的亲身体会。近些年，类似的新闻层出不穷。如有的老人因为不会手机支付、网络购票而无法乘坐火车，有的老人因不会手机预约挂号而无法就医。这一现象的出现，一句“技术深刻影响了民众的日常生活”已无法表达出技术与生活的关系。事实上，技术生活已经成为人们日常生活的重要部分，难以分割，也无法抛却。

近年来，互联网在农村地区、老年人群体、未成年人群体的普及率逐渐升高。截至2021年12月，我国农村网民规模为2.84亿，农村地区互联网普及率为57.6%；60岁以上老年网民规模达1.19亿，60岁以上老年人口互联网普及率为43.2%；18岁以下未成年网民规模已达1.83亿，互联网普及率为94.9%。[2]总体而言，中国网民规模达10.32亿，互联网普及率达73.0%。[3]互联网在我国全域、全群体的普及率提升，意味着网络已成为中国人重要的生活场域。

工业革命之后，技术生活已经成为民众习以为常的日常生活，如今信息技术的发展，使人们的身体延展到了一个更为广阔的“虚拟空间”。人们通过互联网技术提供的视听结合的感官刺激和实时的交流互动，顺利完成线上和线下的衔接，达成生活空间向虚拟网络空间的扩展。“虚拟空间”并非绝对的“虚假”和“虚幻”。网络信息未必是完全真实的，但是“虚假”与“真实”的信息背后

1 参见中国青年网：《数字时代，社会等一等，老人赶一赶？》，百度网，https://baijiahao.baidu.com/s?id=1681578553419194453&wfr=spider&for=pc，发表时间：2020年10月26日，浏览时间：2023年8月26日。

2 中国互联网络信息中心：《第49次中国互联网络发展状况统计报告》，第19—27页，网络下载资料，下载地址：https://www.cnnic.cn/n4/2022/0401/c88-1131.html，发表时间：2022年2月25日，下载时间：2022年5月20日。

3 中国互联网络信息中心：《第49次中国互联网络发展状况统计报告》，第17页，网络下载资料，下载地址：https://www.cnnic.cn/n4/2022/0401/c88-1131.html，发表时间：2022年2月25日，下载时间：2022年5月20日。

都反映着网络使用群体的认知与需求。“不同社会群体有不同的生活目标与利益诉求，这也会反映在他们对于网络的使用需求和使用方式中。”[1]这种利益诉求体现在网络民意的发表上。

民众运用隐藏真实身份的ID名称，在网络空间中表达自己的利益诉求，在公共舆情事件中充当“vernacular权威”[2]或者自认为是权威的“乌合之众”，以网络舆情的惊涛骇浪来推动现实生活中的事件朝自我期望的方向发展。

2022年7月中旬，法国时尚品牌迪奥推出了一款售价2.9万元的半身裙。这款裙子的形制与中国明清时期的马面裙极其相似。迪奥并未标明设计灵感源自中国马面裙，而强调这是“标志性的dior廓形”。汉服群体率先斥责迪奥抄袭中国马面裙，并列举出抄袭证据。此事在网络上迅速发酵，舆论讨论范围超出了汉服爱好者群体。不少网友将抄袭马面裙事件，与火烧圆明园、八国联军抢夺中国文物等事件联系在一起，认为这是有辱民族尊严的事件。因此，越来越多的网友讨伐迪奥，要求迪奥下架此款裙子并道歉。7月20日，舆论从线上蔓延到线下，在法国的中国留学生带上马面裙，在巴黎香街、凯旋门和迪奥总部门口游行，反对文化挪用和剽窃行为。共青团、凤凰网、央视网、《环球时报》、观察者网、《中国日报》等媒体的网络账号相继报道了迪奥抄袭马面裙事件。迪奥迫于压力下架了中国官网上的这款半身裙。

事件并未因迪奥下架而平息，此事再次引发了民众的文化民族主义热情。一方面，文化挪用和知识产权成为网络热议话题。很多人看到了马面裙事件背后折射的文化困境。究竟如何定义和应对文化挪用，如何保持中华文化独特性，成为公共话题。关于设计话语权、文化自信和马面裙历史沿革的研究文章陆续

---

1 彭兰:《网络社会的层级化：现实阶层与虚拟层级的交织》,《中国传媒大学学报》2020年第3期。

2 “vernacular”一般被译为“本土的”“民间风格的”，但如今民俗学研究中，“vernacular”也指私人的、反霸权的、地域性的、非制度的、非纯粹的。霍德华（Robert Glenn Howard）提出了数字“vernacular”，讨论信息技术让民众发出“vernacular”声音的现象。此后，“vernacular权威”指称网络空间的意见权威。关于“vernacular”和“vernacular权威”的论述，参考［韩］那秀旲:《美国关于vernacular和制度之间关系的研究》，庞建春译，日常与文化研究会编《日常与文化》第9期（2021年）。

问世，标志着马面裙事件从公众事件走到了学术研究领域。另一方面，马面裙从汉服爱好者群体内的认知，走向了大众视野。徐娇、娄艺潇等演员多次穿着马面裙出席公共活动。山东博物馆等众多博物馆展出了自己珍藏的马面裙文物。大众讨论并非完全出于对马面裙的喜爱。事实上，许多网友在此之前并不知道马面裙。但近些年“韩国端午祭申遗事件”“中医韩医起源争端”“中韩汉字起源争端”“汉服韩服起源争端”等文化事件，都触动了大众的民族主义情感。因此，当此类事件再次发生时，民众急需一个情感宣泄出口，希望争取到中华文化在国际上更高的话语权和影响力。

网络世界的虚拟在于发言者的匿名性与信息的混杂性。但网络使用主体从来都是真实的，网络信息的多元混杂性恰好说明了民众利益诉求和使用需求的多元性。从“迪奥抄袭马面裙事件”可以看到民众对“文化自信”“民族文化知识产权”“文化话语权”等现实话题的呼吁。现实事件在网络世界中发酵后又对现实社会产生了深刻的影响，在一定程度上达成了发声者的目的。

网络民意与利益诉求只占网络空间的一部分，民众使用互联网更看重的是网络具有获取信息、购物、娱乐、交友、工作等功能。截至2021年12月，即时通信、网络视频（含短视频）、短视频、网络支付、网络购物五大类应用的网民使用率最高，分别是97.5%、94.5%、90.5%、87.6%、81.6%。[1]

互联网提供的即时通信功能，使人与人之间的社会交往通过网络空间超越时空限制，身体在信息技术搭建的空间中同时在场，进行一场社会交往活动。即时通信软件上，民众随时随地发送信息，与对话框另一端的人进行一场不需面对面的交往活动。网络交往虽未改变中国人“差序格局”的交往关系模式，但在一定程度上改变了民众的交往方式、交往形态和交往规模。人们原有社会关系网络从线下同步到线上，信息交换在网络空间中呈现加速度形态。远隔千里的恋人、亲友不需再苦等信件、电报、电话，随时随地可以进行一场沟通，

1　中国互联网络信息中心：《第49次中国互联网络发展状况统计报告》，第31页，网络下载资料，下载地址：https://www.cnnic.cn/n4/2022/0401/c88-1131.html，发表时间：2022年2月25日，下载时间：2022年5月20日。

情感联系更加密切。

网络交往带给民众社会交往方面的改变，更多在于给予民众匿名交际的可能。在这一层面，匿名认同成为网络交往的核心功能。相当一部分网络匿名交往是通过网络群体交往实现的。基于共同的爱好、观念、需求搭建的网络群体，在QQ、微信等社交软件上比比皆是，如因喜爱汉服而组建的各地汉服群、因育儿而组建的育儿妈妈群、因喜爱骑摩托车而组建的摩友骑行群等。人们通过与陌生人的交流实现在现实中难以满足的交往需求，如情感交流、利益交换、身份认同、思想交锋等，是身体在场的交往在网络空间的延伸。

2018年腾讯正式宣布“QQ宠物停运”，陪伴了“80后”“90后”十年的“QQ宠物”正式落幕。此事引发了网友们关于“QQ宠物”以及QQ的回忆热潮。“QQ宠物”是QQ软件的重要功能，是在移动智能终端尚未流行的年代人们对社交软件功能的体验。“QQ宠物”虽是由代码建构的，但其生老病死、婚育、情绪表达均是拟人化的。在使用者的体验中，它是具有人格化的对象。网友“冒泡大队长”讲述，自己的QQ宠物与初恋的QQ宠物在游戏里结婚了，如今他们已经7年没见面了，QQ宠物停运，意味着他们之间唯一的联系也要消失了。[1]此类故事也是不少网友青春期感情悸动的一部分，即通过“QQ宠物”之间的婚嫁生育实现现实中无法达成的情感愿望。在这里，技术代表的不是代码，不是数据，不是物质的存在，而是存在于人们生命体验中的交往对象。“网友记忆的不是琐碎的和零散的QQ使用过程，而是一个具有社会意义的QQ。”[2]这些技术生活的记忆，不仅是存在于网络世界的虚拟符号，而且构成了一代人的身体经验。

中国互联网的发展极大地促进了中国科技、经济、政治、社会、文化的发

1 参见共青团中央：《QQ宠物将停运！网友：老想弄死它，但现在却只能最后一次看着它》，微信公众平台：https://mp.weixin.qq.com/s/S1lfHPN9QZ14gYrh9RyD3w，发表时间：2018年6月30日，浏览时间：2022年5月20日。

2 吴世文、何羽潇：《媒介、情感与社交关系：网友的QQ记忆与技术怀旧》，《现代传播（中国传媒大学学报）》2021年第9期。

展，促进了中国社会文明进步和人民生活水平的提高。[1]网络成为民众日常生活的重要组成部分。在网络中形成的经验，是经验文化研究不可忽视的部分。“经验一向被认为具有在场性、确实性和可靠性。”[2]传统经验形成一般是“以工农业生产为基础的在场的、局部的直接经验”[3]，与网络中形成经验事实的过程有着明显的区别。这不意味着经验研究应抛却网络。无数事实证明，网络虽然是虚拟的，但是网络中的行为主体仍然是现实的人，人们通过科技实现虚拟的身体在场，形塑自我身体经验。互联网本就是现实的延伸，人们利用互联网购物、就医、娱乐、工作、维权，更加便捷且多元化地达成行为目的。

总体而言，民俗学面向生活变革时，应该超越概述消费领域生活方式革命的“生活革命”，而是从劳作、交流交往、时间感、技术世界的交流形式等方面来理解生活变革。这些方面不仅关系着转型和新变，更联结着中华文明在现代的传承。以往对中华文明的考察往往从文献、考古等方面来探讨类型性，对文明进程和生活变革的研究强调新时代的新生和蜕变，忽视了传承的历时性和文明的生活传承。我们从劳作、交往、时间感等领域能够清晰地观察到，中华文明在民众生活中传承着、连续着，也在不断创新转化着。这正是民俗学所要面对的当下。

## 二、民俗文化的传承、重构和交融

“民俗主义”，最早由汉斯·莫泽（Hans Moser）提出，用于批判社会中出现的经过加工、脱离生活环境、被包装成“传统文化”吸引游客的“二手民俗”现象。此时的“民俗主义”是贬义词，是提醒民俗学者不应该将这种现象视为真正的民俗来研究。此后，鲍辛格研究社会中的“民俗主义”现象时，将其转

1 中华人民共和国国务院新闻办公室：《中国互联网状况》，中央政府门户网站，www.gov.cn，发表时间：2010年6月18日，浏览时间：2022年5月22日。

2 刘少杰：《网络交往的时空转变与风险应对》，《社会科学在线》2022年第4期。

3 刘少杰：《网络交往的时空转变与风险应对》，《社会科学在线》2022年第4期。

化为中性概念，并探讨了“民俗主义”与乡愁、爱乡之情的联系。20世纪60年代至80年代，德国民俗学探讨了现代化语境下“民俗主义”生产的动力与民众地方认同和传统依恋的心理机制紧密相关。“民俗主义”讨论推动了德国民俗学对日常生活中新生的文化现象的关注，以及新研究范式的转型，即“民俗学应该研究的不是民间文化的形式（form），而是其内在的范式（norm）”[1]。

如今，“民俗主义”这一概念在中国依然有着重要作用。一方面，是督促学者区分民众自发的文化再生产行为与操弄、利用民俗来实现自身利益价值的行为。“民俗主义”批判的应该是后一种。另一方面，是督促学者正确看待学界出现的将民俗主义视为本真现象的倾向，以及主动建构具有本真想象的文化遗产的民俗主义行为。民俗主义是中国民俗学对当下社会文化现象的一种认知概念，不能视为民俗文化本体进行研究。德国、美国、日本等民俗学者在探讨“民俗主义”之时，常将其视为与乡愁、地方性认同等有着因果关系的文化商品、文化标志物，而不是民俗文化本身。莫泽对民俗主义现象的描述，准确地概括了这一现象的本质特征：脱离生活主体、客体化[2]、被言说为传统性。本部分对民俗文化变革的讨论，是站在将“民俗主义”视为民俗本体的对立面，探讨当下社会中存在的、民众主动开展的民间文化发展实践行为。

### （一）现代化进程中民俗文化的消逝与复兴

2015年春，高雄市举办了第四届北京特色周，“京彩剪纸”艺人张娟在活动期间向游客展示了富有北京风貌的剪纸作品。活动现场，几位老兵捧着她的剪纸作品，想起了故乡的风物和久别的亲人，忍不住潸然泪下。然而，这些具有北京特色且能唤起游子对故乡眷恋的剪纸作品，并非出自京派剪纸的创作，而

1　王霄冰：《中国民俗学：从民俗主义出发去往何方？》，《民俗研究》2016年第3期。

2　日本民俗学者太田好信曾提出“文化客体化”概念，“指出文化的客体化就是将文化视为可操作的对象进行新创造的过程。并且在这一过程中，必然伴随着由向他者显示民族文化因素的选择行为”。这一概念有助于我们理解民俗主义现象的生成因素和过程。关于太田好信“文化客体化”的论述，参见於芳：《民俗主义的时代——民俗主义理论研究综述》，《河南教育学院学报（哲学社会科学版）》2007年第3期。

是张娟以蔚县剪纸技艺为基础、结合北京的风物特征和现代审美所创作的剪纸艺术品。[1]张娟是河北蔚县人，自幼在家庭生活中习得剪纸技艺，因其舅舅屈怀德一家在20世纪50年代已定居在北京，她得以有机会来北京发展，并与表兄屈金山共同创办了“京彩剪纸”品牌。

在文化本真主义者眼中，“京彩剪纸”绝非真正的“老北京文化”，更非纯粹的蔚县剪纸。其创业历程也充分体现了文化的“发明”与“创造”。然而，在当下社会中，文化的发展不仅呈现出时间线性的规律，而且出现了空间横向的特征。“许多民间文化财富不再是越过漫长的时间之流被传承，而是跨越广袤的空间被交换、被采纳。”[2]在民俗学的田野调查中，人们无法找到“原生态的”“原汁原味”的民间文化，因为这些文化早已在民众的生活实践中不断被传承。“京彩剪纸”和张娟、屈金山一家的经历，也是民俗学应该研究的对象。我们不能以历史化的视角去凝视民间文化，否则所看到的只能是文化形式的凝固和镜像。文化形式的镜像，给文化抢救者以错觉，似乎还有回归“理想形式”的可能，需要万分迫切地去保护“非生活状态”的文化。由此，文化抢救者往往以抢救大熊猫、拯救生态危机的思路去对待民间文化在形态上的变化。

近现代以来，曾经以农耕文明为基础的中华传统文化表面上正在退出当下生活，但事实上并未退出民间社会生活，更未失去传承，而是仍在民众生活中保持着鲜活的传承生命力。文化抢救的论调只是基于对文化本真想象的本质主义论，认为“真正”的民间文化是自然生长起来的。事实上，所有的民间文化都受到历史、社会、地理环境因素的影响，不存在文化本真主义者想象的“自然生长”的民间文化。以剪纸为例，当今社会因城镇化进程的深入和产业工业化的发展，民众有了多元化的选择，窗户装饰更多选择机器生产的塑料、植绒

---

1 根据张娟讲述，蔚县剪纸技艺与艺术风格自成一派，以刀刻为主，与以剪为主的京派剪纸并不相同。蔚县剪纸注重色彩的渲染，先在白纸上制作出形状，再用传统染料点染上色彩，相比于其他剪纸一般以红色为主，蔚县剪纸的色彩更加丰富多彩。

2 ［德］赫尔曼·鲍辛格：《技术世界中的民间文化》，户晓辉译，广西师范大学出版社，2014年，第136页。

窗花，甚至不再张贴窗花。但这不意味着剪纸退出了历史舞台，而是以全新的面貌继续出现在民间社会。“京彩剪纸”所创作的剪纸作品以艺术品的形式成为承载历史记忆、馈赠亲友的礼品。正如鲍辛格所说，传统并非对过去的探寻和发掘，而是在不断地传达和传承。[1]民间社会的“葆育传承能力是惊人的”[2]，表面上看起来民间文化面临整体性丧失、传承式微的问题，事实上民众正在以自己的行动进行着民间文化发展实践。

民俗文化发展的时间线性特征不容忽略。目前，中华文明正在转向“以现代工业文明、城市文明、信息文明为主导，以国内市场和国外市场为两翼”[3]的文明类型，“整个社会经济从传统农耕文明、游牧文明和山林农牧文明向现代文明转型”[4]。文明进程在20世纪80年代之后加速，民俗文化的发展也出现了加速度的情况，新旧形态的交替变革出现了诸多新现象。在这些现象中，有的是民众延续文化时赋予传统新的意义，有的是民众创造出全新的文化，有的民间文化转瞬即逝，有的民间文化历久弥新。民间文化在现代化进程中实现了动态平衡。

这一过程中，民众发挥了至关重要的作用。民众主动寻求与国家合作，运用政策优势实现自己推崇的民间文化的复兴与发展。威海院夼村是三面环山、一面朝海的渔村，自古依靠海洋渔业为生，谷雨祭海是比过春节更加隆重的节庆活动，祭祀海龙王、海神娘娘寄托着渔民对安全和丰收的美好愿望。20世纪70年代，这一习俗曾因被斥为封建迷信而遭禁止，但院夼村村民依然在暗中祭祀。80年代之后，民间自发组织的谷雨祭海活动复兴，且愈加隆重。非遗保护运动开始之后，该村在2008年将谷雨祭海活动以“渔民开洋、谢洋节”的名称申请为国家级非物质文化遗产。自此，院夼村谷雨祭海活动得以正名。从每年

1 参见［德］赫尔曼·鲍辛格：《技术世界中的民间文化》，户晓辉译，广西师范大学出版社，2014年，第142页。

2 张士闪主编：《中国民俗文化发展报告2013》，北京大学出版社，2014年，第6页。

3 姜义华：《中华文明现代转型的独创路径》，《人民论坛》2010年第35期。

4 姜义华：《中华文明现代转型的独创路径》，《人民论坛》2010年第35期。

谷雨期间，龙王庙香火旺盛，祭祀海龙王、海神娘娘的仪式之隆重可见，民众运用自己的智慧实现了当地曾饱经争议的民间文化的复兴和发展。

院夼村的谷雨祭海活动是从传统中发展而来的，但当今的民俗文化并不都是来源于连续着的传统，也有生机勃勃地从生活里生长出来的、全新的或者重构的民间文化。2006年4月，河南新郑市首次举办黄帝故里拜祖大典，参与者身穿西装，肩披黄巾。大典共分盛世礼炮、敬献花篮、净手上香、行施拜礼、恭读拜文、点燃圣火、高唱颂歌、乐舞敬拜、天地人和九项议程。类似议程的公祭近些年层出不穷，各地以祭祀黄帝、炎帝、大禹、仓颉、孔子、屈原等神话人物或者历史人物为名义举办公祭大典，以文化促进当地经济的发展。与此同时，汉服爱好者批判此类公祭是“屁股对着祖宗”的“文化游戏”，主张祭礼要发自内心地表达敬意，希望恢复“华夏古礼”。因此，全国各地汉服爱好者翻阅典籍文献，整理出古代祭礼流程，并将此付诸行动。2015年山东聊城举办“追思先祖，华夏复兴”祭祀轩辕黄帝活动，参与者均穿着汉服，行“跪拜礼”，奏肃穆雅乐，取消公祭中的领导讲话、礼炮等流程。以上两种祭礼均非来自连续着的传统，而是传统的发明与重构。黄帝作为天神被祭祀始于先秦，至明清时期，黄帝主要作为帝王被祭祀。辛亥革命后至1949年之前，中国共产党和国民党都举办过祭祀黄帝的活动，奉黄帝为中华民族的先祖，通过祭祀黄帝来宣告自己的政治正统地位。21世纪以来的国家公祭和汉服爱好者民祭均非源自以上两种传统。黄帝公祭不仅有“文化搭台、经济唱戏”的意图，更有国家和平统一的政治性意义。汉服爱好者的民祭是出于对现代性的反思和对传统意义的再造。有人将这些斥为“伪民俗”，但这些祭典并未给民众的生活带来伤害，反而客观上促进了民间文化在地方社会上发挥积极作用。出现时间短暂并不是评判民俗文化的标准，这些祭典是民间社会对“传统更新的补偿性尝试”[1]。

---

1 ［德］赫尔曼·鲍辛格:《技术世界中的民间文化》，户晓辉译，广西师范大学出版社，2014年，第154页。

当代中华文明经历了时间线性的更迭和空间横向的交流，民俗文化在表面消逝和式微的情况下正在经历复兴和再造。这源自中华文明强大的包容性和生命力，这生命力的源泉来自民众的文化自觉与文化自信。文明进程中，民间文化正在进行创造性转化、创新性发展。民间社会一方面葆育、复兴着传统的民间文化，另一方面生长、创造着新的民间文化。民间文化在人与人的相互交流、相互认同之中传承着。历史性、传统的连续性或者原生态并不能成为判断是不是民间文化的标准。春节和情人节、民歌和摇滚乐、公祭和民祭、庙会集市和"双十一"网购节，都是今天的民间文化。

### （二）城镇化进程中民俗文化重构与身份认同再造

城镇化是当今社会实现全面现代化的必由之径。城镇化水平提升的进程，是城市空间扩张的过程，"其实现手段就是空间生产"[1]，"主要是表现在具有一定历史性的城市的急速扩张、社会的普遍都市化，以及空间性组织的问题等各方面"[2]。空间的生产是人类物质实践活动本身，也是这种行为的结果。城镇化进程中的人类生产是鲜明区别于农耕时代的生产活动，具有工业化、消费主义、现代化乃至后现代化的特征。对城镇化进程中民俗文化的考察，不能仅站在一个历时性的层面。我们更要意识到，民众的实践生产了当前的城市空间，城市空间中上演的是具有同时性（simultaneity）和并置性（juxtaposition）的时代特征。[3]

2021年末，我国常住人口城镇化率[4]是64.72%[5]，而1949年我国的城镇化率

---

1 崔立颖、丁乙：《西方马克思主义城市空间理论研究的四个维度》，《重庆交通大学学报（社会科学版）》2022年第2期。

2 包亚明主编：《现代性与空间的生产》，上海教育出版社，2002年，第47页。

3 参见包亚明主编：《现代性与空间的生产》，上海教育出版社，2002年，《序》第9页。

4 城镇化率是一个国家或地区的城镇常住人口占这个国家或地区全部人口的比例。

5 《王萍萍：人口总量保持增长　城镇化水平稳步提升》，中国经济网，http://www.ce.cn/xwzx/gnsz/gdxw/202201/18/t20220118_37264987.shtml，发表时间：2022年1月18日，浏览时间：2022年5月24日。

仅为10.64%[1]，1978年城镇化率为17.9%[2]。可见，改革开放40余年来，我国城镇化率增长了46.82个百分点，年均增长1.09个百分点。这就意味着，在短短40余年里，有相当一部分中国人迅速地从农民身份变成城镇居民身份，由从事农业生产转向了非农业职业，其居住空间、身份认同、生活方式、交往方式等方方面面都发生了剧烈的变革。

创造新生活与传承传统文化在民众生活中并不冲突。城镇化必然伴随区域范围内民俗文化的发展变革。民众以书写村志、回忆录、修建村落民俗博物馆、申请非物质文化遗产等形式，将他们认为重要的、能够代表本地标志性文化特征的民俗文化以记忆的形式保留下来。北京石景山区模式口村曾是西郊煤炭运输至北京市区的重要通道。20世纪50年代之前，每日来往客商不断，村民在自家院落做起了生意，模式口大街繁荣一时，直至京张铁路修建完成，驼铃古道模式口的繁华才逐渐消退。该村因盛产磨刀石而得名，其村落位于蟠龙山、黑头山之间，山上富藏着可制作磨刀石的砂岩。早在辽代，此处就已有人开采磨刀石，在20世纪50年代至80年代初，该村生产的磨刀石曾销往海外。因此，该村村民为拥有磨刀石开采和制作技艺而自豪，优秀的石匠得到村民们的一致尊重。梁永安可以同时打制四块磨刀石，被封为“磨刀石塘第一把交椅”。1984年，首都钢铁厂征用模式口全部耕地和磨刀石塘，村民全部转为城市户口，适龄青年从农民变成了首钢工人。模式口村不再生产磨刀石。村落曾经独特的自然资源和交通优势产生了独特的劳作模式，也塑造了模式口人的身份认同和历史记忆。20世纪80年代以来，模式口村落聚居模式虽未解体，但新的劳作模式和城市人身份标签下，模式口人需要重拾共同的历史记忆来建构村落的身份认同和文化自信。2016年，模式口历史文化街区建设项目启动。该项目需要拆

1 《城镇化水平不断提升　城市发展阔步前进——新中国成立70周年经济社会发展成就系列报告之十七》，国家统计局网，http://www.stats.gov.cn/sj/zxfb/202302/t20230203_1900425.html，发表时间：2019年8月15日，浏览时间：2022年5月24日。

2 《沧桑巨变七十载　民族复兴铸辉煌——新中国成立70周年经济社会发展成就系列报告之一》，国家统计局网，http://www.stats.gov.cn/sj/zxfb/202302/t20230203_1900355.html，发表时间：2019年7月1日，浏览时间：2022年5月24日。

建翻新传统民居以整合街道、发展旅游。模式口人认为模式口的历史文化不能只是黛瓦青石路的商业旅游步行街，重要的是这片土地上曾经承载的历史记忆。因此，模式口历史文化调查小组启动，居民范占禄、高凤谦找到老石匠梁永安、王德江等人，重新上山采石，制作磨刀石，恢复磨刀石技艺。同时，梁永安强忍病痛写下了大量的模式口回忆文章，有《模式口村清末、民国至解放初年各行各业统计一览表》《怪人李淘气》《模式口村解放前后文化教育办学及民风习俗情况》《模式口村的历史渊源》等几十篇，并绘制了20世纪50年代模式口商铺民居地图。这些都成为模式口难得的历史记忆。小群体内民间文化的追忆、书写、重构，表现出民众对集体的情感需要。民众在共同的记忆空间中塑造集体记忆，建立与过去文化、曾经社会关系的联系，达成对村落集体的认同和自我身份的认可。重拾记忆，并不仅是为了怀旧和安抚乡愁，更重要的是为了开创新的生活，适应新的民间文化。

民众在城镇化进程中重拾历史记忆的同时，也在积极地适应城市生活，建构新的城市空间上的生活记忆，创造新的民间文化。北京丰台区东高地和云岗曾经是大片的农田和荒凉的坟地，如今已成为新中国航天事业的摇篮。1956年，国防部第五研究院成立，选址在丰台区的云岗、东高地和海淀区的永定路地区。自此，中国人的航天梦在这片曾经荒芜的土地上起飞。来自五湖四海，甚至远渡重洋到此的科研人才在此扎根，奉献出激扬的青春，一座座科研楼、家属楼、公园、科技馆拔地而起，航天人和航天城成为“东高地和云岗”的标签。东方红一号卫星发射、神舟五号载人航天、嫦娥一号月球探测等等，这些是中国航天史的里程碑，也是航天城的里程碑。这片土地上承载的记忆不再是农耕、皇家猎场、清军驻地，而是航天人无私奉献、报效祖国、开拓创新的中国航天精神，以及航天人在千重困难中共同经历的感人至深的集体记忆。热爱京剧的航天人自发组织了航天长虹京剧团。2016年，该剧团自创自演反映航天人精神的现代京剧《航天颂》，讲述了我国航天事业发展中的三件事。这三件事分别是我国发射第一颗人造地球卫星“东方红一号”、我国历经18个月创造性地完成了出售给澳大利亚的卫星的研制和发射场抢险事件。[1]这是属于航天城里航天人的集体记忆。航天人不仅在工作上无私奉献，更是将奉献精神带到了日常生活中，融入了这片土地的文化之中。剧团排练京剧不仅为了自娱自乐，他们还积极参加“京剧进课堂”活动，在东高地的五所小学内推广京剧。航天城的文化发生在每个航天人的生活中。孙希昌是云岗森林公园的绿色守护神，植树造林，离休前每天6点“巡山”，甚至春节都坚持在岗，曾经遍布黄沙和垃圾的荒地如今绿树成荫。郭德卿自20世纪60年代开始为大家义务磨菜刀，几十年来风雨无阻。王利平是航天三院七三一医院退休的医务工作者，退休后她积极参加志愿服务，用自己的专业医疗知识服务大众，每周三在云岗翠园社区为居民义务量血压，进行健康保健指导等，被居民赞誉为身边的“健康守护神”。[2]诸如此类的人物和事迹数不胜数。

城镇化的核心，在于人的城镇化。这不仅在于身份的改变，还在于人的物质实践活动生产了城镇空间，塑造了空间性格。由荒芜的农田、坟地变成的航天城成了中国航天梦的摇篮，模式口村从驼铃古道、磨刀石塘变成了历史文化旅游地、首钢职工小区，海淀区曾经的皇家冰窖如今已成为中关村，等等。中国这片土地上正在上演着的城镇化，是由无数人所创造的。城镇化进程中的民间文化，在民众生活中生成、创新并得以传承，呈现出勃勃生机。这些文化塑造着不同区域、不同群体的特征与区隔，传统性与现代性在同一空间同时上演。

### （三）流动社会的民俗文化交融与杂糅

流动社会并非可以简单地定义为人口“经常变换位置”的社会，而是人与人的生存要素呈现液态的、流动性的、不可定的流动形态的社会，是一种新的社会结构。有学者定义当前社会为“大流动社会”，指的是“在传统向现代的社会转型过程中，原本附着和附属于土地、户籍、单位等要素和框架的人口，大

1 参见刘铁梁主编：《中国民俗文化志·北京·丰台区卷》，北京出版社，2018年，第364页。

2 参见刘铁梁主编：《中国民俗文化志·北京·丰台区卷》，北京出版社，2018年，第378页。

规模、常态化、钟摆式流动起来的一种社会结构”[1]。

改革开放以来，中国正在经历着体制改革、户籍制度改革和产业转型，区域间流动人口规模逐渐扩大。第七次人口普查数据表明，截至2021年11月1日零时，“人户分离人口为49276万人……与2010年相比，人户分离人口增长88.52%，市辖区内人户分离人口增长192.66%，流动人口增长69.73%”[2]。越来越多的民众背井离乡，前往他乡谋生，获取更多、更优质的经济收益和生存资源。在全球范围内，移民和文化流动已成为一种社会常见现象，家乡和他乡的生活文化，在流动者的身上如河流交汇一般，经历了冲撞、排斥之后，最终有机地融合在个体的日常生活中，众多个体聚集在一起，形成了全新的生活文化。正如达莱马所说：“移民是一种财富而非危险。”[3]

“京彩剪纸”的创始人张娟和屈金山，正是流动社会中将两种生活文化融于一身的典型代表。河北蔚县被誉为“民间艺术之乡”，在当地，农民农闲之余也会制作剪纸、绣花等手工艺品补贴家用。20世纪50年代，屈金山全家来到北京谋生，定居当时的丰台镇。屈金山的母亲赵春先会绣花、剪纸等技艺，当时正值国家主张手工艺品出口换外汇的政策当口，赵春先凭着在家乡习得的一技之长，成为居委会绣花小组的组长，收入比屈金山的父亲还多。21世纪初，屈金山受到国家非遗保护政策的启发，回乡考察剪纸工艺，与表妹张娟意见相投。两人都有感于家乡优秀的剪纸文化有着深厚的文化内涵却难以为社会获知，于是决定将蔚县剪纸带入北京，进行蔚县剪纸的文献整理与文化研究。

2007年，北京迎奥运民间艺术展览会上，张娟、屈金山两人的剪纸展厅获得了领导的高度评价，被认为是五六十年前代表北京文脉的东西在他们这里找到了。两人深受鼓励和启发，因此成立公司，专门研究剪纸文化。他们经过调

---

1　刘义强：《再造新型社会连接生态体系》，人民论坛网，http://www.rmlt.com.cn/2020/0607/582691.shtml?from=singlemessage，发表时间：2020年6月7日，浏览时间：2022年5月24日。

2　国家统计局：《第七次全国人口普查主要数据情况》，国家统计局网，http://www.stats.gov.cn/xxgk/sjfb/zxfb2020/202105/t20210511_1817195.html，发表时间：2021年5月11日，浏览时间：2022年5月24日。

3　［英］齐格蒙特·鲍曼：《流动的现代性》，欧阳景根译，中国人民大学出版社，2017年，第13页。

研发现，手工剪纸已从生活实用品变成了工艺品，人们更看重剪纸的艺术性和文化价值。二人不仅挖掘剪纸里的文化、创作者的思想，也将剪纸内容与丰台乃至北京的人文、景观、社会现象等相结合，开创了“京彩剪纸”这一品牌。他们创作的是具有北京文化风貌的剪纸作品，如剪纸作品《卢沟晓月》入选“2015 年度十大文化创意精品”。此外，他们也参加政府组织的文化建设活动，以剪纸的形式声情并茂地向丰台区各中小学的孩子们讲述中国传统故事。2015 年，他们随代表团到台湾地区交流，“京彩剪纸”作品感动了台湾老兵，唤起了他们的思乡之情。“京彩剪纸”的创作，已经融入丰台乃至北京的文化建设之中。2020 年，张娟、屈金山以“蔚县剪纸（北京支）”的名义申报了北京朝阳区第六批非物质文化遗产代表性项目，并获得了批准。

屈金山、张娟从蔚县移民到北京的过程，也是文化交融、文化创新的过程。他们说着一口地道的北京话，习惯了北京人的生活节奏，却在用蔚县剪纸技艺创作着具有北京风貌的艺术作品。他们将家乡文化带到北京，实现北京文化与家乡文化的融合。“京彩剪纸”品牌的创立过程，体现当代城镇化大潮中个人移民进城后渴望社会支持又希望实现自我价值、担心差异又害怕失去个性，最终在个人生活中实现两种文化相平衡，并成功获得目的地社会支持的文化实践过程。同样，我们可以看到，地域文化从来不是原汁原味、亘古不变地从这片土地上生长出来的文化，也不应该排斥外来文化的交融。正如齐格蒙特·鲍曼（zygmunt Bauman）所说：“外来者的涌入必将引起文化交融；文化灵感的融合是丰富文化的源泉和创造力的引擎。”[1]

像张娟、屈金山这样的人口流动在当今中国社会颇为普遍，如“北漂”已成为从家乡到北京发展的流动群体的代名词。其中既涵盖了像“浙江村”“河南村”这样以地域为单位来京从事同一行业并聚居的群体，也包含着散落在北京各个写字楼、产业园里以个人为单位依靠知识独立谋生的人群。这些人的生活方式、文化趣味、行为模式受到目的地文化的形塑，在返乡后，也影响着家乡

1 ［英］齐格蒙特·鲍曼：《流动的现代性》，欧阳景根译，中国人民大学出版社，2017 年，第 13 页。

文化的变革。在《中国在梁庄》《出梁庄记》作者梁鸿记录的家乡梁庄，关于婚嫁标准流行着这样一句话："房子冒尖，婆子年轻，兄弟一个。"[1]兄弟一个指的是家庭负担轻，没人争父母财产。对于婆婆年轻的要求，是因为该村有相当一部分年轻人要外出打工，孩子无法跟随父母在外地生活，需要年轻健康的婆婆帮忙带孩子。而关于房子的标准，也与外出务工潮有关系。村民外出务工积累财富后，不是在工作所在地的城市里购置商品房，而是回村盖一栋小楼房，按照城市装修标准进行室内装修和家具家电的布置。在他们心中，家乡才是心灵寄托之地，在家乡拥有一座装修媲美城市商品房的小楼，足以让他们在他乡简陋阴暗的出租房里得到安慰和满足。

家乡作为一种理想之地进入流动社会的语境，以纯粹本真的文化之源的形象出现在人们的乡愁想象中。人们可以通过强调故乡风土人情的美好纯粹来表达对故土的眷恋与寄托，但是这不意味着家乡文化等于本真。一方面，因流动而形成了新的生活文化，人们在家乡与他乡之间流动，新的婚育观与都市型生活方式迅速扩展，春节成为返乡年轻人相亲的重要时段，婚嫁标准中车与房的物质标准往往希望与城市标准相类似；另一方面，人作为文化的载体，实现了地域间文化的交融，地域文化更具有风格化和标志性。如在北京务工的梁庄人，模仿北京人的生活方式，带着家人或者客人下馆子吃喝消遣，回到故乡后也时不时露出几句卷舌音重的北京话。但偶尔冒出的北京腔令他们怅然若失，仿佛失去了家乡的认可，但又侧面展现出，地域文化在流动社会中以地域标志性的方式存在，它成为人们对自我身份认同的一种象征。河南梁庄人展现出像北京人一样的说话腔调和生活方式，而不是自己情之所系的故土的美妙乡音和生活方式，令他们有失却家乡身份的怅然。

现代化、城镇化、流动社会，这些文明进程中重要的结构因素，强有力地塑造着民众的日常生活，重构着民间文化。在这一社会现实下，中国民众也表现出极强的能动性，并不是简单地被历史裹挟着前进。民俗文化变革，意味着

1　梁鸿：《出梁庄记》，花城出版社，2013年，第133页。

文化在生活中传承、创新、转化，是一个历时性的过程，也是展现民众生活传承整体性和变异性的过程。这是从变化中看历史，也是在变化中看当下，并非“民俗主义”能够以“二手文化”来简单概括的社会事实。

## 第二节　当下学术转型的进展及几个关键问题

20世纪，整个中国学术界，都经历了“由传统的治学观念向现代性学术观念的转变过程”[1]。中国民俗学逐渐建立起现代学科体系，开始出现面向当下的学术转型，文化溯源式的研究逐渐被对当下生活进行田野调查的民俗志式研究所取代。总体来说，新时期民俗学发展可以分为四个阶段。第一阶段是20世纪80年代进行溯源式研究的学科恢复期。这一阶段的研究范式延续了20世纪上半叶学科肇始期的范式，但在学科建设、人才培养、学术交流平台搭建等方面有着较为突出的成果。第二阶段是20世纪90年代传统研究汇入时代潮流的田野研究的转型期。这一阶段表现出鲜明的转型期特征，传统的文化史研究与全新的现代田野研究、整体性研究并存，并且后者逐步获得学术共同体的认同，为21世纪以后确立新范式奠定了基础。第三阶段是21世纪第一个十年面向当下研究的成形期。这一阶段，民俗学的研究与国际学术进展、中国社会现实结合更加紧密，呈现出鲜明的面向当下和关注民众生活的特征。第四阶段是21世纪第二个十年转向当下日常交流实践的全新时期。这一阶段是中国民俗学本土化理论建构的蓬勃发展期，确立了实践的、整体的、主体的研究范式，日常生活、田野作业、都市研究、交流实践等成为学术关键词。

从以上四个阶段的总结可以看出，民俗学的研究方向更加多元，与国际学术进展、中国社会现实结合更加紧密，呈现出鲜明的面向当下和关注民众生活的特征。当下学术转型的进展主要体现在以下几个关键问题的讨论上，即现代

1　刘铁梁：《中国民俗学思想发展的道路》，《民俗研究》2008年第4期。

田野作业方法的确立、传统文化整体论与民俗文化学的提出、整体性研究与交流实践研究、家乡民俗学与主客体关系反思、生活革命研究与日常生活转型、非遗研究与民俗文化价值的检讨等。这些关键问题的提出和解答，奠定了民俗学面向生活变革学术转型的理论基础。

## 一、现代田野作业研究方法的确立

中国民俗学现代田野作业的开展主要起始于20世纪90年代。在此之前，中国民俗学绝大部分的田野实践还停留在采风搜集文本的阶段。1918—1949年，采风式搜集曾是重要的研究方法，典型的是北大歌谣运动，学者们搜集的歌谣文本刊载于《歌谣周刊》。这些搜集上来的文本只是单纯的文本，缺乏生活整体性。1925年，顾颉刚、容肇祖、容庚、庄严、孙伏园五人登上妙峰山，进行了妙峰山香会调查。此次调查被誉为“中国现代民俗学史上第一次有组织、有目的、有计划的专项田野调查”[1]。然而，这并非一次符合规范的民俗学田野作业。顾颉刚在调查中观察多、访谈少，有些问题没有积极向老百姓请教，而是付诸想象和猜测。[2]但顾颉刚等学者在妙峰山香会的调查行动，在学科发展建设中有着极高的象征意义，代表着学者开始走出书斋摇椅，走进大众生活，真正从广大人民群众的生活中去思考现代民族国家建设的问题。

20世纪50年代至70年代末，民俗学的田野作业基本上以民间文学作品的搜集整理为主。1984年启动的“中国民间文学三套集成”工程，出版总字数超过40亿字，搜集整理了大量的民间文学文本，但这也不算是严格意义上的田野作业。同一时期，学界的田野调查理论与实践已经悄然地发生了变化。中国民俗学界第一次提出“田野作业”概念，是1985年在江苏南通召开的“田野作业与研究方法”座谈会上。这次座谈会是《民间文学论坛》编辑部主持召开的，

1　施爱东:《中国现代民俗学检讨》，社会科学文献出版社，2010年，第62页。

2　顾颉刚等人在香会上看到会头们互道“虔诚”，并未上前询问“虔诚”是哪两个字，什么意思，为何要互道“虔诚”，而是在调查回来后想象与猜测这一行为。

后又在《民间文学论坛》上开设了“田野作业”栏目，倡导“立体的、多面的”田野作业。这是对过去仅注重口述文本、平面的搜集整理工作的反思。1985年，山东大学民俗学研究所在全省聘请了百余名风俗调查员进行山东省的民俗普查，部分作品发表在《民俗研究》上。山东大学民俗学研究所的研究人员，此后还进行了胶东民俗考察、沂蒙山区民俗考察等，并组织山东省民俗学会会员进行黄河口民俗考察、泰山民俗考察等。[1]这些田野调查的实践，都推动了现代田野作业研究方式的确立。

真正引导学界将现代田野调查作为重要研究方法的，是1989—2010年由日本学者福田亚细男担任团长、前期由张紫晨担任中方团长的“中日联合民俗调查”。此次调查有不少中国学者参加，主要在中国的浙江、江苏等地进行，不再是采风式的调查，而是研究生活的调查。村落的传统、古老的事象、节日活动、信仰活动、仪式活动等与民众生活相关的部分，成为主要调查对象。“中日联合民俗调查”持续了20余年，培养了不少以田野调查为主要研究方式的中国学者，如陈勤建、刘铁梁、周星等。此后，这些学者在培养学生时，都注重田野调查的规范训练，对民俗学田野调查的开展产生了重要的影响。1995年，刘铁梁在河北范庄龙牌会组织了第一次田野调查。此后10余年，范庄龙牌会的田野调查成为惯例。除了中日联合考察，20世纪90年代，河南大学张振犁带领学生高有鹏、程健君等人在河南很多地方进行了较为深入的田野调查。

现代田野调查不同于文献考据的历史视角，它是一种面向现实生活的视角。刘铁梁曾在讨论庙会内容时提出：“在精审地整理文献的同时，更自觉地走入民间社会特别是乡村社会，在生活中真切地观察和细心地体验民众如何创造和传承了他们的文化，如何增长和扩充着他们的知识，就成为民俗学和各方面研究民间文化的学者所必需的乃至首选的科学路径。”[2]将田野作业作为研究方法，已

1 参见叶涛：《当代山东的民俗调查与民俗研究》，中国民俗学会编：《中国民俗学研究（第二辑）》，中央民族大学出版社，1996年，第91—98页。

2 刘铁梁：《村落庙会的传统及其调整——范庄“龙牌会”与其他几个村落庙会的比较》，郭于华主编：《仪式与社会变迁》，社会科学文献出版社，2000年，第255页。

成为众多学者的共识。20世纪90年代以后，大量学术专著和硕博士学位论文以田野调查资料为研究内容。例如，山东大学民俗学研究所2005—2010年共有26篇博士、硕士学位论文，其中18篇是以田野调查为研究方法的。[1]

21世纪以来，田野调查与中国社会现实更深层次地结合在一起，如何开展城市化中的田野作业也被提上了日程。较为典型的是刘铁梁主持的《中国民俗文化志》北京各区县的调查和写作。这不仅践行了当代地方民俗志的新书写范式，而且检讨了田野作业如何适用于城市化的民众生活。其中，记忆、认同、身体性、个人、感受、对话、群体等成为城市化进程中田野作业的关键词。民俗学者在田野调查过程中，与访谈对象建立起互相关心、互相信赖的对话关系，理解和掌握个人生活史与群体民俗文化传统之间的各种关联，注重民俗的身体性特征，更加自觉地调动身体感受去加深对生活变化的理解。这逐渐成为学界田野调查的基本理念。

现代田野作业的实践还有很多，本处不再一一列举。21世纪以来，田野作业成为中国民俗学开展当下生活研究重要的研究方法。如何在当今社会变革的背景下进行田野作业，在田野作业中关注到哪些人群，如何看待自身学术研究和民众的生活实践等，逐渐成为建构具有民俗学特征的田野调查方法的重要问题。在这一历程中，学者不仅把求索目光转向了人类学、社会学等相关学科，还关注到了中国传统的采风传统。可以这么说，民俗学的田野调查不是绝对的舶来品，而是与国外民俗学对话交流、民俗学者自身探索和继承中国优秀采风传统的结果。与现代学术中田野作业追求实证性、科学性不同，我国古代“采风”是出自“政治文化实践”的目的，将民俗视为礼乐制度的源头活水。因此，不少学者强调应该继承这一优良传统，不能仅把被访谈人视作信息提供者，而是将他们看作与我们一起进行文化实践的行动者，通过田野调查进行一次对地方文化、民众生活认同的交流实践。

---

1 该部分数据采用的是中国知网收录的学位论文，专业名称为民俗学（含中国民间文学）。数据摘录日期为2023年8月14日。

## 二、文化热、传统文化整体论与民俗文化学的提出

20世纪80年代初，一场文化热席卷全国。学术界的文化论战思潮主要出现在1984—1989年，表现在人文社科领域关于传统文化、西方文化、五四运动等问题的讨论。学术界就五四运动与当前文化热的关系、传统文化与西方文化孰优孰劣、如何建设新时期的文化等问题，多次召开研讨会探讨。但是，文化论战集中在传统精英文化领域，偶尔涉及公共文化发展的问题，极少有关于民间文化的讨论。钟敬文是唯一被邀请参与纪念五四运动70周年会议的民俗学者，也是唯一参与到文化热讨论中的民俗学者。[1]他在此过程中提出了"文化三分法"及"民俗文化学"，希冀以民族民间文化来谈及民族文化与文明复兴的问题。1986年，他在《谈谈民族的下层文化》[2]一文中，认为民族的传统文化应该包括下层文化和上层文化，社会主义新文化建设应该关注到下层文化在民众生活中的意义。钟敬文对下层文化（后期又加入了中层文化）的强调，不仅是要将民俗文化纳入传统文化的讨论和建设中，而且意味着建构起传承于民众生活的民俗文化，对推动文明进程和实现中国式现代化具有重要的意义与价值。

1989年，钟敬文受邀参加"五四运动七十周年学术讨论会"，并发表了题为《"五四"时期民俗文化学的兴起》的讲话，首次提出"民俗文化学"一词。使用"民俗文化学"，是"为了便于称呼"在五四时期学者对待传统文化里的中、下层文化的共同态度和活动。[3]1991年，钟敬文在《民俗文化学发凡》一文中，正式论述了"民俗文化学"的概念、性质、范围，与其他学科的关系，以及学科体系结构的设想等。"民俗文化学"的提出，不是凭空而来，而是有着

---

1 1989年5月5—7日，中国社会科学院主办的"五四运动七十周年学术讨论会"召开，钟敬文在此次会议上发表题为《"五四"时期民俗文化学的兴起》的讲话。这篇讲话后被收录到《五四运动与中国文化建设——五四运动七十周年学术讨论会论文选》一书中。（中国社会科学院科研局、《中国社会科学》杂志社编：《五四运动与中国文化建设——五四运动七十周年学术讨论会论文选》，中国社会文献出版社，1989年。）

2 钟敬文：《谈谈民族的下层文化》，《群言》1986年第11期。

3 钟敬文著，董晓萍编：《民俗文化学：梗概与兴起》，中华书局，1996年，第90页。

深厚的学术渊源。他最初受到英国人类学派的影响，但是又认为英国的民俗学太窄。为了寻找“适合中国国情和中国的中、下层文化的理论与方法”[1]，他在日本阅读了大量的人类学、民俗学、社会学等方面的图书，20世纪30年代提出“民间文化”一词。此后，钟敬文有多篇论文是运用历史资料进行民俗文化史的研究。因此，“民俗文化学”的提出，是钟敬文学术思想“水到渠成”的结果。“钟先生终于为自己平生倾全力从事的科学研究事业，找到了一个确切的名称，那就是民俗文化学。”[2]

钟敬文提出的“文化三分法”和“民俗文化学”，目的并非强调中、下层文化，而是出于传统文化整体论的思考。以往的传统文化研究，往往是强调文献研究，聚焦于精英阶层的经史典籍，忽视了真正在民众生活中传承的传统文化。钟敬文的民俗文化学，恰好地反思了这一现状。2023年，钟敬文的学生刘铁梁深刻理解了他晚年的思考，提出钟敬文的这一思想“体现出他所拥有的文明视野，即涵括多主体文明关系和中华文明主体的视野”[3]。

## 三、整体性研究与交流实践研究

20世纪80年代占据主流地位的文化史研究有两个典型特征，即脱离生活整体和眼光向后。这类研究将民俗文化从生活中剥离出来，探求民俗事象的渊源和历史发展形态，生产出孤立的、无主体性的、面目模糊的文本成果。这一阶段的搜集整理也有类似的特征，倡导忠实、科学地记录文本，却忽略了民俗文化的生活性特征。20世纪80年代到90年代末，学界开始反思这种研究方法，探讨整体性研究的可能。例如，费孝通提出注重民间文学的场合和风俗作用，段宝林提出“民间文学立体论”，刘铁梁提出“村落传承空间”，高丙

1　参见钟敬文著，董晓萍编：《民俗文化学：梗概与兴起》，中华书局，1996年，第276页。

2　程蔷：《坚实的奠基　睿智的启示——〈民俗文化学：梗概与兴起〉读后》，《文教资料》1998年第1期。

3　刘铁梁：《钟敬文民俗学思想的文明视野》，《民俗研究》2023年第4期。

中提出“民俗生活”与“生活世界”，等等。整体性研究的趋势，是一种研究范式和研究视角的转变，促进了民俗学向着关注当下日常生活的转型。其中，“民俗生活与生活世界”和“村落传承空间”坚实地推动了民俗学的整体性研究转向。

1991年，高丙中提出“民俗生活”与“生活世界”，倡导整体性地研究当下民众生活，在理论上回答了“研究什么样的民俗”的问题。他主要沿用美国社会学家萨姆纳和德国哲学家胡塞尔的理论，提出生活世界应该是民俗学的研究领域，民俗学的“生活世界”是“日常活动的世界”。[1]他提倡的是以生活为取向的研究，是一种有别于当时文化史研究潮流的新取向，为此后的当下日常生活研究奠定了思考基础。但他仅以理论视角探讨了生活整体研究的可能性，而真正的以生活为取向的研究，是基于现代田野调查方法开展的个案研究。

1996年，刘铁梁发表的《村落——民俗传承的生活空间》[2]，将村落视作一个民俗传承的有机整体，是民俗学应该调查的基本空间单位。他在“物质”和“精神”两个层面分析村落所拥有的“自足”性质，强调“在村落民俗表现出来的共同文化规范之下，潜在有村落的自我意识，它由相通的个人感受所形成”[3]。刘铁梁既强调了村落是一个紧密结合的群体，人作为生活文化的承担者和主体应该予以关注，又将民俗学的“生活史”研究落实到“村落”这个具体而整体的时空之中。“村落，在民俗学界作为研究单位被发明出来，它的学术意义在于强调研究对象的时空限定性，以及在一定时空范围内的整体研究。”[4]此后，在具体的生活时空中研究村落，成为许多民俗学、民间文学硕博士学位论文选题的主流方向。[5]以北京师范大学为例，1996—2010年，较有代表性的村落研究学位

---

1 高丙中：《民俗文化与民俗生活》，中国社会科学出版社，1994年，第133页。

2 该文发表于《北京师范大学学报（社会科学版）》1996年第6期。

3 刘铁梁：《村落——民俗传承的生活空间》，《北京师范大学学报（社会科学版）》1996年第6期。

4 刘晓春：《从“民俗”到“语境中的民俗”——中国民俗学的范式转换》，《民俗研究》2009年第2期。

5 参见毛晓帅：《中国民俗学转型发展与表演理论的对话关系》，《民俗研究》2018年第4期。

论文有刘晓春的《一个客家村落的家族与文化——江西富东村的个案研究》[1]、王杰文的《邻里纠纷与村落惯例——山西省柳林县明家焉村个案研究》[2]、刁统菊的《姻亲关系的秩序与意义——以山东枣庄红山峪村为个案》[3]、蔡磊的《手艺劳作模式与村落社会的建构——房山沿村编筐手艺的考察》[4]。这几篇村落研究的学位论文，虽不能完全代表民俗学村落研究的全部进展，但展现出村落整体研究已经成为民俗学的重要选择。

21世纪以来，整体性研究得到更深入的讨论和学术实践，较为典型的是表演理论与中国民俗学的对话过程。20世纪60年代末70年代初，美国民俗学界出现了表演理论、民族志诗学等理论方法，文本与语境的问题正式进入民间文学和民俗学的研究领域。表演理论的代表人物理查德·鲍曼，主要考察对象是口头艺术，即处于特定情境中口头互动交流的艺术形式，以表演（语境）为中心进行研究。交流与语境的提出，是美国民俗学口头文学研究传统趋势的延续。20世纪80年代以后，中国学者阎云翔[5]、高丙中[6]、李亦园[7]、黄向春[8]等人分别介绍过表演理论。这一时期，正逢中国民俗学整体性研究、生活研究的转型时期，学者们急需理论支撑起转型期的新范式。因此，21世纪后，杨利慧、安德明、刘晓春等学者译介和解读的表演理论著述，得到了广泛讨论。他们看重的不是表演理论在口头文学研究领域的方法论意义，而是以表演理论为视角去检讨民

1　刘晓春：《一个客家村落的家族与文化——江西富东村的个案研究》，北京师范大学1998年博士学位论文，指导教师钟敬文。

2　王杰文：《邻里纠纷与村落惯例——山西省柳林县明家焉村个案研究》，北京师范大学2003年硕士学位论文，指导教师刘铁梁。

3　刁统菊：《姻亲关系的秩序与意义——以山东枣庄红山峪村为个案》，北京师范大学2004年博士学位论文，指导教师刘铁梁。

4　蔡磊：《手艺劳作模式与村落社会的建构——房山沿村编筐手艺的考察》，北京师范大学2009年博士学位论文，指导教师刘铁梁。

5　阎云翔：《民间故事的表演性》，《民间文学》1985年第7期。

6　高丙中：《民俗文化与民俗生活》，中国社会科学出版社，1994年。

7　李亦园：《民间文学的人类学研究》，《民族艺术》1998年第3期。

8　黄向春：《自由交流与学科重建》，叶舒宪编：《文化与文本》，中央编译出版社，1998年。

俗学的研究范式问题。同时，有学者尝试借鉴表演理论进行民间文学研究。[1]学者们强调的表演与语境，是针对向后看、脱离生活整体的范式而言的，主张田野调查，关心行为主体，提出口头文学文本、民俗事象等都应该被放置于其发生的语境中去讨论。

但这一阶段对表演、语境的理解，出现了两个问题。一是生活研究无法区别文本与语境，即使是故事、传说等民间文学，也都是在生活中存在、传承，无法脱离生活态的本质来谈文本与语境的关系。理查德·鲍曼所讲的“表演”是与文本中心研究相对的一种生活整体研究，而不是将民俗本身区分为文本与语境，或者重点强调语境。二是忽视了理查德·鲍曼对交流实践的论述。他在接受杨利慧、安德明采访时明确表示，吸引他提出表演理论的是他对人类学的关注，而人类学、社会学中，他感兴趣的是“交流系统（communicative system）被用来创造社会关系、建构社会生活的途径问题”[2]。因此，他提出：“我所说的‘表演’，是交流实践的一种模式（one mode of communicative practice），是在别人面前对自己的技巧和能力的一种展示。”[3]鲍曼不是在文本研究之外重构一个语境研究，而是强调学者应该看到民众如何践行民俗、如何运用民俗来组织自己的生活、如何建构自己的身份及角色和社会关系等问题。这一点被刘铁梁和毛晓帅所关注。毛晓帅在刘铁梁教授的指导下撰写了《中国民俗学转型发展与表演理论的对话关系》一文，提出表演理论推动了“民俗学的研究范式从以‘民间

---

1 例如：杨利慧的《表演理论与民间叙事研究》，《民俗研究》2004年第1期；韦晓娟的《民间口承故事的表演性研究》，《长春师范学院学报》2004年第4期；杨利慧的《民间叙事的表演——以兄妹婚神话的口头表演为例，兼谈中国民间叙事的方法问题》，民间文化青年论坛，2004年；郑长天的《歌与唱：民间文学的文本分层与意义间隔——以湘西瑶族“冈介”活动为例》，《民俗研究》2007年第1期；张婷的《当代校园恐怖传说研究——以北京师范大学为个案》，北京师范大学2009年硕士学位论文，指导教师杨利慧；等等。

2 ［美］理查德·鲍曼：《作为表演的口头艺术》，杨利慧、安德明译，广西师范大学出版社，2008年，第234页。

3 ［美］理查德·鲍曼：《作为表演的口头艺术》，杨利慧、安德明译，广西师范大学出版社，2008年，第235页。

文学文本'为中心，向着以'表演性日常交流实践方式'为中心转变"[1]。他也指出，表演理论与中国民俗学已有的"日常交流实践"研究不谋而合，但这并不是主要受到表演理论的影响，而是来自学科自身创新发展的动力。

关于表演理论与中国民俗学对话关系的论述，以及对表演理论交流实践本质的强调，意味着民俗学已经进入了交流实践研究阶段。近些年，学界对实践民俗学、交流式民俗志、日常交流实践等前沿理念进行了深刻讨论。前沿研究逐渐不再纠结于语境与文本、整体与碎片的二元取向，而是更专注于实践性、主体性、交流性等学科新范式的建构。

迄今，表演理论在中国的个案研究中已有广泛的实践和应用。本部分不是为了梳理表演理论在中国的本土化应用历程，而是为了讨论表演理论进入中国的背景，以及文本与语境研究、交流实践研究的潮流，辨清二者的关系，为后文讨论个人叙事、个人生活史、交流式民俗志等奠定基础。

## 四、生活革命研究与日常生活转向

本章第一节讨论了文明进程中的生活变革现象，也与生活革命定义的都市型生活方式革命相商榷。近些年，徐赣丽同样关注到了新型生活方式的发生，研究兴趣转向了民间文化的当代传承变迁、都市中产阶级生活方式等课题。她研究的红木家具消费、鲜切花消费、网易严选文案，主体是以同样的消费风格为特征的都市群体。[2]她在分析这些群体的身份特征、消费动机、自我身份建构等行为心理机制的同时，实际上也是关切到当下中国城市化过程中的民俗文化发展动向等问题。新型生活方式的发生是文明进程中民众生活变革的重要特征。研究生活方式现代转型问题，有利于促进民俗学转向日常生活研究。

为了总结当代普通国民的生活方式转型趋势，周星提出了"生活革命"概

1　毛晓帅：《中国民俗学转型发展与表演理论的对话关系》，《民俗研究》2018 年第 4 期。

2　徐赣丽关于都市群体和新型生活方式的研究，详见徐赣丽：《迈向现代民俗学——都市文化研究的新路径》，中国社会出版社，2020 年。

念。2017年，他在《中国人的“生活革命”》[1]中详细列举了中国人的饮食革命、服装革命、住房革命、家用电器革命、交通革命，以及方兴未艾的厕所革命和垃圾分类。周星分别在《民俗研究》和《民间文化论坛》上发表了论文[2]，意在探讨生活革命与中国民俗学发展的方向。在周星提出“生活革命”一词之前，学术界研究日常生活变革，多用社会转型及文化变迁之类的描述。但是“生活革命”并非周星的“独家创造”，而是来自日本民俗学的相关研究。日本的生活革命主要发生在20世纪50年代至70年代。在经济高速发展期和此后的都市化、现代化过程中，日本人的日常生活发生了革命性变化。日本民俗学研究生活革命形成了诸多重要的成果，主要涉及都市化与生活革命的关系、生活革命中地域和阶层的差异等。周星看到中国的生活革命与日本的生活革命的相似之处，因此使用此词语来探讨当代中国人的日常生活变革。与此同时，部分学者也关心中国正在发生的生活方式革命，如高层集合住宅的生活变迁[3]、新媒介影响下的日常生活[4]、中产阶级生活方式[5]等等。

“生活革命”的研究，有利于促使民俗学发生两大转向：一是关注具体的、理所当然的日常生活，关注与民众切身感受息息相关的社会变革方面，而不是从哲学理念和纯粹理性上去谈日常生活研究转向；二是关注日新月异、正在发生的日常生活，而不是一味地在现代社会中找寻民俗主义、“传统”或者“遗留物”来作为研究对象，反而对百姓生活中更为基本、日常和重要的事实和现象熟视无睹。这些思考与整个人文社会科学界的“日常生活”讨论相关，也促进

---

1 周星：《中国人的“生活革命”》，《社会科学报》2017年5月11日第6版。

2 两篇论述分别是《“生活革命”与中国民俗学的方向》（《民俗研究》2017年第1期）和《生活革命、乡愁与中国民俗学》（《民间文化论坛》2017年第2期）。

3 王杰文：《北京市高层集合住宅的生活及生活世界的变迁》，《日常与文化》2015年第1号。在《日常与文化》中，日本和韩国民俗学者也关注到了民众住宅格局的变革与生活的变迁，且关于居住空间与日常生活的研究多于中国，相关论文如［日］篠原聪子的《东京住宅楼的变迁与生活》、［韩］南根祐的《首尔高层集合住宅的发展和公寓生活》、［日］大月敏雄的《居住方式的调查与“建筑计划学”》等。

4 王杰文：《新媒介环境下的日常生活——兼论数码时代的民俗学》，《现代传播》2017年第8期。

5 徐赣丽：《中产阶级生活方式：都市民俗学新课题》，《民俗研究》2017年第4期。

了民俗学的日常生活转向。

早在20世纪前半叶，德国哲学家、现象学创始人胡塞尔在《欧洲科学的危机与超验现象学》[1]中就论述了“生活世界”这一概念。“生活世界”是相对于“科学世界”而言的，它是人们能够具体经验到的周遭世界。后来社会学家舒茨（Alfred Schutz）将“生活世界”的概念引入社会学，使社会学转向普通人的日常生活研究。[2]“日常生活”研究，在哲学、社会学、现象学、人类学等人文社科领域获得普遍关注的同时，民俗学的研究也在转向“日常生活”。20世纪六七十年代，德国民俗学对习俗的历史追溯不再以发现“沉淀的文化遗产”和民族之精魂为目标[3]，走出了现代民俗学研究的第一步，研究转向“日常生活”。以赫尔曼·鲍辛格（Hermann Bausinger）为领头人的“图宾根学派”，从现象学的角度出发，把日常生活理解为活生生的、我们正在经历的生活世界的一部分。在《技术世界中的民间文化》[4]一书中，赫尔曼·鲍辛格探究了民俗实践主体在面对技术世界时是如何将异己、疏离的新兴技术变成习以为常、理所当然的日常生活一部分的。鲍辛格将民众习以为常的生活世界理解为日常生活，这一日常生活既不疏离现代，也不抛弃历史。他聚焦的是“社会、文化和历史三者重合阈限内的日常生活”[5]。日本民俗学者岩本通弥认可鲍辛格的日常生活研究，认为日常生活的研究应该是“日常化”的研究，是如何成为理所当然的研究。[6]在具体的研究中，“亲子殉死”“高层集成住宅”“核心家庭的形成”“现代化的生活方式”“现代媒体叙事”等日常生活中的具体现象是岩本通弥研究的重点。

1 ［德］胡塞尔：《欧洲科学的危机与超验现象学》，王炳文译，商务印书馆，2017年。

2 参见［美］阿尔弗曼德·舒茨：《社会世界的意义构成》，游淙祺译，商务印书馆，2012年。

3 ［德］赫尔曼·鲍辛格等：《日常生活的启蒙者》，吴秀杰译，广西师范大学出版社，2014年，《总序》第2页。

4 ［德］赫尔曼·鲍辛格：《技术世界中的民间文化》，户晓辉译，广西师范大学出版社，2014年。

5 ［德］赫尔曼·鲍辛格等：《日常生活的启蒙者》，吴秀杰译，广西师范大学出版社，2014年，《总序》第3页。

6 参见毕雪飞、［日］岩本通弥、施尧：《日本民俗学者岩本通弥教授访谈录》，《民俗研究》2016年第5期。

中国民俗学研究的“日常生活”转向是从20世纪80年代末90年代初开始的，在21世纪得到长足发展。刘铁梁提出村落是民俗生活的传承空间。高丙中运用胡塞尔的“生活世界”理论开展民俗生活和日常生活研究。刘晓春梳理近些年国内外“日常生活研究”的成果，提出了将“探究日常生活的‘民俗性’”作为民俗学“日常生活”转向的一种路径[1]。学者们在理论上探讨民俗学的日常生活转向时，也在面对中国的社会转型和生活变革时关注到了民众日常生活的各个方面。

## 五、家乡民俗学与主客体关系

“浪漫主义是民俗学的伟大传统。”[2]很多民俗学者以及希冀进入民俗学领域的青年学生，都有着对家乡风土的浪漫想象和深刻眷恋。歌谣运动时，不少人乐于搜集与整理身边鲜活的民间文学作品。钟敬文在家乡任教时搜集了大量的歌谣作品。顾颉刚在回乡养病时，访谈了家里的长辈、保姆、小孩、朋友等，搜集了200多首歌谣。家乡成为青年民俗学者生产研究成果的重要田野点。然而，由于受到人类学异文化民族志的影响，民俗学者在将田野点放置于家乡时无法合理地安置自我与家乡、主体与客体的关系。正因如此，学者们不断反思家乡与他乡、民俗学与人类学、民俗志与民族志之间的差异和联结点。最终，安德明旗帜鲜明地提出了“家乡民俗学”。

2003年7月，安德明正式提出“家乡民俗学”这一命题。[3]自我与他者的立场问题、家乡调查的伦理问题、客观科学与学者介入情境的影响，始终困扰着安德明及在家乡进行调查研究的学者们。“家乡民俗学”这一命题，为学界提供

1　刘晓春：《探究日常生活的“民俗性”——后传承时代民俗学“日常生活”转向的一种路径》，《民俗研究》2019年第3期。

2　刘晓春：《从维柯、卢梭到赫尔德——民俗学浪漫主义的根源》，《民俗研究》2007年第3期。

3　参见安德明：《家乡——中国现代民俗学的一个起点和支点》，《民间文化青年论坛第一届网络学术会议文集》，2003年。

了能够更加坦然地讨论涉及非异文化环境调查、书写、伦理等问题的场域。

把家乡对象化，是安德明2003年初次返乡调查时转换的立场。他者化、对象化、客体化或许能够解决异文化民族志所质疑的“不科学、不客观”的问题，但无法缓解在家乡田野时的心理不适和困扰，无法实现民俗学者自我附加的社会关怀、人文关怀的使命。吕微曾就此提出问题：“如果被研究的是人，那么被研究的人必定有一天会提出属于他们自己的主体性问题：我们被研究者难道只能作为研究者自我的意义投射而被对象化、他者化吗？”[1] 2019年，安德明进一步界定了“家乡”的范畴，提出“面向当下”是家乡民俗学的重要特征。生于斯、长于斯的生命体验和稳定的社会关系是判定家乡的重要标准，因此，主体间性的视角在家乡民俗学中尤为重要。“家乡民俗学视角包含这样几个突出的特征：平等交流，相互尊重；同情理解，理性批判；朝向当下。”[2]家乡是学者容易带着浓浓乡愁回忆过往的地方，“朝向当下”意味着要走出乡愁，面向家乡日新月异的当下。研究者的目光“开始关注‘传统’农村地区之外的生活文化现象”[3]，关注“发生在我们身边的具体鲜活的生活文化”[4]。

“家乡民俗学”不仅为民俗学者研究家乡提供合法性，也解决了主体与客体、学者立场与民众立场、共情与客观等学术伦理问题。这类问题在人类学民族志发展中也有所讨论，但在民俗学者面对熟悉的乡土和乡亲时，显得格外突出，也更亟待解答。因此，这个问题在此后的研究中得到充分研讨。2019年起，由张士闪倡议的“有温度的田野”学术工作坊共举办了五期，分别是“风与俗”（北京师范大学）、“中国礼俗传统与当代乡村振兴”（山东大学）、“同乡同业与共在共情”（南京农业大学）、“本土语汇的高度”（北京师范大学）、“当代田野研究的祛魅与多样化”（山东大学）。[5]如何在民俗志书写中更好地体现“有温度

1 吕微：《家乡民俗学——民俗学纯粹发生形式》，《民间文化论坛》2005年第4期。

2 安德明：《作为范畴、视角与立场的家乡民俗学》，《西北民族研究》2019年第3期。

3 安德明：《作为范畴、视角与立场的家乡民俗学》，《西北民族研究》2019年第3期。

4 安德明：《作为范畴、视角与立场的家乡民俗学》，《西北民族研究》2019年第3期。

5 资料参考石玉洁、国先翼：《“论道稷下·当代田野研究的祛魅与多样化”论坛顺利举办》，《民俗研究》2021年第1期。

的田野”原则，是学者们的重要议题。刘铁梁强调，“交流的民俗志不仅把受访者看做信息提供人，还看做是民俗志调查和书写的合作者，是与我们一起进行一种共同文化实践行动的行动者”[1]。张士闪提出，在民俗志书写中要重视民众的立场和知识，“在生活史与心态史的双重维度体察村民感受，包括村民对自身文化的阐释”[2]。“共情”“民众文化阐释”“平等态度”“共同文化实践”等名词，解答了学者与民众之间话语关系如何平衡，以及学者自我身份定位等问题。主体间性、平等对话、交流共情等，如今已经成为学术共识。

## 六、非遗研究、民俗主义与民俗价值的检讨

绪论已经简述了中国民俗学加入非遗保护运动的契机及研究背景。非遗保护运动确实为民俗学带来了切实可观的利益，比如科研项目资金倾斜、研究刊物增多、学者知识变现途径增多，以及为民俗学、中国民间文学专业的博硕士带来了更多的就业机会等。然而，非遗研究也为民俗学的当下转型、学术进展及学术使命的实现带来了不少困扰。例如，非遗研究是工作性质，以改进文化保护策略为目的，非遗研究的“遗产观”在一定程度上延续了早期民俗学“文化遗留物”说的部分理念，将自然遗产、考古遗产、历史建筑遗产等非生活态的文化保护理念应用于生活态的文化保护之中。因此，非遗研究呈现出脱离生活整体和缺乏实践主体观的研究现状。考虑到非遗研究与民俗学学术发展的密切关系，在讨论中国民俗学学术发展现状时，人们不得不将非遗研究及其相关发展也纳入讨论之中。

当前的非遗研究主要包括：非遗保护研究与传承人论、政策文件的解读与中国实践的理念、公共民俗学的倡导、非遗研究与实践民俗学的结合。

首先，非遗保护研究与传承人论占据非遗研究的半壁江山，是非遗研究的

1　刘铁梁：《个人叙事与交流式民俗志：关于实践民俗学的一些思考》，《民俗研究》2019年第1期。

2　张士闪：《当代村落民俗志书写中学者与民众的视域融合》，《民俗研究》2019年第1期。

主流。代表学者有刘魁立、萧放、高丙中、苑利、顾军、刘锡诚等。[1] 2003年，联合国教科文组织通过了《保护非物质文化遗产公约》。文件生效之后，秉承公约精神的保护研究论文层出不穷。学者们从各个角度解读文件精神，为我国非遗保护工作建言献策，研究主题有非遗保护的原则、保护非遗传承人、第三方力量在非遗保护工作中的位置和作用等。

其次，联合国教科文组织非遗文件的解读与中国实践理念的阐述。巴莫曲布嫫、户晓辉、朝戈金等学者敏锐地发现了教科文组织非遗文本在翻译、应用中的问题，主动翻译这些文件，对比中英文文本，从语词层面、概念层面、日韩等国际实践层面、国内实践层面等深入解读文本，勘误文本翻译与实践方式中的偏差。[2]

再次，"遗产旅游"与公共民俗学的倡导。研究遗产旅游的主要学者有杨利慧[3]、徐赣丽[4]、张巧运[5]、程鹏[6]、霍志刚[7]等。"遗产旅游"被视作公共民俗学的天然

---

1 非遗保护研究与传承人论的文章比较多，本处仅作示例。例如：刘魁立的《论全球化背景下的中国非物质文化遗产保护》，《河南社会科学》2007年第1期；萧放的《关于非物质文化遗产传承人的认定与保护方式的思考》，《文化遗产》2008年第1期；高丙中的《中国非物质文化遗产保护与文化革命的终结》，《开放时代》2013年第5期；苑利、顾军的《非物质文化遗产保护的十项原则》，《学习与实践》2006年第11期；刘锡诚的《传承与传承人论》，《河南教育学院学报（哲学社会科学版）》2006年第5期。

2 参见巴莫曲布嫫：《从语词层面理解非物质文化遗产——基于〈公约〉"两个中文本"的分析》，《民族艺术》2015年第6期；户晓辉：《〈保护非物质文化遗产公约〉的实践范式》，《民族艺术》2017年第4期；朝戈金：《联合国教科文组织〈保护非物质文化遗产伦理原则〉：绎读与评骘》，《内蒙古社会科学（汉文版）》2016年第5期。

3 杨利慧关于"遗产旅游"的主要论述有《遗产旅游语境中的神话主义——以导游词底本与导游的叙事表演为中心》（《民俗研究》2014年第1期）、《遗产旅游与民间文学类非物质文化遗产保护的"一二三模式"——从中德美三国的个案谈起》（《民间文化论坛》2014年第1期）。

4 徐赣丽：《体验经济时代的节日遗产旅游：问题与经验》，《青海社会科学》2014年第5期。

5 张巧运：《浴"难"重生：一个羌族村寨灾难旅游和遗产旅游的案例研究》，《民俗研究》2014年第1期。

6 程鹏：《旅游民俗学视野下遗产旅游民俗叙事研究》，《云南师范大学学报（哲学社会科学版）》2020年第4期。

7 霍志刚：《傣族神话研究回顾与"朝向当下"的傣族神话研究》，《长江大学学报（社会科学版）》2019年第6期。

试验场，主要研究成果导向为政府旅游部门和社会旅游公司建言献策，指导它们如何搞好遗产旅游。

最后，非遗研究与实践民俗学的结合。进入21世纪第二个十年后，非遗研究不再仅限于保护原则、保护政策的讨论，而是更深层次地与当前民俗学的学术前沿结合在一起，基于非物质文化遗产保护背景去讨论民俗学的未来发展。如高丙中、韩成艳从建构“公共文化”、建设“公民社会”等视角，提倡民俗学在非遗保护运动下成为为公民社会服务的学科。[1]

在非遗研究的浪潮中，部分学者看到了学界在非遗研究和保护行动中存在理念偏差，鲜明地批判了其中的“民俗主义”和“民俗内外价值混淆”的问题。

21世纪初，“民俗主义”被介绍到中国来。王霄冰在译介“民俗主义”时提及，汉斯·莫泽希望以此概念提醒民俗学者不应该“把这种假民俗当成是真正的传统文化来研究”[2]。“民俗主义”得以被介绍到中国，源自学界对社会现实和学术转型两个方面的思考。

一方面是由于当今中国社会存在着大量“民俗文化”被操弄的现象，这些行为“较少考虑对民俗的合理开发与可持续利用和当地民众的文化感受”[3]。例如，在非遗保护中，民俗文化被从生活中抽离，开发、改造成具有象征意义的符号和商品。非遗研究未能反思到这种现象对民间文化可持续发展和民众文化权力的伤害，反而将民俗主义现象视为民俗文化本体进行研究，或者以建言献策的形式推动民俗文化的生产。这是一种将民俗文化视为客体进行研究的行为，忽视了实践主体与民俗文化创造、传承、创新之间的关联。因此，王霄冰提出了自己的担忧：“但是我们如果就此沉溺于这种对于社会改革的参与，而不重视学科本身的理论建设和发展，那么从长远来看，一定会失去这门学科的主体

1 参见高丙中：《中国民俗学的新时代：开创公民日常生活的文化科学》，王杰文主编：《实践民俗学的理论与批评》，学苑出版社，2020年，第1—19页；韩成艳：《在“民间”看见“公民”——非物质文化遗产保护语境下的实践民俗学进路》，王杰文主编：《实践民俗学的理论与批评》，学苑出版社，2020年，第151—165页。

2 王霄冰：《民俗主义论与德国民俗学》，《民间文化论坛》2006年第3期。

3 ［日］西村真志叶、岳永逸：《民俗学主义的兴起、普及以及影响》，《民间文化论坛》2004年第6期。

性和生存的可能性。”[1]王霄冰回顾20世纪六七十年代德国民俗学者提出“民俗主义”概念的历程，以当时德国民俗学的社会背景和学科危机来对比当前中国民俗学面临的文化资源化的社会背景和学科任务。在此基础上，王霄冰提出中国民俗学者应有除了冷眼旁观和“只有以‘民俗主义者’即行为主体的身份介入其中”[2]之外的第三条路。这条路就是，“把社会实践本身包括学者的介入部分都作为一个整体的研究对象来看待，从中发现学者、生活、学术三者之间的关系”[3]。王霄冰的这一观点，是以莫泽的“民俗主义”概念来检讨当前中国民俗学部分学者操弄民俗文化的行为。

另一方面，当时中国民俗学存在眼光向后，“从过去的传统中寻求本真性”[4]的问题，未能真正看到社会中新生的文化现象。因此，西村真志叶和岳永逸[5]、王霄冰[6]、杨利慧[7]、王杰文[8]等学者相继介绍“民俗主义”，探讨“民俗主义”对中国民俗学当下转型的有利影响。“民俗主义”现象作为现代社会中的一种文化现象事实，正在与民众日常生活发生着紧密关联，是民俗学研究必然要面对和讨论的问题。周星在民俗主义语境下讨论了政府、当地民众、游客等多元群体参与下农家乐旅游的生成过程，以及民俗主义现象与当地民众日常生活之间的互动关系。[9]周星对“民俗主义”与中国民俗学关系的理解，聚焦于这一概念促进民俗学直面当下生活等方面，而不是仅关注“当代社会里得以温存的那些‘传统’”[10]。徐赣丽通过对田子坊这一旅游文化空间中商家对民俗的改造和加工，以

1 王霄冰：《民俗主义论与德国民俗学》，《民间文化论坛》2006年第3期。
2 王霄冰：《中国民俗学：从民俗主义出发去往何方？》，《民俗研究》2016年第3期。
3 王霄冰：《中国民俗学：从民俗主义出发去往何方？》，《民俗研究》2016年第3期。
4 杨利慧：《“民俗主义”概念的涵义、应用及其对当代中国民俗学建设的意义》，《民间文化论坛》2007年第1期。
5 ［日］西村真志叶、岳永逸：《民俗学主义的兴起、普及以及影响》，《民间文化论坛》2004年第6期。
6 王霄冰：《民俗主义论与德国民俗学》，《民间文化论坛》2006年第3期。
7 杨利慧：《“民俗主义”概念的涵义、应用及其对当代中国民俗学建设的意义》，《民间文化论坛》2007年第1期。
8 王杰文：《“民俗主义”及其差异化的实践》，《民俗研究》2014年第2期。
9 参见周星：《乡村旅游与民俗主义》，《旅游学刊》2019年第6期。
10 周星：《民俗主义、学科反思与民俗学的实践性》，《民俗研究》2016年第3期。

及游客对带有乡愁感的民俗主义商品的消费，认为都市民俗研究不应该回避混杂、流动的消费空间中的文化现象。[1]

总体而言，民俗主义应当是对当下社会文化现象的一种认知概念，也应当是中国民俗学审视学术参与社会文化发展实践行动的自反性概念。但是，民俗学研究并未将“民俗主义”视为民俗文化本体进行研究，德国、美国、日本等民俗学者在探讨“民俗主义”之时，常将其视为与乡愁、地方性认同等有着因果关系的文化商品、文化标志物，而不是民俗文化本身。莫泽对民俗主义现象的描述，准确地概括了这一现象的本质特征：脱离生活主体、客体化、被言说为传统性。当前的非遗研究，未能意识到民俗主义与民俗文化之间的区别，将民俗文化视为客体进行研究的行为，忽视了实践主体与民俗文化创造、传承、创新之间的关联，甚至主动助推操弄民俗文化为具有国家、地方文化象征意义的文化符号和文化商品。这是混淆了民俗文化内外价值，甚至主动建构民俗文化外价值的行为。

刘铁梁在反思当前非遗保护行为与民俗价值之时提出了民俗文化内价值与外价值的概念，以区分民俗文化内外价值[2]来强调内价值才是民俗文化的真正价值所在。民俗研究中对民俗文化内价值的忽略，体现在过分强调非遗的本真性上。这一观点，一方面源自学科曾经怀旧的浪漫主义情怀。“18世纪中后期民俗学在德国萌芽的时候，民俗学的本真性话语便开始出现。”[3]另一方面是为了迎合当今政府、媒体话语中对非遗所具有本土特色、非现代、治愈城市病的价值想象。强调“原生态”，是将文化简单划分为“旧与新”“真与假”的二元对立，

1 参见徐赣丽：《迈向现代民俗学——都市文化研究的新路径》，中国社会出版社，2020年，第71－118页。

2 民俗文化的内价值指的是“民俗文化在其存在的社会与历史的时空中所发生的作用，也就是局内的民众所认可和在生活中实际使用的价值”，外价值指的是“作为局外人的学者、社会活动家、文化产业人士等附加给这些文化的观念、评论或者商品化包装所获得的经济效益等价值”。（刘铁梁：《民俗文化的内价值与外价值》，《民俗研究》2011年第4期。）

3 刘晓春：《谁的原生态？为何本真性——非物质文化遗产语境下的原生态现象分析》，《学术研究》2002年第2期。

是试图操弄文化以获得开发、展示资本的话语。但是，民俗文化是具有生活属性的，是开放的，并不存在所谓的“本来面目”。正如刘铁梁所说：“民俗文化的内价值不是自我封闭的产生，作为人与人之间相互认同、相互交流的符号和工具，民俗的价值不仅存在于某个地域和群体的内部生活当中，也存在于跨地域与跨群体交往的实践当中。”[1]但非遗研究易将外价值视为民俗文化的根本属性，强调民俗文化具有原真性和文化原型，这是操弄民俗文化的民俗主义行为。

以上几个关键性问题的讨论是民俗学在学术理念和研究领域的新进展。在这些进展中，非遗研究由于呈现出的是分门别类的、缺乏主体性的、脱离生活整体的、强调文化原型的特征，与现阶段民俗学研究的前沿理念相脱节。本小节讨论的民俗文化学、现代田野作业、日常生活、主客体关系等，恰好展现出现阶段民俗学的前沿理念，即实践的、整体的、主体的研究范式。本书所要探讨的面向生活变革的研究，皆是在这一新研究范式基础上展开的。因此，本书面向的民众生活变革现象并非被学者操弄的、脱离民众生活的文化资源化现状，而是真正在民众生活中发生、传承的民俗文化变革和互动关系变革。民俗学的学术转型与民众生活变革现象，有着密不可分的关系。

## 本章小结：民众生活变革与学术转型

有网友晒出一份“非物质文化遗产代表性项目推荐申请表”，项目名称为“表情包收集”，项目分类为“民俗”，认为“表情包收集已经成为互联网时代的每个人的日常，成为当下最流行的风尚和习俗”。基于此申请，记者在浙江杭州进行了街头随机采访。不少市民认为这一项申遗非常好，与筷子申遗等没有本质的区别。有一名自称“文化工作者”的市民说，“表情包收集”是“互联网时代的一个专属记忆”。因此，新闻报道称“表情包收集被列为互联网时代下的

1　刘铁梁：《民俗文化的内价值与外价值》，《民俗研究》2011年第4期。

新民俗”。在这条新闻的评论里，获得点赞数前十名的网友评论均赞同这一申遗行为，甚至调侃自己也成了“非遗传承人”。[1]

此条新闻和申遗行为值得民俗学界深思。当我们在讨论“民俗的历史性与当下性”“民俗的本真性与混杂性”“民俗价值与非物质文化遗产之间关系”“民俗的先验与超验”“民俗之民与公民的关系”“民俗主义与神话主义”等问题时，民众的生活实践早已超越了这些问题，实现了民俗文化创造性转化与创新性发展，主动建构起自己正在经验的生活文化的社会意义。“表情包收集”是互联网时代民众线上交流互动的行为产物，既没有悠久的时间跨度，也没有深厚的历史底蕴，却是真真切切地发生在许多民众的生活中，弥补了线上交流无法像面对面交流一样可以通过表情达意的遗憾。而且，不同年龄、性别、职业的人收集的表情包风格迥然相异，这与城市文化中不同消费风格下的社会群体区隔有着相似的境况。民俗学的当下转型，并非仅将对象范畴从文化遗留物转向当下生活文化、从文化的历史性转向当下性、从农村转向城市就可以了，它应该与中华文明进程相联系，站在全局的、整体的视角，去关注、去观察、去参与、去研究当下民众的生活文化。

现代化、城镇化、工业化这几个与中华文明在现代化进程中紧密相关的概念，意味着民众在这片土地上正在经历与祖辈的生活完全不同的时间和空间变迁感受。在这一历史进程中，变迁是急速的、势不可当的，民众生活中的许多元素变得脆弱、短暂，或者持续更新。如今被大家热捧、奉为“互联网时代的新民俗”的“表情包收集”，几年后或许就变成明日黄花。我们不能再以过去的时间观与空间观去衡量当代的民俗文化，否则就会出现“抢救民俗”“民俗已亡”的喟叹。事实上，在现代性中，时间本来就是具有历史的，并不需要时间的积累与沉淀。正如齐格蒙特·鲍曼所说：“时间具有历史，这是因为它的时间承载能力在永恒扩张——空间（空间是时间单位允许经过、穿过、覆盖或者占

1 《网友称表情包收集正在申请非遗》，微博网，https://weibo.com/tv/show/1034:4775897581158501?from=old_pc_videoshow，发表时间：2022年6月2日，浏览时间：2022年6月2日。

领的东西）上的延伸。一旦穿过空间的运动速度（它不像明显的不容变更的空间，既不能延长，也不能缩短）成了人类智慧，想象力和应变能力的体现，时间也就获得了历史。”[1]我们应该以现代性的眼光来看待当代生活文化中的时间与空间，来看待人们正在追赶的现代生活方式。

中国民俗学的研究，面向的是本土社会，研究主体是生活在中国这片土地上的全体民众。中华文明进程具体体现在每一个中国人的日常生活中，因此，民俗学面向当下研究的前提必然是厘清文明进程中当下的民众生活变革，进而厘清当下生活文化中历史与当下、本土与外来、现实与虚拟等因素的关系与作用，这样才能更好地进行学术研究转型。

1 ［英］齐格蒙特·鲍曼：《流动的现代性》，欧阳景根译，中国人民大学出版社，2017年，第35页。

# 第二章
# 新视角的探索

中国民俗学面向生活变革的学术转型，首先体现在新研究视角的探索之上。在此之前，中国民俗学的研究视角和研究取向较为单一，比较注重面向乡土的、民族之民的民间文学研究，较少面向城市的、多元群体的、新技术影响下的日常生活研究。21 世纪以来，中国民俗学逐步确立了多元、多维度的研究取向。这些研究取向主要分为三类：一是通过文献精读和比较开展的历史民俗学、神话学的研究，这类研究对发现和建构中华文明的宇宙观、秩序传统、民族精神有着重要意义；二是以分类学为基础对民俗事象进行文化保护和开发研究，这类研究主要是配合政府的非物质文化遗产保护工作展开的；三是基于文化共情的田野调查，开展对民众日常生活实践的研究，是一种面向当下的研究取向。第三类是真正意义上的面向当下、面向生活变革的研究取向。在这一取向的研究进程中，民俗学探索出新的研究视角。新研究视角是基于对“乡土研究传统”的反思和“民”“俗”的重新解释展开的，并拓展出都市研究、群体研究和网络生活研究等视角。

## 第一节 乡土研究传统的反思与都市研究的开拓

都市[1]，已经成为中国民俗学研究的重要视角。但是，都市并非民俗学与生俱来的课题，而是随着对城镇化进程的深入认知和对自身研究传统的反思，逐步开拓、确立的新视角。21世纪，中国的城镇居民人口数量飞速超越了农村居民人口。城镇化率提高带来的不仅是民众身份和居住空间的改变，更是民众行为模式、交往模式、生活方式等的全方位变革。面对这样的社会事实，中国民俗学没有选择回避或者在城市中寻找“传统民俗”，而是积极探索都市研究的路径。那么，中国民俗学的都市研究是如何发生的？在开拓都市研究历程中做出了哪些成绩？有着怎样的特征？未来又该走向何方呢？

### 一、乡土研究传统与中国民俗学学科危机

“都市”这一研究视角的转向，是对民俗学乡土研究传统的反思。乡土研究并非中国民俗学的固有特征，而是延续民俗学学科传统的结果。中国现代民俗学发端前，古代采风问俗传统从不执着于乡村。《东京梦华录》《梦粱录》《都城纪胜》等古代含民俗记录的著作皆有城市生活文化的记载，其中《东京梦华录》《都城纪胜》是都市风俗著作。乡土研究传统，源自中国现代民俗学肇始期，深受欧洲民俗学学科传统的影响。

在德国，乡土被民俗学先驱们想象成国民性和民族精神的遗留地。赫尔德提出民歌中蕴含着民族精神，以确立民族精神的方式，在法国等霸权强国的环伺下实现本国文化的突围和发展。民歌所留存的阶级则是农民阶层。赫尔德开

1 “都市”与“城市”两词的内涵与外延并不相同。本书使用都市研究来概括城市民俗学与都市民俗学的研究。一方面是因为中国民俗学的城市研究主要使用的是都市民俗学这一词语，本书为了与学界主流研究保持一致，避免歧义，因此使用“都市”来开展研究；另一方面是因为都市不仅指北京、上海这样的大城市，而且指广大城乡民众正在模仿、践行的一种更加现代的生活方式，即都市型生活方式。因此，本书使用“都市”一词来定义城市民俗学、都市民俗学和城镇化进程视角的研究。

启了德国民俗学研究的先河。此后，雅各布·格林和威廉·格林继承了赫尔德的思想，其民间文学的研究也是“直接服务于他们重建德国民族文化”[1]。19世纪下半叶，W. H. 黎耳（Wilhelm Heinrich Riehl）提出了“文化沉淀论”，认为习俗是从上层社会沉淀到农民那里去的，而民俗学应该研究的是庶民。荷夫曼·克荷亚（Eduard Hoftimann Ktayer）提出，“本来的国民性留在农民之中，所以民俗学应以农民阶段为对象”[2]。此后，斯特拉克（Adolt Strack）与迭特里齐（Albrecht Dieterich）批判了荷夫曼的说法，认为民俗学应该研究的是全体国民，而不应该只研究农民。然而，20世纪初，斯维特林（Julius Schwietcrin）再次强调“民俗学的本来任务是农民性的追求”[3]。纳粹时代之前的德国民俗学在探讨民族精神之时，就民间文化如何生成和是否只保存在农民或庶民中产生了讨论。但是，德国民俗学此时并未脱离眼光面向乡土的倾向。

赫尔德、格林兄弟等早期德国民俗学者的思想传入英国，引起了英国古物爱好者的关注。其中尚古主义影响到了英国汤姆斯（William Thoms）等人。在英国，古代文化遗留物成为民俗研究者的重要研究对象。汤姆斯提出用“民俗学”（folklore）的概念来收集民间古俗，爱德华·泰勒（Edward Tylor）提出用“遗留物说”来解释现存习俗中的奇风异俗，用文化进化论来解释文化从初级形态向高级形态演化。[4]相较于德国，英国民俗学关心的是“遗留物”，而非农民或者国民等某阶层所葆有的民俗，并不能将其定义为乡土研究传统。但是，在工业化、现代化程度日益深化的社会，“遗留物”的研究取向往往难以摆脱对乡土社会的过度关注。正如美国民俗学者道森（Rechard M.Dorson）的评价：“把他们的主要精力投放到对农民习俗和原始神话的研究上，这些研究都是基于泰勒

---

1 阎云翔：《欧美民俗学略说》，《北京师范大学学报（社会科学版）》1997年第4期。

2 ［日］松尾幸子：《德国民俗学的发展和现状》，王汝澜主编：《域外民俗学鉴要》，陈秋帆译，宁夏人民出版社，2005年，第266页。

3 ［日］松尾幸子：《德国民俗学的发展和现状》，王汝澜主编：《域外民俗学鉴要》，陈秋帆译，宁夏人民出版社，2005年，第268页。

4 本书对“文化进化论”的引述，参考的是爱德华·泰勒的《原始文化》。［英］爱德华·泰勒：《原始文化》，浙江人民出版社，1988年。

的遗留物学说的。"[1]

英国人类学派的思想深刻影响着我国学者的民俗学研究认知。如林惠祥认为，民俗学应该研究"文明民族中无学问阶层的传袭与行为"[2]。尽管杨成志受到美国民俗学家博厄斯（Franz Boas）的影响，主张"遗留物"说已是过去式，民俗学应该研究"人民一切文化"[3]，以及江绍原主张将学科改为"民学"，将研究范畴扩大至本民族的一切民众以及民众的全部生活，[4]但是此时期的民俗学研究出于从非精英、非典籍文化传统中认知和重塑民族精神的需要，并且受到遗留物说的影响，研究倾向呈现出以"下层民众和乡村生活"[5]为主要着重点。搜集自乡土的歌谣、童话、谚语、神话，以及具有乡土文化传统的妙峰山香会、婚俗等，成为当时研究的重点。由于此时中国工业化、城市化程度低，传统民俗在绝大部分城乡保留着相对稳定的状态，且"遗留物"研究需要前工业时代文化，当时中国一定程度上仍是生活文化。因此，这一时期的中国民俗学研究并无明确的城乡分野，只是倾向于对下层民众和乡土生活的研究。但是，此时的学术传统对1978年中国民俗学学科恢复以后的学术研究产生了重要的影响。

1978年学科恢复后，"遗留物"的文化史研究一度成为学科主流。随着现代化、工业化、城镇化的加速，乡村相较于城市留有更多"文化遗留物"和"传统民俗"。因此，这一阶段的学科研究领域主要集中在农村。钟敬文在1984年

---

1 转引自赵世瑜：《眼光向下的革命：中国现代民俗学思想史论：1918～1937》，北京师范大学出版社，1999年，第159页。英文版原文出处：Rechard M. Dorson，*Folklore in the Modern World*，New York: Mouton Publishers，1978，p.14.

2 林惠祥：《怎样研究民俗学——在本校潮州学会学术演讲会演讲》，苑利主编：《二十世纪中国民俗学经典·民俗理论卷》，社会科学文献出版社，2002年，第23页。

3 杨成志：《现代民俗学——历史与名词》，《民俗》1936年第1期。

4 参见赵世瑜：《眼光向下的革命：中国现代民俗学思想史论：1918～1937》，北京师范大学出版社，1999年，第171页。

5 赵世瑜：《眼光向下的革命：中国现代民俗学思想史论：1918～1937》，北京师范大学出版社，1999年，第138页。

曾说："搞民俗当然着重在广大农村。"[1] 乡土研究成为中国民俗学延续的学术传统。彼时，执着于乡土研究视角带给学术一些困扰，学者们深感学科危机境遇。一方面，传统民俗存在式微危机，这使学者们忧心于民俗学传统研究对象逐渐消亡，民俗学将面临无研究对象的境地；另一方面，学科理论不能适应时代发展的危机，原有的"遗留物"研究、脱离民众生活整体的事象研究，会给民俗学研究带来因封闭而出现学科边缘化的危险，学者们担心民俗学无法跟上时代发展及国际民俗学发展的脚步，将无法在人文社科领域占有一席之地。在学科危机话语兴起、国外民俗学前沿研究引入及生活变革等多重因素影响下，中国民俗学开拓了"都市"这一研究视角。

然而，仅是"都市"视角的开拓，并不能解决上述的学科危机，或许会沦为如 20 世纪 70 年代日本民俗学一般在都市里寻找旧俗的研究境况。庆幸的是，中国民俗学的都市研究从未走上"抱残守缺"的道路，而是在新视角开拓的同时实现了研究范式的转型。

## 二、中国民俗学都市研究的发展阶段

研究视角从乡土拓展到都市，不是简单地扩大研究范畴。盲目扩大研究范畴、拓展研究视角、增加研究对象，会导致研究问题泛化和核心议题缺失。中国民俗学在开拓都市研究之后，没有出现这一困扰。究其原因是在开拓新视角的过程中，学界逐步确立了"城镇化过程中的民众生活变革"这一核心议题。这一核心议题与中国民俗学当下转型的问题意识相一致。与此同时，中国民俗学也通过都市研究重新反思学术传统、研究对象范畴等问题，探索实现全新的、更适应社会需求的研究范式。因此，都市研究是中国民俗学面向生活变革研究转型中无法回避的视角。那么，都市研究实现了怎样的范式转型？检讨了哪些

---

1 钟敬文：《民俗学的历史、问题和今后工作》，《钟敬文民俗学论集》，上海文艺出版社，1998 年，第 168 页。

问题？哪些方面是亟待进步之处？基于此，有必要在讨论必然和应然问题之前，探讨中国民俗学都市研究的发展历程。根据研究主题的不同，其发展历程主要分为三个阶段，分别是 20 世纪 80 年代的萌芽期、20 世纪 90 年代至 21 世纪初的建设期、21 世纪以来的全面发展期。

### （一）20 世纪 80 年代：中国民俗学都市研究的萌芽期

第一阶段是 20 世纪 80 年代中国民俗学都市研究的萌芽期，以探讨研究必要性为主题。

这一时期的研究，仍停留在对传统民俗事象和民间文学文本的搜集整理与文化溯源研究上，是面向历史和面向乡土的，都市研究的论述较少。20 世纪 80 年代初，钟敬文先生建设性地提出了都市研究的可能性和必要性。“我们也不能排斥对现代都市民俗材料的搜集和研究。”[1]这主要出于对传统文化整体性的思考。他认为，中国的文化是一个有机整体，传统文化的研究不能仅停留在上层文化上，民间文化的研究也不能仅停留在下层文化和乡土社会上。中国人在生活中创造、传承和享用着的文化便是民俗学的研究对象。钟敬文关于都市研究、市民文化研究的意见，不是城乡二元结构的，而是将中国人的文化视为一个整体来看。他虽未直接参与都市研究，但为新研究领域的开拓提出了至关重要的建设性意见。

1986 年，莫高提出要建设都市民俗学，讨论“开展都市民俗研究的必要性”。1988 年，乌丙安、陈勤建也提出了“都市民俗学”这一新课题。

此阶段的都市研究仍处于立论期，论述以讨论都市研究必要性为主。这些讨论，有着两大特征：一是为都市研究提供了重要的意义支持，有着面向当下社会的倾向；二是将都市视为民俗学视角的扩展部分，而不是与传统乡土研究对立的部分。但是这一阶段，对都市研究的理解，主要还停留在北京、上海、

---

1　钟敬文：《民俗学的历史、问题和今后工作》，《钟敬文民俗学论集》，上海文艺出版社，1998 年，第 169 页。

深圳这种大都市的民俗文化上，很难看到城市中民众日常生活的研究。例如，杨宏海[1]和郑土有[2]分别探寻了深圳和上海两大都市的民俗文化特征。

### （二）20世纪90年代至21世纪初：中国民俗学都市研究的建设期

第二阶段是20世纪90年代至21世纪初都市民俗研究的建设期，以建构理论体系、方法论及译介海外都市民俗学研究成果为主。

此时期，城市和都市两词是混用的，但学者们的指向是相同的，即发生在城市中的，明显区别于乡土社会的民俗文化。经历了20世纪80年代的立论期，此阶段的论述不再重点讨论都市研究的必要性，而是集中在如何进行都市研究等问题上。

方川、陶思炎是都市研究建设期重要的学术力量。方川在分析已有城市民俗研究成果的基础上，提出了城市民俗研究可开拓的七个方向，既有建立专业研究团队、书写城市民俗志等学术研究方向，也有建设民俗博物馆、开通“城市民俗”网站、抢救濒危民俗等应用民俗方向。[3]他的意见是出于学术应用的思考，但在研究范式等学理性问题上讨论不多。相较于方川，陶思炎努力为都市民俗学建构了理论体系，包括“对象论、价值论、应用论”[4]等。其中“民俗对象论”抓住了人的主体性：“都市民俗的发展，首先在于都市人群的重新聚集和都市生活方式的变迁。”[5]此理论思考一改此前中国都市研究中只见“俗”不见“民”的状况。值得注意的是，陶思炎对都市民俗发展的定义，实际上是受到21世纪初中国民俗学基础理论的影响。这一时期，中国民俗学已经转向了生活研究和民众主体研究，陶思炎的思考与中国民俗学前沿研究相一致。

---

1 杨宏海：《试论深圳新民俗文化——兼论中国民间文化的发展方向》，《民间文学论坛》1988年第4期。

2 郑土有：《冲突·并存·交融·创新：上海民俗的形成与特点》，上海民间文艺家协会编：《中国民间文化——上海民俗研究》，学林出版社，1991年，第1—23页。

3 参考方川：《中国城市民俗研究述论》，《民俗研究》2000年第4期。

4 陶思炎：《都市民俗探论》，《东南大学学报（哲学社会科学版）》2005年第4期。

5 陶思炎：《都市民俗探论》，《东南大学学报（哲学社会科学版）》2005年第4期。

1992年,《中国民间文化——都市民俗学发凡》[1]刊载了13篇都市民俗研究的文章。这些文章的突出特点是，聚焦上海、西安、武汉、长春等大城市民俗的历史发展特征。与大部分文章不同的是，金宝忱的《长春市广场秧歌调查》考察的是长春市1987年兴起的广场秧歌。作者调查了长春市广场秧歌队，在文中不仅书写了广场秧歌的组织形式、舞蹈音乐特征，而且书写了发起者李莲芝夫妇组织活动时的行动、心理和困境。此文章考察的都市民俗，不具有悠久的历史，而是当时民众喜闻乐见、兴起时间仅四五年的活动。这一点突破了当时都市研究局限于大都市民俗事象文化史研究的惯例，将都市研究的目光朝向了当下正在发生的民众生活。[2]

此时，欧美与日本的都市民俗研究已进入高速发展后的反思阶段，中国学者译介国外成果来为我国研究做参考借鉴。1992年，高丙中发表《英美城市民俗学的兴起及其对民俗学的理论意义》[3]。2009年，李扬、王新艳通过对中日都市民俗文化研究的对比，探讨了民俗学研究范畴问题，强调了工业城市文化研究的必要性。[4]郭海红以评述日本城市民俗学的研究历程为中国都市研究提供参考。[5]这几篇文章所探讨的研究问题，是当时中国民俗学都市研究不得不面对的问题，尤其是工业城市文化研究。

总体而言，这一阶段是都市研究的探索期、奠基期，成果较少，且研究的都市民俗往往是相对于乡村这一空间范畴而言的，具有新旧民俗交叉互融性的特征，对城镇化中民众生活新生、新变的部分关注较少。

---

1 上海民间文艺家协会编:《中国民间文化——都市民俗学发凡》，学林出版社，1992年。

2 参见金宝忱:《长春市广场秧歌调查》，上海民间文艺家协会编:《中国民间文化——都市民俗学发凡》，学林出版社，1992年，第100—107页。

3 高丙中:《英美城市民俗学的兴起及其对民俗学的理论意义》，上海民间文艺家协会编:《中国民间文化——都市民俗学发凡》，学林出版社，1992年，第123—132页。

4 参见李扬、王新艳:《中日两国都市民俗文化研究刍论》,《东方论坛—青岛大学学报(社会科学版)》2009年第4期。

5 参见郭海红:《日本城市民俗学研究述略》,《世界民族》2009年第4期。

### （三）21世纪以来：中国民俗学都市研究的全面发展期

第三阶段是21世纪以来中国民俗学都市研究的全面发展期。此时期中国民俗学都市研究展现出多方向的探索，在面向当下的范畴内充分讨论了范式、对象等基本理论问题。都市民俗志、城镇化与生活方式、城镇化与身份建构、城市空间生产、现代性是中国民俗学都市研究全面发展阶段的主要课题。

1.都市民俗志研究

城市是中国古代风土志、民俗志的重要书写对象。《东京梦华录》《都城纪胜》《宛署杂记》《帝京景物略》《燕市积弊》等，都生动地记录、描写了当时大都市中的风土民情。中国传统民俗志，从来是将城市和乡村视为中国人生活世界的整体来书写。新时期以来，城镇化与民俗发展也成为民俗志书写的内容。例如，《山东省志·民俗志（1840—2005）》提道："由商业经济与城市的发展所带来的民俗变化是这一时期山东民俗史的又一大主题。"[1]书中也多次描写了城镇化带来的民俗变迁现象。遗憾的是，20世纪八九十年代的民俗志未能重视城镇化与民众生活变革，也没有出现都市民俗志专著。2000年，方川曾提出书写都市民俗志，但并未付诸行动。[2]

真正将都市民俗志书写付诸行动，并讨论出一系列书写范式的，是刘铁梁及其带领的团队。刘铁梁带领团队在北京各区县进行了交流式民俗志的调查与书写，撰写《中国民俗文化志》系列丛书。在书写中，他明确了"以城市化过程中人们在日常交往关系和交流实践方式上所发生变化为核心关注的问题"[3]。该套丛书不仅为民俗志书写范式提供了范本，而且也为都市民俗研究提供了示范。其中，《海淀区卷》《丰台区卷》《朝阳区卷》《石景山区卷》等以都市区域的民众生活为研究对象，展现了该区域的标志性文化特征和典型生活方式。都市民俗志的专著成果产出较少，但博硕士学位论文中有一些民俗志式的都市研究，

---

1 山东省地方史志编纂委员会编：《山东省志·民俗志（1840—2005）》，山东人民出版社，2016年，第7页。

2 参见方川：《中国城市民俗研究述论》，《民俗研究》2000年第4期。

3 毛晓帅：《中国民俗学转型发展与表演理论的对话关系》，《民俗研究》2018年第4期。

实践着、探索着都市民俗志的书写范式。以北京师范大学为例，2012年，董晓萍教授指导的硕士生谢开来，以北京、广州两地的春节文艺活动为研究内容，书写了城市春节文艺志。[1]岳永逸教授指导的硕士生王雅宏，以北京素食群体的生存和生活方式为研究对象，撰写了都市趣缘群体民俗志。[2]王雅宏写的都市群体民俗志在当时是较为前沿的主题。

民俗志，不仅是记录民俗资料的文本，"它自身还是一种复杂研究过程和认识表达方式"[3]。都市民俗志的书写，应该是民俗学通过扎实深入的田野调查，对城市化、民众主体、生活方式、生活传承、文化多元性、身份认同等概念加以深刻理解的过程。与专题性研究论文不同的是，都市民俗志应该更倾向于以田野个案文本呈现、大小标题的层次设置等来展现自己的学理性思考，整体性地描写都市民众的生活文化。

2. 城镇化过程中民众身份建构与生活方式变革的研究

城镇化过程，是人的身份转变过程。民众如何适应全新的生活，如何重新建构起自己的身份认同，这些认同又如何构成这个城市的标志性文化，是这类民俗学都市研究的重点。

中国民俗学都市研究中城镇化研究的发展特征，主要体现为研究范式转变。早期的部分研究以物质民俗、精神民俗等分类的眼光去考察传统民俗在城镇化过程中的转变，有时也能探讨到传统民俗对民众城市适应和新身份建构的调适作用。如2006年白晓荣的硕士学位论文，从描写民俗生活的三个部分来探讨东乡族移民至兰州后的城市适应问题，探讨东乡族的民俗文化如何在城市主流文化面前发挥调适作用的。[4]文章可贵之处在于，运用了大量个人生活史的田野资

1 参见谢开来：《城市春节文艺志——对京广两市春节民间文艺活动的调查与比较分析》，北京师范大学2012年硕士学位论文，指导教师董晓萍。

2 参见王雅宏：《在都市中寻找田园——北京素食主义群体的生存现状研究》，北京师范大学2012年硕士学位论文，指导教师岳永逸。

3 刘铁梁：《民俗志研究方式与问题意识》，《北京师范大学（社会科学版）》1998年第6期。

4 参见白晓荣：《边缘群体的城市适应——兰州"东乡村"及其民俗生活研究》，西北民族大学2006年硕士学位论文，指导教师郝苏民。

料，非常生动地描绘出东乡族移民异地遭遇的困境和城市适应智慧。但文章沿用了当时部分民俗志的分门别类模式，导致整体性和过程性削弱。

随着学界对实践主体、行为模式等基本理念的思考深化，都市研究也更加注重城镇化过程中衍生的群体研究。这类研究以个人叙事为主要书写范式，通过生动的个案来探讨中国人的城镇化特征、民俗学都市研究的应然问题。按照研究主题，这类研究主要分为三个方面。（1）城市新兴阶层的生活方式研究，以徐赣丽的中产阶级研究为代表，探讨中产阶级群体对“今后具有普遍意义的国民生活方式”[1]的实践，是对此群体物质消费方式及其影响下的行为模式、生活价值追求的研究。（2）城市化过程中趣缘群体的交往模式研究，例如孙桂媛的广场舞研究。她将广场舞视为“一种身体在场的实践交流方式”[2]，在从“盐窝子”村落到现代海盐工业区转型过程中，民众的劳作模式、居住方式、交往模式皆发生变革。她关注到广场舞群体不仅以集群跳舞的形式体现身体健康和个人存在感的需求，而且也增强了群体内部的交往交流，塑造了城市化过程中居民的新生活。（3）因人的流动形成的城市群体的个人叙事研究，例如唐钰儿的“老漂族”研究。她聚焦曹妃甸区跟随子女进城照顾孙辈的老人群体，以个人叙事的视角关注到老漂族在进城与返乡之间的“现实生活处境、日常行为模式和心理适应状态”[3]。生活整体性和变革过程性是城镇化民众生活方式变革研究的两大特征。这些研究进入群体中人的私人领域，探究“民”在适应城市社会时如何建构自己的生活意义。

除了城镇化的过程性研究，还有一部分研究聚焦地方特殊生活方式与城市特征的关系。这类研究以都市民俗学为视角，探讨城乡普遍生活方式中城市居民实践部分的特征，进而讨论生活方式地域性、城市性以及民众地域身份认同

1 徐赣丽：《中产阶级生活方式：都市民俗学新课题》，《民俗研究》2017 年第 4 期。

2 孙桂媛：《城市化过程的集体记忆与广场舞——以潍坊市滨海开发区吉祥健身队为个案》，山东大学 2018 年硕士学位论文，指导教师刘铁梁。

3 唐钰儿：《曹妃甸区“老漂族”家庭角色作用研究》，山东大学 2021 年硕士学位论文，指导教师刘铁梁。

感的形成。徐赣丽以上海为田野对象，探讨上海中产阶级群体对“今后具有普遍意义的国民生活方式”[1]的实践，是对此群体物质消费方式及其影响下的行为模式、生活价值追求的研究。庞昱以重庆城市中打麻将这一生活方式为研究对象，研究民众利用麻将实现休闲娱乐与人际交流的过程，以及“揭示麻将是如何融入重庆人的日常生活，最终成为一种典型的地域性生活方式”的[2]。

相较于乡土的区域研究，都市研究更加倾向于群体，主要研究的是群体的城镇化适应过程和群体的生活方式特征。以群体为研究对象，以个人叙事为书写模式，描写每个人的日常生活，成为这类研究的重要范式。

3. 都市空间的研究

都市空间的生产，是人类物质实践活动的结果；都市空间的研究，是对实践行为中人与空间相互塑造过程的研究。岳永逸的“杂吧地儿”研究[3]，徐赣丽的“田子坊”研究[4]，秦娇娇的“田子坊”研究[5]，皆是将一个混杂性的都市空间视为一种民俗学研究的方法，从空间生产的角度探讨了都市社会中民俗文化多元混杂、流变与包容的特性。李晓宁的博士学位论文《交流与认同：北京市丰台区方庄小区居民关系的民俗学研究》，是以北京方庄这一都市居民小区为整体空间进行研究，运用个人叙事和民俗志的研究方法，将空间视为民众交流互动联结起来的共同体，探讨新兴城市社区兴起后民众“如何通过交流实现认同”[6]，如何在缺乏血缘与生产合作的居民小区通过交流互动建构起交往空间、生活合作空间，尽可能地创造令自己满意的都市生活。

---

1 徐赣丽：《中产阶级生活方式：都市民俗学新课题》，《民俗研究》2017年第4期。

2 庞昱：《作为一种生活方式的麻将——以重庆Y街道为例》，山东大学2020年硕士学位论文，指导教师王加华。

3 参见岳永逸：《“杂吧地儿”：中国都市民俗学的一种方法》，《民俗研究》2019年第3期。

4 参见徐赣丽：《当代都市空间的混杂性：以上海田子坊为例》，《华东师范大学学报（哲学社会科学版）》2019年第2期。

5 参见秦娇娇：《都市空间下的民俗文化生产——以上海田子坊为例》，华东师范大学2018年硕士学位论文，指导教师徐赣丽。

6 李晓宁：《交流与认同：北京市丰台区方庄小区居民关系的民俗学研究》，山东大学2020年博士学位论文，指导教师刘铁梁。

4. 民众生活的现代性问题

这类研究超越以往都市与乡村的概念，直指民众生活的现代性问题。中国民俗学都市研究中现代性问题的讨论，经历了一个认知转变，从发现这是“关于现代性的学问”[1]、现代性的都市生活方式，到认识到城市化是文明进程的必然阶段。李向振讨论民俗学现代性研究的特征时，强调将“传统文化与民俗事象置于现代日常生活进行考量”[2]。现代性问题的探讨，不仅是从乡村转向城市的研究视角转变，而是试图超越二元概念，将日常生活变革放置在生活方式现代化进程中，探讨现代都市生活中民众的行为逻辑和生活意义建构。岳永逸以新北京人的“生育礼俗变迁”[3]来说明关注现代性的民俗学并不仅仅是都市视角转向，应该从民众日常生活出发“观察、描述、探析这些动态历程的复杂性、多样性、不确定性或可能性”[4]。

总体而言，中国都市民俗学的开拓并未实现21世纪初学者们所憧憬的创立分支学科的愿景，而是走上了民俗学研究新范式探索的道路。

都市民俗学研究开展以来，不断有学者以学术史回顾的方式探讨都市研究的发展之道，以期实现学术新突破。2013年，华东师范大学举办了首届海上风都市民俗学论坛。论坛上，学者们指出，“都市民俗学是取空间上的都市化与时间上的现代化的并集，不仅对传承于都市空间范围的民俗事象进行研究，也关注在都市化及现代化过程中产生的新兴民俗事象和新问题”[5]。此后，刘垚、沈东以学术史回顾的方式将都市民俗学总结为“处理都市建设与民俗演变之间关系

1 廖明君、岳永逸：《现代性的都市民俗学——岳永逸博士访谈录》，《民族艺术》2012年第2期。

2 李向振：《转向现代性的民俗学的几个关键词》，《华东师范大学学报（哲学社会科学版）》2021年第1期。

3 岳永逸：《中国都市民俗学的学科传统与日常转向——以北京生育礼俗变迁为例》，《云南师范大学学报（哲学社会科学版）》2018年第1期。

4 岳永逸：《中国都市民俗学的学科传统与日常转向——以北京生育礼俗变迁为例》，《云南师范大学学报（哲学社会科学版）》2018年第1期。

5 乌丙安等：《都市民俗学研究的意义、内容及方法探讨》，《民间文化论坛》2014年第4期。

的一门学问”[1]。他们从空间和时间两个维度对改革开放以来中国都市民俗学的发展特征进行总结：“在空间上呈现出‘从乡村走向都市’，在时间上表现为‘从传统走向现代’两大整体性特征。”[2] 2018年，邢莉、刘兴禄从城市民俗兴起的角度探讨城市民俗学的发展，认为城市民俗学是对民俗学理论思考的深入，城市民俗学应该反思以下四个问题：“（1）‘民’今天意味着什么？（2）‘民’今天生活在哪里？（3）‘民’今天是如何生活的？（4）‘民俗’的个人即‘我’而非‘我们’，意味着什么？”[3]这四个问题的提出，是对民俗学主体性研究的思考和强调。与之前的都市研究学术史回顾不同的是，这些问题聚焦的是都市中的人，而不仅仅是都市中的文化。关注都市中人的生活，逐渐成为中国民俗学都市研究的主流方向。徐赣丽从民俗学研究空间转向的角度探讨城市中民俗学研究的新路径，指出应该关注城市特征和城市人的行为与思想，“运用个人生活史和‘考现学’的方法来关注当下城市居民的日常生活”[4]。

都市研究的拓展是民俗学应对文明进程中生活变革状况的学术探索，无论是生活方式研究、群体研究，还是都市空间生产研究、身份建构研究、民俗志研究，都能够从以往民俗学的乡土研究传统中脱离出来，直面当下普通中国人的日常生活。但是，都市研究并不意味着中国民俗学走向“城市—乡村”二元结构分立的研究倾向，而是要将城镇化进程——这个发生于整个中华大地的变化——纳入学术研究的范畴之中，将居住在城市与乡村的居民的生活变革置于统一的文明进程中去讨论，正视当代民众生活中的文化混杂性、现代性，脱离向后看、强调本真性、迷恋传统“遗留物”的研究倾向。

---

1 刘垚、沈东：《回顾与反思：中国都市民俗学研究述评》，《民间文化论坛》2015年第6期。

2 刘垚、沈东：《回顾与反思：中国都市民俗学研究述评》，《民间文化论坛》2015年第6期。

3 邢莉、刘兴禄：《城市民俗的中国渊源与城市民俗学的兴起》，《云南师范大学学报（哲学社会科学版）》2018年第1期。

4 徐赣丽：《从乡村到城市：中国民俗学的研究转向》，《民俗研究》2021年第4期。

## 三、文化混杂性与交往现代性：民俗学都市研究的两个支点

中国民俗学的都市研究之路，是在探索学科的当下性、现代学的历程中开拓的，是对乡土研究传统的反思和拓展。中国的都市民俗学研究有着独特的本土特征，与其他国家的都市民俗学研究有着较大不同。

与日本、韩国的都市民俗学研究相比较，中国的都市民俗学研究并未真正经历在城市中寻找乡土民俗、在城市中寻找农民的历程。日本民俗学者福田亚细男将日本都市民俗学分为四个类型，即在都市发现民俗、都市形成了特有的民俗、传统都市中的民俗事象、都市形成了新的民俗。[1]韩国都市民俗学与之不同之处在于，由于朝鲜半岛的南北格局和国内较多的国际婚姻，韩国都市民俗学对文化多元化交融、共存方面给予了较高的重视。[2]美国都市民俗学主要关注的是城市中的乡下人、底层群体、传统民俗的都市复兴、都市传说等。[3]相较于此，中国的都市民俗学自起步之日起，所关注的就是城市化进程中的民俗文化变迁、生活方式及身份认同建构，并不刻意在城市中寻找“遗留物”。

具有本土特征的都市民俗学与中国社会历史阶段有着密切关联。都市这一

---

1 ［日］中村贵：《通往“新都市民俗学”之路——从日本都市民俗学及其问题谈起》，《华东师范大学学报（哲学社会科学版）》2021年第1期。

2 参见高福升、张立：《韩国城市民俗学研究述略》，《凯里学院学报》2017年第4期；高静：《城市化与城市民俗学——韩国民俗学的转型探索》，《西北民族研究》2020年第3期。

3 美国都市民俗学的研究，自20世纪70年代就已经开始了，里程碑之作是［美］罗杰·亚伯拉汉斯（Roger D. Abrahams）的《深入到流浪汉宿营地：费城街巷的黑人民间叙事文学》，研究的是都市中的底层群体。1971年，美国印第安纳大学召开了国际会议“Folklore in the Modern World”。在会议上，美国民俗学者关注到了都市中传统的变化等问题。20世纪80年代，M. J. Bell的《布朗酒吧的见闻：对黑人中产阶级的表演的描写研究》、M.O.琼斯的《扩建和装饰：民间艺术和建筑设计中的创新》等文章，都极大地拓展了美国都市民俗研究的范畴。其中，1988年，布鲁范德（J. H. Brunvand）出版的《消失的搭车客：美国都市传说及其意义》，是都市传说研究的开山之作，也是世界都市民俗学研究中非常重要的著作。此书不仅影响到美国民俗学的都市研究，而且在日本掀起了都市传说研究热潮。近些年，中国民俗学的不少青年学者也受到这本著作的影响，研究起校园中的传说，如马星宇的《校园“惊魂”：校园恐怖传说探析——以山东大学校园传说为例》（《民俗研究》2016年第6期）。关于美国都市民俗学的研究资料，参见邢莉、刘兴禄：《城市民俗的中国渊源与城市民俗学的兴起》，《云南师范大学学报（哲学社会科学版）》2018年第1期。

课题兴起时，中国正处于突破城乡二元结构、人口从乡村涌向城市、城市空间向乡村扩张的高峰阶段。城市特征差异，在于生产方式和劳作模式的不同。相较于乡村聚落而居，以第一产业为根本的生产方式和村落趋同的副业劳作模式，城市的生产劳作更加多元，以第二、第三产业为主。在人口城乡流动和空间扩展的同时，都市型生活方式在整个中国大地上开始普及。无论是居住在城市还是乡村的中国人，都在朝向更加都市化、现代化的物质生活条件，如城市单元楼式的装修和家居布局，以及抽水马桶、洗衣机、电视机、天然气集成厨房等标准化、模式化的消费型生活方式。基于劳作模式、生产方式的不同和消费型生活方式的日益趋同，中国城市与乡村的差异表征主要体现在文化混杂性和交往现代性的层面，换言之，城市人群更加具有异质性。中国民俗学面临的社会现状即是如此——城市中每个人都承载着各自的文化，在以城市的交流交往规则生活的过程中，创造着、体验着全新的文化，建构着城市中的自我身份。

混杂性是文化的基本特征。所谓混杂性，美国学者爱德华·萨义德（Edward Said）曾定义："所有的文化都交织在一起，没有一种是单一的、单纯的。所有的都是混合的、多样的、极端不相同的。"[1]乡村与城市的文化皆有此特质，但城市中的文化混杂性表现更加鲜明、生动、色彩鲜艳。城市已经成为民众实践多元文化的舞台。这一舞台上，"充斥着各种不同的文化成分，有传统也有现代，有中心也有边缘，有外来也有本土，它们不再像工业社会时期是分隔的，而是混融在一起的，城乡、上下层、中心与边缘、时尚与乡土等，都可以并存共处"[2]。

城市的文化混杂性源自城市中人的异质性。来自不同地方，拥有不同的学历、职业、爱好的民众聚集在城市空间中，以一种现代性的交流交往方式进行日常活动。乡土社会中，人们在共同劳作、生产协作、日常交流交往中确认、强化自己和家庭在共同体内的位置和关联。而城市社会中，人们需要在不同场

1 ［美］爱德华·萨义德：《文化与帝国主义》，李琨译，生活·读书·新知三联书店，2003年，第18—22页。

2 徐赣丽：《迈向现代民俗学——都市文化研究的新路径》，中国社会出版社，2020年，第88页。

景的交流交往中构建不同的共同体，寻找自我与这片土地、这个群体的联结点。在这一过程中，混杂的多元文化就被创造出来了。在城市特征的生产中，文化混杂性与交往现代性是互为因果的关系。

城市中文化混杂性和交往现代性的研究，应该着眼于城市中人和人的实践。瑞士民俗学者托马斯·亨格纳（Thomas Henartner）认为："民俗学与社会学虽然都研究社会，但它们的着眼点不同：社会学关注城市的整体和结构，而民俗学关注城市中的人和个体以及他们如何体验、如何做事。"[1]托马斯·亨格纳的观点，恰好概括了近些年中国民俗学都市研究的特征。以《丰台区卷》《石景山区卷》为例，它们以都市民俗志的书写经验阐释了如何通过书写都市人的行动来展现文化混杂性和交往现代性。

北京作为流动的大都市，以极强的包容力接纳着来自全国各地的民众。新北京人带着家乡文化扎根北京，在日常生活的场域中实现家乡文化与北京文化的融合，创造了北京这座城市混杂、多元、风格迥异的文化。《石景山区卷》中苹果园舞蹈队贾淑芬大姐的故事和《丰台区卷》中的方庄小区，更能够体现都市民俗学研究应该从人及人的实践过程来书写文化混杂性和交往现代性的范式。

苹果园舞蹈队队员贾淑芬大姐，本居住在北京顺义区的农村，1975年因首都钢铁公司招工而来到了石景山区，从农民转变为首钢的工人，婚后搬迁到苹果园西井小区，并居住至今。贾大姐在2001年"内退"后，逐渐把精力投注在小区的公共服务之上，帮助小区清洁卫生、打理绿化，在小区内有一定的威望并建立了良好的人际关系。因此，她牵头组织了苹果园舞蹈队，并在街道办事处的支持下，组织排练、演出、比赛，以及外出旅游。贾淑芬的经历具有鲜明的城市特征，在个人身份从工作到退休的转变过程中，她通过热心小区公共事务、组织舞蹈队活动等，完成了自我身份感、认同感的提升，强化了对苹果园街道、西井小区的地方感认同。同样，她组织的舞蹈队，也成为北京城市空间

1　户晓辉：《建构城市特性：瑞士民俗学理论新视角 —— 以托马斯·亨格纳的研究为例》，《民俗研究》2012年第3期。

内多元文化风格的一部分。每天清晨在早春二月饭店门口，我们都能够看到她们跳民族舞、扭秧歌的身影。《石景山区卷》书写苹果园舞蹈队时，首先描写的是贾淑芬的个人生活史，从她这一舞蹈队组织者的个人身份转变、城市适应、组织活动动因、舞蹈队内部交往等实践经历出发，展现出苹果园舞蹈队在城市文化再生产和地域共同体建构上的作用。

《丰台区卷》中的《方庄小区》和李晓宁的博士学位论文《交流与认同：北京市丰台区方庄小区居民关系的民俗学研究》[1]更能够体现出一个都市社区的民俗学研究范式。《方庄小区》主要书写的是这一城市空间的生产过程，以及人们在其中的体验、感受、交往等交流实践过程。方庄小区是北京第一个，也是曾经亚洲规模最大的现代化住宅小区。[2]作者首先概述了从村落农田到方庄小区的空间城市化过程中这片土地上的民众是如何交往、生活的，如第一节书写了杨宝生在生产队时的记忆和片警谷建华与居民打交道的经历，第二节书写的是本地居民搬迁上楼到方庄小区后的生活革命、邻里关系变迁、传统习俗变迁。这些变迁并不是白描的手法，而是以孙正佑、谷建华的生活经历为叙事内容。居民搬迁上楼成为城市居民以后，必然要经历身份感和地方感的重塑过程。这一过程，是通过居民在各种形式的交往中发生的。第二节和第三节书写了方庄文化体育节、文体队伍、方庄民间艺术馆等，展现了城市化和现代化居住关系、交往关系下，人们通过文化活动重建地方共同体的过程。如卡舒巴所说："共同体是这样的一种社会关系，参与者（在情感或者传统上）主观感受到归属在一起。"[3]李晓宁的博士学位论文，进一步延伸讨论了在日常交流实践中社区居民关系的联结过程。方庄小区不仅有回迁户，还有来自全国各地、各行各业、性格迥异的人。

1 李晓宁：《交流与认同：北京市丰台区方庄小区居民关系的民俗学研究》，山东大学2020年博士学位论文，指导教师刘铁梁。

2 参见刘铁梁主编：《中国民俗文化志·北京·丰台区卷》，北京出版社，2018年，第317页。

3 Wolfgang Kaschuba，*Urbane Kulturtransfers:Globale Stile*，*mediale Bühen*，*lokele Räume*，*in Eszter B.Gantner and Péter Varga*，*Transfer-Interdisziplinär!Akteure*，*Topographien und Praxen des Wissenstransfers*，Frankfurt a.M.:Peter Lang，2013，p.232. 转引自包汉毅：《卡舒巴文化观以及基于此的城市文化思想》，山东大学2017年博士后研究工作报告。

家庭之间的交往、趣缘关系的交往、公共事务过程中的交往等，都共同参与到了社会认同感的构造中，同样也生产出全新的、具有方庄属性的城市文化。

中国民俗学的都市研究，不仅要看到民俗事象的变迁，更要看到民众的日常交流交往与新文化创造间的关系。“人们的交往与日常交流实践创造新的文化。”[1]当我们聚焦于城市中的多元文化、空间变迁、兴趣群体、生活方式时，应该聚焦在行为主体——人——的身上，而不是文化类型、传统“遗留物”之上，“以洞察普通人的日常生活和生活世界为旨归，以此认知并发现民众或普通人的实践主体性和创造性”[2]。因此，凝聚着城市特征的文化混杂性和交往现代性，可以成为民俗学考察普通城市居民日常生活的两个支点。

## 第二节　群体研究与民俗之“民”的重新阐释

中国民俗学群体研究的出现，一方面受到国际民俗学关于民俗之“民”的研究进程的影响，另一方面是中国民俗学基于自身学术需要对“民”的认知转向。中国民俗学恢复以来，经历了一段忽视民众主体的遗留物研究时期，研究取向与英国人类学派“文化遗留物”研究相似，朝向了前现代的乡民、社会底层民众和古人。[3]在现代化、城镇化、工业化不断加速的社会背景下，这种取向导致学科研究领域逐渐变窄，学科地位逐渐边缘化。这种境况促使学者探索学科出路，反思研究范式，也推动了对民俗之“民”的重新认识。

钟敬文关于“民”的观点，对中国民俗学民俗之“民”的认知转变，起到

1　李晓宁：《交流与认同：北京市丰台区方庄小区居民关系的民俗学研究》，山东大学2020年博士学位论文，指导教师刘铁梁。

2　户晓辉：《建构城市特性：瑞士民俗学理论新视角——以托马斯·亨格纳的研究为例》，《民俗研究》2012年第3期。

3　以《民俗研究》1987年第1期所刊载的文章为例，此期刊物主要是民俗事象的文化史研究和底层民众的风俗探讨，如《兔神考》《舟山渔民风俗初探》《古俗说鹿》《火葬话源》《话说媒人》等。这些文章所研究的民俗事象的承载者，基本为前现代的乡民、底层民众和古人。

了至关重要的作用。他在回顾“五四”时期民俗文化学兴起、倡议建立中国民俗学派时，将“民俗”之“民”的范畴扩大到全民族。民应该是民族之“民”，而且“民”的内部具有差异性，并不是文化同质的“民”。[1]20世纪90年代初，高丙中在汲取胡塞尔、萨姆纳、理查德·鲍曼、阿伦·邓迪斯（Alan Dunders）等人的思想后，提出“民”不应该只指古人或者乡下人，应该扩大到全体民众，“任何群体都可以是民俗之‘民’”[2]。总体来讲，新时期以来，民俗之“民”经历了从古人、前现代乡民到全民族之民、全体国民中任何群体的转变。但如何看待“民”以及“民之俗”的地方性、异质性、多元性等特征？如何在具体研究实践中实现“民的主体性”和“以民带俗”的取向？这些问题成为民俗学新的探索方向。群体研究在这些问题的探讨之中被提出，并得到了一定程度的讨论。

目前，中国民俗学已经出现了一定数量的、颇为精彩的、以群体为研究取向的田野研究成果。这些研究成果在理论和方法探讨上也有了一定程度的建树。本部分在梳理民俗之“民”定义的发展脉络和群体研究现状的基础上，勾勒出当前民俗学群体研究的学术框架，对民俗学之“群体”研究进行初步的定义和阐释，讨论方法论意义上的“以‘民’带‘俗’、还‘俗’于‘民’”[3]的研究路径。

## 一、从民族之“农民”到社会之“群体”：民俗学“民”的研究历程

“民”的内涵和外延的讨论，始终伴随着民俗学发展的脚步而不断出现。“民”的定义进程既是反思主体性研究、确认“俗”与“民”二者关系的进程，更是思考学术研究与社会知识需要之间关系的进程。对这些核心问题的不同解

1 钟敬文关于“民”的观点，参见以下著述。钟敬文主编：《民俗学概论》，上海文艺出版社，2009年；钟敬文著，董晓萍编：《民间文化学：梗概与兴起》，中华书局，1996年；钟敬文：《建立中国民俗学派》，黑龙江教育出版社，1999年。

2 高丙中：《民俗文化与民俗生活》，中国社会科学出版社，1994年，第127页。

3 王加华：《个人生活史：一种民俗学研究路径的讨论与分析》，《民俗研究》2020年第2期。

答，意味着学科内部的不同研究取向和研究视角。不同时期、不同国家的民俗学是如何解答这些问题的？这些解答如何推动“民”的认知转向？中国民俗学是如何定义“民”，又是如何实现民众主体的认知转向的？为何群体研究成为中国民俗学面向生活变革的新视角？

18 世纪民俗学肇始期，“民”主要指的是民族内的平民、农民。德国思想家赫尔德搜集民歌主要集中于民族内的平民、农民阶层。他关于“民”的界定，受到维柯（Giavanni Battista Vico）和卢梭（Jean-Jacques Rousseau）的影响，“倾向于将‘人民’等同于穷人、农民、普通俗民、平民大众”[1]。19 世纪，雅各布·格林和威廉·格林搜集整理德国民间故事时，将民间创作视为民族智慧。格林兄弟的民俗学研究直接服务于他们重建德国民族文化、抵御当时法国威胁的政治目的，民族主义和爱国主义是贯穿他们著作中的一条主线。[2]他们所界定的“民”仍然是“保存”民族精神的民族之平民、穷人、农民，且他们所认为的“俗”具有集体创作性。由此，这一时期“民”的面貌是与民族相一致的，是非独立变量。19 世纪到 20 世纪初，德国民俗学所界定的民俗之“民”为与贵族、上层社会相对的庶民、农民，具有一定的同质性，但也开始关注“民”在进行民间创作时的个性。早期德国民俗学深刻影响了世界范围内民俗学的发展，其传统是“浪漫主义、尚古主义和民族主义的奇特的结合”[3]。

民俗学传入英国后，英国学者定义“民”的范畴，依然主要指向平民、乡民、前现代的民。学者汤姆斯受到德国格林兄弟等人研究的影响，“参考了德语中表述民俗学研究对象的词语‘Volkskunde’（民众知识）”[4]，用“folklore”指代民众的知识。他所指的“民”是“以乡民为主的普通民众”[5]。神话学派缪勒

1 Isaiah Berlin，*Vico and Herder*，New York: The Viking Press，1976，p.174. 转引自刘晓春：《从维柯、卢梭到赫尔德——民俗学浪漫主义的根源》，《民俗研究》2007 年第 3 期。

2 参见阎云翔：《欧美民俗学略说》，《北京师范大学学报（社会科学版）》1997 年第 6 期。

3 刘晓春：《从维柯、卢梭到赫尔德——民俗学浪漫主义的根源》，《民俗研究》2007 年第 3 期。

4 ［日］岛村恭则：《大家的民俗学》，陆薇薇、魏金美译，浙江大学出版社，2022 年，第 21 页。

5 高丙中：《关于民俗主体的定义——英美学者不断发展的认识》，《湖北大学学报（哲学社会科学版）》1993 年第 4 期。

（Friedrich Max Müller）在研究自然神话源头和神话语言疾病时，关注到神话故事的民族属性，认为“民”应该是“整个民族”。[1]安德鲁·兰（Andrew Lang）在抨击缪勒神话理论不合理之处后，提出民俗学是“文化遗留物”的研究——“另有一门学问，民俗学，搜集并比较古代种族的非实体的类似遗物：遗留下来的迷信和故事，民族文化那些见之于我们的时代却又不具有时代性的思想观念”“民俗学致力于研究那些极少受到教育的改造、极少取得文明上的进步的民间群体、大众和若干阶级的传说、风俗和信仰”。[2]安德鲁·兰所界定的“民”是落后文明、极少受到教育的民众，这一认知与泰勒的文化进化论思想有着紧密关联。泰勒关心的是文化“从低级向高级进化的历史”[3]，现存习俗中的奇风异俗保存在低级文化的碎片里，是他们重要的研究对象。1914年，查·索·博尔尼（Charlotte Sophia Burne）在《民俗学手册》中提出要想研究民俗，“第一步就是观察存在于现代欧洲各国低等文明居民中的大量奇异的信仰、习俗和故事”[4]。汤姆斯的“folklore”、泰勒等人的文化遗留物研究以及博尔尼的《民俗学手册》对20世纪上半叶中国民俗学发端期的研究产生了深刻的影响。

20世纪上半叶的中国学术界，在内忧外患的民族命运中寻找民族的出路。在打倒“孔家店”的同时，顾颉刚、杨成志、何思敬、周作人等学者也在探索一条类似于赫尔德、格林兄弟时期的“到民间去”寻找民族精神，以重塑民族文化的道路。“歌谣运动”、白话文的兴起和学者们的调查行动，是审视传统精英文化、重建民族文化和发现民族精神的过程。顾颉刚等人在妙峰山香会调查后认为，“在这种民众运动中，看到‘民族中的下级社会的文化保存着一点新鲜气象’，而他们认为这正是拯救民族衰老的‘强壮性的血液’”[5]。此时的“民”，

1 高丙中：《关于民俗主体的定义——英美学者不断发展的认识》，《湖北大学学报（哲学社会科学版）》1993年第4期。

2 转引自高丙中：《中国民俗学的人类学倾向》，《民俗研究》1996年第2期。

3 阎云翔：《欧美民俗学略说》，《北京师范大学学报（社会科学版）》1997年第6期。

4 ［英］查·索·博尔尼：《民俗学手册》，程德祺等译，上海文艺出版社，1995年，第1—2页。

5 钟敬文：《五四时期民俗文化学的兴起——呈献于顾颉刚、董作宾诸故人之灵》，钟敬文著，董晓萍编：《民俗文化学：梗概与兴起》，中华书局，1996年，第129页。

主要指的是民族之“民”，是具有同质性的。但“民”是否指的是民族的底层群体或者农民，根据邹明华、高丙中的总结，20世纪的中国民俗学存在着五种观点。

> 愈之认为“民”是民族全体；北京的《歌谣周刊》倾向于把“民”看作国民；广州的《民俗周刊》宣称“民”是平民或民众；中国民间文艺研究会确定“民”为劳动人民；最后，钟敬文教授主张把“民”看作有具体差异的全民族。[1]

这五种关于“民”的观点，离不开学术研究与社会知识需要。1949年之前，重塑民族文化精神是学术研究的重要基础，研究具有文化均质性的民族之民或者民族之平民、农民的文化，是此时的重点。1949—1978年，受到国家政治导向影响，民间文学所面向的主体是劳动人民。1978年以后，钟敬文主张将民俗之“民”扩大到全民族，“民”为民族之民，而“民”内部具有差异性，不再指文化同质的民。高丙中认为，民不应该只指古人或者乡下人，应该扩大到全体民众，“任何群体都可以是民俗之‘民’”[2]。

20世纪90年代以来，特别是21世纪以后，国外的民俗学思想被译介到中国，其中，美国民俗学者阿伦·邓迪斯、丹·本·阿默思（Dan Ben-Amos），以及德国民族学者卡舒巴等的学术思考影响较大。中国学者对民俗之“民”的认知转变，从文化同质性的“民”转变为具有差异性的“民”，这一认知客观上促进了群体研究的开展。总体来讲，这一时期民俗学界对“民”的认知仍是群体性的，但群体往往指的是全民族、劳动人民这样的大群体。

20世纪中叶，美国民俗学界已经开始将“民”定义为群体之“民”，“俗”可以是拥有共同特质的小群体内部的俗，而不仅是整个民族的俗。美国民俗学

1 邹明华、高丙中：《谁是“民” 什么是“俗”》，《民间文化》2000年第3期。
2 高丙中：《民俗文化与民俗生活》，中国社会科学出版社，1994年，第127页。

者理查德·多尔逊（Richard Dorson）将民俗之“民”定义为具有folk group属性的人。这是对“民”的范畴的拓展，他不再像此前英国、德国等国的民俗学者一样，将“民”的范畴仅局限在乡民、文化落伍的民众。他认为“民”的范畴应该包括“真正意义上的乡下人、迁移到城里的乡下人、这种城里人的部分后代”[1]。阿伦·邓迪斯反驳了多尔逊的观点，认为民俗之“民”可以是任何人，也可以是我们自己。在此认知的基础上，邓迪斯为“民”下了定义：“民是指至少具有一个共同因素的任何人类群体。”[2]这个共同因素，不仅指民族或者宗教，也可以是职业、语言、爱好等。邓迪斯举例“冲浪爱好者群体、摩托车群体”等趣缘群体也存在民俗。他的观点不仅是拓展了“民”的范畴，将“民”定义为“独立的可变量体”[3]，而且也促进了以“民”带“俗”研究方法的转变。“俗”不仅是全民族共享的，还可以是以认同为核心的地方性的、小群体性的文化。

此后，丹·本·阿默思提出“民俗是小群体内的艺术性交际”[4]。“群体”“交流”是民俗的内在特质。以具有共同认同的“俗”为纽带的“民”的研究，极大地拓宽了民俗学的学术视野，不再将学术视野局限在落后群体的遗留物研究、奇风异俗的文化原型探源等之上，促进民俗学向语境研究、交流实践研究转型。那么，在研究中如何认知和界定“民”为社会之“群体”、“俗”为该“群体”共同认同的行为模式呢？德国民族学者卡舒巴在布尔迪厄（Pierre Bourdieu）社会“区隔”的思想基础上，以德国柏林城市空间中的文化风格和人群的生活方式为例，提出“‘民’的观念必须是指现代的一群人和一个社会，它们都受到本地的、区域的、国家的和全球的影响。……在这中间，不同的出身和居住地，不同的工作和收入，不同的宗教和生活方式起了关键性作用。‘民’意味着不

1　高丙中：《关于民俗主体的定义——英美学者不断发展的认识》，《湖北大学学报（哲学社会科学版）》1993年第4期。

2　［美］阿伦·邓迪斯：《“民”指什么人？》，王克友、侯萍萍译，《民俗研究》1994年第1期。

3　［美］阿伦·邓迪斯：《“民”指什么人？》，王克友、侯萍萍译，《民俗研究》1994年第1期。

4　转引自张举文：《一位追求格物致知的民俗学家——丹·本·阿默思（Dan Ben-Amos）》，《民间文化论坛》2018年第2期。

同阶级和群体‘文化地’生活的某种方式”[1]。卡舒巴所叙述的“民”，事实上延伸到邓迪斯的群体之“民”，不仅是以标志文化风格为核心生活方式的复数的“民”，而且是多元文化认同和生活取向的单数的“民”。每个人可以有多种认同的“俗”，也可以归属于不同的群体。

这些研究成果先后被译介到中国，推动了中国民俗学民俗之“民”认知观念的转向，高丙中、王娟、户晓辉、王加华等学者对“民”进行重新界定。高丙中、户晓辉等学者认为民俗学之“民”应该是“公民”，民俗学的研究目的是“通过让民成为公民而成为自由人”[2]。王娟认为“民”应该指“全民”“全人类”。[3]王加华在提出“个人生活史”是民俗学研究的重要路径之时，认为当前民俗学关于“民”的共同认知有两点：“一方面，我们每一个人都是‘民’，都是生活文化的承载者；另一方面，整体的‘民’是由一个个的个体的‘民’所组成的。”[4]王加华对“民”的定义，强调的是个人的视角，而不是面目模糊的集体性视角。例如，《丰台区卷》在书写丰台机务段的“铁路人”群体时，是通过铁路人郭奇荣、安海山、孔凡一、龙文元的个人生活史来描绘出群体面貌的。这些铁路人，既有丰台机务段“铁路人”的身份认同，也有地方、学历、政治面貌等多元的认同。如1950年入职丰台机务段的“老铁路人”郭奇荣，是丰台机务段的检修员、调度员，也是丰台街道的最佳党员。这些面目清晰、多元认同的个人，组成了丰台机务段“铁路人”群体。[5]“民”，不仅是只有群体面貌的集合体，更是“可以清晰表述出来的个人”[6]。对于“民”的群体性界定，学者不再仅是基于民所在社区、村落、地方等传统意义空间之上，还聚焦在地方性认同、

1 ［德］沃尔夫冈·卡舒巴：《民俗学在今天应该意味着什么？——欧洲经验与视角》，彭牧译，《民俗研究》2011年第2期。

2 户晓辉：《从民到公民：中国民俗学研究“对象”的结构转换》，《民俗研究》2013年第3期。

3 参见王娟：《新形势下的新定位——关于民俗学的“民”与“俗”的新思考》，《民俗研究》2002年第1期。

4 王加华：《个人生活史：一种民俗学研究路径的讨论与分析》，《民俗研究》2020年第2期。

5 参见刘铁梁主编：《中国民俗文化志·北京·丰台区卷》，北京出版社，2018年，第122－133页。

6 转引自韩成艳：《在“民间”看见“公民”——非物质文化遗产保护语境下的实践民俗学进路》，《民俗研究》2013年第4期。

民族－国家认同之外的关于“我”“我们”文化身份认同之上。因此，当前民俗学出现了多种群体研究的方向，这些研究都聚焦在哪些方面？有着怎样的理论视角？这将是接下来要讨论的问题。

## 二、中国民俗学群体研究的方向及理论思考

群体研究能够成为中国民俗学面向生活变革研究的新视角，是因为“民”的定义进展是在深入认知中国社会现实的基础上发生的。

伴随着文明转型、文明交流互鉴的中华文明新形态进程，中国人的社会关系网络、交往秩序发生着前所未有的变革。费孝通在《乡土中国　生育制度》一书中提出了中国社会“最重要的亲属关系”[1]，并用“差序格局”来解释中国人的关系网络。翟学伟认为，“血缘和地缘积淀性地成为中国人的交往基础”[2]。中国人传统关系秩序，是基于小农经济下农业文明社会的交往，具有不可选择性、严格的尊卑长幼秩序、信任机制不健全等特点。在当代中国，这种基于农业社会形成的关系秩序逐渐转变为现代社会的关系秩序。中国人的身份认同因素也更加多元化。例如，北京首钢工人群体，他们既有亲缘、地缘带来的认同，践行着所属家庭、家族和地方社会的风俗习惯，也有业缘带来的认同，遵循着、实践着首钢工人内部的习惯规则。当然，他们也可能认同自己属于某个兴趣爱好群体，形成小群体内部的行为习惯。全新的交往秩序和社会网络，是与传统农耕社会有着鲜明区别的。

中国民俗学在理解这一社会现实后，不得不重新思考过去对“民”以及“民”之“俗”的认知。这一过程确实是对照了国外民俗学关于“民”的思考。但是，中国民俗学对“民”和“群体”的理论思考与研究方向，仍是从中国社会现实出发的。以社会事实为问题导向，群体研究出现了三个方向。那么，这

1　费孝通：《乡土中国　生育制度》，北京大学出版社，1998年，第26页。

2　翟学伟：《中国人的关系原理：时空秩序、生活欲念及其流变》，北京大学出版社，2011年，第82页。

三个研究方向分别是从哪些社会现实出发的？探讨了哪些社会问题？进行了怎样的理论思考？这些理论思考有着怎样的中国特征？与国际民俗学的群体研究有着怎样的区别？

### （一）基于认同和生活重构的移民群体研究

流动是21世纪中国必然面临的宏大课题，大规模的群体性流动形成了当前“流动性社会”的特征。有学者定义当前社会为“大流动社会”。“大流动社会”，指的是“在传统向现代的社会转型过程中，原来附着和附属于土地、户籍、单位等要素和框架的人口，大规模、常态化、钟摆式流动起来的一种社会结构”[1]。这些人群的日常生活和身份认同都在经历着重构。在全球范围内，移民和文化流动已成为一种社会常见现象，移民社会中的文化流动研究自20世纪90年代以来持续得到国际学界的关注。这些研究主要关注集体性移民群体带来的文化流动现象，考察文化流动的动因和特质、两种文化间（移民来源地文化与实际居住地文化）的关系、移民的身份认同等问题，如北京“浙江村”、纽约“唐人街”、深圳的“新深圳人”等。民俗学较晚关注到移民群体。移民群体研究按照理论视角可分为两类：一是白晓荣、李静关于穆斯林群体移民进城务工带来的生活重构和文化心理调适研究；二是以张举文为代表的美国亚裔群体研究。这些研究皆涉及以认同为核心概念的文化行为研究。不同的是，张举文的理论视角以美国民俗学的群体研究传统为基础，白晓荣、李静的硕士学位论文则以文化变迁、民俗传承等理论为视角。

白晓荣[2]和李静[3]关于穆斯林移民群体研究的硕士论文，其考察群体的认同维系是民族、宗教。这两个群体是以民族聚居的形式集体移居到他乡，在他乡经

1 刘义强：《疫情改变社交、社区及流动 再造新型社会连接生态体系》，《人民论坛》2020年第S1期。

2 白晓荣：《边缘群体的城市适应——兰州“东乡村”及其民俗生活研究》，西北民族大学2006年硕士学位论文，指导教师郝苏民。

3 李静：《一个特殊时代里的一个特殊群体其民俗文化变迁与再认同——以黑龙江省伊春市金山屯区为中心》，西北民族大学2012年硕士学位论文，指导教师郝苏民。

历了劳作模式和居住空间的转变。白晓荣从民俗文化的变迁方面探讨“东乡村”的居民从家乡集体迁移到兰州的日常生活变迁。作者虽然是以民俗事象分类的结构进行论文书写，但并未局限于事象书写，而是以鲜活的个人叙事书写出民俗文化传统在移民后异地适应时发挥的文化认同和个人身份建构的作用。[1]相较于白晓荣描写的集体移民进城的经历，李静研究的回族伐木群体来自不同的家乡，经历了多次职业身份变革。李静研究的回族伐木工人群体，从河北、山东等地迁居至黑龙江伊春市金山屯区，从农民转变为国家林业工人，再到自由职业者。作者运用大量的个人叙事和个人生活史描写勾勒出回族伐木工人群体生活变迁的图景，其中主要讨论了他们在与其他民族互动交流过程中如何保持自己的民族传统、宗教信仰，又如何调整自己适应新职业、新生活的需求，少数民族移民群体如何主动与当地主流文化互化、交流以至和谐相处的过程。

互动、涵化、调适、认同是白晓荣、李静研究移民群体民俗文化变迁的关键词。相较于张举文的亚裔群体研究，白晓荣、李静的研究并未深入讨论或区分“认同”是基于共同践行的“俗”还是基于已有的民族、宗教信仰，而是更关注移民过程和当地主流文化对群体文化传统造成的变迁性的影响和结果。

张举文的“美国亚裔／华裔群体”研究，对“民俗认同”与群体共同体维系的考察更加深入。2009—2016年，张举文发表了三篇关于“美国亚裔／华裔群体民俗”的中文论文，分别是《美国华裔散居民民俗的研究现状与思考》[2]《美国亚裔民俗研究的新视角》[3]《美国华裔文化的形成：散居民民俗和身份认同的视角与反思》[4]。这三篇文章以“美国亚裔/华裔群体”的民俗实践为田野个案，聚焦民俗认同和第三种文化生产过程。在他看来，“每个群体的文化认同（cultural

1 参见白晓荣：《边缘群体的城市适应——兰州“东乡村”及其民俗生活研究》，西北民族大学2006年硕士学位论文，指导教师郝苏民。

2 ［美］张举文：《美国华裔散居民民俗的研究现状与思考》，《文化遗产》2009年第3期。

3 ［美］张举文：《美国亚裔民俗研究的新视角》，桑俊、王继超译，《文化遗产》2016年第4期。

4 ［美］张举文：《美国华裔文化的形成：散居民民俗和身份认同的视角与反思》，惠嘉译，《文化遗产》2016年第4期。

identity）是通过‘民俗认同’来维系的”[1]。如何维系和达成社会中占少数的移民群体的“民俗认同”以及基础上的“身份认同”呢？“在以民俗认同和散居民心态为基础区别这些符号的过程中，人们正在通过民俗实践创造一种第三文化。在这些动态的过程中，身份认同显示出了它的多重性、多样性、暂时性和杂糅性，同时，新的身份认同、新的文化——第三文化——被创造出来。”[2]在移民群体第三文化的研究过程中，张举文确立了“民俗认同才是民俗学研究的核心”[3]的观点，“经验”“认同”“过程”是其群体研究的核心概念和范式。

张举文关于移民群体的研究，既与其在美华裔身份有关，也源自美国的学术传统。不同于中国民俗学更关注地方性民俗传统，美国民俗学因其国家历史和社会现实，关于少数民族、少数群体等以共同践行的文化为纽带的群体研究是其重点。1888年，美国民俗学会成立之时，威廉姆·威尔斯·纽厄尔（William Wells Newell）在会刊中要求搜集美国现存的快速消失的民俗，包括英国移民的民俗、美国南部的黑人民俗、印第安人部落的民俗，以及法属加拿大、墨西哥等地的民俗。[4]20世纪50年代后，在理查德·多尔逊的努力下，美国民俗学逐渐形成了两种研究取向：一是注重遗留的移民传统的研究；二是探索具有特色的美国民俗的生成与形塑。[5]不同群体在美国社会中不断进行文化实践、文化再生产，塑造了新的美国民俗和群体内部民俗。这些文化实践、文化再生产中的“经验”“过程”“认同”逐渐成为群体研究的核心概念。因此，邓迪斯提

1 ［美］张举文：《迈向民俗认同的新概念：美国散居民民俗研究的转向》，《文化遗产》2016年第4期。

2 ［美］张举文：《美国华裔文化的形成：散居民民俗和身份认同的视角与反思》，惠嘉译，《文化遗产》2016年第4期。

3 ［美］张举文：《民俗认同是日常生活与人文研究的核心》，《文化遗产》2021年第1期。

4 William M. Clements，*100 Years of American Folklore Studies*：*A Conceptual History*，The American Folklore Society，1988，pp.25－50. 转引自蔡文娇：《纽厄尔与美国民俗学会、会刊初创期的民俗学》，《民俗研究》2013年第6期。

5 Richard Bauman，Roger D，Abrahams and Susan Kalcik，American Folklore and American Studies，*American Quarterly*，1976，Vol.28，No.3，pp.360－377.

出“民是指至少具有一个共同因素的任何人类群体”[1]。丹·本·阿默思提出，“民俗是小群体内的艺术性交际”[2]。在这样的学术积累后，21世纪美国亚裔群体的民俗实践得到了关注，逐渐进入学者的研究视野，“民俗认同”超越“民族认同”成为此类群体的核心。将“民俗认同”视为“美国亚裔／华裔群体”的核心，有着鲜明的美国民俗学研究特色，但这一观点是否适用于中国群体研究值得商榷。“认同”是适合考察群体结群和凝聚力的核心概念。但相较于由不同特质的群体组成的美国社会，中国社会更加突出的特征是地方性认同。民众首先是有着强烈的地方认同，进而形成民族、国家认同。即使是现代都市中的业缘、趣缘、学缘群体也有着鲜明的地方认同特征。例如，汉服爱好者群体在线下活动和线上交流时，往往是以所在省份、城市、学校为基础的。因此，中国的群体研究不应该将其视为原子化群体研究，而应该是在地方认同和群体认同双重身份认同上开展的研究。

移民群体在当今中国社会已经成为规模庞大的群体。这些群体，有的是因国家政策、社会变革集体永久性地迁徙到新定居地，有的是因工作和学业暂时性地流动到一个新地方，家乡仍保留着原来的社会关系和居所。认同和生活重构，无疑是移民群体研究的核心概念。然而，中国民俗学对这类群体的研究仍处于起步阶段。张举文的研究主要还是立足于美国亚裔／华裔群体，希望通过自己的研究，呼吁弱化美国社会中“基于‘种族或民族’这些为了殖民主义服务的不正义和不公平的制度”[3]。这一目标与中国民俗学的群体研究目标是完全不同的。中国民俗学的群体研究目标与其学术动机应该是相同的，是为了真正认知、理解、体认本民族文化，更好地了解当代中华文明进程和中国人的生活方式。

1 ［美］阿伦·邓迪斯：《“民”指什么人？》，王克友、侯萍萍译，《民俗研究》1994年第1期。

2 转引自张举文：《一位追求格物致知的民俗学家——丹·本·阿默思（Dan Ben-Amos）》，《民间文化论坛》2018年第2期。

3 ［美］张举文：《迈向民俗认同的新概念：美国散居民民俗研究的转向》，《文化遗产》2016年第4期。

## （二）基于共同生存处境的特殊群体生活史研究

本部分论述的群体，既不是如亚裔、东乡族等群体那样在形成之前已有共同认同的文化传统，具有身份政治的意味，也不是如趣缘群体内部因认同某预设因素而结群。基于共同生存处境的特殊群体，是国家政策、社会变革等因素造成共同经历而形成的群体，例如：罗瑞霞研究的“广州红村‘超生游击队’群体”[1]、郭寒冰研究的“楚阳磷矿被买断工龄工人群体”[2]、唐钰儿研究的“曹妃甸‘老漂儿’群体”[3]。

这类群体除了拥有相似的人生经历之外，还有群体内部共享的生活观念、行为逻辑或历史记忆。如“超生游击队”群体有着共同的“好男”生育观念、国家体制之外的工作性质，“被买断工龄工人”群体有着在国有体制内工作的历史记忆。这些经历、记忆、观念建构起群体内部的交流互动，但这些互动不形成群体的凝聚力和认同感。群体内部的交流互动是个体在被社会边缘化或自身出现生存危机的情况下，彼此间提供强有力的物质互助、情感依托和生活意义再建构的行为。

生活史研究是这类群体研究的重要方法，在社会学、历史学、人类学等人文社会学科的研究中广泛应用。生活史（life history）是一种透过个人经验而试图洞察社会的研究方法。[4]生活史研究是一种质的研究方法，可以通过描写一个人或者几个人的人生经历来表述和刻画集体的、社会的面貌特征。在楚阳磷矿被买断工龄群体的研究中，郭寒冰对安联名等6名工人的生活史进行了详细描述，讨论了他们在此经历之后“劳动方式、物质生活、社会关系等方面的变

---

1 罗瑞霞：《隐匿的边界：广州红村“超生游击队”的生活史》，山东大学2018年硕士学位论文，指导教师赵彦民。

2 郭寒冰：《断裂与重建：被买断工龄工人的生活史 —— 以湖北荆门楚阳磷矿为例》，山东大学2019年硕士学位论文，指导教师赵彦民。

3 唐钰儿：《曹妃甸区“老漂族”家庭角色作用研究》，山东大学2021年硕士学位论文，指导教师刘铁梁。

4 此段为赵彦民的观点。引自罗瑞霞：《隐匿的边界：广州红村“超生游击队”的生活史》，山东大学2018年硕士学位论文，指导教师赵彦民。

化”[1]，以及对个人、社会、职业等方面心理认知的改变，描绘出这一群体的群体特征、现实困境和情感体验。通过描写改革开放后出现的这一特殊群体的生活史，作者希冀以“他们的主体经验与认知反观国家政策和社会变迁”[2]。

总体而言，中国民俗学在基于共同生存处境的特殊群体研究领域，有着一定的建树。这些研究成果和理论思考，多数是在博硕士学位论文中。群体认同不是这类研究的重点，群内的交流交往、互帮互助、生活意义再建构是这些研究的侧重点。因此，这些研究突出的特点是群体生活史研究。

群体生活史的研究，是对个体的生命历程、经验、感受等生活史展开描述和讨论，将个体的生命历程放置在一个更大的历史进程和社会结构之中，建构他们共同的生活世界，考察个体经历、机缘结群、社会环境与国家意志之间的互动关系。此外，这类群体研究，多与研究者的个人经历紧密相关，将隐匿的个人经验带到公共空间中去讨论，让其生命历程和现实困境获得社会关注和政策反思，也是深入研究群体生活史的重要意图。

### （三）趣缘群体的身份建构与交流互动

趣缘群体是指一群对某一特定的人、事或者物持有兴趣爱好的人，主要通过对共同的爱好进行信息交流、情感分享和身份认同而建构的“趣缘”共同体。趣缘群体并非现代社会的独有产物，如明清时期的泰山香社，就是因共同进香以及泰山信仰而结成的群体。但是，趣缘群体在现代社会中对民众身份建构、情感联结和社会交往的意义更加突出。工业化和城市化正在推动这个社会进行一种结构性的变迁，越来越多的人离开乡土前往现代化的城市生活，以血缘、地缘为纽带的传统聚居方式逐渐消解，转变为由陌生人组成的城市化社区。生活在陌生人组成的社区里，人们逐渐丧失了对自身生活环境的情感体验，个

1　郭寒冰：《断裂与重建：被买断工龄工人的生活史——以湖北荆门楚阳磷矿为例》，山东大学2019年硕士学位论文，指导教师赵彦民。

2　郭寒冰：《断裂与重建：被买断工龄工人的生活史——以湖北荆门楚阳磷矿为例》，山东大学2019年硕士学位论文，指导教师赵彦民。

体的孤独和自我认同困境被凸显。现代社会中个人反思性地进行一场“生活政治”，“生活政治”是一种“生活方式的政治”，人们其实是通过对生活方式的选择来实现自我认同。[1]刘晓春在解读布尔迪厄的“生活风格”（style of life）时总结道：“‘生活风格’是由不同社会空间中的人们拥有的资本及其属性所决定的日常消费偏好，‘生活风格’呈现的趣味差异，可以区分不同的阶级、阶层，人们在社会空间中与生俱来所占有的位置及其变化，决定了趣味是必然性与历史性的统一，人们因趣味而维持或者改变‘生活风格’，其实质是为了争夺社会空间的相应位置和阶级结构的再生产，‘生活风格’因此具有其象征性。”[2]因此，在现代社会，兴趣成为人们选择生活方式的核心要素，基于兴趣聚合为共同体是人们重建自我认同、体验生活情感、占据社会位置的一种行之有效的方式。

当前，趣缘群体研究主要集中在社会学、心理学、教育学、新闻传播学等领域。从研究主题来看，学者们主要研究了趣缘群体对青少年的发展、趣缘群体的构成要素和类型、趣缘群体的关系与人的发展、群体内互动模式的转换、群体内身份认同与自我认同的建构等方面，研究的广度与深度在不断地拓展。然而，趣缘群体对于民俗学来说仍是较新的领域，研究对象主要集中在广场舞和青年亚文化领域，研究视角以社会转型中的个体身份建构与个体间的交流实践为主。兴趣是个体结群的机缘因素，也是自我认同、身份认同、个人交往和生活方式选择的重要资本。例如，孙桂媛将广场舞视为“一种日常交流实践方式”，“而且是身体在场的交流方式”[3]。她考察了城市化过程中广场舞对民众保存村落集体记忆、弥补城市化情感缺失、扩展传统关系网以外的社会交往的作用。与孙桂媛不同，李园考察广场舞群体时，则是运用了吉登斯的自我建构理论，探讨了社会结构转型中广场舞群体的组织方式、自我实现方式、心理追求

1 参见吕品：《现代性背景下网络趣缘群体对自我认同的建构——以“同人女”群体以及耽美现象为例》，华中师范大学2008年硕士学位论文，指导教师张小山。
2 刘晓春：《布尔迪厄的“生活风格”论》，《民俗研究》2017年第4期。
3 孙桂媛：《城市化过程的集体记忆与广场舞——以潍坊市滨海开发区吉祥健身队为个案》，山东大学2018年硕士学位论文，指导教师刘铁梁。

等，认为兴趣结缘是现代人“创造和再创造自我认同的持续过程”[1]。值得注意的是，孙桂媛研究的广场舞群体，是一个地方性认同基础上的兴趣结缘行为。这个群体结群的动机是，在滨海开发区城镇化发展中，他们由农民转变为城市居民、盐场工人，为了持续创造自我认同和地方认同而主动结群。

覃奕对cosplay群体的民俗志书写[2]、杨培元对“王者荣耀”游戏玩家群体的民俗学考察[3]，皆是青年趣缘群体的研究。相较于以中老年为主的趣缘群体，兴趣爱好或者亚文化对青年的生活方式、日常交往、身份认同和文化人格，乃至世界观、人生观等方面的塑造更加深刻。笔者曾在2015—2017年对汉服群体进行了田野调查，发现他们在因共同爱好汉服进行结群交际的同时，也运用汉服等具有传统文化风格的符号来塑造理想的自我形象。他们的自我身份建构不再需要通过“我拥有什么”来确立，而是需要“我喜欢什么”来实现身份认同和品位标榜。汉服群体是通过穿汉服来彰显自我身份与个性的。同时，汉服爱好者也通过汉服群体习得某些小众的传统文化项目，如古琴、刺绣、古典舞、射箭等，构建“传统文化精英”的形象，来获得群体内部的认同和群体之外的崇拜，从而实现具有优越感的“理想自我”，满足自我生命意义的建构。民众在趣缘群体中，获取全新的社交关系，满足了后现代社会归属感和彼此关联的基本需求。兴趣也带给他们多重的身份，而多重的身份带来的是多样性和自由感。趣缘群体认同和群体交流互动，是一个人的个体性和身份的全新表达方式，也是一个人自我认同建构和风格化生活方式建构的重要途径。

民俗学对趣缘群体的关注，是对主体性的关注，也是对原有“民”与“俗”概念的重新定义。“民”在兴趣结群中获取新的身份感和交际网。就这一点而言，民俗学应该介入其中进行研究，不仅要关注到社会变革视野下的兴趣结

1 李园：《现代城市广场舞中个体的自我建构与社会互动研究——以沈阳市Y社区的广场舞团队为对象》，辽宁大学2015年硕士学位论文，指导教师隋丽。

2 参见覃奕：《民俗志写作方法的新尝试——以书写漫迷群体的cosplay实践为例》，北京师范大学2014年硕士学位论文，指导教师万建中。

3 参见杨培元：《互联网语境下亚文化青年群体的民俗学考察——以“王者荣耀”玩家为例》，山东大学2021年硕士学位论文，指导教师王加华。

群现象、群体组织方式和结群过程，还要关注到心理和行为层面的身份建构和交流实践过程。认同、个人、生活方式、交流互动应该成为趣缘群体研究的关键词。

民俗学的群体研究，并非仅限于以上三种取向和类型。以民族、区域、村落、社区、家庭为共同体的研究皆可以是群体研究。但本书对群体研究考察的出发点，是以文明进程为视野，重点探讨了民俗学在现代社会产生的移民、趣缘等新生群体研究上的理论思考和实践特征。中国民俗学群体研究的特征在近些年逐渐凸显，具有鲜明的中国特色。中国民俗学在对“民”和群体的理论思考过程中，借鉴了国外民俗学、社会学、哲学等学科的群体、生活史、认同、生活方式等概念。这些研究未局限在这些概念里，而是在理解中国社会现实的基础上，拓展出关注地方认同重构、日常交流实践等理论思考。这些研究成果和理论思考，代表着中国民俗学对民俗之“民”的认知转向，也意味着通过群体研究来践行如何实现“民众主体性”“以民带俗”的研究方法。

## 三、民俗学群体研究的关键性概念与研究方法分析

群体研究在我国人文社会科学领域已有了较长时间，研究的主题和层次也比较多元。以中国人类学为例，在20世纪20年代，中国人类学已经涉及了对少数民族群体（早期主要是对少数民族社会）的制度、语言、家庭、风俗等方面的研究。20世纪40年代许烺光在《祖荫下：中国乡村的亲属、人格与社会流动》[1]中对大理喜洲家庭与家族的文化模式、宗族习俗以群体的形式进行了描写，从此，“群体这一研究概念和视角在西南中国人类学研究中被突出出来”[2]。此

1 ［美］许烺光:《祖荫下：中国乡村的亲属、人格与社会流动》，王芃、徐隆德译，国立编译馆主译，南天书局，2001年。

2 卢成仁:《从社会到群体：1949年以前西南中国人类学研究概念与视角的学术史梳理》,《云南社会科学》2015年第1期。

后，《凉山夷家》[1]《金翼：一个中国家族的史记》[2]《江村经济》[3]《一个中国村庄：山东台头》[4]等人类学经典著作皆以群体为研究对象和视角，家庭、宗族、村落等皆被视为共同体的群体。群体研究不限于人类学。中国知网可视化分析数据表明，自1983年[5]起，以群体[6]为主题的文章涉及的学科主要有教育学、新闻传播学、社会学、统计学、政治学、经济学、管理学、心理学、文学、人类学等，研究对象主要有弱势群体、群体性事件、农民工、消费者、老年群体、青年群体等，研究主题有策略研究、比较研究、多样性分析、群体意识、群体结构等。

民俗学的群体研究仍处于起步阶段。本书梳理的几个研究方向的成果较少，关注的群体类型也较少。其研究主要受到国外民俗学以及社会学、人类学群体研究的影响，关注到处于主流文化边缘位置的、特殊性的群体，对处于主流文化中的、广泛的群体关注较少。

相较于人类学和社会学的研究，民俗学群体研究更注重主体性和主体间性。这些研究对群体内个人的行为、心理，以及个体间的交流互动，运用个人生活史、个人叙事等方式进行深描，并且从个体本位的角度去探讨群体的聚散、特征、认同、结构、关系等性质，以及这些群体性质对个体的身份建构、生活方式等方面的影响。因此，个人、认同、交流互动、生活方式是构成民俗学群体研究的关键性概念，同样也是建立中国民俗学主体性研究的关键词。

曾经位于北京石景山的首钢总公司在中国钢铁工业中名列前茅，其百年发展史也是中国工业发展史的缩影。首钢所在地石景山的居民呈现出明显的群体性特征，形成了数量庞大的新中国工人群体。这部分工人群体，有本地居民，也有因工厂需要搬迁至此的，他们的生活方式、历史记忆和身份认同皆与首钢

1　林耀华：《凉山夷家》，云南人民出版社，2018年。
2　林耀华：《金翼：一个中国家族的史记》，庄孔韶、方静文译，生活书店出版有限公司，2015年。
3　费孝通：《江村经济》，戴可景译，北京大学出版社，2012年。
4　杨懋春：《一个中国村庄：山东台头》，张雄、沈炜、秦美珠译，江苏人民出版社，2012年。
5　1983年应为中国知网收录群体研究论文的前限，并不能代表中国群体研究的起始年为1983年。
6　对主题“群体”可视化分析的研究限制条件为人类群体，检索主题“群体”的结果包含着自然科学领域研究，但本书不讨论动植物等自然科学领域的群体研究，故将其排除在外。

发展血脉相连。2005年，首钢搬迁至河北曹妃甸，首钢原厂址改造为2022年北京冬奥会的滑雪赛场，一部分工人随首钢前往曹妃甸首钢新工厂工作，一部分工人留在北京，服务于老厂区以及后来的冬奥会，首钢工人群体的日常生活又发生了新的改变。《石景山区卷》通过对多个首钢工人工厂劳动、日常休闲等生活的描写，刻画出首钢工人的群体风貌。笔者参与了此书的编写，尤其是首钢群体的调查和写作，下文将以此书中的首钢工人群体为研究案例。

### （一）个人

每个人都是民俗之“民”，每个人都受到社会文化模式的塑造，也都能够体现整体的生活。刘铁梁在《感受生活的民俗学》中强调：“生活的整体性，离不开生活中的人。应该说，只有通过人的行为，才能呈现出生活的整体性，而不是靠民俗事象的排列组合。”[1]因此，以个人为视角的描写成为民俗学新的研究路径。以个体的“民”来观生活整体的“俗”，或者以描写个体的“民”之生活与感受来反映整体社会变迁，成为民俗学新的增长点。例如，朱清蓉写的乡村医生父亲[2]、毛晓帅写的红白理事人父亲[3]、张铜月写的乡村草医刘凤[4]等。

这类研究是以多个个人的生活史和个人叙事描写来反映出社会生活以及个体与社会历史之间的张力关系。《石景山区卷》的第三章《首钢人》描写了9个在不同时期入厂、工作在不同岗位和有不同经历的首钢工人，有20世纪60年代入厂、与首钢共同成长的刘秋香和关增月，有改革开放后的民建人王素仙、外贸人高凤谦，有首钢搬迁后买断工龄再创业的王嘉良、环保宣讲员程国庆、冬奥会制冰师刘博强，有民俗专家门学文、音乐家张俊明。首钢工人群体中每

---

1　刘铁梁：《感受生活的民俗学》，《民俗研究》2011年第2期。

2　参见朱清蓉：《乡村医生·父亲——乡村医患关系的变迁（1985—2010）》，北京师范大学2011年硕士学位论文，指导教师刘铁梁。

3　参见毛晓帅：《管事儿的与村落生活——以豫北大河村为个案》，北京师范大学2015年硕士学位论文，指导教师刘铁梁。

4　参见张铜月：《作为民俗服务者的乡村草医——以晋南西村“半褂子医生”刘凤为个案》，山东大学2020年硕士学位论文，指导教师刘铁梁。

个人的生命历程，虽然有着个体的差异性和独特性，但其行为、思想观念都受到群体力量的制约和塑造。首钢工人的职业经历和休闲娱乐都离不开首钢的职业特征与历史进程，以及工人们较为稳定、可观的收入和福利待遇。这些都给予每个首钢人鲜活、真实的感受和经历，塑造了首钢人的性格与生活方式。民俗学研究群体，是讲述和讨论群体内每个人的生活故事，这些生活感受和经历联结在一起，构成了生活的整体，也构成了群体的完整面貌。

### （二）认同

认同，与身份、共同体等概念紧密相连。美国学者安德森（Benedict Richard O'Gorman Anderson）定义"民族"为"它是一种想象的政治共同体——并且，它是被想象为本质上是有限的，同时也享有主权的共同体"[1]。吴叡人称这一定义指向"集体认同的'认知'（cognitive）面向"[2]。民族也是群体类型中的一种。群体之所以能成为共同体，不仅是有无数共同特质人的聚合，更有认识论意义上的共同认同。由共同的、具有标志性的物品、身体记忆、行为模式和生活方式引发的认同心理，建构起一个人对群体的归属感和身份感，在此基础上，成员集体认同并实践传承所认同的共享的"俗"，最终维系起群体这一共同体的聚合。首钢工人程德贵1939年就进入了石景山炼铁厂，其后一家8人在首钢工作。20世纪50年代初，炼铁厂几近荒废，程德贵与工友们奋战33天，帮助炼铁厂恢复了正常生产，也为新中国的钢铁冶炼事业做出了巨大贡献，因此，他受到了毛泽东主席和周恩来总理亲切的接见。[3]2005年，首钢搬迁曹妃甸，他曾经奋战过的5号高炉即将停产。在即将停产之际，程德贵在几个儿子的陪同下回到5号高炉前，久久凝视高炉，回首告别。此后不久，老人就离开

1 ［美］安德森：《想象的共同体：民族主义的起源与散布》，吴叡人译，上海人民出版社，2005年，第8页。

2 ［美］安德森：《想象的共同体：民族主义的起源与散布》，吴叡人译，上海人民出版社，2005年，第8页。

3 刘铁梁主编：《中国民俗文化志·北京·石景山区卷》，北京出版社，2019年，第74页。

了人世。

程德贵对5号高炉的依依不舍，不仅有对与自己热血岁月血脉相连的物品的情感，更是对凝聚在5号高炉乃至首钢老厂区的风云岁月记忆，以及与自己共同奋战、共同进步的工友们的难舍之情。正是这些凝聚在标志性物品的记忆、情感，形成了首钢人对工厂、工人群体的认同感和身份感。20世纪60年代进入首钢工作的刘秋香退休后说起在首钢工作，依然充满自豪，称自己是“三朝元老”。首钢焦化厂的赵进甲总是骄傲地说：“我是首钢焦化出身的。”[1]吃苦、耐劳、奉献等精神品质和光荣的钢铁工人身份，也促使不少人在退休后仍然活跃在社会公益岗位之上。这些共享的认同和记忆，建构起首钢工人群体的身份，也维系着群体凝聚力。当然，认同、身份与共同体在个体身上并不是唯一的。例如，高凤谦既认同首钢外贸人的身份，属于首钢工人群体，践行首钢人的精神，也是石景山区模式口村的居民，在模式口村即将面临大拆大建风波时，与其他村民共同组成历史文化调查组，体现出村落共同体成员的责任和担当。

### （三）交流互动

刘铁梁提出村落可以实现精神自给自足。这种自足“本质上就是对于共同知识体系的拥有”[2]。交流互动，是群体强化共同知识和共同体意识的重要方式。日本民俗学者岛村恭则在讲述消防员之俗时提道，消防队员们会分享共同制作的“消防乌冬面”和“消防饭”。这一行为与消防员紧张、危险、无法准时就餐的职业特征有关，而且“伙伴们自己做饭并共同分享，则可以加强彼此之间的联结和团队意识，是令他们产生归属感的重要契机”[3]。济南汉服爱好者群体在每年花朝节、汉服出行日[4]、端午节、上巳节、元宵节等节日进行雅集聚会、品茶

1 刘铁梁主编：《中国民俗文化志·北京·石景山区卷》，北京出版社，2019年，第35页。

2 刘铁梁：《村庄记忆——民俗学参与文化发展的一种学术路径》，《温州大学学报（社会科学版）》2013年第5期。

3 ［日］岛村恭则：《大家的民俗学》，陆薇薇、魏金美译，浙江大学出版社，2022年，第60页。

4 “汉服出行日”是每年的11月22日，但因汉服爱好者群体多为青年人，外出活动需要在节假日和周末进行，因此，汉服出行日活动多选择10月底至11月底的周末。

弹琴、游大明湖、制作缠花发簪或逛博物馆。这些群体交往活动，为汉服爱好者提供了展示自我技艺和穿着汉服的机会，也增强了他们对汉服和汉服群体的认同。

卡舒巴在总结马克斯·韦伯（Max Weber）的共同体理论时说："共同体是这样的一种社会关系，参与者（在情感或者传统上）主观感觉到归属在一起。"[1]交流互动，是构成群体认同的重要因素，而群体，也是一种特殊的人类交流方式。首钢工人同样以主体间交流互动的方式，促进了个体对群体的认同感。不少首钢工人在回忆工作生涯时，皆提到了同事对自己的帮助和支持。这种个体间的互助，是群体内部情感归属和共同体凝聚的重要力量。20 世纪 70 年代末，初轧厂厂长张兆庸帮助有文艺特长的张俊明组建电子乐队，购买电子琴，张俊明至今非常自豪地说，这是"首钢第一把电子琴"。[2]此后，张俊明又多次去首钢俱乐部伴奏，组织首钢工人跳交际舞。群体内个体间的交流互动，会延伸到整个群体的交流互动中去，使个体加入群体后获得精神满足和心理支持，进一步加强了对群体的认同感和群体属性的身份感。

### （四）生活方式

近些年，"生活方式"研究逐渐走入中国民俗学研究的视野之中。徐赣丽主张，相较于"民俗"和"日常生活"，"生活方式"一词是更为接地气的选择。[3]社会学者马克斯·韦伯和凡勃伦（Thorstein B. Veblen）的生活方式理论，对后世"生活方式"研究产生了巨大的影响。马克斯·韦伯在分析阶级和地位群体之后，提出"一种生活方式对地位受尊重程度的决定性作用意味着，地位群体是一套习俗惯制的专属拥有者"[4]。凡勃伦在讨论有闲阶级时这样定义生活方式："可

1 转引自包汉毅：《文化迁变——卡舒巴城市文化思想评述》，《民俗研究》2017 年第 4 期。

2 参见刘铁梁主编：《中国民俗文化志·北京·石景山区卷》，北京出版社，2019 年，第 35 页。

3 参见徐赣丽：《迈向现代民俗学——都市文化研究的新路径》，中国社会出版社，2020 年，第 197 页。

4 Weber Max，*Essays in Sociology*，NewYork：Oxford University Press，1946，pp.188－190.

以把它概括为一种流行的精神态度或生活理论。”[1]社会学家将生活方式引进到用消费区分人群的层面。

民俗学也用“生活方式”概念来替代或者补充关于“民俗”概念的不足之处。德国民俗学研究中，“人们不再把‘民间文化’理解为由风俗、习惯、民间服饰、民间节日等组成的五彩缤纷的画面，而是在历史上那些无特权的普通民众群体的文化和生活方式”[2]。周星提出了“都市型生活方式”正在中国扩展并获得大众的模仿。生活方式是一个群体的衣食住行、交往交流、生产劳作、休闲娱乐等方面的共同性选择。徐赣丽提出以生活方式来考察中产阶级群体，并提出“中产阶级的生活方式正在成为今后具有普遍意义的国民生活方式，也应是民俗学关注的重要领域”[3]。群体的特质和力量，制约着群体内成员生活方式的选择。人们往往以生活方式来标榜自己所在群体的特质。例如，中产阶级以更具文明、卫生、格调、品位、时间观念的城市特性的生活方式来建构自我身份和群体认同，实现与其他非中产阶级，尤其是城市底层人群、乡村人群的区隔。

20世纪60年代至70年代初，首钢工人的福利待遇逐渐高于周围的农民。首钢工人刘秉臻说：“双职工家庭，夫妻俩每人一个月30元钱，一个月家里就能有60元的收入，如果家里又只有一个孩子，那生活就相当不错了。”[4]正是由于较好的收入待遇以及工作三班倒的规定，首钢周围的小肉铺、小饭店的生意常常通宵达旦，有些工人下夜班后去酒铺、肉铺喝酒吃小菜。首钢也有着较为健全的后勤体系，医院、幼儿园、剧院满足着工人的各种生活需求，工人的生活方式明显区别于周边农村的生活，也实现了工厂所提倡的“生产带生活、生活促生产”的口号。[5]或许在这种福利健全的工人生活方式的驱动下，我们在访谈中遇到的许多首钢退休工人，都参与到社区公益志愿服务之中，在各类社区活

1 ［美］凡勃伦：《有闲阶级论》，蔡受百译，商务印书馆，1964年，第31页。
2 周星主编：《民俗学的历史、理论与方法》，商务印书馆，2006年，第840页。
3 徐赣丽：《迈向现代民俗学——都市文化研究的新路径》，中国社会出版社，2020年，第206页。
4 刘铁梁主编：《中国民俗文化志·北京·石景山区卷》，北京出版社，2019年，第111页。
5 参见刘铁梁主编：《中国民俗文化志·北京·石景山区卷》，北京出版社，2019年，第43页。

动中起到了先锋带头作用。

群体已成为当代中国之“民”的重要特质，中国的群体始终有着地方认同的底色。即使是诞生于网络社会的新生群体，他们在现实生活中交流互动时，也有着强烈的地方性基础。“以民带俗、还俗于民”的研究，无法回避小群体内的交流实践与地方社会认同传统之间关联和差异的问题。要想解答这些问题，就要深入当下民众的生活变革中，理解“民”在当今社会如何认知自我的身份，践行着怎样的生活方式，创造、享用、传承着怎样的规则惯习。这是中国民俗学开拓群体研究、重新阐释“民”、反思“民”与“俗”关系的意义所在。

民俗学的群体研究，是事关个人生活、经验、感受的研究。个人、认同、交流互动、生活方式是其中的关键性概念。总体而言，群体研究应该是以生活史叙述为重要研究方法，以过程、交流互动、实践为研究范式的主体间交流实践的研究。无论是讨论新生群体，还是讨论传统的社区群体、村落群体、民族群体等，民俗学对“民”的关注和研究已经实现从民族之“农民”到社会之“群体”，乃至社会之“个人”的转向。这种转向意味着，民俗学不再以静态的、历史的“俗”为研究取向，而是以民众主体实践的日常生活为研究取向。相较于传统的区域研究，群体研究更能够跨越空间和时间，将视野投向更为广阔的、文明进程中的民众主体的思想观念、行为逻辑的变革之中，为民俗学面向当下和介入生活变革的研究提供新的路径。

## 第三节　网络生活与民俗学研究领域的开拓

网络生活这一领域的开拓，意味着中国民俗学对“民俗”的思考进入新的阶段。1978年以来，“民俗”概念经历了从强调传承的文化遗留物转向普通人的日常生活文化的历程。但是，日常生活究竟包含着什么？民众在日常生活中践行的模式化行为，是否都可以成为民俗学的研究范畴？“民俗”是否必须有跟传统生活相关的部分？民众生活变革中的新现象是否可以纳入“民俗”研究范畴？这些问题，学科内的不同研究方向也相继给出了截然不同的答案。

面向生活变革的研究看到了网络与民众日常生活之间的关系，给予了一定的关注和理解。目前，已经有不少网络研究的成果出现。这些研究将民众在网络上的行动和与网络相关的行为视为研究日常生活的一部分。网络生活更多联结的是民众日常生活的新变部分。开拓网络生活研究，意味着民俗学对“民俗”的理解超越了传统性。也就是说，“民俗”不一定必须与传统相关，民众在生活中的创造和传承都可以成为研究对象。因此，网络生活是中国民俗学面向生活变革研究的新视角。探讨生活变革研究的转型之路，不得不将网络生活研究纳入考察范畴。那么，如何理解“网络生活应该成为日常生活研究的新拓展”？当前中国民俗学的网络研究有了哪些新进展？出现了怎样的问题？民俗学应该如何开拓网络生活研究？这些研究会对中国民俗学研究转型和学术发展有着怎样的启示？

## 一、网络生活：日常生活拓展的新领域

中国民俗学在日常生活研究转向的探索中，对“日常生活”的理解也包括现代化、技术革新背景下的生活方面。探讨网络生活研究的必要性，首先要考察中国民俗学的日常生活研究转向。

中国民俗学的日常生活研究转向，在社会层面源自文明进程中民众日常生活的全方面变革。民俗学在面对更加混杂、多元的民众生活时，并未延续20世纪前半叶杨成志、江绍原等人关于“民学”“民众生活研究”的讨论，而是延续了英国人类学派“遗留物”文化史研究的范式。闻一多的《端午考》研究被视为范本，该研究证明“现代人无法理解的风俗只有追溯到它们的起源（原型）才能找到它们的本义。这种研究尤其关心‘原型’和‘本义’”[1]。这类研究出现了四个问题：一是孤立的研究，以分类法来研究民俗事象，未能将民俗事象放

1　高丙中：《中国民俗学的人类学倾向》，《民俗研究》1996年第2期。

置于社会生活的整体之中；二是眼光向后的研究，忽视民俗当前在民众生活中的状态，而是向文献古籍中探求民俗事象的历史渊源；三是对传统民俗感兴趣，忽视新民俗以及传统民俗的新变化，导致研究领域窄化；四是忽视民众的主体性，在相当一部分研究中只见“俗”不见“民”。钟敬文意识到问题的严重性后，强调“这种看待民俗学的范围以及内容项目的见解是比较陈旧的”[1]“今日世界关于民俗学的范围和内容项目的看法差不多已发展到包括整个社会生活的各个方面了”[2]。钟敬文的呼吁引发了学界的反思，促进了对日常生活、生活世界的理论思考。20世纪90年代，较有代表性的是高丙中的“生活世界”“民俗生活”概念和刘铁梁的村落生活空间研究。

21世纪以来，中国民俗学的日常生活研究更加多元化，按照理论视角可分为两个方向，分别是纯粹哲学阐释上的日常生活、受到德国民俗学/欧洲民族学影响的日常生活研究。这两个方向在对日常生活领域的拓展上都有一定的突破，意味着民俗学的日常生活认知进入了更广阔的天地。

一方面是基于纯粹哲学阐释的日常生活领域拓展和研究反思。这部分研究的思想基础来自胡塞尔、康德等哲学家，户晓辉、吕微等学者的研究对此进行了充分讨论。

户晓辉在呼应高丙中“生活世界”研究的基础上，辨析了“生活世界”与“日常生活”。他认为，生活世界是先验的，而日常生活是“以生活世界为先验基础”[3]的，可以作为民俗学的“中层概念”[4]。吕微在探讨日常生活的理所当然之时，认为生活世界是“我们为理解经验的日常生活而思想出来的一个先于经验的纯粹观念世界”[5]，“普通人、老百姓自己已经先于经验性的实践把自由、平等

---

1 钟敬文：《〈民俗学入门〉序》，[日]后藤兴善等：《民俗学入门》，王汝澜译，中国民间文艺出版社，1984年，第6页。

2 钟敬文：《〈民俗学入门〉序》，[日]后藤兴善等：《民俗学入门》，王汝澜译，中国民间文艺出版社，1984年，第6页。

3 户晓辉：《实践民俗学的日常生活研究理念》，《民俗研究》2019年第6期。

4 户晓辉：《实践民俗学的日常生活研究理念》，《民俗研究》2019年第6期。

5 吕微：《民俗学的哥白尼范式》，《民俗研究》2013年第4期。

的理念放进自己的日常生活”[1]。张翠霞在生活世界研究的基础上，提出用“常人方法学”来研究生活世界，并认为这是“从最普通的老百姓的日常行动和其看待行动的思考模式出发来研究社会现象和社会中所发生的行动”[2]。张翠霞将“生活世界”“日常生活”的研究落实到了具体研究方法之上，不再仅是哲学层面上的思考。这部分研究，是通过人的“生活世界”去研究“日常生活”的问题。正如德国塔特亚娜·埃格林所说：“生活世界或生活方式决定人们如何与自己的日常生活打交道。”[3]总体而言，户晓辉、吕微、张翠霞等学者对“日常生活”的论述，虽然不是通过对中国民众日常生活的深刻认知而得出的，但是他们所借鉴的哲学理论来自对人类社会的思考和阐释，因此，在一定程度上讲，他们的观点对民俗学认知“日常生活”概念有着一定的思辨意义，即日常生活领域的认识是围绕着人的生活世界、生活方式展开的，人们习以为常的、理所当然的生活世界，可以视为日常生活研究的领域。

另一方面是受到德国民俗学／欧洲民族学的日常研究启示开展的日常生活领域的拓展和研究理念的革新。这部分研究主要受到赫尔曼·鲍辛格的影响，但绝不是鲍辛格等人思想的中国化。鲍辛格的研究恰好契合了中国民俗学所面对的日常生活领域拓展需求。此外，部分中国学者的思考基础虽非源自德国民俗学，但其研究路径无法避开对鲍辛格等人研究的讨论和引用。这部分研究，我们也视为受到其启发的研究。例如周星的“生活革命”研究，虽然主要源自日本民俗学的“生活革命”，但是对“生活”的理解，也有着鲍辛格“日常生活”的理论背景。

1961 年，德国民俗学者赫尔曼·鲍辛格出版著作《技术世界中的民间文化》[4]。鲍辛格在现象学的启发下讨论了技术与民间文化之间的关系，探讨民众

1 吕微：《民俗学的哥白尼范式》，《民俗研究》2013 年第 4 期。

2 张翠霞：《民俗学“生活世界”研究策略——从研究范式转化及常人方法学的启示谈起》，《民俗研究》2011 年第 3 期。

3 户晓辉：《德国民俗学者访谈录》，《民间文化论坛》2006 年第 5 期。

4 ［德］赫尔曼·鲍辛格：《技术世界中的民间文化》，户晓辉译，广西师范大学出版社，2014 年，第 136 页。

习以为常的日常生活不仅是活生生、可以被观察到的，而且还是混杂的、发展的。现代技术已经融入民间文化之中，构成了民众的生活世界，成为日常生活的一部分。以鲍辛格为首的图宾根学派不再向历史探索民俗之下民族的文化遗产，而是“聚焦在社会、文化和历史三者重合阈限内的日常生活”[1]。图宾根学派也推动了德国民俗学转向欧洲民族学，其日常生活研究关注人的实践和行为逻辑，从社会变迁过程而不是静态来看待民间文化。这一研究对中国民俗学转向日常生活时期的研究有着极大的启示，将对民众日常生活的认知拓展到了现代化、科技化影响的生活方面。

科学技术与日常生活研究的关系，很快得到了讨论。2018年，张翠霞提出，“现代科学技术发展与民俗文化传承是普通人日常生活中的一体两面”[2]。她认为当前民俗学忽视技术影响下的民俗文化研究，是未能完整认识到真正的民众日常生活。2021年，赵李娜再次讨论了技术与民俗的议题，此时民俗学具体田野研究中已不再回避技术与民俗的问题，她讨论此问题是“重新审视‘民俗认同’理念，引入‘地方感’概念”[3]。她在文章中提出“民众生活的技术变革”[4]包含两大类，不仅包含着物质消费领域，而且还有“现代化新媒介技术迅猛发展背景下日常交往、心意信仰及游艺娱乐等的模式变迁与形式添加”[5]。这一表述，是对“生活革命”的拓展。

中国民俗学日常生活研究的两大方向，都关注到了民众现实的、理所当然的生活。现代化、城市化、全球化、网络技术发展，这些塑造着民众全新生活

1 吴秀杰：《总序》，[德] 赫尔曼·鲍辛格：《日常生活的启蒙者》，吴秀杰译，广西师范大学出版社，2014年，第3页。

2 张翠霞：《现代技术、日常生活及民俗学研究思考》，《民俗研究》2018年第5期。

3 赵李娜：《关注日常生活与个体实践的学术转向：“技术与民俗”诸议题实质蠡析》，《民俗研究》2021年第3期。

4 赵李娜：《关注日常生活与个体实践的学术转向：“技术与民俗”诸议题实质蠡析》，《民俗研究》2021年第3期。

5 赵李娜：《关注日常生活与个体实践的学术转向：“技术与民俗”诸议题实质蠡析》，《民俗研究》2021年第3期。

和行为模式的因素，成为民俗学研究日常生活和理解民众生活意义的重要方面。2023年，李向振提出，理解日常生活的几个关键词有传统、城市化、互联网技术、全球化。[1]这几个关键词也意味着民俗学转向现代性的重要议题。[2]民俗学认知的日常生活领域，从生活世界、生活空间包含的传统研究对象拓展到技术革新下的日常生活新变化、新形式，甚至是转瞬即逝的文化现象。这意味着，网络生活是民众生活的一部分，也应成为民俗学日常生活研究的重要领域。

## 二、中国民俗学的网络研究[3]现状

网络技术将人的日常生活从现实空间延展到技术搭建的网络空间，且二者的边界逐渐不再泾渭分明。网络正在形塑着民众的消费方式、交流方式和物质生活方式，网络生活成为日常生活的重要领域。民俗学作为研究日常生活的学问，在21世纪初已经开始关注到了网络世界的民俗文化并加以讨论。期刊文章主要以网络新民俗为研究关键词，探讨网络新民俗的类型、形成机制，传统民俗在网络世界的重构，以及网络民俗研究的必然性和路径。博硕士学位论文基本上是对依托网络衍生的群体进行民俗志研究，不突出网络新民俗或者网络民俗的概念，而是观察以网络为媒介平台的群体或者村落社区的劳作模式、交往模式等变革。网络新民俗、传统民俗在网络世界的重构、民俗学网络研究的必要性探讨、网络民俗志，是当前中国民俗学网络研究的新进展。那么，这些新进展对开拓网络生活研究新视角有着怎样的作用，又存在着哪些问题呢？

---

1 参见李向振：《找回日常生活：当代民俗学的学术转向与知识生产》，中国社会科学出版社，2023年，第168－178页。

2 参见李向振：《找回日常生活：当代民俗学的学术转向与知识生产》，中国社会科学出版社，2023年，第168－178页。

3 本部分使用的是“网络研究”，而不是“网络生活研究”，主要是因为本部分所列举讨论的研究成果，并非所有都有民众日常生活整体研究的特征，但是生活整体性是网络生活研究必不可少的特征，因此，本部分用“网络研究”来指代中国民俗学在网络领域的研究开拓。

### (一)“网络新民俗”的类型及产生机制

网络新民俗指的是发生在网络空间或因网络而衍生的新民俗形式。网络新民俗的形成原因、发生机制以及类型特征，是学者们研究网络新民俗的重要主题。

早期的网络新民俗研究，主要是探讨网络新民俗现象发生的原因。2004年，孙正国关注到了网络民俗形成与社会发展的关联。网络新民俗的形成原因与网络科技的发展进步直接相关，但深层次原因还是“文化转型”[1]。“中国文化传统所面临的异质文化具有的消费性、物质主义等特征”[2]，在加速文化的转型，催生新民俗。21世纪初，网络虚拟社区已经进入了蓬勃发展的阶段。程名以天涯社区为田野点，提出虚拟社区与现实空间中的民俗发生机制相似。[3]类似于乡土社会的网络空间和拟地缘的虚拟结群，促进了天涯社区特有节日的发生与传承，成为虚拟社区中的网络民俗。该网络民俗研究与后期民俗学的网络民俗研究不同的是，前者的研究对象是完全依存于网络空间的，后者的研究对象仍具有现实性、传统性的特征。虚拟社区研究有着人类学虚拟民族志的研究方法，其中对网络民俗发生机制的探讨，对如今看待网络民俗发生依然有借鉴意义。

网络新民俗的类型研究，是将民众在网络上从事的传统民俗行为作为研究对象，如网络祭祀。2012年，徐瑞华将网络新民俗分为“网络拜祭、在线祈福、网上占卜”[4]三种，功能为“教育、调适、传承、环保”[5]。此研究对网络新民俗的认知主要局限在心意民俗之内。彭晴认为网络改变了“传统民俗文化的原生形态”[6]，在此认知基础上将网络新民俗分为“‘互联网’+‘民俗’、‘转生型’新民

1 孙正国：《文化转型催生狂欢化新民俗》，《中央民族大学学报（哲学社会科学版）》2004年第1期。
2 孙正国：《文化转型催生狂欢化新民俗》，《中央民族大学学报（哲学社会科学版）》2004年第1期。
3 参见程名：《网络传播的社群化特征与网络民俗的建立——以天涯虚拟社区为例》，《东南传播》2012年第9期。
4 徐瑞华：《网络民俗研究》，《贵州社会科学》2012年第11期。
5 徐瑞华：《网络民俗研究》，《贵州社会科学》2012年第11期。
6 彭晴：《“活态化”传播与网络新民俗》，《东吴学术》2020年第5期。

俗和‘再生型’新民俗三种类型”[1]。这类研究虽然探讨的是新事物，但对民俗的认知仍停留在遗留物研究的时代。一方面，这些研究认为民俗是有原型的，网络上和网络下的民俗行为是有原型与新生对照的，未能真正理解民俗的生活传承性和整体性；另一方面，这些研究只见“俗”不见“民”，类型讨论也是按照形态来划分的，未能理解民众在网络上的行为逻辑和心理动机。

民众在网络上的行动是否可以视为新的民俗？如果是新的民俗，那么新与旧的对照，是否按照线上和线下划分？这些问题，在网络新民俗研究中未能解决。学界对网络新民俗的形成原因、产生机制与类型的探讨并不多，主要集中在民俗学介入网络研究的前期，对民俗学重新认知网络新民俗现象有着一定的意义。

### （二）传统民俗在网络世界的重构

传统民俗在互联网语境下传播途径、表征形态、文化内涵的变革，是中国民俗学网络研究的重要方向，也是有影响力的学者参与最多的论题。其中，网络世界的神话应用与重构、民俗符号资源化是传统民俗在网络世界重构研究的两大方面。

研究网络世界的神话应用与重构的学者主要是杨利慧。杨利慧在“民俗主义”的基础上提出“神话主义”来阐释“神话在当代流行文化、数字技术以及文化产业的影响下出现的各种挪用和重构”[2]的现象。她不仅关注到了娲皇宫等旅游场景，而且还聚焦了《哪吒传奇》等电子媒介语境下神话的重构、挪用现象。杨利慧的“神话主义”概念引发了一定争议，其并未解决“神话”与“神话主义”的边界问题，容易导致“神话主义”的外延泛化。但是，“神话主义”的提出，为民俗学界关注到网络世界、电子传媒语境中的民俗重构问题，提供了一种全新的研究思路。2017年，祝鹏程超越以往“神话主义”现象文本分析，

---

1　彭晴：《“活态化”传播与网络新民俗》，《东吴学术》2020年第5期。

2　杨利慧：《“朝向当下”的神话学论纲：路径、视角与方法》，《西北民族研究》2019年第4期。

提出“祛魅型传承对当代神话讲述产生了潜在的影响，使当代神话呈现出一些新的倾向，即由一种独立的体裁变成特定群体日常交流的表达资源”[1]。他探讨了新媒体语境下的神话主义现象，指出青年群体通过对传统神话进行重新的拆分、编造、建构，以达成日常交流互动的目的。他将这种讲述看作神话传承生命循环的一部分，是一种网络世界的文化再生产行为。相较于杨利慧的文本分析，祝鹏程的研究将神话视为民众日常交流的一部分，只是这种交流从面对面扩展到网络上的视频、文字、语音等多种媒介。他的关注有助于中国民俗学更好地理解民众在短视频等新媒体上的神话讲述行为。

张多也贡献了可贵的新媒体时代神话的重构与资源化运用研究，如《网络漫画：中国神话数字化重构的图像形式——以〈非人哉〉为个案》[2]《当代中国神话的大众化重构——基于新兴自媒体对神话资源转化的分析》[3]《抖音里的神话：移动短视频对中国神话传统的重构》[4]《元宇宙：数字时代的宇宙观及其神话学批评》[5]。这几篇网络世界的神话研究文章，不仅关注到短视频社交媒介等平台上的传统神话被碎片化理解、利用、传播的过程，而且关注到了神话短视频传播时代，神话视频制作者与观看者之间的交流互动场域形成，以及这一过程中大众运用神话新表述形式所表达的宇宙观、文化观。

相较于神话的研究，施爱东更加关注谣言在网络世界的文本特征和传播特征，探讨了辟谣的困境、要素等问题。在《网络谣言的语法》一文中，施爱东分析了网络谣言的标题、信息来源、行文风格、表述、警示语等形式特征。[6]他

1 祝鹏程：《祛魅型传承：从神话主义看新媒体时代的神话讲述》，《民俗研究》2017年第6期。

2 张多、泓杨：《网络漫画：中国神话数字化重构的图像形式——以〈非人哉〉为个案》，《长江大学学报（社会科学版）》2021年第4期。

3 张多：《当代中国神话的大众化重构——基于新兴自媒体对神话资源转化的分析》，《文化遗产》2021年第2期。

4 张多：《抖音里的神话：移动短视频对中国神话传统的重构》，《西北民族研究》2021年第1期。

5 张多：《元宇宙：数字时代的宇宙观及其神话学批评》，《长江大学学报（社会科学版）》2022年第1期。

6 参见施爱东：《网络谣言的语法》，《民族艺术》2016年第5期。

不仅研究了网络谣言的语法，也探讨了辟谣的三个要素。他分析了辟谣效果与公民素质之间的关联性，为如何提高辟谣效率等现实问题做出了个人解答。[1]网络谣言和辟谣是当今网络社会中一种常见的交流形式，施爱东的研究具有一定的示范意义。但是，谣言作为一种交流文本，也是由来已久的口头传统，在网络空间与网络之外空间传播时有着怎样的异同，谣言生成和传播对民众的生活有着怎样的影响，作者并未给予一定的关注。

近几年，传统民俗在网络世界的重构受到青年学生的关注。2021 年傅灵犀的《红与灰：从“锦鲤祈福”习俗透视当代青年日常生活的双重性》[2]，2022 年孙华月、刁统菊的《传统神话角色在网络语境中的形象转型研究——以对饕餮的非盈利创作为切入点》[3]，论及了当代青年如何运用传统民俗在网络世界进行交流和个人情绪疏解的。相较于此前的研究，这两篇文章的突出特点是，访谈了创作者和受众两大群体，分析了网络交流场域两大群体的行动逻辑和心理需求。在此基础上，两篇文章进一步探讨“锦鲤祈福”背后的青年日常生活和“饕餮”背后的民间文化创作传承，这才更具有现实意义。

或许与杨利慧率先提出“神话主义”有关，传统民俗在网络世界的重构研究主要集中在神话研究方面。研究方式主要是“神话主义”文本分析和舆论分析，只有少数涉及了对编造新神话文本者的访谈。这一点，与杨利慧、安德明强调重视文本研究的观点相同。他们认为，“由于过度强调对以文本为中心的视角的矫正，结果导致了重视外部的语境研究而轻视内部的文本或民俗事象内在属性分析的倾向”[4]。但是，文本分析和舆论分析很难回答为什么民众热衷于在网络上重构、演绎、改编神话。相较于旅游场景、影视动漫等资本化改编，民众

1 参见施爱东：《辟谣公式的三项要素》，《民族艺术》2016 年第 4 期。

2 傅灵犀：《红与灰：从“锦鲤祈福”习俗透视当代青年日常生活的双重性》，《文化遗产》2021 年第 5 期。

3 孙华月、刁统菊：《传统神话角色在网络语境中的形象转型研究——以对饕餮的非盈利创作为切入点》，《民间文化论坛》2022 年第 5 期。

4 安德明、杨利慧：《1970 年代末以来的中国民俗学：成就、困境与挑战》，《民俗研究》2012 年第 5 期。

在网络上改编、演绎神话不完全出于资本化的目的，而是交流的目的。如果这类研究不能回答这一问题，就难以真正认知、理解民众的生活变革和交流实践。

### （三）民俗学网络研究的必然性

民俗学开拓网络研究的过程，重塑着学科对原有研究对象的认知。是否必然要进行网络民俗研究？如何进行网络民俗研究？这是民俗学开拓网络研究历程中的重要讨论课题。这类讨论在研究网络新民俗现象基础上，强调民俗学转型网络民俗研究的必然性，纯粹以必然性和路径为主题的研究论述较少。

相邻学科的网络研究，也为民俗学开拓网络研究提供了反思点。2013年，孙文刚提出，人类学已经转向了网络研究，“网络民俗”是民众在网络语境中的新生活相，应该成为“民俗学科的新生长点”[1]。

探讨网络研究必要性的过程，实际上是重新阐释民俗学基本概念的过程。2021年，张举文充分探讨了“探索互联网民俗研究的新领域”[2]，认为开拓民俗学互联网研究的新领域，不仅是对“民”“俗”认知的扩宽和革新，更是对民俗学传统研究范式的转型有着探索意义。张举文对互联网民俗领域内的“民”与“俗”进行了定义：“‘民’指的是各种网民、网群或朋友圈群体的构成；‘俗’指的是利用互联网进行的交际活动本身。”[3]这突破了对网络“新”民俗的认知，有助于拓宽民俗学对民众日常交流领域的认知。但是，是否如其所说，需要区分虚拟与现实两个空间中的“民”，有待商榷。

2022年，梁君健与苏筱以“数字民俗”的概念讨论了网络民俗研究的必要性，认为“数字民俗研究者与传统民俗学家共享了基本的研究关切，即普通人在日常生活中的实践、知识和观念”[4]。该文运用的“数字民俗”，是民俗学与新闻传播学跨学科研究后提出的概念，在对“民”的认知上，将数字时代民俗行

1　孙文刚：《网络民俗：民俗学科的新生长点》，《民间文化论坛》2013年第5期。

2　［美］张举文：《探索互联网民俗研究的新领域》，《西北民族研究》2021年第1期。

3　［美］张举文：《探索互联网民俗研究的新领域》，《西北民族研究》2021年第1期。

4　梁君健、苏筱：《数字民俗的概念范畴与核心议题》，《西北民族研究》2022年第2期。

动和行动的民视为现实中的普通人的日常生活实践和普通人。

民俗学网络研究的必然性讨论，是将民众的网络生活视为日常生活在网络空间的延展，网络空间中的民视为现实中的民或现实中民的一部分。因而，民俗学作为研究民众日常生活实践的学科，必然要关注到网络民俗。

**（四）基于网络的民俗志研究**

基于网络的民俗志研究，并不能简单地被定义为“网络民俗志”“虚拟民俗志”，因为目前基于网络的民俗志研究，是以网络衍生的新生群体研究或劳作模式研究为主。研究对象和田野调查不完全处在网络空间，而是以现实的人的个人生活史、个人叙事为主。

网络作为文化交流传播的媒介，用科学技术搭建了一个共同身体在场的空间，具有相同爱好的人们在这个空间内实现超越时空的交流对话，并建立起共同的身份认同。作为交流内容的民俗文化和进行交流的人，都成为民俗志研究的对象。陈悦在硕士学位论文《妖怪文化爱好者的在线交往和民俗实践——基于网络社区的虚拟民俗志研究》中，探讨了“中国妖怪吧”里的妖怪文化爱好者如何以共同爱好为机缘相聚在同一平台进行线上交往，以及如何发挥个人能动性，集体协作重新理解、叙述、构建中国本土的妖怪文化的历程。[1]这篇学位论文是以人类学虚拟民族志为研究方法的网络社区研究，其中对民众在网络平台上进行文化重构的研究，与之前部分网络或电子媒介中“神话主义”的神话重构研究不同，它更注重网络社区内民众交往交流与文化重构之间的关联，不完全是文本分析。

2020 年、2021 年，山东大学的尚小芳、樊枫、杨培元三位硕士的学位论文，为基于网络的民俗志研究做出了一定的示范性作用。

尚小芳和樊枫关注到了网络作为新媒介对“劳作模式”变革所产生的影响。

1　参见陈悦：《妖怪文化爱好者的在线交往和民俗实践——基于网络社区的虚拟民俗志研究》，云南大学 2021 年硕士学位论文，指导教师高健。

尚小芳研究的是一个山东村落利用互联网实现劳作模式变革后的日常生活。文中描写了鲁西南孙庄村成为加工生产演出服装、汉服的淘宝村后，村落中“个体、家庭和村落的劳作、消费、交往等行为模式的改变”[1]和交流方式、思想观念的转变。此文章书写的全部是现实的人和社区，网络是该村实现劳作模式转变的技术手段，也是促进其生产销售进步的交流平台。樊枫在2021年的硕士学位论文中关注到了依存于网络的新兴职业群体的劳作模式和日常生活。他选取了“网游打工仔”[2]为研究个案，以这些人的个人叙事为线索描绘了新兴职业群体的日常生活，参与式观察这一群体在工作、娱乐、日常交往等方面的“心理状态、日常行为习惯与群体发展困境之间的关系”[3]。文章的田野调查，不是虚拟空间的观察和问询，而是交流式民俗志所主张的现实中平等、尊重、共情的田野关系，其所关注到的网络职业群体的现实生活，回答了“民是否要区分虚拟与现实”的问题。

与劳作模式的关注不同，杨培元关注的是网络亚文化群体。社会学、人类学等学科的网络研究，主要是认同研究、协作研究、结缘研究、心理研究。中国民俗学的网络亚文化群体研究与之不同。杨培元运用民俗学的“感受生活”视角，“通过网络游戏去看青年群体的日常生活是以怎样的形式展开”[4]。文章深入访谈和观察网络游戏“王者荣耀”爱好者群体，探讨他们如何运用游戏在网络与现实之间搭建共通点，如何将游戏融入日常社交、消费中，如何将“文化符号转化为文化资本与经济资本”[5]。网络亚文化语境中青年群体行为研究，不再是

1 尚小芳:《互联网与新型的村落劳作模式——以鲁西南孙庄村为个案》，山东大学2020年硕士学位论文，指导教师刘铁梁。

2 非网络游戏竞技职业选手，而是在网络游戏中以帮玩家练号、升级、陪玩等为手段赚取收入的业余玩家。

3 樊枫:《“网游打工仔”的民俗志研究》，山东大学2021年硕士学位论文，指导教师刁统菊。

4 杨培元:《互联网语境下亚文化青年群体的民俗学考察——以“王者荣耀”玩家为例》，山东大学2021年硕士学位论文，指导教师王加华。

5 杨培元:《互联网语境下亚文化青年群体的民俗学考察——以“王者荣耀”玩家为例》，山东大学2021年硕士学位论文，指导教师王加华。

样本与数据的分析，而是从鲜活的个人叙事出发，将网络游戏视为日常生活的一部分，尊重并帮助这些青年争取个人话语权和主体性。这也是当代民俗学的优势和研究意义所在。

基于网络的民俗志研究，主要成果是近几年的硕士学位论文。这些研究是对“个人叙事”“劳作模式”“有温度的田野”“交流式民俗志”等民俗学当前理论性研究成果的具体应用，也是民俗学网络研究历程的重要组成部分。

中国民俗学开拓网络研究的历程已有10余年的时间，研究成果集中在21世纪10、20年代。在研究对象范畴上，网络空间的民间文学传播与重构、网络空间中“民”的结群和行为模式是中国民俗学关注的主要对象。在研究方法上，结合语境的文本分析、网络民族志和民俗志研究是主要的方法。结合语境的文本分析更突出网络语境下文化再生产的过程，网络民族志主要借助的是人类学网络民族志的思考。民俗志研究更注重个人叙事、日常生活描绘和主体性。中国民俗学开拓网络研究的过程，体现出民俗学日常生活研究深化的历程。但是，当前中国民俗学的网络研究尚未形成范式，研究者也主要是中青年学者。然而，随着网络生活成为民众日常生活理所当然的一部分，民俗学不得不将网络生活置于当下研究之中，面向当下的民俗学必然要在网络领域形成共识性的研究范式和研究理念。

## 三、身体在场：民俗学网络生活研究的路径探索

中国民俗学如何开展网络生活研究？如何认知、理解民众在网络上和网络外的行动关联性？与民俗学同样拥有质性研究方法的人类学和社会学，在开拓网络研究领域、确立研究方法等方面，可为中国民俗学研究发展提供一定意义的参考。建构中国民俗学的网络生活研究路径，有必要首先考察相邻学科的网络研究，探讨民俗学可以有哪些独特的研究途径和学术贡献。

网络人类学主要体现在网络民族志/虚拟民族志的研究探索方面。“在网络虚拟空间中，由于互动的匿名性和‘不在场’，个体往往缺乏‘身份感’和感觉

不‘真实’”[1]，网络田野冲击着传统民族志的研究方法。由于无法确定研究的地理性区域，无法确定研究空间的边界，无法真正面对面与访谈对象交流等，民族志的网络田野作业操作策略需要有所调整。网络民族志强调，研究者应该真正浸淫其中，更加贴近研究对象和网络空间的文化操作。人类学者赵旭东认为："虚拟网络场景的民族志书写终将会转变成文化表达、传递上的日常以及彼此间交流的新工具，同时，这种新兴的文化表达和传递的媒介，也必然会迅速地取代我们曾经赖以去书写的各种所谓传统的媒介。"[2]网络民族志研究强调"浸淫"在主体间网络空间以及民族志成为新的文化表达和交流媒介，对民俗学的网络民俗志研究具有参考意义。

同样面临着碎片化、复杂多变、日新月异的网络环境，相较于人类学网络研究，网络社会学最紧要的挑战不是研究对象的"空间""边界""主体间性"等因素。网络社会学采取质性研究与量化研究相结合的方式，更加关注社会结构、行动者与社会互动之间的互构关系。量化研究在网络社会学关注网络"公共领域"的公共事件中发挥了至关重要的作用，他们通过网络爬虫库、网络问卷等方式采集和统计数据，分析网络结构、人群成分、舆论类型与演变等无法通过质性研究实现的内容。民俗学在面对庞杂、多元、难以确认边界的网络空间时，可在一定程度上借鉴社会学的量化研究法，更精确地确定研究对象的基本面貌。

相邻学科的网络研究，尤其是人类学网络民族志的研究，为民俗学主体间性的网络田野调查提供了参考。但民俗学开拓网络生活研究的路径，不是通过量化加质性研究的社会"公共性"研究或者异文化特质的群体互动研究来实现的。中国民俗学的网络研究，应该是网络生活研究，面向的是网络时代的生活文化。这意味着不应把主体在网络空间的实践活动视为单独的过程，仅给予单纯的文本研究，而是应该关切文化主体，关注到主体在线上与线下的互构关系。

1 卜玉梅：《网络人类学的理论要义》，《云南民族大学学报（哲学社会科学版）》2015年第5期。

2 赵旭东：《网络民族志的涌现——当下世界人类学书写的文化转型》，《广西民族大学学报（哲学社会科学版）》2021年第5期。

强调网络生活研究的主体性，必然要关注到主体的“身体性”。“身体在场”，应该成为民俗学对网络时代生活文化研究的重要出发点和立足点。这里的“身体在场”包含着两个方面的解读。

一方面，身体在场是民众线下生活与线上生活的联结点。之所以将民众在网络空间的实践活动视为其日常生活的一部分，究其原因在于网络生活是民众身体向网络空间延展的结果，网络生活同样具有民众的身体在场。民众在现实生活中的感受、所见、所思、所想，通过文字、视频、音频等手段投射到网络空间，实现身体虚拟在场，以视觉、听觉等感官感觉完成网络中的交流互动。2021 年 7 月 23 日，2020 年东京奥运会开幕式举办。中国网友在观看东京奥运会开幕式时，不禁回忆起 2008 年北京奥运会开幕式的盛况。因此，网友们在微博上重温那一年发生的故事。相较于媒体以往的宏大叙事，民众的回忆都是从个人亲身经历和感受入手，叙述国家盛事下的个人生活，完成一场北京奥运会个人身体记忆的交流。

Warm\Blood：记得当年开幕式那天我才……初二？那天下午还一直在网吧打 CF 呢吧。然后不到 6 点，我突然发现整个网吧都空了！！！空了！！！平时夜里两三点也好多人在通宵好吧！！然后问了一下网管，网管说“都回家等着看开幕式了”，然后我出网吧门回家，路上一个人都没有。我一瞬间以为这天是除夕。

顷易：开幕式当天下午我家特意换了个新的大电视。

孙六一：94 年的？我那时初二升初三。开幕式那晚在桂林火车站坐火车回家，检票时开幕式刚开始，最后在火车上听的广播。候车室里，旅客们一起高喊开电视的场景，记忆犹新。

不学会编程不改名：哎……我记得我也是守着电视等，特别激动，买了一个五星红旗一直挥，然而现在我都长大了。

亚细亚熊猫：2001 年申奥成功看着一群人骑着带挎斗的摩托车举着国旗从我家门口开过的时候，2008 年在正阳门下目送奥运圣火的时候，在

《北京欢迎你》里找我喜欢的飞儿乐团的几个片段的时候，看见烟花从我家附近上空穿过的时候，我都以为那是普通的一天。但回头再去看，就发现这些看似平凡的日子其实影响了我的一生。[1]

这些发表在网络上的叙事，展现了北京奥运会开幕式当天个人的所做、所见、所感，这与传统口头文学有着同样的身体主体性。丹·本·阿默思曾对民俗进行重新阐释。他提出的“小群体内的艺术性交流”，亦是日常生活情境下的直接交流。[2]他强调的口头传统是交流的内容，是全部身体感受投入其中的交流。“身体主体是灵与肉的统一。”[3]当人们看到、听到东京奥运会，忍不住联想到中国举办的北京奥运会时，自然地与身体经验和感受相联系，调动起北京奥运会的记忆，再以转发、评论对话、制作新的短视频等形式完成主体间的共同在场和共同行动。因此，网络生活是民众生活世界的有机组成部分，也应该是民俗学关注民众生活文化实践的重要领域，身体性应该是民俗学关注民众网络生活的重要切入点和理论依据。

另一方面，身体在场是民俗学关注网络生活的重要切入点，也体现了学者与民众的主体间性。民俗学对身体的研究，源自20世纪80年代西方学界对“灵肉二元论”的批判和反思。1989年，美国民俗学者凯瑟琳·扬（Katharine Young）提出了身体民俗（bodylore），认为“文化刻写在身体上”[4]。彭牧解读其所提出的“身体民俗”核心是“关注身体的社会建构”[5]。身体民俗学在美国的研究路径主要有福柯（Michel Foucault）的话语分析和现象学研究两种取向。

身体民俗在中国的研究，开始于刘铁梁提出的“标志性文化统领式”民俗

---

1 @假装在采访：《来说说#你08年奥运会的记忆#吧，想重温北京奥运会开幕式了》，微博，https://weibo.com/5095435677/Kq6Ps6Ykz，发表时间：2021年7月23日，浏览时间：2022年12月7日。

2 彭牧：《民俗与身体——美国民俗学的身体研究》，《民俗研究》2010年第9期。

3 刘铁梁：《身体民俗学视角下的个人叙事——以中国春节为例》，《民俗研究》2015年第2期。

4 转引自彭牧：《民俗与身体——美国民俗学的身体研究》，《民俗研究》2010年第9期。

5 彭牧：《民俗与身体——美国民俗学的身体研究》，《民俗研究》2010年第9期。

志和“感受生活的民俗学”。他提出，民俗学研究“不再是从人身上取出的民俗，而是变成了在人身上的民俗和与人同为一体的民俗”[1]。所谓身体性，不仅是地方性文化与身体互为塑造所确立的“标志性文化”，也是研究者从被研究主体的生活出发，站在其立场上感受生活，实现平等的交流和对话。此后，他强调“个人叙事”“个人生活史”“交流式民俗志”等理论和方法，皆是对被研究主体的主体间性和生活共情的确认。

与此同时，彭牧多次介绍美国身体民俗学和中国身体研究的传统，提出“体知”实践来考察身体与民俗的关系，即“关注身体在社会实践中具体的参与过程及其感觉经验和细致感受”[2]。她也论及了田野作业中民俗学者的“身体在场”，是对“感受生活”研究的深化，指出学者投身田野后的“身体感知、感觉经验”[3]。王霄冰、禤颖看到了中国古代典籍中的身体民俗记录和中国民俗学肇始期的身体民俗研究传统，提出如今中国民俗学更应该“特别注重田野调查过程中主客体双方的身体参与、身体经验和身体感受”[4]。此外，邵卉芳提出包含头脑记忆和身体技艺的“身体记忆”是民俗学研究的重要方法。[5]张举文从民俗认同的角度探讨了“身体”“性别”“民俗”之间的关系、建构等问题，认为“现代生活中的身体与性别的民俗研究为人类对自身的认识提供了新的视角”[6]。总体而言，中国民俗学的身体研究主要是从感受、体知等实践性概念出发，探索民俗主体性研究及其范式确立的历程。中国民俗学在开拓网络生活研究的过程中，“身体民俗学”研究范式可为学者提供网络田野作业和民俗志研究的有效路径。这一路径就是认知到研究主体的“身体在场”，以及与研究主体共同浸淫在同一情境中，实现共同“身体在场”。

1 刘铁梁：《感受生活的民俗学》，《民俗研究》2011年第2期。

2 彭牧：《身体与民俗》，《民间文化论坛》2018年第9期。

3 彭牧：《田野中的身体：作为身体实践的田野作业》，《民俗研究》2022年第2期。

4 王霄冰、禤颖：《身体民俗学的历史、理论与方法》，《文化遗产》2019年第2期。

5 参见邵卉芳：《记忆论：民俗学研究的重要方法》，《云南社会科学》2014年第6期。

6 ［美］张举文：《民俗研究视域下的身体与性别民俗实践》，刘怀荣主编：《中国传统文化研究（第三辑）》，中国海洋大学出版社，2021年，第42页。

在已有的网络田野作业经历中，网络文化形式的复杂多变、研究对象的匿名性、研究者与研究对象无法面对面交流等问题困扰着研究者。人类学网络民族志研究提出“浸淫其中”，整体地贴近网络群体的文化，与民俗学的感受生活之学，有着共通之处。民俗学不仅要浸淫其中，更要关注与研究对象共同身体在场。前文所述北京奥运会的个人叙事，若单纯以文本分析或者主客位的范式去探讨，难以看到其背后所蕴含的时代性、民众的身体性感受。若研究者与研究对象共同身体在场去感受和理解这些个人叙事，我们不仅能够看到北京奥运会开幕式时的集体记忆和共同感受，还能够体会到鲜活的个体现实生活的整体感受。博主“假装在采访”发布的微博短文《来说说＃你08年奥运会的记忆＃吧，想重温北京奥运会开幕式了》，搭建起交流的平台。民众在这条博文下评论讲述自己的故事，建构起网络与现实生活之间的互动桥梁。未必每个人都有看到开幕式烟花在自己家上空绽放的经历，但参与讨论的民众都有因北京奥运会成功举办而骄傲的民族情感。这些经历塑造着他们的身体记忆，勾连起与其他人叙事的共同感受。民俗学研究要结合这些网络个人叙事者和互动交流者的整体感受，才能够更好地开展民众的网络生活研究。

关于北京奥运会的网络个人叙事交流，不仅出现在微博上的特殊时间节点，而且散布在民众的网络日常交流中。例如，知乎网上有一个话题：“你所经历的2008年北京奥运会是怎样的？”[1]这个问题是2016年7月5日创建，此后两年间，不断有人在话题下讲述北京奥运会的个人记忆。匿名网民说：“当时在非洲，一个建筑项目上。地方很偏很偏，给当地盖一个大学。我的岗位比较闲。开奥运会前，当地人对中国也不太了解，开了以后完全就是改变了态度。因为他们电视上还没有真正播放过中国的发展情况。”网友“孤岛栖客”讲述了高一军训期间，全宿舍人为了看刘翔比赛而违反纪律聚在一起。这个话题下的个人叙事与以往媒体上千篇一律的赛事盛况回忆不同，每个人都有自己想要讲述的

1 《你所经历的2008年北京奥运会是怎样的？》，知乎网，https://www.zhihu.com/question/48157186，发表时间：2016年7月5日至2018年8月11日，浏览时间：2022年12月7日。

北京奥运会。正如门田岳久所说，每个人都有一个 “自己想叙述的话题”[1]。

目前的民俗学网络生活研究，尤其是部分网络民间文学的重构研究，在对研究对象的身体在场把握上存在着一定的缺憾。在网络语境下，无论是段子、谣言、神话新形式的传播，还是趣缘群体的共同知识交流，都离不开“复数身体的共同在场并且结成共同行动的意向”[2]。这不是文本形式重构、创新的问题，而是民众主体间需要交流互动的问题。技术搭建的网络平台，延展了现实生活的时空，也改变了民众日常生活的劳作方式、交流方式、消费方式等。民众在新的时空下的交流互动，依然有着与现实生活相连接的一面。他们往往通过发布视频、音频、文字等方式建立起一个交流的契机。

这些身体所见、所闻、所感受的叙事是网络交流的内容，也是网络交流的过程和目的。对这些叙事的理解和感受，有助于民俗学理解民众网络生活行动的意义，以及与现实生活的互构关系，更好地开展网络生活研究。

网络生活研究本质是对生活传承性的强调。民俗的传承方式不是所谓的口头传承，而是超越各种媒介在生活中传承。网络只是民俗生活传承的场域之一，是通过信息技术搭建的场域。生活传承的特征，首先是身体在场，全身心投入的具体性感受。民众在网络上的交流具有虚拟的身体在场性。民众运用网络技术完成村落劳作模式变革，更是全身心在场的变革经历。其次是整体性，生活传承不能区分文本与语境，也无法区分物质民俗、人生仪礼民俗、信仰民俗等。网络生活本是民众生活整体性的一部分，网络上的交流交往不能简单定义为网络上的民间文学文本，这些内容源自日常生活，也会影响到日常生活。然后是包容性。生活传承是包容性的、兼容并蓄的，不具有本真性和原型性。2023年，笔者在就家乡清明节习俗访谈母亲时，母亲说在短视频平台上看到“闰二月清明节不能上坟”的说法，而2023年是闰二月，所以她犹豫着是否要去上坟。“闰二月清明节不能上坟”是网络传播的某地习俗。这一说法，被众多网络博主

1 ［日］门田岳久：《叙述自我——关于民俗学的 “自反性”》，中村贵、程亮译，《文化遗产》2017年第5期。

2 刘铁梁：《身体民俗学视角下的个人叙事——以中国春节为例》，《民俗研究》2015年第2期。

视为全国性的习俗来传播，而看到这条短视频的部分网友也选择性接受这种习俗。这种传播、接受再到践行的过程，就是生活传承包容性的体现。因此，网络生活研究考察的不是网络传播的文本或者网络上的民俗变异，而是网络时代民众的日常生活整体。开拓网络生活研究的过程，也是中国民俗学不断深化认知、理解当代民众生活变革的过程。

## 本章小结：民俗学基本问题的新建构与新研究视角的出现

民俗学作为一门非显学的小学科，从诞生之日起，在不同国家、不同地区的学术本土化适应中，始终面临着学科位置确认、研究对象范畴明确、基本概念阐释、宏大理论生产等问题。正如美国民俗学者多萝西·诺伊斯（Dorothy Noyes）在《低微理论》讨论“民俗学为何没有宏大理论问题”这一论题出现的背景时所说的那样：“第一个问题，正如我所说的，是直截了当的位置焦虑。我们苦于‘民俗’这个词（the F-word）的烙印，时不时要么不得不解释它，要么为它发明新的委婉的说法。”[1]中国民俗学在学术探索历程中也存在着“民学”“俗学”“谣俗学”的名称之辩，在学科名称译为“folklore”“folkway”“volklore”等方面存在着学理争辩。这些争辩的动因不仅来自学科内部的学术建设动力，更源自中国整体形势的转变。20世纪是中华文明走向现代文明、工业文明的世纪，21世纪是中华文明现代化进程加速并崛起于世界的世纪。在这一形势下，民众的劳作、交往、消费、娱乐、居住地等日常生活的方方面面都转向了现代化、科技化、信息化的日常。中国民俗学在田野调查中所遇到的民、所见到的俗，已不再是“五四”时期、新文化运动时期的民俗，更不是赫尔德时期、格林兄弟时期、泰勒时期的民俗，而是具有中国

1 ［美］多萝西·诺伊斯：《低微理论》，王立阳译，［美］李·哈林编：《民俗学的宏大理论》，程鹏等译，上海社会科学院出版社，2018年，第94页。

式现代化特征的民俗。因此，中国民俗学不得不重新阐释基本概念“民”“俗”，拓展学科研究范畴。

本章重点从都市民俗学研究、群体研究和网络生活研究三个方面出发，探讨了当下中国民俗学对乡土研究、城市研究、民的定义、俗的定义和日常生活研究等基本问题的重新阐释过程。这一过程中，既包括了国内外民俗学，以及人类学、社会学等相关学科的学术交流，也包括了学科本身对中国民众现实生活的反思和理解。这三个视角并非全部是新的，但能够典型代表当前中国民众生活变革的关键情况，以及中国民俗学关于基本概念思考的新进展。

## 第三章

# 民俗学本土理论的创新

中国民俗学面向生活变革的学术转型，更深层次地体现在本土理论的创新方面。新研究视角的探索和基本问题的新建构，推动学科研究进展与文明进程更紧密地关联在一起。但是，在开拓新视角、重新阐释基本问题时，不少学者意识到，中国民俗学真正的问题是本土理论的缺失。缺乏宏大理论是各国民俗学共同面对的问题，而中国民俗学的理论缺乏更加突出。1978 年至 21 世纪初，推动面向生活变革研究转型的理论视角，基本源自国外民俗学和其他相邻学科。生活世界、民俗生活、民族志等概念，在一定程度上都借鉴哲学、人类学、社会学等学科的研究成果。表演理论、身体民俗学、生活革命、民俗主义等概念，也是经历了国外研究成果中国化的过程。这些理论、概念能多大程度阐释文明进程下的中国社会现实，是值得商榷的。但更突出的问题在于，中国民俗学的理论研究主要是眼光向外，真正立足中国现实的理论建构较少。

本土理论建构的缺乏也会为中国民俗学带来学科危机。有学者提出，“当前中国民俗学学科危机的本质是知识生产危机”[1]。当代民俗学自诩为研究人和人的

---

1 李向振：《当代民俗学学科危机的本质是什么？——兼谈实践民俗学的知识生产问题》，《民俗研究》2020 年第 6 期。

生活文化的学问，但人文社会科学都是“以人和社会为研究对象”[1]，“以人的思想、精神、情感、行为及其社会关系为研究对象”[2]。那么，与其他学科相比，民俗学有哪些独特的基本视角、研究途径和学术贡献？中国民俗学如何能够生产出既有补于人类自我认知和前进发展的知识体系，又更深入认知、理解本民族文化的理论成果？这是中国民俗学转型期始终在反思、探讨的问题。这一问题，关系到中国民俗学在人文社会科学领域如何安身立命。

知识生产是本土理论建构的重要途径，知识生产模式关系到建构的理论多大程度上助益深化人类自我认知和人类社会进步。德国柏林洪堡大学建校以来实践了三种知识生产模式，分别是“纯粹为知识而知识”模式、“大学一政府一产业”模式、“大学、产业、政府以及公民社会”模式。[3]民俗学自诞生以来就强调公共性和应用性，强调学问“经世致用”，第三种模式更接近于当代中国民俗学理想的知识生产模式，由学术反哺社会与民众生活。所谓民俗学“知识生产”，“就是将民俗学者的学术活动看作是一种劳动过程，通过这种劳动产生出认知世界、理解社会生活以及阐释个体行动意义的思想、观点、方法和表达方式”[4]。因此，想要确立本土理论建构的有效路径，必然要论及知识生产模式的问题。

民俗学一贯的知识生产，要么是搜集地方口头传统或奇风异俗以推动新民族文化建立，要么是与政府、商业、媒体合作将地方文化转化为文化资源加以开发利用。真正有补于学术知识体系建构，以及帮助人类更好地“认知世界、理解社会生活以及阐释个体行为意义”[5]的理论成果并不多。这类理论成果，主

1　刘振天：《文科知识生产的本土逻辑及高校新文科建设的路径》，《中国高教研究》2021年第11期。

2　刘振天：《文科知识生产的本土逻辑及高校新文科建设的路径》，《中国高教研究》2021年第11期。

3　参见马廷奇、许晶艳：《知识生产模式转型与学科建设模式创新》，《加快“双一流”建设　实现内涵式发展——“2018高等教育国际论坛年会”论文集》，兰州大学出版社，2018年，第133—134页。

4　李向振：《当代民俗学学科危机的本质是什么？——兼谈实践民俗学的知识生产问题》，《民俗研究》2020年第6期。

5　李向振：《当代民俗学学科危机的本质是什么？——兼谈实践民俗学的知识生产问题》，《民俗研究》2020年第6期。

要集中在对民间社会秩序和民众行为模式的理解、认知、阐释方面。劳作模式和礼俗互动是面向生活变革研究中建构出的两个重要本土理论。本章将以劳作模式和礼俗互动为研究对象，讨论它们的建构历程、研究现状和学术价值，进而探讨中国民俗学在本土理论创新时的应然和必然问题，检讨民俗学如何开展更有益于中国社会发展的知识生产。

## 第一节　劳作模式：基于主体实践视角的村落共同体研究理论

近些年，新闻报道中频繁出现淘宝村[1]、假发村[2]、手套村[3]、口罩村[4]等特色村落的故事。这些村落能够进入新闻报道的视野，是因为村落内部的民众从事同一副业，形成村落产业集群。在人口和产业向城镇流动的当今中国，这些村落非但没有空心化，还实现了人口就地就业，甚至吸纳周边村落的就业人口。这种现象不是改革开放时期特有的现象，如费孝通《江村经济》研究的开弦弓村便是养蚕缫丝的村落。但改革开放带来的城镇化、工业化、现代化和信息技术的迅猛发展，加速了这种特色产业村落的出现与发展。中国的学术界，如经济学、人类学、社会学等，也都关注到了这种现象，从生计方式、同乡同业、技能共同体、乡村产业结构等方面给予了学理性分析。中国民俗学一贯有乡土研

1　钱江晚报：《淘宝 20 年 ③“淘宝村”：中国农民的草根逆袭》，百度网，https://baijiahao.baidu.com/s?id=1765557006416843490&wfr=spider&for=pc，发表时间：2023 年 5 月 11 日，浏览时间：2023 年 8 月 26 日。

2　知行路上道历史：《揭秘“假发村”：头发“搬运工”背后的生意》，百度网，https://baijiahao.baidu.com/s?id=1702624834952383316&wfr=spider&for=pc，发表时间：2021 年 6 月 15 日，浏览时间：2023 年 8 月 26 日。

3　齐鲁晚报：《年产手套 60 亿副，临沂有个“宝藏”小镇》，搜狐网，https://www.sohu.com/a/671297215_121218495，发表时间：2023 年 4 月 28 日，浏览时间：2023 年 8 月 26 日。

4　《山东胶州口罩村暴富记：沾了环境问题的光》，网易财经，https://www.163.com/money/article/9JQVF37F00253G87.html，发表时间：2014 年 1 月 30 日，浏览时间：2023 年 8 月 26 日。

究的传统，必然要面对这一变革现象。那么，中国民俗学应该如何研究这一村落变革现象？如何理解村落形成统一副业的原因？如何理解民众在选择和从事村落副业时的行动逻辑、心理变化和生活方式变化？民俗学应该如何考察有共同副业的村落共同体维系问题？这是中国民俗学面对村落变革时必然要解答的问题。

村落结构、村落认同感、地方感、村落生计方式、村落生产合作等事关村落共同体组织、维系与边界的研究，在人类学、社会学、经济学等学科已有一定的研究成果。中国民俗学虽有乡土研究传统，但在事关村落共同体建构以及村落日常生产生活模式的解释上较为缺乏，往往借助生计方式、生产合作等概念来研究。刘铁梁在扎实的田野研究基础上提出了“劳作模式”，从村民的身体经验、实践活动、交流互动等角度关注村落劳作模式形成与转变的过程，“在分析村落认同、社会变迁、生活意义等问题时，其能展现出较强的生命力和解释力”[1]。近些年，不少民俗学者运用劳作模式理论，考察了一些村落的劳作模式转变与村民交流互动、身体经验、村落认同之间的关系。这些研究的开展，是深化认知、理解中国社会和民众日常生活的过程。那么，劳作模式理论的建构，解决了哪些学术问题？认知到了怎样的社会现实？提供了怎样的本土理论创新路径？又存在着哪些问题？

## 一、劳作模式理论的缘起

劳作模式理论得以提出，一方面与此理论的学术带头人刘铁梁的研究经验与思想进路紧密相关，另一方面离不开 20 世纪 90 年代以来中国民俗学事关整体、主体、身体、经验、实践等学术思想的深化与反思。分析“劳作模式”的研究缘起，必然要将理论带头人的研究历程置于整个民俗学的学术进程之中，以学术转型的视角来讨论“劳作模式”诞生及其意义。

1 李向振：《劳作模式：民俗学关注村落生活的新视角》，《民俗研究》2018 年第 1 期。

中国民俗学的当代转型，源自20世纪90年代起现代田野调查的开展和整体性生活研究的提出。1989年至21世纪初，由日本学者福田亚细男担任团长的“中日联合民俗调查”在中国开展。调查项目不再是采风式的搜集整理工作，而是研究生活的现代田野作业。刘铁梁在参与此调查过程中，一直将村落集体的文艺活动作为自己调查的中心内容[1]，从村落文艺活动关注到了村落作为共同体的凝聚力和认同性的问题，进而提出村落可以作为民俗学的基本研究单位。1996年，刘铁梁提出将村落视作一个民俗传承的有机整体，提出“村落作为农业文明最普遍的景观应当成为我们民俗学调查所把握的基本空间单位”[2]。在这一研究中，他已经注意到村落农产品生产、销售与村落习俗之间的联系。

> 我到浙江一些地方就调查到这样一些村落，所生产的产品有陶缸、瓷碗、草纸、果木等，往往还通过直销方式，利用河流运输之便出售到较远的地方，如奉化畸山村的陶缸就一直是由村里贩缸人用船运到舟山群岛去卖。在兼营桑蚕、渔业的地区，以村落为单位的销售与购买活动更不可少。由于这些特殊产品的生产与大部分地区的农作生产不同，风险也较大，因而形成特色鲜明的信仰仪式、结社行为和互助习俗。[3]

刘铁梁主张的，以村落为共同体考察不同村落农副产品生产经营行为，是受到人类学、社会学等学科关于“村落共同体”研究和基层市场理论的影响。费孝通在《江村经济》中以开弦弓村为时空单位探讨该村地理环境、家庭制度、劳作贸易等问题，揭示了村落经济生活与地理环境之间的结构性问题，是人类学社区研究的经典之作。刘铁梁提出的“村落”，“在整体论的思考上来源

1 参见刘铁梁:《村落集体仪式性文艺表演活动与村民的社会组织观念》,《北京师范大学学报（社会科学版）》1995年第6期。

2 刘铁梁:《村落——民俗传承的生活空间》,《北京师范大学学报（社会科学版）》1996年第6期。

3 刘铁梁:《村落——民俗传承的生活空间》,《北京师范大学学报（社会科学版）》1996年第6期。

于社区理论”[1]。此外，施坚雅（G. William Skinner）的基层市场理论[2]、杜赞奇（Prasenjit Duara）的村落共同体内聚性研究[3]、黄宗智的华北农村经济行为与社会变迁研究[4]等等，都促进了他关于村落实体性、村落集体行为、村落组织制度等方面的思考。相较于人类学的村落研究，他更关注集体与个人的关系，以及主体感受，即“在村落民俗表现出来的共同文化规范之下，潜在有村落的自我意识，它由相通的个人感受所形成。因而村落个案调查可向‘生活史’方向进行”[5]。这意味着中国民俗学开启的村落研究，是事关个人感受与生活史的研究。村落研究也是日后“感受生活的民俗学”“交流式民俗志”“劳作模式”等学术理论的开端。

以村落为基本单位的研究，为当时民俗学的生活整体研究提供了可行性研究范式。20世纪80年代起，学者们意识到孤立的、碎片化的、朝向过去的民俗事象文化史研究已经无法为民俗学研究和学科发展提供足够的支持，开始探讨生活整体研究。村落研究将整体性和主体性的研究限定在具体的时空范围内，应该结合村落的物质生活和精神文化的生活空间进行生活史研究。刘晓春评价此研究：“村落，在民俗学界作为研究单位被发明出来，它的学术意义在于强调研究对象的时空限定性，以及在一定时空范围内的整体研究。”[6]20余年来，越来越多的田野研究成果[7]是在刘铁梁的村落研究概念的基础上展开的，考察村落

1 刘铁梁：《村落——民俗传承的生活空间》，《北京师范大学学报（社会科学版）》1996年第6期。

2 参见［美］施坚雅：《中国农村的市场和社会结构》，史建云、徐秀丽译，中国社会科学出版社，1998年。

3 参见［美］杜赞奇：《文化、权力与国家：1900－1942年的华北农村》，王福明译，江苏人民出版社，2020年。

4 参见［美］黄宗智：《华北的小农经济与社会变迁》，广西师范大学出版社，2023年。

5 刘铁梁：《村落——民俗传承的生活空间》，《北京师范大学学报（社会科学版）》1996年第6期。

6 刘晓春：《从“民俗”到“语境中的民俗”——中国民俗学的范式转换》，《民俗研究》2009年第2期。

7 根据中国知网的统计数据，《村落——民俗传承的生活空间》的一级引证文献有369篇，二级引证文献有3312篇。这一数字仅代表引用《村落——民俗传承的生活空间》的文献数量。事实上，受到刘铁梁村落研究理论影响的研究更多。由于引证文献较多，难以一一列举，因此本部分列举的引证文献，主要选取的是近几年的研究成果，且每一方面仅选一篇作为举例。

内的生计方式变迁[1]、劳作模式变革[2]、礼俗掌控人[3]、民众日常生活实践[4]、个人生活史[5]、日常空间[6]等等。这些研究成果极大地推动了民俗学认知中国社会、理解民众日常生活的进程，也促进了中国民俗学建构起全新的研究方法和研究理念。

2003年起，《中国民俗文化志》（县、区卷）项目组启动，刘铁梁带领以博硕士生为主的民俗志团队开启了民俗志调查和写作工作。在10余年里，刘铁梁不断结合自身的田野经验和民俗学前沿理论，深化对村落集体组织、个体感受、身体经验、标志性文化等相关问题的思考，推动了“劳作模式”理论的诞生。2004年，在《中国民俗文化志·北京·门头沟区卷》[7]的调查写作中，他关注到了门头沟区各个村落因不同自然地理因素等所形成的多元的民俗文化特征。

> 门头沟区内的民俗文化并非同质，山区村落与平原村落有很大的不同，拥有矿工家庭成员的村落、兼营商业运输业的村落与一般农耕村落也有所不同。每一个村落都有自己的历史和文化，在物质生活与精神生活两个层面上都具有“自我”的个性，换言之，有赖于特定自然条件和相应资源的村落，是相对独立的民俗传承的生活空间。同时，村落又不是封闭的，村落之间，甚至村落与京城、国家之间都存在着或物质或精神上的关联。进一步说，门头沟各个区域之间又形成阶梯状衔接的结构，在整体上与京城

1 例如，李雪梅：《乡村振兴战略下海南“村人”生计方式变迁研究》，广东技术师范大学2022年硕士学位论文，指导教师符昌忠。

2 例如，李向振：《城边村日常生活与生计策略的民俗志研究——京北姚村故事》，山东大学2016年博士学位论文，指导教师张士闪、李松。

3 例如，毛晓帅：《乡村社会礼俗掌控人研究》，山东大学2019年博士学位论文，指导教师刘铁梁。

4 例如，李西香：《乡村旅游从业者的日常生活实践》，山东大学2020年博士学位论文，指导教师刘铁梁。

5 例如，李书豪：《乡土情感与国家责任——东南村二仙庙庙祝的个人生活史研究》，云南师范大学2022年硕士学位论文，指导教师张曙晖。

6 例如，李向振：《日常空间：现代民俗学关注日常生活的重要维度》，《民间文化论坛》2021年第5期。

7 刘铁梁主编：《中国民俗文化志·北京·门头沟区卷》，中央编译出版社，2006年。下文简称《门头沟区卷》。

百姓生活互相依赖和紧密互动。[1]

《门头沟区卷》的调查关注到了几种不同生产劳作方式的村落所形成的“自我”的个性。这种“自我”个性是民众地方感的重要来源，也是村落特色生活方式和民俗文化特征的基本表现。这一个性，联结的是特定自然环境和社会资源下的民众劳作生活。例如，第四章《煤业生产与窑神信仰》，因门头沟煤矿资源丰富，工业化较早，靠近北京市区，该地形成了煤矿开采、运输、五金等产业，相伴产生了与煤业相关的生活方式与窑神信仰，其民俗文化特征与非煤业生产地区有着迥异的区别。这种能够体现地方文化特征的文化现象，刘铁梁将其定义为“标志性文化”[2]。标志性文化的提出，是对当时正在兴起的非遗保护的反思，超越分类学与遗产观的视野，是从地方民众主体感受和历史记忆出发书写“比较集中反映地方社会关系、秩序和具有丰富内涵的事象和符号”[3]。一个地方共同形成的集体劳作方式，深刻影响着这个地方民众的集体性格。如朝阳区许多村庄依赖通惠河的漕运而生存[4]，南来北往的船只和人群为当地民众带来了文化包容性，如今朝阳区依然是多元文化的聚集地。

随着北京各区县民俗志调查的推进，刘铁梁更深入地认知到不同的自然环境、社会资源与集体劳作方式、特色民俗、村庄认同之间的关联性。与此同时，中国民俗学也在主体间交流实践的学术理念下开始进一步转型。在这一学术理念形成的关键阶段，表演理论得以引入与应用。理查德·鲍曼强调民俗学研究应该“关注人们如何通过这样那样的交流实践，来达成他们的社会关系，建构

1 刘铁梁：《“标志性文化统领式”民俗志的理论与实践》，《北京师范大学学报（社会科学版）》2005年第6期。

2 “所谓标志性文化，是对于一个地方或群体文化的具象概括，也就是从生活文化中筛选出来的体现一个地方文化特征、包括丰富与深刻意义的事象本身。”刘铁梁主编：《中国民俗文化志·北京·门头沟区卷》，中央编译出版社，2006年，第8页。

3 刘铁梁主编：《中国民俗文化志·北京·门头沟区卷》，中央编译出版社，2006年，第8页。

4 当地称“讨饭辙”。

他们的社会生活”[1]。表演理论在中国得到充分讨论的时期，正好是整体研究和交流实践研究的建构期。表演理论促使更多学者反思旧有的研究范式和研究理念，在一定程度上推动主体性、整体性的生活文化研究成为学界共识。具有主体性、整体性的生活文化研究，在21世纪第一个十年逐渐成为研究范式。从劳作关系到每个人的生存、生活状态的行为，在民俗学的研究中获得了特别的关注。2009年，蔡磊在导师刘铁梁的指导下完成了博士学位论文《手艺劳作模式与村落社会的构建——房山沿村编筐手艺的考察》[2]，以“劳作模式”的视角来解读农耕经济下村民因相同的副业劳作而形成的彼此认同、互助、协作的关系，以及村落特色的民俗文化特征。

> 荆编是沿村人共享的手艺传统，是村民交往的重要纽带。相同的荆编劳作模式，从身体经验上加强了村民共同的信仰、知识话语体系和地方感，并且在市场交换体系中成为村落共同体的符号。[3]

这篇文章对村落共同体的考察，是从民众的身体经验、主体感受和交流交往的视角来进行的。这对研究社会转型阶段的村落意义重大，超越以往村落结构性研究视角，真正从主体感受、交流实践的视角出发，理解广大民众的生产劳动对当前中国经济发展和乡村振兴的贡献。“从劳动者主体的感受来说，民俗的根本变化是自身劳作模式的变化。”[4]劳作模式的转变，并不意味着村落共同体的瓦解，也有可能在劳作模式转型中实现村落共同体意识的加强：

1 杨利慧、安德明：《理查德·鲍曼及其表演理论——美国民俗学者系列访谈之一》，《民俗研究》2003年第1期。

2 蔡磊：《手艺劳作模式与村落社会的构建——房山沿村编筐手艺的考察》，北京师范大学2009年博士学位论文，指导教师刘铁梁。

3 蔡磊：《劳作模式与村落共同体——京南沿村荆编考察》，《民俗研究》2012年第6期。

4 刘铁梁：《村庄记忆——民俗学参与文化发展的一种学术路径》，《温州大学学报（社会科学版）》2013年第5期。

> 劳作模式的转变也会重新建构起村庄的认同感，在传统的血缘、地缘关系的基础上又加上公司体制下的业缘关系，因而形成村庄社会的新结构。于是，村庄的组织在适应市场环境变化的过程中得以再造。村庄再造的过程必然包括文化传统的再造，也就是说，村庄只有主动加强对自身文化传统的传承和对于村庄历史的记忆，才能形成一个拥有文化身份感、文化话语权的共同体，从而也是一个强壮的经济共同体。[1]

这一论述，实际上在回答高度城镇化的今天，村落认同和村落共同体何以维系的问题。此后，民俗学拥有了阐释村落文化传统再造和村落共同体现代转变的理论工具。这一理论是从民俗学独特的主体性研究出发的，与经济学、人类学、社会学关于村落共同体、村落经济共同体、基层市场共同体等研究有着截然不同的视野。“劳作模式”自此成为民俗学博硕士学生进行村落研究的重要理论视角和研究方法。[2]

## 二、劳作模式研究的发展历程

近代以来，工业化和城镇化的社会趋势重新塑造着城乡民众的生计方式和生活方式。京畿地区的村落经济生活和村落空间结构都出现了剧烈变革。在土地耕种收益之外，村民们的经济收入也来源于与城市需求更加紧密的经济活动。这种转变往往是村落集体性的，与村落整体的地理、交通、资源、历史等因素有关。例如，平谷区雕窝村借助优美山景和邻近北京的交通优势，从种植果树的山村转变为乡村民俗旅游村。平谷区东高村镇则在乡村能人刘云东等人带动下，从种植林果业的村落变为北方著名的小提琴制作基地。

---

1 刘铁梁：《村庄记忆——民俗学参与文化发展的一种学术路径》，《温州大学学报（社会科学版）》2013年第5期。

2 不可否认的是，劳作模式也可以成为城市研究的重要视角。此处强调村落研究，原因是劳作模式理论缘起于村落研究。

正是基于对这一社会现实的深刻认知，刘铁梁思考了村落集体经济活动与村民行为模式、地方认同之间的关系，进而提出了“劳作模式”的概念。这一概念最早出现在刘铁梁指导的蔡磊的博士学位论文之中。蔡磊以北京房山沿村荆编业为考察对象，从村民共同的日常劳作实践的身体经验、个人感受出发，分析建构起村落共同体认同的知识体系、共同信仰和交流方式。此后，李向振以劳作模式为视角和理论工具来分析河北王长林村铸铁业与村民日常生活变迁的关系，完成了硕士学位论文《劳作模式的变革与村落生活的变迁——以冀东南王长林村为个案》[1]。蔡磊与李向振的劳作模式应用性研究，呈现出这一概念不同于生产民俗、生计方式等的解释力。这一解释力主要表现为将村民共同的劳作记忆、技能、生活方式与社会变革相结合，是具有村民主体性和民俗生活整体性的村落研究。2013年，刘铁梁进一步阐释了“劳作模式”：

> 传统的村落社会及其所有的民俗文化都是建立在农耕经济的基础之上，因此，民俗学应该优先对于农民在经济活动领域中的行为模式进行描述。我们可以将农民的这一类行为模式称作“劳作模式”，包括农民如何利用共有的自然资源而进行怎样的生产，拥有哪些生产知识与技能，结成了怎样的生产组织，形成了怎样的交易方式和消费习惯等生活状况。[2]

他考察的是近现代以来村落劳作模式的历史性变化，强调这一概念在“解释村落社会建构的经济动力和理解村落文化的亲和力”[3]时的重要意义。这种意义的强调，表达了民俗学解释民众日常生活意义的追求。

“劳作模式”一词的结构和组合，本身就具有主体性、身体性、过程性、实践性的特征。劳作，一般指劳动，也可以指工作，谋生和创造都可以成为“劳

1 李向振：《劳作模式的变革与村落生活的变迁——以冀东南王长林村为个案》，北京师范大学2012年硕士学位论文，指导教师刘铁梁。

2 刘铁梁：《劳作模式与村落认同——以北京房山农村为案例》，《民俗研究》2013年第3期。

3 刘铁梁：《劳作模式与村落认同——以北京房山农村为案例》，《民俗研究》2013年第3期。

作”的属性。德国哲学家卡西尔（Ernst Cassirer）讨论了劳作与人的关系。“人的突出特征，人与众不同的标志，既不是他的形而上学本性也不是他的物理本性，而是人的劳作（work）。正是这种劳作，正是这种人类活动的体系，规定和划定了‘人性’的圆周。语言、神话、宗教、艺术、科学、历史，都是这个圆的组成部分和各个扇面。”[1]卡西尔认为，人的劳作决定了人的本质，劳作沉淀着人类文化，在此基础上去理解人的生命价值、意义和自由。[2]然而，卡西尔的“劳作”概念是纯粹的精神领域属性。与之相对的是马克思的“劳动”，他将其解释为人改造自然、征服自然的实践活动，是人的本质力量的对象化，主要属于物质活动的范畴。[3]

“劳作模式”的“劳作”，是将人的物质生活与精神生活统一的视角，既包含人类在特定自然环境下的实践活动，也包含着人类习得劳作技能和开展劳作时所展现的知识、文化、观念。以劳作来分析人的生活，是关注和理解人在生命活动中如何获取人生价值及生活意义。模式性是民俗的基本特征。一定的民俗模式是一定时空范畴内民众共同创造、实践的标准。当一些村落的村民选择相同生计方式时，便形成相同的生产生活节奏和共同的身体经验，作为模式化生活的民俗也就相伴而生。[4]这种模式，在村落内部具有过程性，是在不断地形成、发展、变异的，而在村落间却具有差异性，不同村落所形成的劳作模式并不相同，如北京房山区沿村的编筐业、北甘池村的驮煤业、太和庄村的贩运业、七贤村的编篮业等。[5]因此，村落劳作模式在横向联系上突出村落的“自我”个性和村落间的边界，在纵向联系上揭示了村落整体生活和文化传统的历时性变迁。

1 ［德］卡西尔：《人论：人类文化哲学导引》，甘阳译，上海译文出版社，2013年，第115页。
2 参见［德］卡西尔：《人论：人类文化哲学导引》，甘阳译，上海译文出版社，2013年，第9页。
3 参见侯长林：《卡西尔符号人学对高等教育人才培养的启示》，《贵州社会科学》2019年第10期。
4 参见蔡磊：《劳作模式与村落共同体——一个华北荆编专业村的考察》，中国社会科学出版社，2015年，第158页。
5 参见蔡磊：《劳作模式与村落共同体——一个华北荆编专业村的考察》，中国社会科学出版社，2015年，第158页。

经由早期刘铁梁、蔡磊、李向振等学者共同建构概念的内涵和外延后，劳作模式的研究逐步进入常规化研究轨道中。10余年来，青年学者经由扎实的田野调查，以劳作模式为理论视角，书写出不少颇有价值的研究成果。这些成果，既深化了学界对文明进程中广大城乡民众劳作、交往变革的认识与理解，也推动了劳作模式作为一整套村落共同体研究理论和方法论的建构与发展。劳作模式研究发展的关键点，主要体现在三个方面。这三个方面并不是发展时间顺序上的关键点，而是对这一概念的内涵和外延等基本问题的进一步建构。

其一，从村落重要副业到村落集体主要生计方式的考察。这一转向基于研究过程中对村落社会和村民生产劳作的深入了解。

最初劳作模式聚焦于村落集体性副业。刘铁梁观察到工业化与市场经济趋势下，农民在耕种粮食作物之外有了更多增加收入的副业生计。他强调，村落集体性副业生计不仅成为村落标志性文化，而且塑造着村落内部共享的知识、技能和身体经验，进而形成对村落共同体的认同。

蔡磊的沿村劳作模式研究，也是从村落重要副业对村落共同体联结的作用的角度来开展的，这源于她对传统村落共同体集团性研究的反思。“近代乡村经济与村落共同体关系的探讨，主要集中在农耕生产、水利、看青、民间借贷等领域，对于作为农村重要副业的乡村手工业，研究相对较少。”[1]因此，她提出，民俗学考察村落共同体联结的新视角，应该是农副业所形成的劳作模式。

这一阶段，劳作模式研究试图从村落副业生产经济模式中探讨社会转型期村落共同体的聚散问题。这些研究所聚焦的副业，是人地关系尚未发生彻底转变时期的村落副业，农耕经济依然是这些村落的基础经济。从区域社会共时性比较中，农耕经济限定了村民生活空间、基本生活方式、时间节奏和自然观念。在此基础上村落特色副业形成的“标志性文化”，形塑了村民的村落共同体意识以及村落边界。对于人地关系已经发生彻底改变、不再以农耕经济为主要生计

1　蔡磊：《劳作模式与村落共同体——一个华北荆编专业村的考察》，中国社会科学出版社，2015年，第1页。

方式的村落共同体，劳作模式对村落共同体研究是否依然有解释力，蔡磊的研究并未给出答案。这一问题，在此后的村落劳作模式研究中逐渐被解答。

李向振的博士学位论文所研究的北京“姚村”便是不再以农耕为主要生计的城边村。[1]自20世纪70年代末开始，姚村的耕地不断被征用，村里的年轻人离开村庄和土地，到北京市或者昌平县城打工，该村的生计方式呈现多元性特征。2007年，北京奥组委决定把姚村附近的十三陵水库作为“铁人三项”比赛场所，并在周边建设了数条公交线路。交通的便利，加强了姚村和城区的联系，大量的外来务工人员涌入该村租房居住。有村民戏称：“我们这就是‘种房’，现在地没了，我们就只能‘种房’。”[2]从“种地”到外出打工，再到“种房”，村落的劳作模式发生了极大的转变。李向振不仅书写了劳作模式本身的变革，而且整体性地考察了村民身份政治、村民交往方式和村落政治运作等方面的变化。出租房屋或者被称为“瓦片经济”作为村落主要劳作模式，村民们并未因农耕经济的瓦解而彻底原子化，而是在村落空间中通过日常交往继续结成生活共同体，进而为村落共同体的存续和凝聚提供了新的生命力。

李向振的姚村研究为此后的劳作模式研究提供了全新思考。当代中国出现了很多无农耕土地的村落，这些村落依然有着共同体认同。劳作模式对这样的村落依旧有着较强的解释力。不再依靠农耕的村落是如何维系共同体，全新的劳作模式如何形塑原有的关系网络、生活方式和村落认同的，是此前刘铁梁和蔡磊未能解答的问题，在李向振这里得到了一定的回答。张媛媛的豫北移民村村落认同研究[3]，更鲜明地诠释了劳作维系身份建构和村落记忆的意义。该村与其他劳作模式研究村落不同的是，这是一个整村易地搬迁村落。中国民俗学较少研究这种因政策整体移民的村落。张媛媛探讨了原有劳作模式对移民后身份

1 参见李向振：《城边村日常生活与生计策略的民俗志研究——京北姚村故事》，山东大学2016年博士学位论文，指导教师张士闪、李松。

2 李向振：《城边村日常生活与生计策略的民俗志研究——京北姚村故事》，山东大学2016年博士学位论文，指导教师张士闪、李松。

3 参见张媛媛：《大山、记忆与劳作模式——豫北移民村村落认同个案研究》，北京师范大学2018年硕士学位论文，指导教师彭牧。

建构和异地适应的影响，考察了共同身体记忆对村落共同体维系的过程。

此后，不少以劳作模式为理论视角的学位论文选题，考察的是非农耕村落。如谢梦珠研究的“回收废品”的河南河村[1]，尚小芳研究的以加工和网络销售演出服装为主的鲁西南孙庄村[2]，张坤莹研究的生产陶瓷的山东河南东村[3]等，这些村庄的主要经济来源已转向了与农耕、土地无关的工业领域。村民们的生活方式、行为模式、交往方式、时间观念等均受到这些产业的形塑。聚焦“身体”与“感受”的劳作模式概念在这些村落共同体研究中依然展现出较强的阐释力。

杨艳群对江苏垛田村的劳作模式研究[4]，将劳作模式这一理论的研究范畴拓展至特色农业生产村落。“无粮村”东庄村是垛田村，以经济作物种植、油菜花田民俗旅游、渔业为劳作模式。这一研究意味着劳作模式在更广泛的经济作物种植村落研究中发挥解释力。与东庄村相似的经济作物种植村落，村民们的集体性格、性别地位、生活节奏与婚育观念均与非经济作物种植村落截然不同。这些具有实践性、身体性的主体行为可以运用劳作模式进行研究。从村落副业到村落集体主要生计的考察，证明了劳作模式不仅是民俗学关注村落的新视角，更是研究村落共同体的工具性理论，具有方法论意义。

其二，从手工业、工业村落共同体到城市职业群体的考察。

前文第一方面所论及的村落，在空间上均是聚居村落。这些以村落为单位的研究也延续了刘铁梁关于村落的思考。这些村落，无论是像沿村一样与周边其他村落劳作模式有着明显区别，还是像孙庄村一样与周边其他村落共同构成区域产业，都有着明确的地理边界和村落认同边界。这种边界建构起村落民俗

1 参见谢梦珠：《城市边缘地区村落劳作模式的变迁——以河南中部河村为个案》，山东大学2019年硕士学位论文，指导教师刘铁梁。

2 参见尚小芳：《互联网与新型的村落劳作模式——以鲁西南孙庄村为个案》，山东大学2020年硕士学位论文，指导教师刘铁梁。

3 参见张坤莹：《劳作模式与乡土社会变迁——以鲁中博山区河南东村为个案》，山东大学2018年硕士学位论文，指导教师李浩。

4 参见杨艳群：《垛田村落劳作模式研究——以里下河地区东庄村为个案》，华东师范大学2022年硕士学位论文，指导教师范长风。

文化的地域性特征。因而，劳作模式在研究这些村落过程中逐步形成了四个理论特征：身体性特征、地域性特征、时间性特征和实践性特征。[1]因此，劳作模式是特定时间条件下村落共同体内村民习得、实践的一整套行为模式。村落劳作模式变革的考察，主要是从工业化和城镇化两大社会趋向开展的。工业化和城镇化根本上是人从农业劳动转向工业劳动、从农村流动到城镇的过程。

在不同程度被卷入工业化和城镇化的中国城乡社会，并非所有的村落都如姚村、孙庄村等一样在原有村落空间内实现集体性的劳作模式变革，还有很多村落的村民陆续背井离乡，进入城市谋生。他们有的是依赖于原有的地缘、亲缘关系，在城市中继续与同村同乡的亲友聚居，如张鹂研究的北京“浙江村”现象[2]，梁鸿笔下的河南梁庄人在南京、南阳等聚居现象[3]，还有的是在城市谋生过程中与业缘群体共同形成新的行为模式。因此，刁统菊提出了“‘劳作模式’概念的解释力不应局限于村落空间，需要拓展至更加宽泛的都市研究和群体研究之中”[4]。

劳作模式研究对劳作过程中主体实践性、身体性的行为模式考察，同样可以运用于城市职业群体的日常生活和劳作过程，考察他们因劳作所形成的一系列生活感受、身体记忆和集体认同。因此，刁统菊指导的学生樊枫以网络游戏“王者荣耀”中的网游打工仔群体为研究对象，通过深描他们的日常生活来探讨网游劳作中的生活方式变革，考察他们的生活实感，“以探究由平台资本和媒体资本生产出来的劳动模式是如何改变了社会个体的生活方式，并对其现实生活造成了根本性的影响”[5]。

“劳作模式”的这一应用性拓展，并非要将劳作模式研究脱离“村落共同

---

1　参见李向振：《劳作模式：民俗学关注村落生活的新视角》，《民俗研究》2018年第1期。

2　参见［美］张鹂：《城市里的陌生人——中国流动人口的空间、权力与社会网络的重构》，袁长庚译，江苏人民出版社，2017年。

3　参见梁鸿：《出梁庄记》，花城出版社，2013年。

4　刁统菊：《“劳作模式”概念的解释力》，“论道稷下·当代田野研究的祛魅与多样化”论坛暨“有温度的田野”学术工作坊第五期，2020年10月31日至11月1日。

5　樊枫：《“网游打工仔”的民俗志研究》，山东大学2021年硕士学位论文，指导教师刁统菊。

体”研究的轨道，而是将劳作模式特有的，关于劳作过程的身体性、实践性、主体性研究应用于城市职业群体之中，帮助民俗学关注到城镇化过程中新兴的谋生群体，例如外卖员群体、快递员群体、北漂群体、群众演员群体等。民俗学应当把目光更多地投向那些新生的、流动的或重组的谋生群体，关心他们的生存处境，体会他们的情感，了解他们的诉求。[1]

其三，对女性劳动者在家庭与社会中身份、地位与话语权变革的考察。“民俗学关注的生活世界是由性别化的文化实践与传承构成的。民俗文化所承载和传递的知识与规范，也与特定群体的性别认同建构密不可分。”[2]女性作为民俗文化主体缺席于早期的民俗学研究。20世纪80年代以来，女性民俗学研究开始兴起，这些研究关注的是家庭关系、家族关系、姻亲关系、文化遗产传承、民间文学中的女性话语与实践。[3]然而，对作为劳动者的女性的日常生活实践，关注较少。在哲学等人文社科研究中，关于女性与劳动的研究，往往侧重于女性劳动者所遭遇的父权制和资本主义剥削的境况。能够真正关注到女性劳动者在整个社会结构和市场经济中的位置、贡献和生活状态的研究较少。劳作模式研究以大量个人叙事的形式关切到主体感受和身体经验，有效地呈现出女性劳动者在家庭与社会中的生活状态，聚焦到社会生产中的性别分工机制，以及女性身份、地位、话语权变革。

劳作模式最初只是关注到了手工艺传承中的性别边界。蔡磊在沿村调查时发现：“荆条编织需要一定手劲，主要由男人完成，妇女只帮忙加工原材料，沿

---

1　参见刘铁梁：《城市化过程中的民俗学田野作业》，《文化遗产》2013年第4期。

2　康丽：《从性别麻烦到范式变革：中国女性主义民俗学的建设》，《民俗研究》2022年第3期。

3　女性民俗研究的成果不少，本部分仅选取与本书问题意识相近的研究。且因篇幅限制，本处列举的文章，仅作示例。例如：吴翔之的《民俗视野中的女性话语建构——以女性禁忌民俗为例》，《江西社会科学》2011年第4期；刁统菊的《女性民俗学者、田野作业与社会性别制度——基于对22位民俗学者的访谈和个人的田野经验》，《民族文学研究》2017年第4期；王均霞的《实践民俗志与女性民俗研究的一种可能性》，《民间文化论坛》2020年第2期；康丽的《非物质文化遗产与性别》，《民间文化论坛》2021年第3期；康丽的《从性别麻烦到范式变革：中国女性主义民俗学的建设》，《民俗研究》2022年第3期；杨苗苗的《女性广场舞的民俗志研究——以豫北河东镇为例》，山东大学2022年硕士学位论文，指导教师刁统菊。

村姑娘一般不学荆编，这在一定程度上避免了荆编技艺外传。”[1]但这不意味着这一劳作与女性生活无关，女性从事磕杈等辅助工作，这些劳动塑造着家庭内部妇女间的关系。例如，新媳妇进门后会跟随婆婆学习磕杈，这无疑是以共同劳动和技艺传承来加强家庭代际亲情纽带。

尚小芳在鲁西南孙庄村的劳作模式研究中，关注到了家庭性别分工对村落劳作模式变革的影响。[2]之所以她重点论述作为劳动者的女性，源于该村服装淘宝店最早是由村中女性开办经营的。因为“男主外女主内”的家庭分工，男性外出务工的情况下，女性纷纷尝试不需外出的加工、销售服装的网店生意。这些生意最终形成了新的村落劳作模式，吸引男性回归村落继续经营淘宝店。同时，尚小芳书写了作为劳动者的女性和作为妻子、母亲、女儿的女性，在家庭劳动和社会劳动中的时间分配和体力分配问题，以及干淘宝店后家庭内部女性关系趋于和谐、女性间劳动互助等问题。她同样也讨论到女性付出的家务劳动、生产劳动、社会贡献与获得的社会地位不平衡问题。这与马克思主义女性劳动研究有着一定的契合之处，均是对家庭和社会场域中女性劳动者在父权与资本之间权力失衡的研究。

相较于尚小芳的研究，杨艳群的江苏东庄村劳作模式研究[3]，对女性劳动者的日常生活研究更加全面、具体，更加突出作为文化实践主体的女性形象。东庄村旅游业兴起，女性在旅游市场中获得了更具主导性的劳动位置，例如撑船带领游客游览油菜花田的“船娘”，经营农家乐的老板娘等。女性在新身份中从家庭走向前台，主动适应生活中的新变化，获得了自我价值感的增强和家庭话语权的提高。例如，“玉兰农家乐”的老板娘玉兰用朴素的语言描述了这种家庭地位的变化：“我现在把生意弄得这么好，家里那个男人现在都有点怕我的，很

1 蔡磊：《劳作模式与村落共同体——一个华北荆编专业村的考察》，中国社会科学出版社，2015年，第63页。

2 参见尚小芳：《互联网与新型的村落劳作模式——以鲁西南孙庄村为个案》，山东大学2020年硕士学位论文，指导教师刘铁梁。

3 参见杨艳群：《垛田村落劳作模式研究——以里下河地区东庄村为个案》，华东师范大学2022年硕士学位论文，指导教师范长风。

多事都开始听我的意见。”[1]杨艳群关注到女性社会关系转变后，女性劳动者在劳动中拥有了更多交往对象：“交往对象由邻里街坊扩大为外来人口，即从熟人社会的封闭交往圈转变成一个开放的社交生态圈。”[2]这篇文章对女性劳动者的研究，是从女性的主体实践和生活实感出发，发现女性劳动者的非被动属性。作者认为“女性的日常实践行为是一种个体积极‘自我适应’的行为，新型劳作模式的出现，劳作者依靠自身的生活经验与身体记忆，在主动适应这种变化，同时，也在重新建构着新的文化”[3]。

以劳作模式为理论视角研究女性劳动者，关注到了女性在家庭与社会中身份、地位与话语权的变革。过去在劳动研究场景下，被模糊的女性形象、女性能力和女性诉求在劳作模式研究中清晰起来。“将女性及其相关民俗置于具体的社会生活情境中，以女性民俗实践者为中心，注重对女性民俗实践过程的考察，在具体的日常生活情境中，探讨其日常生活实践与文化表达的多样性与复杂性。”[4]

以上所述的劳作模式发展历程中三个关键问题的拓展和转向，代表着中国民俗学本土理论建构过程中的几个特征。第一，研究范畴的拓展。劳作模式最初只是探讨具有特色副业的村落共同体。随着对生活变革的不断深化认知，劳作模式不再仅限于特色副业的村落，甚至突破了村落界限，开始探讨城市职业群体的共同体认同和身体性经验。第二，田野研究是劳作模式理论建构的根本研究方法。所有劳作模式研究都是在扎实的田野调查中开展的。学者对在田野调查中遇到的真实情况进行学理性分析，是劳作模式理论建构的基础。比如，

---

1 杨艳群：《垛田村落劳作模式研究——以里下河地区东庄村为个案》，华东师范大学2022年硕士学位论文，指导教师范长风。

2 杨艳群：《垛田村落劳作模式研究——以里下河地区东庄村为个案》，华东师范大学2022年硕士学位论文，指导教师范长风。

3 杨艳群：《垛田村落劳作模式研究——以里下河地区东庄村为个案》，华东师范大学2022年硕士学位论文，指导教师范长风。

4 王均霞：《从“事象”到“情境”：中国女性民俗研究的范式转换与目标生成》，《民俗研究》2014年第4期。

李向振的姚村研究，不再仅限于最初刘铁梁、蔡磊的特色副业村落的定义，是因为姚村确实是失去耕地、以租房和务工为主要收入来源的城郊村落。以田野研究为基础的理论建构，有益于中国民俗学深化认知、理解中国社会变革，理解民众的行动逻辑。劳作模式不仅是村落共同体的新研究视角，更是研究以劳动为联结机制的群体日常生活实践的范式性理论。

## 三、比较视野下村落劳作模式研究的特征及意义

以往对比劳作模式与其他学科的相关研究时，通常侧重于强调劳作模式在村落共同体研究领域的优势方面。例如，蔡磊在沿村研究中论及“劳作模式在村落共同体联结中的作用和机制”[1]，与“宗教、信仰、水利”[2]等联结村落共同体的结构性因素的研究相比较，从两个层面探究了劳作模式对村落共同体研究的意义。一是作为客观事实的村落劳作模式，是构成村落民众日常生活世界的重要因素，也是建构村落共同体认同的重要基石；二是作为研究视角的村落劳作模式，相较于之前对村落共同体组织、道德等方面的研究，更加关切“村民心理和观念世界的共同意识”[3]。同样，蔡磊将作为学术概念的“劳作模式”与“生计模式”“生产民俗”等相关概念进行对比，认为“生计模式”“生产民俗”等更强调“经济生产方式的不同类型和特征”[4]。

李向振、陈科锦等人相继对“劳作模式”与“生计方式”“生计策略”等概念进行区分。李向振认为劳作模式的形成与区域内的生计方式、生计策略

1 蔡磊:《劳作模式与村落共同体——一个华北荆编专业村的考察》，中国社会科学出版社，2015年，第143页。

2 蔡磊:《劳作模式与村落共同体——一个华北荆编专业村的考察》，中国社会科学出版社，2015年，第143页。

3 蔡磊:《劳作模式与村落共同体——一个华北荆编专业村的考察》，中国社会科学出版社，2015年，第149页。

4 蔡磊:《劳作模式与村落共同体——一个华北荆编专业村的考察》，中国社会科学出版社，2015年，第156页。

有关。[1]陈科锦将劳作模式作为考察村落生活文化与地域等级感的理论视角和研究路径，但依然使用了“生计方式”一词来表述区域内的主体性经济行为。因为他认为，“‘劳作模式’这个概念强调集体性、类型性的劳作过程，而海星村村民的一些生计选择虽然具有趋同性，但实际上具体从事的工种并不完全一致，因此为了避免误用‘劳作模式’概念，在许多语境下仍以‘生计方式’代之”[2]。

由此可见，在当前研究中，劳作模式在与村落共同体其他结构性因素相比较时，研究者们对其应用与概念特征有着较清晰的把握。然而，同样定义民众集体性、模式性生产经济行为的概念，如生计模式、同乡同业、技能共同体等，学界较少有严格的比较和区分。因此，以比较的视野来区分劳作模式与这些概念，可以阐明劳作模式研究的优势所在。

为了更好地表述劳作模式的特征及其研究意义，本部分将以北京石景山区模式口村的劳作模式变革为个案。北京等大城市周边乡村是近现代以来城镇化进程较快、程度较深的区域。这些区域内的村落随着城市空间扩展、工业化进程加速和城乡交通一体化，逐渐拉近与城市中心区域的距离，甚至被纳入城市范围之内。北京石景山区模式口村是在这一过程中从京郊村落转变为城中村的。

明清时期，石景山西邻生产煤炭的门头沟，是运输煤炭、木石等物资进京，以及山西等地客商进出北京的必经之路。这条交通要道被称为京西古道。模式口村因处于两山之间的隘口位置，是京西古道的关键地段，形成了服务于过往客商、驼队、大车队的以商业为主的村落发展模式。清末以来，石景山区成为重工业区，模式口村的耕地不断被征用成工厂用地，部分村民也成为工厂工人。20 世纪 80 年代以前，模式口村是半工半农的村落，村民既依靠京西古道经营商业，也上山开采销售磨刀石、煤炭，同时耕种土地，部分村民在附近的首钢、

1　参考李向振：《劳作模式：民俗学关注村落生活的新视角》，《民俗研究》2018 年第 1 期。

2　陈科锦：《区域社会转型中的生计与地域等级认同 —— 以浙江旧盐区海星村为例》，山东大学 2020 年硕士学位论文，指导教师刁统菊。

石景山发电厂等工厂上班。[1] 1983年，首钢征用模式口村的全部耕地，并在生产磨刀石的黑头山上修建职工住宿楼。自此，模式口村村民集体转为城市户口，青壮年成为首钢工人，村落劳作模式发生彻底改变。如今，已成为城市社区的模式口村仍是原村落聚居形式，依托北京便利交通和驼铃古道历史资源，村内部分街道被改造为旅游景区、历史文化街区。曾经的驼铃古道商贸、开采销售磨刀石等劳作模式成为村落内聚重要的文化记忆和家乡情感。笔者曾于2017年7月至8月在该村进行田野调查，并在《2017年度城镇化与民俗文化发展报告》[2]中以模式口村劳作模式变革为田野个案，探讨了城市化过程中村落劳作模式转变与身份认同的问题。

生计研究源自西方学术界对人类贫困问题的关注，主要集中在人类学、社会学、经济学、民族学等学科。当一个区域或群体内维持生存、发展的技术、生产具有稳定的内在结构时，就形成了生计模式。生计模式一般被认为是"各个人类群体为适应不同的环境所采取的整套的谋生手段"[3]。以生计模式变迁来考察区域内特定人群的文化变迁、社会经济发展机制、婚姻与家庭结构、扶贫政策实施效果等，是这类研究的重点课题。因而，生计模式研究一般是对区域或群体生计经营模式、生产方式、生计策略的研究，突出生计模式的类型性，擅长结构性分析和模式价值判断，部分研究会提出生计模式的优化建议。

劳作模式与之不同，是从过程性中理解社会结构变革和民众实践。《2017年度城镇化与民俗文化发展报告》第二部分"城市化过程中村落劳作模式的转变与身份认同"，以模式口村劳作模式转变为衡量标准，将其城市化进程分为三个阶段，分别是1955年之前驼铃古道上的服务业与开采业、1955—1983年的半工半农生活、1983年以来的住宅区和历史文化街区。第一阶段重点叙述了驼铃古道上李真、李庭父子经营的面茶铺，范占禄家的煤窑，以及开采磨刀石第一

1　参见刘铁梁主编：《中国民俗文化志·北京·石景山区卷》，北京出版社，2019年，第243页。

2　刘铁梁、毛晓帅、魏甜甜、朱鹏、谭一帆：《2017年度城镇化与民俗文化发展报告》，张士闪、李松主编：《中国民俗文化报告2017》，山东大学出版社，2019年。

3　孙秋云：《文化人类学教程》，民族出版社，2004年，第163页。

人乔凤泉。第二阶段重点讲述集体化时期梁永安先跟随乔凤泉学习开采磨刀石，后又进入首钢成为工人的经历。第三阶段讲述模式口村转为城市社区后逐渐成为外地人云集、出租房林立的城边村，模式口村居民以非农工作和出租房屋为生。这一阶段，模式口村人的认同是双重的，既形成了新的村落认同，也强调北京城市人的身份。相较于租房的外地人，模式口村居民认同自己为北京城市人。随着历史文化街区建设的推进，居民们也主动强化自己的村落认同。典型事件是居民范占禄、高凤谦、梁永安等人自发进行历史文化调研，撰写村落回忆文章，举办村落民俗展，访谈村落名人，以驼铃古道商贸、磨刀石开采销售的劳作模式为基础加强新的村落共同体认同。劳作模式研究更加突出社会转型中主体感受和心理认同意义上的村落共同体，注重转变的过程性，不以类型性研究、价值判断和优化建议为落脚点。

近些年在一定区域人群集体性经济活动研究中，同乡同业研究在揭示社会网络与经济行为双向互嵌的方面取得了一定的成果。吴重庆将“同乡同业”定义为“同一区域的人群依托乡土社会网络，以非正规经济活动的方式，在乡土社会之外从事相同行业或属于同一产业链的经济活动”[1]。

同乡同业研究是在探讨流动社会中的一种中国式经济活动，与劳作模式研究虽都关注中国本土的集体性经济行为，关注主体实践和个人叙事，但基本内涵上二者并不相同。聚居性并不是同乡同业的必要条件，却是劳作模式的必要条件。谭同学研究的新化数码快印“同乡同业”中，李湘军夫妇与其他新化人虽同在普洱市从事数码快印业，但并未聚居在一起。[2]劳作模式研究的基础是村落聚居，模式口村的耕地全部转为工业用地、住宅用地后，村落聚居形态却仍未能改变，由自建房组成的院落是村落聚居的基本单位。张媛媛研究的移民村落，虽然经历易地搬迁，但在异地依然是聚居状态。

1 吴重庆：《“同乡同业”：“社会经济”或“低端全国化”？》，《南京农业大学学报（社会科学版）》2020 年第 5 期。

2 参见谭同学：《有限差序的社会结合及其现代性转化 —— 基于新化数码快印“同乡同业”的思考》，《南京农业大学学报（社会科学版）》2020 年第 5 期。

同乡同业考察的行业主要是农民进城后从事的城市工商业，如孙九霞、李怡飞研究的白族银器村[1]。郑莉直接将“同乡同业”定义为“主要是指在城市工商业经济中，来自同一地区的人群经营相同的行业，利用同乡或同族关系建立商业网络，实现对市场和资源的垄断与控制”[2]。因而，同乡同业讨论的基本是脱离土地的发展模式。村落不是限定同乡同业经营的空间单位，其所探讨的空间范围往往涉及更大的范围。如在普洱的新化数码快印业，则是讨论新化县的人在另外一个城市的经济活动。总体而言，同乡同业的大部分案例是“离土又离乡”的异地模式，少部分是“离土不离乡”的全域同业模式。相较于同乡同业，劳作模式研究尚未关注到脱离村落空间的异地经济活动，研究空间仍是村落，所考察的产业形态由村落所经历的城镇化、工业化阶段决定。如杨艳群研究的东庄村村落劳作模式是垛田耕种、乡村旅游与渔业共存的形态。

同乡同业研究更侧重于社会流动视角下民众运用或发展社会关系作为社会资本的行为。原有地缘、亲缘社会关系网络与社会集群性产业之间的关系，是其考察的重点。劳作模式研究更关注变革视野下的过程性特征，即民众交往秩序、生活方式、文化传统的变革与重新建构。

因劳作模式发端于对手工艺副业村落的研究，论及技术、生产与共同体建构之间的关联，因而有必要将同样关切村落中的技能与生产群组的“技能共同体”纳入比较范畴内。法国技术人类学家瓦朗索瓦·席格特（Francois Sigaut）坚定地认为：“从技术的角度看，技能生产群组是在所有社会当中都存在的一个基本单元。”[3]德国学者艾约博（Jacob Eyferth）在技术人类学的基础上，以四川

1 参见孙九霞、李怡飞：《流动的手工艺社会：从“同乡同业”到“全域同业”的白族银器村》，《开放时代》2020年第4期。

2 郑莉：《东南亚华人的同乡同业传统——以马来西亚芙蓉坡兴化人为例》，《开放时代》2014年第1期。

3 Francois Sigaut，“*Technology*”，*In Companion Encyclopedia of Anthropology*：*Humanity*，*Culture*，*and Social Life*，*ed.*，Tim Ingold，London：Routledge，1994，p.448. 转引自［德］艾约博：《以竹为生：一个四川手工造纸村的20世纪社会史》，韩巍译，吴秀杰校，江苏人民出版社，2016年，第7页。

手工造纸村石堰村为田野点，从日常生活的角度探讨了技能共同体的组织、贸易、结构、互助及身份认同。他将这一共同体理解为“实践共同体”，认为“将他们联结在一起的是共同致力的业务活动（往往已经持续若干代），对共有资源，包括共有技能、经验和知识的联合使用及管理”[1]。艾约博的研究更倾向于技能与组织、结构的领域，例如他深描了石堰村家庭工坊的性别分工、代际分工、雇工管理、劳务互助，以及夹江地区的社区和宗族、市场，还有集体化结束之后家庭生产的技术变革、换工及农村工业化。对于技能共同体的维系和组建，他的研究主要是围绕亲属关系实践和协同工作互助展开的。

劳作模式研究虽也考察社会关系网络中的技能传习、互助和分工，如蔡磊展示了荆编技艺在家族内、乡亲间、日常生活中的传习，探究了荆编在不同历史阶段的生产合作及其影响下的共同体意识，但不限于技能的传习，而是立足村落共同体的认同研究，围绕主体实践、身体感受和历史记忆的领域展开。如笔者在模式口村调查中发现，劳作模式能在不同历史时期为民众持续提供认同感支撑，这种认同感源自曾经共同的经历和感受。模式口村因处于京西古道的重要地理位置而闻名。清中晚期至20世纪50年代，村民在古道上经营商贸，服务来往京城的客商，这成为村落重要的劳作模式[2]。当时，模式口村大街上的商铺摊位鳞次栉比，是模式口村人引以为傲的繁荣时期。其中，李记面茶创始于1899年，这味道是模式口村人难忘的乡愁。石景山区文化馆副馆长何京江为其创作歌曲《一碗乡茶》。1997年，旅居蒙古国的模式口村人乔姓老人弥留之际心心念念家乡的面茶，她儿子特意坐飞机回到模式口村为老人购买面茶。2016年，模式口村启动历史文化街区改造工程，以驼铃古道的名义来发展旅游，李记面茶的后人李国经常被邀请去制作面茶。这些熟悉的味道、曾经辉煌的景

---

1 ［德］艾约博：《以竹为生：一个四川手工造纸村的20世纪社会史》，韩巍译，吴秀杰校，江苏人民出版社，2016年，第228页。

2 基于清晚期至20世纪50年代模式口村位于北京郊区重要交通地理位置，该村在那一时期是农、工、商兼备的村落，古道商贸并非唯一的劳作模式，但是重要的劳作模式，为他们村落共同体持续提供认同感和地方感。

象和共同经历的历史，是构成当下村落共同体认同的身体性、感受性的经验和记忆。换言之，劳作模式研究更关心“劳作主体的精神和情感世界”[1]。

通过与生计模式、同乡同业、技能共同体等研究的比较，我们能够清晰地获知劳作模式研究的基本特征和优势所在。这些优势，正是“劳作模式”作为民俗学知识生产成果，有补于人文社科知识体系的原因所在。当前人文社科的学术研究为人所诟病的一个方面，则是无法真正关切真实、具体的社会实践，其研究成果难以真正有效服务于大众。“劳作模式”研究是在努力克服这一缺憾。

劳作模式研究能够关注到具体的、主体性的实践活动。劳作是民众生活中必不可少的实践，它建构着每一个人的物质世界和精神世界。因此，以劳作的视角切入村落日常生活研究，可以探寻到民俗文化创造、演变、发展的本质规律。无论是蔡磊的沿村荆编研究、李向振的姚村“种房”研究，还是尚小芳的孙庄“淘宝村”研究，劳作模式研究皆是从具体的、正在发生的日常生活出发，探讨社会发展、文化变革与民众日常生活需求的关联，真正看到作为生活主体的民众发挥主观能动性的实践活动，也能够理解、关切民众的诉求和情感。

劳作模式研究关注的是身体性、感受性的经验和记忆。相比于更加关注组织性、结构性的其他学科研究，劳作模式研究更擅长从主体的感受视角去研究文明进程与民众生活方式变革、经济行为逻辑之间的关联。这种主体感受视角，是以大量的个人叙事和个人生活史叙述来呈现的。如尚小芳在孙庄村劳作模式研究中，讲述了村民孙文思关于干淘宝、购买学区房和子女教育的所思所感所为，其中“干了淘宝才知道教育的重要”[2]一句话正体现了他在劳作模式转型过程中的切身经历和感受。“干淘宝”之前，村民们并不重视教育，初中毕业后外

1 蔡磊：《劳作模式与村落共同体——一个华北荆编专业村的考察》，中国社会科学出版社，2015年，第158页。

2 尚小芳：《互联网与新型的村落劳作模式——以鲁西南孙庄村为个案》，山东大学2020年硕士学位论文，指导教师刘铁梁。

出打工是很多年轻人的选择。在“干淘宝”之后，他们需要不断增长知识来适应变幻莫测的市场需求，同时看到博士、硕士经营的服装淘宝店生意更加兴隆，因而开始重视教育。因此，在城镇里购买一套学区房，关注子女在学校里的成绩和排名，是孙庄人当前主流的生活观念。目前，其他学科的经济行为模式研究也开始关注到个人叙事和个人生活史，但部分内容依然具有价值评判属性或者立足于向政府和村落发展建言献策。民俗学的劳作模式从主体感受出发，是为了充分理解民众生活智慧和对社会经济发展的贡献，也给予民众充分的话语权，表达自己的生活诉求，并不带有预设的价值视角和建议导向。

劳作模式研究是变革的过程性研究。劳作模式是以日常生活为视角的中华文明的转型进程研究。转型、变革、过程是劳作模式研究的关键词。劳作模式研究，基本上是以村落所在的自然与社会生态变革为讨论起点，进而讨论劳作模式变革的阶段，然后是劳作模式变革下交往关系、生活方式、身份认同、政治运作等方面的变革。这一点是对整体生活世界的研究。劳作模式研究不仅讨论村落生计变革的过程，而且将其置于整个区域社会的发展语境之中，探讨劳作以及与劳作相关整个生活世界的创造、传承、变革、发展过程，以及民俗主体对自己人生价值和生活意义的追寻历程。较相关经济行为模式研究而言，劳作模式研究不仅是研究区域特色生计的成因与生态位、社会关系网络和社会资本问题，更强调的是对村落传承空间中日常生活整体变革的研究，以及对民众精神世界和物质世界的整体研究。

但是劳作模式研究目前也存在一些问题，这些问题导致这一本土理论发展乏力。

首先，劳作模式研究主要存在于以刘铁梁为核心的学术小圈内，研究者主要是刘铁梁和他的学生们。刘铁梁先后任职于北京师范大学和山东大学，因此劳作模式的研究成果集中在北京师范大学和山东大学。除了直接进行劳作模式研究外，引用劳作模式的文章也是以山东大学学生为主。例如“劳作模式”主题下引用量第一的是刘铁梁的《劳作模式与村落认同——以北京房山农村为案例》[1]。引用这篇文章的期刊文章有28篇，绝大部分文章作者有山东大学或北京师范大学的求学经历。引用这篇文章的博士学位论文有15篇，11篇作者为山东大学博士生，且这些博士生都得到过刘铁梁的指导。一个理论的研究必然要从学术小圈层内得到充分讨论。但如果不能突破小圈层，获得更大范围的研究和讨论，那么这一理论发展的活力是缺乏的，对学术界和社会发展的影响也是受限的。

其次，劳作模式的田野研究主要集中在华北农村。北京、山东、河南、河北是劳作模式研究的主要田野地域，只有少数田野点被放在了新疆、浙江、湖北等非华北省份。华北农村的变革是文明转型进程的一部分，但不是全部。劳作模式研究如果想实现更大的理论突破，更深层次地理解、认知文明转型与生活变革，应该将田野视野扩展到更广范畴的中国农村，甚至城市中去。

劳作模式研究，往往与村落认同相关联，以集体性劳作实践考察社会变革中的认同维系问题。这一点也限制了劳作模式关注到当今村落认同倾向不明显的集体劳作行为。例如，韩雪春在研究去新疆采棉花的河南Y村已婚妇女的行动逻辑时，曾提出了劳作模式是否适用于这种流动的劳作行为："而在当下的村落中，跨越不同区域空间的流动早已成为民众常态的生计方式，这一流动是否存在某种共同的模式？其能否被认定为一种关乎村落认同的劳作模式？以采棉花为例，即使这一劳作已然成为乡村已婚妇女留守村落时惯常的生计选择，我们也很难将这一生计选择模式与村落认同相连。"[2]韩雪春的疑问，也代表了众多试图使用劳作模式作为理论视角的学者的思考。是否一定要形成模式？是否一定要关乎认同，才能算是劳作模式？刁统菊、樊枫试图以城市职业群体和网络职业群体研究来拓展劳作模式概念的外延，解决"模式"与"认同"两个概念限制下的劳作模式应用问题，但是收效并不显著。韩雪春作为山东大学的博士生，也并未采用刁统菊、樊枫的方法，而是继续选择了"生计"一词来解释Y

1 刘铁梁：《劳作模式与村落认同——以北京房山农村为案例》，《民俗研究》2013年第3期。

2 韩雪春：《想挣钱与凑热闹：豫东Y村采棉女工行动逻辑的民俗志研究》，山东大学2023年博士学位论文，指导教师王加华。

村已婚妇女的采棉劳作。如今，面对遍布广大城乡社会的集体性劳作经济行为，劳作模式究竟能够在多大范围内适用，是否必须具有“认同”和“模式”才能成为劳作模式研究的对象，是值得思考的问题。

总体而言，劳作模式理论的建构过程展现出，中国民俗学本土理论创新只有依托中国社会发展实际，真正理解中国人的行动逻辑和心理需求，才有机会生产出更好认知中国社会的知识成果。

## 第二节　礼俗互动：作为阐释文明秩序和社会机制的民俗学理论

中华文明是人类历史上唯一未曾中断、延绵至今的古文明。塞缪尔·亨廷顿（Samuel Phillips Huntington）将中华文明视为“世界上最古老的文明”[1]。他认为中华文明并不仅是法律意义或者地理意义上的共同体，而是基于文化、血液、种族等认同的共同体，哪怕远离故土的华裔仍将自己视为中华文明的一部分。这种能够支撑文明共同体延绵不绝，且保持族群凝聚和社会机制持续运转的核心要素，不同学科都贡献出了各自的理解。英国学者汤因比（Arnold Joseph Toynbee）从中国传统儒教治国制度层面解读中华文明在部分要素“发生最严重断裂的情况下，也没有出现任何中断”[2]。中国人类学家费孝通认为中华文化是“土地里生长出来的”[3]。中国社会学教授马戎认为中华文明的主脉是“中原文化传统”[4]，基本特质是“非无神论的世俗性”[5]。中国民俗学在“五四”时期提出民间文化是中华民族保存的新鲜血液。20世纪80年代，钟敬文的民俗文化学思想已

1　［美］塞缪尔·亨廷顿：《文明的冲突与世界秩序的重建》，周琪、刘绯、张立平、王圆译，新华出版社，1998年，《中文版序言》第1页。

2　［英］阿诺德·汤因比：《历史研究》，刘北成、郭小凌译，上海人民出版社，2005年，第36页。

3　费孝通：《土地里长出来的文化》，《文化与文化自觉》，群言出版社，1999年，第12页。

4　马戎：《中华文明的基本特质》，《学术月刊》2018年第1期。

5　马戎：《中华文明的基本特质》，《学术月刊》2018年第1期。

有了文明视野。但绝大部分民俗学者囿于大量散碎的区域研究、个案研究、事象研究，并未继承学科先辈们的文明视野，更未立足文明视野探讨文明内在秩序和中国社会的机制。直到21世纪第二个十年，“礼俗互动”理论的提出和建构，在一定程度上弥补了民俗学研究的这一缺憾。

礼俗互动，是基于中国社会事实提出的一个概念。“礼”是指制度化的国家礼仪，“俗”是指民众自然生成的生活习惯。[1]“礼俗互动”关注的是“国家集权与民间社会之间复杂而深厚的同生共存关系”[2]。礼俗互动并不是礼与俗关系的二元结构问题，而是多元主体交互建构，共同推动中华文明延续和社会机制有序运转的问题。“礼俗互动”的提出，事实上也是对钟敬文晚年关于民俗文化和中国传统文化关系问题探讨的继承与发扬。钟敬文强调，“以往关于中国传统文化研究的一个大缺陷——那就是以往的研究没有能够看到中国传统文化真正的传承者就是广大人民群众，而且主要表现在日常生活或生活文化之中”[3]。这一点超越了当时只注重精英思想和经史典籍的传统文化研究、儒学研究。20世纪八九十年代文化热、新儒学热的兴起，新儒学学者希望通过重释儒学来说明和解决中华文明复兴和亚洲“四小龙”崛起的问题。在这一历程中，钟敬文先生提出了“文化三分法”及“民俗文化学”，希望以民族民间文化来谈及民族文化与文明复兴的问题，但并未得到相应的重视。如今，“礼俗互动”的提出，不仅将“礼”与“礼学”“引入中国民俗学的理论话语建构”[4]，而且使民众这一文化主体的生活文化进入儒学、礼学的视野中，为民俗学提供了足以与其他人文社会科学相对话的、事关文明秩序和文明复兴话题的本土理论。

---

1　参见张士闪：《礼俗互动与中国社会研究》，《民俗研究》2016年第6期。

2　张士闪：《新时期中国田野研究反思——以民俗学为脉络的考察》，《山东省民俗学会第六届代表大会暨“中华传统文化传承与民俗生活实践”学术研讨会论文集》，2014年。

3　刘铁梁：《中国民俗学派成长在田野中国》，《民俗研究》2020年第6期。

4　胥志强：《现代民俗学中的礼俗互动问题》，《民俗研究》2022年第6期。

## 一、中国古代的礼俗互动传统

礼俗互动研究，建立在对中国社会礼俗传统的深刻理解和认知之上。中国古代社会实行礼治与法治并行不悖的治国方略，其中，“礼治”是统治者对国家治理和社会秩序的至高追求。国家礼治是通过以礼化俗和因俗制礼的方式实现的。国家之礼与民间之俗的博弈和合作，是贯穿中国古代国家治理始终的问题。

先秦时期，“礼”已经成为治国方略，“凡民之事，莫不一出于礼”[1]。周代之前的礼治，以“事神敬鬼”[2]为主，周代统治者从此前礼治的教训中总结经验，将礼治从事神转为治人。“礼”逐渐制度化，成为统治者统治国家的工具，此后又成为儒家的核心概念。《荀子·议兵》载：“礼者，治辨之极也，强固之本也，威行之道也，功名之总也。”[3]孔子也曾云：“制度在礼。”[4]彭牧解读儒家所强调的“礼”，事实上是“文化对自然人性、人情的加工、琢磨与修饰，其结果体现着儒家理解的自然世界和人类社会的根本秩序与理想，而对这种秩序与理想的追求，就需要通过不断的礼的具体实践才得以呈现出来。”[5]因此，礼不仅是一种治国制度和哲学思想，也是统治者的意志、国家的顶层设计，以及对社会秩序的至高追求。

礼对社会秩序治理的实现，是以对人之教化的方式实现的。“夫礼，所以整民也。”[6]正如梁漱溟所说：“从来中国社会秩序所赖以维系者，不在武力统治而宁在教化；不在国家法律而宁在社会礼俗。”[7]《周礼·大宰》载：“六曰礼俗，以驭其民。”[8]以“礼”实现教化、治民的社会秩序设计，很难仅以礼之仪的示范来

1　黄永年分史主编：《新唐书》第一册，汉语大词典出版社，2004年，第229页。
2　刘德增：《礼与俗的历史传统》，《民俗研究》2020年第6期。
3　北京大学《荀子》注释组：《荀子新注》，中华书局，1979年，第244页。
4　陈戍国校注：《礼记·仲尼燕居》，岳麓书社，2004年，第397页。
5　彭牧：《同异之间：礼与仪式》，《民俗研究》2014年第3期。
6　［春秋］左丘明撰，［晋］杜预集解：《左传·庄公二十三年》，上海古籍出版社，2016年，第194页。
7　梁漱溟：《乡村建设理论》，上海人民出版社，2011年，第37页。
8　《十三经注疏》整理委员会整理，李学勤主编：《十三经注疏·周礼注疏（上下）》，北京大学出版社，1999年，第28页。

实现。“乡饮酒礼”“乡射礼”等礼仪，虽对普罗大众的行为、思想的教化有着象征性作用，但礼之教化的推行，还是以移风易俗、规范民之俗在基层落地生根的。《礼记·曲礼》载：“道德仁义，非礼不成；教训正俗，非礼不备。”[1]也就是说，良好的民风和社会秩序的实现，需要“礼”对“俗”进行规训。“礼”之设计与对“俗”的规训，离不开对民风民俗的考察，因俗制礼、顺应民意也是国家实现政通民和的手段。《史记》中鲁公伯禽与周公关于“礼”“俗”的对话，恰好说明了国家实现上情下达、政修民安是从因俗制礼和移风易俗角度来进行的：

> 鲁公伯禽之初受封之鲁，三年而后报政周公。周公曰：“何迟也？”伯禽曰：“变其俗，革其礼，丧三年然后除之，故迟。”[2]

如柳诒徵所言：“礼非尽循俗也，俗之甚敝，不可不革，而又不能尽革者，则有礼以适其情而为之坊。”[3]礼对“俗”的选择性采用，使“礼”更“近民”“适民”，推动了民众对“礼”的接受和遵循，“礼”的制度化得以有了民间基础保证。

“礼”的制度化，不仅成为国家制度顶层设计，更成为民众行为习惯、生活方式的至高标杆。《新唐书·礼乐卷》记载了“古时”礼仪下行的场景：“其岁时聚会以为朝觐、聘问，欢欣交接以为射乡、食飨，合众兴事以为师田、学校，下至里闾田亩，吉凶哀乐，凡民之事，莫不一出于礼。”[4]民间向“礼”靠拢，借“礼”之话语来实现“俗”在民间的畅行，由此，“‘俗’逐渐转为潜在地却又是坚韧地继续参与国家政治运作”[5]。先秦时期，“礼”与“俗”是辩证二元关系，

1 ［汉］郑玄注，［唐］孔颖达疏，龚抗云整理：《礼记正义》（上），北京大学出版社，1999年，第14页。

2 ［汉］司马迁撰：《史记》，中华书局，1963年，第1524页。

3 柳诒徵：《国史要义》，商务印书馆，2011年，第283页。

4 黄永年分史主编：《新唐书》，汉语大辞典出版社，2004年，第229页。

5 张士闪：《礼俗互动与中国社会研究》，《民俗研究》2016年第6期。

“礼”在“革”与“循”民之“俗”间寻找社会治理制度的平衡点。“礼从宜，使从俗”[1]的同时，“礼不下庶人”成为官方之礼与民间之俗二者平衡协调的重要规则。

“礼不下庶人”的规则在北宋之后逐渐被改变，唐代是“礼下庶人”的过渡时期。《大唐开元礼》的修撰，不仅是对秦汉时期以来礼仪的总结，而且有助于后世“礼下庶人”、民间习礼社会风尚的开始。“唐之五礼之文始备，而后世用之，虽时小有损益，不能过也。”[2]北宋司马光编撰的《书仪》是宋代最早的家礼系列书籍。司马光修订此书时，不仅参考了《仪礼》《春秋》《礼记》等儒家经典，《开元礼》《丧葬令》等国家礼仪书典，而且参考了《颜氏书仪》等私修礼书。他对民间习俗也采用“从俗”“顺情”“革弊”的原则，期望以礼化俗，最终实现儒家“家国同构”的思想。所谓“家国同构”，是“治国与齐家相互为用，君与父、家与国同构，以忠孝治天下，即‘求忠臣于孝子之门’，从而维护自上而下的政治秩序”[3]。朱熹在《书仪》的基础上修撰了《家礼》，“为人们提供了一本真正具有可操作性、可以践行的家礼指南”[4]。相较于秦汉唐时期的礼仪经典，《家礼》重视庶民礼仪的重构和实践，注重“以礼化俗”和家庭礼仪对国家制度的支持。相较于《书仪》，《家礼》的礼仪内容更加简略、易操作，有助于“礼下庶民”教化目标的实现。

明清时期，儒家精英将朱熹的《家礼》更广泛地运用到民众的生活中，以实践礼仪、教化万民为目的，出版了大量的《家礼》应用书籍，主要有“注释类礼书、简化类礼书和辨疑类礼书”[5]。例如，明代《四礼初稿》《文公家礼仪节》

1 ［汉］郑玄注，［唐］孔颖达疏，龚抗云整理：《礼记正义》（上），北京大学出版社，1999年，第11页。

2 黄永年分史主编：《新唐书》，汉语大辞典出版社，2004年，第231页。

3 宋文杰：《宗经与从俗：论司马光家礼的创制原则——以司马光〈书仪〉为研究中心》，《文教资料》2020年第7期。

4 彭牧：《同异之间：礼与仪式》，《民俗研究》2014年第3期。

5 邵凤丽：《文人礼书“以礼化俗”的基本类型——以朱子〈家礼〉祭礼为例》，《中国文化论衡》2018年第1期。

等礼书对《家礼》中规范的祭祖等家庭礼仪进一步注释、简化，以便普通家庭能够有礼、有节、有效地实践礼仪。这一举措极大地推动了中国民间祭祖体系的建立和完善。民间祭祖体系是在《家礼》及明清以来儒家精英的推动下礼俗共建的产物，既有官方之礼的民俗化实践部分，也有民间之俗的制度化部分，礼与俗融合互构，最终形成了中国特有的礼治社会制度。

在中国数千年社会发展过程中，礼与俗的张力关系不断塑造着中国人的生活。张士闪认为研究中国社会，应从“礼俗互动的视角考察中国人的衣食住行，有助于深入认识中国的国情和民性”[1]。邵凤丽概括“礼俗”之于中国人生活的意义时，认为礼俗“是寓礼于俗、以礼节俗的生活文化模式”[2]。因此，礼俗互动是对中国社会运行机制和社会秩序的描述，也是对中国人的行为逻辑、心理意识等生活方式的确认。中国民俗学的礼俗互动研究，是基于这样的国情提出的。那么，在礼俗互动研究之前，中国民俗学是如何认知礼俗传统的？这些认知对礼俗互动的提出有着怎样的影响？

## 二、中国民俗学早期的礼俗研究

“礼俗”是中国封建社会贯穿始终的基本社会文化模式。辛亥革命后，礼俗依然是政府与学术界的重点关注对象。讨论“礼俗改造”“礼俗关系”“礼的功能”“俗的正义性”等，成为拯救民族危机、发掘民族光辉、重识民族文化的重要课题。中华民国时期，国民政府（南京、重庆）、汪伪政府、袁世凯“总统府”及地方政府等均在其发行的《内政消息》《中国国民党指导下之政治成绩统计》《内政公报》《内务公报》等政务刊物中登载“礼俗”相关的文章。如1934年创刊的由内政部编辑、发行的《内政消息》，设立了“礼俗”专栏，“涉及到祭祀条例，节约运动，提倡国货，文物保护，改革婚姻陋习等内容”[3]，如《礼

1　张士闪：《礼俗互动与中国社会研究》，《民俗研究》2016 年第 6 期。

2　邵凤丽：《话说礼俗》，《百科知识》2014 年第 18 期。

3　《期刊简介》，全国报刊索引网，https://www.cnbksy.com/literature/literature/d68f8e958ecae8d7366a6f35a5e343a0，浏览时间：2023 年 1 月 15 日。

俗：节约运动与提倡国货》（1934年第1期）、《礼俗：公务人员革除婚丧寿宴浪费暂行规程》（1934年第2期）、《礼俗：豫南乡村会社组织之状况》（1934年第6期）、《礼俗：改革门画表彰义烈》（1935年第10期）、《礼俗：我国边地风俗之调查》（1935年第10期）等。这些文章依然延续着中国传统"以礼化俗""观风问俗"的治国理政思想。在学术界反思和研究"礼"与传统儒教的过程中，"礼俗"问题被提到了国家民族出路的高度。张士闪这样评价当时黄遵宪等学者关于礼俗的研究和思考："以'礼俗'话语表述其'救时弊'之理想，将'移风易俗''治国化民'等传统礼俗政治奉为中国政治现代化的出路。"[1]在当时"礼俗"问题的讨论中，中国民俗学也贡献出重要的力量。

中国民俗学的发端动机，事实上是希望发掘"民众文化"（俗）来反思、改造"圣贤文化"（传统意义上的礼）。1918年2月，北京大学设立歌谣征集处，刘半农、周作人等先生先后管理"歌谣研究会"，由刘复、沈尹默、周作人三位教授担任编辑，钱玄同、沈兼士两位教授负责考订方言。[2]近百条歌谣发表在《北京大学日刊》之上。1922年，《歌谣周刊》创刊号《发刊词》中宣称，"本会搜集歌谣的目的共有两种，一是学术的，一是文艺的"，"从这学术的资料之中，变成一部国民心声的选集"[3]。1934年，北平女子师范大学的民俗研究所刊发《礼俗》期刊，共发行了9期。该刊物发表了《关于家乡祭灶及元旦的回忆》等民间风俗的文章，并提出了"抛弃事物孤立的见地，实施全体性或关键性的见地"[4]"抛弃事物静的观点，采取动的观点"[5]等重要观点。《歌谣周刊》《礼俗》等期刊的文章表明，中国民俗学早期的工作不仅是对歌谣等口头传统的搜集、整理与研究，还将目光转向了与民众生活紧密相关的各类事象，诸如衣食住行、婚丧嫁娶、庙会、节令等等。总体来说，当时中国民俗学关于礼俗的探讨，主

1 张士闪：《礼俗互动与中国社会研究》，《民俗研究》2016年第6期。

2 参见《发刊词》，《歌谣周刊》1922年第1期。

3 《发刊词》，《歌谣周刊》1922年第1期。

4 罗绳武：《民俗学之社会史的研究》，《礼俗》1931年第1期。

5 罗绳武：《民俗学之社会史的研究》，《礼俗》1931年第1期。

要分为两类：一是圣贤之“礼”与民间之“俗”的关系，二是民间礼俗与民俗的关系。

对圣贤之“礼”与民间之“俗”关系的探讨，是支撑民俗学早期研究的重要基点。一方面，学者们关注到礼俗互动是中国社会治理的固有传统，考察和研究民俗离不开分析当时的官方制度，而官方制度也受到采风问俗的影响。钟敬文在介绍《杭俗遗风》一书时，论及中国古代“采风”制度的兴衰：汉代之前，帝王“以时巡行民间，采取民风土俗，归而呈贡于天子，用为施行政制的参考”[1]。然而汉代之后，这种采风制度逐渐中断，减少了对普通百姓生活文化的关注。钟敬文惋惜于这种“采风问俗”中“礼俗互动”模式的中断，才推荐清末《杭俗遗风》一书。他认为此书把民间风土人情都记录起来，是当时民俗学研究的重要典范。江绍原也曾在《血与天癸导言》中强调“要研究什么‘先王’‘先民’的生活思想习惯，最好多多参考愚夫愚妇、生番熟番们的言行”[2]。相较于钟敬文、江绍原重视俗对礼的影响，陈应槐强调要想研究好民俗，首先要研究好当时的礼制。《民俗》复刊号上登载了陈应槐所作的《先秦时代的宗教与婚丧》，文中论及“礼”“俗”之关系：“当时民间的习尚亦多跟着礼制实行，于是一时的民俗，一方面有礼法以纠正其习尚，一方面又以此而成习尚，相沿数千年，至今民间习俗尚大致不离其制度。而研究中国民俗学实不可不先详细研究古代的风教。”[3]陈应槐等人的研究虽然在当时没有形成礼俗互动研究的固定范式，但是其关注到礼与俗二者互动关系在学术研究中的必要性，是早期中国民俗学中同时重视“礼”与“俗”的重要研究思想。

另一方面，也是观点较为普遍的方面，学者们关注“礼俗”传统的同时，也强调“俗”的正义性和正确性，将“民众文化”抬升至与“圣贤文化”平等的地位，以反思封建社会儒家之“礼”的旧文化。较有代表性的是1928年3月20日顾颉刚在岭南大学的演讲《圣贤文化与民众文化》。该演讲由钟敬文记录，

---

1　钟敬文：《介绍一部六十多年前的风俗书：“杭俗遗风”》，《民俗》1928年第4期。

2　江绍原：《血与天癸导言》，《贡献》1928年5月5日。

3　陈应槐：《先秦时代的宗教与婚丧》，《民俗》1936年第1期。

发表于《民俗》1928年第5期。顾颉刚强调民俗研究的目的是："要打破以贵族为中心的历史，打破以圣贤文化为固定的生活方式的历史，而要揭发全民众的历史"，"以前对于民众文化，只取'目笑有之'的态度，我们现在偏要向它平视，把它和圣贤文化平等研究"。[1]顾颉刚期望的不是民俗学打倒圣贤文化，而是看到民众文化与官方制度之间的互动关系。民众文化的研究可以补充过去只研究圣贤文化无法解决的社会事实和制度问题。正如顾颉刚所呼吁的："我们立志打倒这种学者的假史实，表彰民众的真传说；我们深信在这个目的之下一定可以开出一个新局面，把古人解决不了的历史事实和社会制度解决了，把各地民众的生活方法和意欲要求都认清了。"[2]

民俗学关于礼俗的研究，同样聚焦到民间正在践行的礼俗之上。"民间礼俗"中的"礼"，不仅是官方之"礼"，更是民间需践行的、具有约束性的行为模式。民间礼俗在当时研究中属于"民俗"的一部分，常指生育婚丧等人生仪礼部分。如中山大学研究院民俗学会征求昆明民俗的启事中，征求内容分为"生活状态与生活迷信、民间礼俗、民间信仰、节令、地方传说、民间故事、民间歌谣及土语、夷民之习俗与生活、图片"[3]，其中"民间礼俗"专指生产、婚嫁、丧葬。《民俗》1942年第4期讲述"民俗学的内容"时，论及"礼俗"的含义，以《周礼》中的论述来界定"民间礼俗"，即"礼，履也。因人所践履，定其法式，大而冠婚丧祭，小而视听言动皆有其节文也""俗者习也，上所化曰风，下所习曰俗"[4]。也就是说，文章认为礼俗是民间共同遵守的，因此"礼俗为整个民俗最重要之广大部分亦无不可也"[5]。当时关于民间礼俗的内容界定，与朱熹《家礼》中规定的内容有着极大的相似之处。《家礼》主要规定了祭礼、成人

---

1 顾颉刚讲，钟敬文记：《圣贤文化与民众文化——一九二八年三月二十日在岭南大学学术研究会演讲》，《民俗》1928年第5期。

2 顾颉刚：《〈孟姜女故事研究集〉自叙》，《民俗》1928年第1期。

3 参见《中国民俗学运动简讯（一）：国立中山大学研究院民俗学会征求昆明民俗资料简则》，《民俗》1937年第2期。

4 转引自杨成志：《民俗学之内容与分类》，《民俗》1942年第4期。

5 杨成志：《民俗学之内容与分类》，《民俗》1942年第4期。

礼、葬礼、婚礼等人生仪礼。可以说，中国民俗学早期对民间礼俗内容的理解与界定，源自民间社会对儒家礼仪实践的社会事实。

江绍原在当时民间礼俗的研究中贡献出重要力量。他不仅论证了何谓真正的“礼俗”，而且搜集整理了大量关于礼俗的材料，用于写作、研究与教学。1924年，江绍原在《礼的问题》一文中探讨了“礼”的翻译应为“art”还是“rite”之后，认为“本来的礼”是“社会上真真通行的礼，不是指那一位或那几位‘先哲’的礼论”[1]。1927年，江绍原在中山大学开设“礼俗与迷信”的课程。1930年，他在北京大学开设“中国礼俗迷信之研究”的课程。同年，他在《科学月刊（上海）》第7—8期上连载《关于幼婴与孩提的古今礼俗》。江绍原关于礼俗的研究，取材于大量文献与田野搜集资料，在当时具有一定的“实践性”与“示范性”，是突破传统“礼俗”思想、立足民众生活探讨民间践行之礼俗的重要成果。

中国民俗学早期礼俗研究，主要探讨平等的、互动的礼俗关系，以及古今民间礼俗的践行等方面。这些研究的思想基础，与当时“白话文运动”“歌谣运动”等思想是相同的，皆是以倡导民众文化和发掘民众生活方式、真正认识中国文化和社会制度为旨归。这一时期的礼俗研究为此后礼俗互动研究奠定了重要基础。

## 三、礼俗互动理论的提出

21世纪以来，中国民俗学逐步确立了以田野调查为基本研究方法的学术范式，并将田野访谈视为一种交流实践的方式。以田野调查为方法的研究成果不断涌现。中国民俗学田野研究目的之一是，寻找中国社会运行机制和文明秩序，思考基层社会的行动逻辑。基于此，“礼俗互动”被提出。

礼俗互动理论，源自扎实的田野研究和深入的文献研究，主要发源地和研

1　江绍原：《礼的问题》，《语丝》1924年第3期。

究中心是山东大学民俗学研究所。2013年，“礼与俗：近现代民间儒学传统与传承——以山东百村田野考察为中心”项目作为山东大学儒学高等研究院的重点科研项目启动。该项目的主持人为张士闪，项目的内容分为“学理考察”和“乡土实践”两个方面。[1]

山东大学儒学高等研究院力图打造的是广义的、多学科融合的儒学研究。历史和现实并重是这个学院重要的研究方针。民俗学在其中贡献的力量是，从民众生活文化的角度研究本土社会动态、中国社会机制、中华文明传承等重大问题。本土社会动态研究是礼俗互动的研究预设。这一预设建立在山东大学民俗学团队多年来乡土田野调查的基础之上。在该项目提出之前，山东大学民俗学研究所扎根于齐鲁大地的乡土社会，形成了以田野调查和文献考据相结合的学术传统，对中国民间社会的机制考察既有历史视野也有现代视野。这一视野蕴含了对传统文化传承古今一脉的认知，也包含了对礼俗互动仍是当代中国社会运行机制的理解。

在张士闪提出礼俗互动之前，当代中国学术界已经关注到“礼俗”是中国特色思想和国情。这些研究直接推动了张士闪思考礼俗互动与中国民间社会的问题。1990年，杨志刚在《礼俗与中国文化》一文中，不仅讲述了古代中国礼俗的特征、功能及对中国社会的影响，而且讨论了礼对俗、俗对礼、礼俗融合和碰撞等问题。[2] 张士闪最初对礼俗传统的论述，深受这篇文章的影响。历史学提出“礼俗互动”这一名词较早。2008年，刘志琴发表了《礼俗互动是中国思想史的本土特色》。刘志琴之所以研究礼俗互动，主要是为了“阐明精英思想的社会化，重建礼俗文化的知识系统”[3]。文中对礼俗互动的理解，主要着眼于精英文化对俗的教化影响，是一个自上而下的视角。但是，作者也强调“从礼俗

1 参见《“礼与俗：近现代民间儒学传统与传承”项目启动》，《文史哲》2013年第4期。

2 参见杨志刚：《礼俗与中国文化》，《复旦学报（社会科学版）》1990年第3期。

3 刘志琴：《礼俗互动是中国思想史的本土特色》，《东方论坛—青岛大学学报（社会科学版）》2008年第3期。

互动的视角考察中国人的衣食住行，有助于深入认识中国的国情和民性”[1]。这一点对张士闪的启发较大，他在《礼俗互动与中国社会研究》一文中多次引用刘志琴的思考。2012年，张士闪指导的博士生李生柱以礼俗互动的视角考察了孔府年节。孔氏家族作为中国最古老的贵族之一，其岁时节日是典型的礼与俗融合的产物。李生柱通过探讨孔府岁时节日，指出“孔府年节是在‘礼’、‘俗’、‘神’、‘巫’等多元互动的作用下形成与传承的，体现了显著的礼俗互动的特征”[2]。2013年，山东大学民俗学研究所发起的“礼与俗：近现代民间儒学传统与传承——以山东百村田野考察为中心”项目启动。这意味着中国民俗学礼俗互动理论建构的开端。

2014年，张士闪在山东省民俗学会第六届代表大会暨“中华传统文化传承与民俗生活实践”学术研讨会上演讲，提出民俗学应该从礼俗互动的视角，从社会结构的上下两端去考察民间社会，“关注长期以来国家集权与民间社会之间复杂而深厚的同生共存关系，理解中国社会建构中特有的政治智慧”[3]。同年，张清俐在《中国社会科学报》上发表文章《礼俗互动逻辑是理解中华文明的重要维度》，从文明的视野去理解礼俗互动研究的意义。[4]张清俐对礼俗互动研究的报道和理解是准确的，也恰好契合了此后“礼俗互动”研究的基本问题——理解中华文明。

2016年，张士闪发表文章《礼俗互动与中国社会研究》。他在这篇文章中系统地阐述了中国社会的礼俗互动传统和近现代礼俗研究的进程，探讨了中国社会中分别作为话语形式和社会事实的“礼”与“俗”的内涵及关系。他在这篇文章中为“礼”“俗”“礼俗互动”做了详细定义和阐释，成为此后“礼俗互动”研究的重要依据。

---

1 张士闪：《礼俗互动与中国社会研究》，《民俗研究》2016年第6期。

2 李生柱：《礼与俗：多元互动中的孔府年节》，《山东省民俗学会2012年学术年会论文集》，2012年。

3 张士闪：《新时期中国田野研究反思——以民俗学为脉络的考察》，《山东省民俗学会第六届代表大会暨“中华传统文化传承与民俗生活实践”学术研讨会论文集》，2014年。

4 参见张清俐：《礼俗互动逻辑是理解中华文明的重要维度》，《中国社会科学报》2014年12月1日A01版。

"礼"是指制度化的国家礼仪，"俗"是指民众自然生成的生活习惯；合为一词，"礼俗"特指中国传统社会中礼俗相交、以礼节俗的一种社会状态或文化特质。

礼俗互动的核心要义，是借助全社会的广泛参与，将国家政治与民间"微政治"贯通起来，保障社会机制内部的脉络畅通，以文化认同的方式消除显在与潜在的社会危机。[1]

张士闪所建构的"礼俗互动"研究，是跨学科的研究视角，能够与人类学、历史学、民族学等多学科相对话、相合作。"礼俗互动"被提出后，山东大学民俗学研究所发起了多次跨学科的学术研讨会，召集不同人文社会学科的学者参与其中，共同探讨礼俗互动视角下的中国社会研究。这几次学术研讨会分别是"礼俗互动中的近现代中国社会变迁"（2013年）、"礼俗互动：历史学与民俗学的对话"（2014年）、"礼俗互动：近现代中国社会研究"（2015年）、"礼俗建构与中国社会传统"（2018年）、"礼俗传统与中国社会建构"（2020年）。[2]

在这几次研讨会上，多个学科的学者发表了对礼俗互动颇有建树性的理解和观点。这些观点直接推动了礼俗互动的理论建构。例如，2013年"礼俗互动中的近现代中国社会变迁"研讨会中，刘铁梁认为，礼俗互动是在中西方社会的比较视野下提出的，是对费孝通"礼治社会"的延伸，民俗学者不仅要看到礼俗互动是基层社会的政治文化传统，更要看到民间礼俗在与国家礼制博弈过程中不断迸发的创造力，以及这一过程中民众的"生活节奏与文化认同感"[3]。民俗学的使命就应该"去体会代表各种不同主体利益的文化之间正在进行怎样的博弈与谅解"[4]。刘铁梁一贯重视民俗学研究的主体性，他对礼俗互动意义的阐

1 张士闪：《礼俗互动与中国社会研究》，《民俗研究》2016年第6期。

2 李富强：《礼俗互动传统中的顾炎武风俗教化观及其现代启示》，《民俗研究》2021年第5期。

3 赵世瑜、李松、刘铁梁：《"礼俗互动与近现代中国社会变迁"三人谈》，《民俗研究》2016年第6期。

4 赵世瑜、李松、刘铁梁：《"礼俗互动与近现代中国社会变迁"三人谈》，《民俗研究》2016年第6期。

释，同样强调了民众的主体性。这一观点也为未来礼俗互动研究提供了基本学术理念指导。2014年，“礼俗互动：历史学与民俗学的对话”学术研讨会上，历史学者参与到礼俗互动的研究中，与民俗学者共同分析了作为社会事实的“礼俗互动”的五个方面。其中，历史学者刘志伟在对赤湾天后庙田野研究中发现白天具有官方性质的庙会，晚上变成民间祭祀的空间，历史学当前还缺少“老百姓究竟是如何进行庙祭”[1]的研究。人类学、社会学者赵旭东从礼俗冲突的角度分析了社会转型时期礼俗在价值上分离的情况。[2]这一视角有助于学界在对“礼俗冲突”进行研究时，不仅关注到“礼”“俗”冲突的问题，更关注到文明转型期文化碰撞、冲突、融合中人与人的关系问题。

因此，近些年来，“礼俗互动”理论的建构呈现出多学科、多视角、多方法、多方向的研究状况。与早期的礼俗研究不同的是，“礼俗互动”更关注社会机制、社会结构性的问题，以及基层民众生活秩序和社会建构过程中不同利益主体的多元话语。目前，已有不少以礼俗互动为研究视角或理论基础的研究成果问世，这也有助于我们剖析当前礼俗互动的理论视角、研究方向、研究方式与尚需商榷之处。

## 四、礼俗互动的理论视角与研究方向

礼俗互动提出之前，民俗学在面对国家与民间的互构关系及民间认同时，常常用“国家在场”作为研究视角。然而，“国家在场”是一个客观事实和话语形式，缺乏对社会机制、生活秩序以及民俗形成发生过程的有效解释力。正如张士闪所说：“已有的民俗学研究，明显地缺乏一种从政治、文化的社会构造的层面来把握民俗的视角，也其实是很难解释民俗的产生或发生。”[3]民俗学确实

1 龙圣：《“礼俗互动：历史学与民俗学的对话”学术研讨会述评》，《民族艺术》2015年第1期。
2 参见龙圣：《“礼俗互动：历史学与民俗学的对话”学术研讨会述评》，《民族艺术》2015年第1期。
3 张士闪：《新时期中国田野研究反思——以民俗学为脉络的考察》，《山东省民俗学会第六届代表大会暨“中华传统文化传承与民俗生活实践”学术研讨会论文集》，2014年。

缺乏一个从社会结构、国家与民间整合的多向维度去考察民俗的视角，更是缺乏一个上升至民族、社会、国家甚至文明高度去研究中国民间社会秩序的研究视野。相较于民俗学，人类学、社会学、历史学等学科在这一课题上取得了一定的理论成果。这些成果也促使民俗学在跨学科交流时反思自身的研究缺憾，为“礼俗互动”的提出奠定了理论基础。

西方的研究中，也有着对上层文化与民间文化两套文化系统的关心。19世纪末20世纪初，德国民俗学者黎耳、梅耶（John Meier）、诺曼（Hans Naumann）等从文化流动和文化起源的角度探讨贵族文化与底层文化之间的关系和谁为起源等问题。[1] 1956年，美国人类学者罗伯特·芮德菲尔德（Robert Redfield）在《农民社会与文化：人类学对文明的一种诠释》一书中提出了“大传统与小传统”的概念。他在书中提出：“在某一种文明里面，总会存在着两个传统：其一是一个由为数很少的一些善于思考的人们创造出的一种大传统，其二是一个由为数很大的、但基本上是不会思考的人们创造出来的一种小传统。”[2]这两种传统是互相依赖的。“大传统与小传统”概念也启发中国学者认知中国文化。中国台湾学者李亦园将中国文化中的士绅文化与大传统相对应，民间文化与小传统相对应，空间、个人有机体、人际关系均衡和谐的系统是“大小传统”能够紧密相连的理念原则。[3]李亦园延伸解释的“大小传统”，其实就是中国语境的“礼”与“俗”。

相较于大小传统，中国学者更倾向于用“礼俗”来理解中国社会运行机制和文化特征。杨志刚认为，“礼俗在中国文化中耦合成一个特有的系统，发挥极

---

1 德国民俗学者黎耳主张文化沉淀说，文化是从上层向下层单向流动的。梅耶认为上层文化与下层文化是互相渗透、互相影响的，并不是单向流动的，互相渗透源自中下层模仿上层文化，上层文化被迫改换风格模仿下层文化。诺曼主张文化沉淀论，认为民间文化起源于上层，逐渐沉淀至民间，并失去原有的功能。

2 ［美］罗伯特·芮德菲尔德：《农民社会与文化：人类学对文明的一种诠释》，王莹译，中国社会科学出版社，2013年，第95页。

3 关于中国人的“大小传统”文化与和谐原则的论述，参见李亦园：《从民间文化看文化中国》，《李亦园自选集》，上海教育出版社，2002年，第225—240页。

重要的功能，并以矛盾运动的态势影响和制约历史的发展”[1]。杨志刚对礼俗的阐释主要集中在中华文化领域。礼俗研究不仅在中国文化方面，更多的是对中国社会的解读。费孝通将中国社会称为“礼治”社会。科大卫（David Frure）在研究华南宗族时，发现在宗族发展壮大的历史过程中，既有“国家对华南地域社会的权力渗透”[2]，又有“地方宗族精英在国家权力延伸至地方的同时，灵巧地运用文化象征，为自己取得一席之位”[3]。他认为，“所谓地方整合到国家，就是一种认同的过程”[4]。

费孝通、李亦园、杨志刚、科大卫等学者基于中国地方社会事实所做出的关于礼、俗与中国社会运行机制的解释，为民俗学提出“礼俗互动”提供了理论视角，拓宽了民俗学解释中国文化、政治传统以及社会秩序运转的研究思路。因此，张士闪指出，“在发生学的意义上，政治的本源是民俗，但后世政治家却往往低估民俗所代表的日常生活力量。从民俗与政治的交互关系理解社会建构，也就意味着对于整体性社会研究的真正起步”[5]。在民俗学开拓整体性研究的思考导向下，“礼俗互动”研究主要集中在民间治理、民间信仰、中国社会礼俗互动传统、礼俗互动研究范式等主题上。那么，这几个主题讨论了中国社会研究的哪些问题？在哪些方面建构起礼俗互动的内涵和外延？又存在哪些问题？

### （一）民间治理

民间治理是礼俗互动研究贡献最为丰富的主题。中国这一庞大复杂的社会体系如何有效地将族群、边疆、地方等多元维度的人组织起来，是中国人文社

---

1 杨志刚：《礼俗与中国文化》，《复旦学报（社会科学版）》1990年第3期。

2 杨丽：《华南研究的历史人类学实践——读〈皇帝与祖宗：华南的国家与宗族〉》，《东方论坛—青岛大学学报（社会科学版）》2011年第5期。

3 杨丽：《华南研究的历史人类学实践——读〈皇帝与祖宗：华南的国家与宗族〉》，《东方论坛—青岛大学学报（社会科学版）》2011年第5期。

4 科大卫、张士闪：《“大一统”与差异化——历史人类学视野下的中国社会研究——科大卫教授访谈录》，《民俗研究》2016年第2期。

5 张士闪、刘仁健：《中国礼俗互动传统的“澳门模式”》，《民俗研究》2022年第2期。

科研究的重要问题。因此，“民间治理”“基层自治”“国家治理”等成为研究中国社会的课题。经济学、人类学、社会学等学科注重从制度功能、民间组织、民间法律、宗教组织等方面探讨国家治理与民间自治之间的逻辑关系。民俗学以“礼俗”为切入点，通过深入的田野调查，对中国社会现代化进程中民间治理的组织结构和运作秩序进行了民俗学视角的剖析。

这些研究主要以家族、村落、乡贤、民间艺术为考察对象，探讨基层民众是如何运用民间智慧将国家的规范、礼治、法律法规与自己的实际生存生活需要相结合，如何实现国家治理与民间自治上下通达，如何实现礼俗分立又和谐均衡的。这些研究在解答以上问题的同时，也试图为当代国家基层治理施政提供参考。周连华以鲁中大鸾桥村王氏家族为田野研究对象，认为“家族是中国传统社会中礼俗互动的结果，是连接国家礼制与地方民众的中介”[1]。该家族在20世纪90年代后借助新的政策便利，以修家谱、建祠堂、祭祀祖先等形式进行家族建构，逐渐重新增强王氏家族在该区域的影响力，主动贴近国家主流意识形态，形成了以地方家族为中心的民众自治形式。家族是人文社会科学研究的传统领域，与林耀华等人类学者的家族研究相比，周连华更加关注家族在国家与民间之间的角色，以及如何以家族为中心实现民间自治。张兴宇、季中扬关注到了当代新乡贤现象，讨论新乡贤的礼俗双向协同身份以及在农村网格化管理实践中的作用，提出发挥新乡贤的作用有助于完善乡村治理机制。[2]朱振华是以鲁中地区三德范村“扮玩”乡民艺术为研究对象，从村落集体行动的角度探讨国家、地方、村民之间的互动关系，以及蕴含其中的民间自治传统。[3]

礼俗互动的民间治理逻辑，对于国家边疆地区的社会整合，意义也是不容

1 周连华：《家族礼仪的历史记忆与当代重建——以鲁中大鸾桥村王氏家族为例》，山东大学2019年博士学位论文，指导教师张士闪。

2 参见张兴宇、季中扬：《礼俗互动：农村网格化管理与新乡贤“德治”协同逻辑》，《南京农业大学学报（社会科学版）》2020年第1期。

3 参见朱振华：《乡民艺术与民间自治传统——以鲁中地区三德范村年节“扮玩”为个案》，山东大学2017年博士学位论文，指导教师张士闪、刘德龙。

小觑的。张士闪、刘仁健、李涵闻[1]先后关注到了葡萄牙占领时期澳门的“多元社会文化生态结构”[2]。在中西方文化交融的社会状态下，民众的日常生活依然遵循着礼俗互动的基本逻辑，呈现出的“化民族之异为礼俗之别、化政治之争为文化之融、化经济之壑为生活之常”[3]的政治文化状态值得关注。董秀团、王丽清关注到了西南大理巍山彝族土主文化形成、发展过程中呈现的“礼俗”多元互动的特征。[4]两人观察到西南边陲地区文化从族群到区域再到现代民族国家的整合过程，也说明了“中华民族共同体意识的形成过程是各民族文化互动整合的过程”[5]。李生柱同样关注到了西南边疆地区在文字上山过程中所呈现出的礼仪下乡、社会结构变迁、习俗变革、“地方正统”生成[6]等国家与边疆区域礼俗互动现象。

总体而言，以礼俗互动为理论视角的民间治理研究，主要分为两个方面。一是多方力量博弈和合作中的角色研究，如家族、新乡贤、民间艺术。关于家族与乡贤，其他学科已经有了较为精彩的论述。民俗学研究的独到之处在于，看到基层民众的能动性和智慧，解释了中国民众对国家的认同是怎样实现的。二是文明秩序的问题，主要研究的是边疆地区为何能够整合到中华文明之中，并维系认同感。民间治理不是传统中国民俗学的选题，但礼俗互动提供了民俗学参与民间治理、国家社会建构问题讨论的渠道。

1 李涵闻：《礼俗之别：中西礼俗在澳门的互动研究》，《文化遗产》2022年第2期。
2 张士闪、刘仁健：《中国礼俗互动传统的“澳门模式”》，《民俗研究》2022年第2期。
3 张士闪、刘仁健：《中国礼俗互动传统的“澳门模式”》，《民俗研究》2022年第2期。
4 参见董秀团、王丽清：《西南情境下的礼俗多维互动及其社会整合功能——以大理巍山彝族土主文化为中心的考察》，《思想战线》2022年第4期。
5 董秀团、王丽清：《西南情境下的礼俗多维互动及其社会整合功能——以大理巍山彝族土主文化为中心的考察》，《思想战线》2022年第4期。
6 参见李生柱：《文字上山、礼仪下渗与村寨社会结构变迁——基于瑶白侗寨民间文献的考察》，《民族艺术》2020年第6期。

### （二）民间信仰

民间信仰，是研究“礼”与“俗”双向关系的重要领域。民间信仰的仪式活动、文化空间以及借此形成的民间组织活动是集中展现国家与地方权力博弈、多方利益纠葛的重要场域。尤其是在认定“民间信仰”性质存在弹性空间的社会变革历程中，这种国家与民间双向借力－角力的现象在地方文化塑造中更加典型。礼俗互动的民间信仰研究，不是纯粹的宗教信仰或宗教活动，而是与乡村社会自治、地方传统建构、国家治理下行等紧密相关的社会组织秩序问题。这些活动存在着较强的民间自治倾向，其中，仪式活动、民间组织往往成为民众结社合作和共谋权益的组织形式。刘铁梁在《冀南“花花好”与中国乡村自治组织》中关注到了河北广宗县打醮仪式，“讨论地方民众信仰生活中的自治组织问题”[1]，强调应该关注到民众主体的现实生活问题。

地方政府在政策允许下借由民间信仰建构地方传统符号，民间借由官方认同的文化符号践行民众所需的一套活动，民间信仰活动和文化空间的存续是多元利益主体的整合过程。朱振华以鲁中锦屏山的信仰公共空间为田野点，提出了这一跨村落的公共空间实际上为不同主体利益冲突提供了一个缓冲区域，有效地降低了社会治理成本。[2]与朱振华的研究不同的是，马光亭关注的是民众的诉求和能动性。他通过研究即墨小龙山龙牌会这一地方传统塑造的过程，探讨了民众主体如何在这一过程中向国家寻求认同和意义，并提出这一过程“贯通融汇着中国社会上下、内外关系的礼俗互动机制”[3]。庙会、花会等具有信仰活动的组织形式，是国家礼治下行和民间自治的重要途径。李晓宁研究了清代以来北京刘家村的五虎少林会和秉心圣会，提出香会作为地方文化传统，既有国家将地方民众整合到统一国家之中的方面，也有民众主动实践“礼”的方面，香

1 张兴宇：《礼俗传统与当代社会治理——“礼俗互动：近现代中国社会研究”国际学术研讨会述评》，《民族艺术》2015 年第 4 期。

2 参见朱振华：《道士下山：乡村公共空间的共建与分化——以鲁中“锦屏山”的神圣建构为例》，《民俗研究》2021 年第 5 期。

3 马光亭：《礼俗互动中的地方传统塑造——以青岛即墨小龙山龙牌及相关仪式为例》，《民族艺术》2019 年第 5 期。

会的存续“是国家与民众的共谋与合作，其中暗含着礼俗互动的文化逻辑”[1]。

2019 年，张士闪更深入辨析了礼俗互动的模式问题。他以山东荣成院夼村谷雨祭海节为个案，提出谷雨祭海节存在的礼俗互动的两套模式，即地方社会的“借礼行俗”与国家的“以俗入礼”。“以俗入礼，是指国家通过对地方传统的甄别、遴选与调整，给予不同层级的名誉和资助，使之纳入社会公共文化系统之中；借礼行俗，则指民众自觉地将地方传统贴近国家意识形态，以获得合法性。”[2]这两套模式并行不悖并相互嵌套，是中国传统的礼俗互动在当代的延续，其社区协调功能和自我调适功能在当代社会依然值得关注。[3]这一研究对此前的礼俗研究有着学理概括作用，也拓展了礼俗互动理论的基本内涵。

整合、协调、治理、共存、和谐、博弈、改造、建构等是礼俗互动中民间信仰问题研究的关键词，体现的是民间信仰中“礼”和“俗”的基本逻辑关系。相较于民间治理研究，民间信仰研究展现的是较小时空范围内地方精英、地方政府对多利益群体迅速整合的过程。

### （三）中国社会礼俗互动传统

中国社会礼俗互动传统研究，是面向广阔的历史维度探求中国政治文化传统，发掘优良思想根基，以便更好地理解中国社会现代化与礼俗传统延续的问题。礼俗互动传统研究基本是文献研究，是希望借助历史视角来探讨礼俗互动在当下社会治理中的意义。

在这一问题上，李富强回溯探讨了顾炎武的风俗教化观念，提出这种观念的宗旨是“民德厚而礼俗成”[4]。顾炎武的风俗教化观对当今社会也有着极高的启示意义，应该“发挥这种本土思想资源在国家治理与民间自治上的社会整合功

---

1　李晓宁：《礼俗互动视角下清代以来北京村落香会研究——以刘家村五虎少林会和秉心圣会的调查为核心个案》，《民俗研究》2019 年第 5 期。

2　张士闪：《“借礼行俗”与“以俗入礼”：胶东院夼村谷雨祭海节考察》，《开放时代》2019 年第 6 期。

3　参见张士闪：《“借礼行俗”与“以俗入礼”：胶东院夼村谷雨祭海节考察》，《开放时代》2019 年第 6 期。

4　李富强：《礼俗互动传统中的顾炎武风俗教化观及其现代启示》，《民俗研究》2021 年第 5 期。

能”[1]。

对于礼俗互动的传统思想与中国现代化问题，萧放与何斯琴从人生礼仪传统的角度，梳理“礼”“俗”的传统，观察反思人生礼仪的历史传承与当下实践，“试图从中国文化传统中寻找应对现代性问题的资源”[2]。赖婷考察了从朱子《家礼》至今的节日祭祖传统，探讨了节日祭祖体系所存在的多种礼俗互动形式，提出这一祭祖体系是礼俗共建的结果。[3]此外，耿波通过对徐复观农本政治观的考察，分析了“礼”何以成为道德政治以及政治秩序的问题，以及徐复观及其儒家政治传统所存在的偏颇和局限，在此基础上反思了现代知识分子与传统知识分子、精英政治与专制政治之间的关联，这也促进学界思考作为知识分子的社会使命。[4]

专篇论述礼俗互动传统的文章并不多，它主要存在于对礼俗互动的学理建构研究，以及田野研究的学术史回溯部分，以鉴古观今的思维探究中国文化传统传承以及礼俗互动多维度、深层次的影响。这一点早在礼俗互动建构之初已经得到关注。2013年，“礼与俗：近现代民间儒学传统与传承——以山东百村田野考察为中心”项目启动之初，项目设定了“学理考察”与“乡土实践”两个方面。“‘学理考察’以对中国儒学发展史的深入研究与再阐释为前提，确立儒家文化传承中的礼俗互动框架，以此梳理中华儒家价值演化的民间民俗脉络，着重于近现代变迁中儒家传统民间化的社会机制与文化理路。”[5]对于中国社会礼俗互动传统的研究，事实上是对项目内容“学理考察”中关于“梳理中华儒家价值演化的民间民俗脉络”[6]的深化研究。这些研究最终应该落于礼俗传统“知来处”“明去处”，有助于现代社会问题解决的意义之上。

---

1 李富强：《礼俗互动传统中的顾炎武风俗教化观及其现代启示》，《民俗研究》2021年第5期。

2 萧放、何斯琴：《礼俗互动中的人生礼仪传统研究》，《民俗研究》2019年第6期。

3 参见赖婷：《礼俗互动视角下的民间节日祭祖体系》，《节日研究》2019年第1期。

4 参见耿波：《礼俗互动传统中的徐复观农本政治观》，《中国政法大学学报》2014年第2期。

5 《“礼与俗：近现代民间儒学传统与传承”项目启动》，《文史哲》2013年第4期。

6 《“礼与俗：近现代民间儒学传统与传承”项目启动》，《文史哲》2013年第4期。

### （四）礼俗互动研究范式

建构民俗学的礼俗互动研究范式，是礼俗互动研究的重要方面。民俗学如何理解、研究中国社会中存在的礼俗互动社会事实和话语形式，是理论建设过程中不可或缺的课题。

彭牧比较了中国的礼、仪、民俗与西方宗教学ritual之间的异同，提出“儒家的礼作为从上古习俗中固定化、文本化的传统，始终与其根源之俗遥相呼应”[1]，若是研究中国的礼俗，不能仅局限于西方宗教学和仪式研究范式。“关注礼和俗这两个并行不悖、相辅相成、不断互动的传统”[2]，这样才能真正关切到中国人的文化传统和生活实践。她的核心观点是，中国的礼不同于西方的俗，中国的宗教研究、礼俗研究、民间信仰研究等都不应该完全照搬西方的仪式研究，而是应该建立符合中国国情的研究理念。

张士闪作为礼俗互动研究的带头人，多次探讨礼俗互动的研究路径。他提出礼俗互动研究应从实地的田野研究出发，“综合使用历史学、民俗学、人类学等研究方法”[3]，“以田野的眼光看文献，以历史的眼光看民俗”[4]。在研究中应该关注到地方社会与国家核心价值、传统礼俗与近现代变迁等方面的关联，“在国家进程、精英作为与民众生活的互动实践中建立分析框架，提炼理论话语、提炼中华文明内部自我制衡、调适的传统政治智慧，探索中国礼俗传统的当代传承创新转化机制”[5]。张士闪的论述，解答的是礼俗互动的研究方法、研究视角、研究宗旨的问题，尝试探索一条中国民俗学进行文明研究、国家－民间互动研究的分析框架。

与彭牧、张士闪的视角不同，王素珍以社会学的研究视角，探讨了民俗学的制度研究与礼俗互动研究之间的关联。作者提出社会学所研究的社会对人的

1　彭牧：《同异之间：礼与仪式》，《民俗研究》2014年第3期。
2　彭牧：《同异之间：礼与仪式》，《民俗研究》2014年第3期。
3　张士闪：《礼俗互动与中国社会研究》，《民俗研究》2016年第6期。
4　张士闪：《中国礼俗传统的田野考察与文化阐释》，《民族艺术》2020年第6期。
5　张士闪：《中国礼俗传统的田野考察与文化阐释》，《民族艺术》2020年第6期。

组织问题，也可以成为民俗学研究礼俗互动的重要维度。[1]制度研究并不是以区域为单位，而是以制度本身作为研究单位，将制度的发展过程作为研究对象，这也为从礼俗互动视角考察社会运作制度提供了一定的借鉴。

礼俗互动的四个研究方向中，田野研究基本上是以民间为基本视角，从民众的实践出发去思考个人在特定社会进程中的境况与能动性，以及国家核心价值对民众日常生活的影响。学理考察是从国家政治、儒家思想传统等视角出发，思考国家礼治对民间之俗的取舍，以及礼、俗在传统社会中的张力关系。田野研究与学理考察可以视为互为补充、相辅相成的两种视角，共同建构起对中国社会运作机制、礼俗文化样态等方面的学术认知。

其中颇为有建树的是深入理解了地方精英群体在国家与民间之间的双向协调适应作用。人类学已经考察了地方精英在国家与民间之间的中介作用，民俗学更深入地理解了这一群体的行动逻辑。民俗学的研究，更有助于“在国家进程、精英作为与民众生活的互动实践中建立分析框架，提炼理论话语，提炼中华文明内部自我制衡、调适的传统政治智慧，探索中国礼俗传统的当代传承创新转化机制”[2]。

但是，当前礼俗互动研究也存在着一些尚待商榷之处。

首先，礼俗互动理论的建构是基于较为宏大的视野展开的，期待能够在理解现代国家运行机制和文明特征上有所建树。但是，民俗学研究相较于其他相邻学科的优势在于，对民众日常生活的体察和理解。礼俗互动研究从民众日常生活微观视角解读礼俗问题较少，更多的是从社会治理、民间信仰组织等中观视角进行的考察。

其次，张士闪等学者对礼俗互动进行研究，期待的是学术研究能够对当代社会和民众生活有所助益。礼俗互动之所以能够成为民俗学本土理论的创新点，一方面，礼俗互动作为社会事实，不仅是中国社会的过去，也是中国社会的现

1 参见王素珍：《民俗学的制度与礼俗研究谫论》，《民间文化论坛》2022年第3期。

2 张士闪：《中国礼俗传统的田野考察与文化阐释》，《民族艺术》2020年第6期。

在和未来；另一方面在于礼俗互动理论建构有着现在学的蓝图，部分研究也看到了文明进程与民间社会自治的关系。但是，部分礼俗互动研究缺乏面向当下的视角，对礼俗传统研究完全是向后看的历史视角，未能看到中华文明古今一脉、中西交流互鉴的特征。

最后，礼俗互动与劳作模式有着相似之处，都存在学术小圈的问题。礼俗互动的理论带头人张士闪是山东大学民俗学教授，主要研究者也是张士闪以及张士闪的老师、朋友和学生，这些学者多有北京师范大学、山东大学的教育背景和工作背景。相较于劳作模式，礼俗互动更注重跨学科研讨，这与张士闪本人的学术组织能力有着密切关系。但礼俗互动仍未能够实现真正意义上的“破圈”。值得一提的是，张士闪提出礼俗互动，在很大程度上受到其博士生导师刘铁梁的影响，“劳作模式”等理论促进他思考中国社会的基本问题。礼俗互动和劳作模式的这一困境，事实上也是中国人文社会科学在本土理论建构上的共同困境。此困境对文科学术进步有着较大的影响。

总体而言，民俗学的礼俗互动研究开展已有10年时间，其研究目的始终立足于理解民众生活文化创造力与解决国家社会现代治理危机的学术生产，正如该理论提出之初所思考的那样：“在全球化、信息化急速发展的今天，我国面临着国际规则、国家法权与民间治权等方面的多重考量，礼俗互动所寓含的传统政治智慧与社会运作机制或有助益。”[1]

## 五、礼俗互动的当代价值

经过上文的学术史梳理，我们可以发现，礼俗互动作为民俗学的知识生产成果和本土理论，其根本价值在于对文明主体性的解读和阐释。具体来讲，对礼俗互动当代价值的理解，应该分为两个方面。

一方面，体现在对中国社会运行机制和文明秩序的阐释力上。中华文明得

1 张士闪：《礼俗互动与中国社会研究》，《民俗研究》2016年第6期。

以成为唯一延续至今的古文明，且在21世纪的今天愈加朝气蓬勃，其内部的运作机制和系统结构是具有不可替代性的。礼俗互动恰好揭示了这一事实，并给予了民俗学的解释。这种解释超越以往仅关注政治制度建设、经济社会结构和儒家精英思想的情况，是从具体的、普通的中国人的行动和思想出发的。例如张士闪对胶东院夼村谷雨祭海节的研究，通过院夼村村民半个世纪以来从“借礼行俗”到“以俗入礼”的过程，来解读中国民间普通民众的生存智慧，以及国家政治行动在民间社会的适应力。[1]院夼村是三面环山、一面临海的渔村，村落依海而生，渔业是村落的劳作模式，也是村民赖以生存的根本产业。向大海汲取资源的过程是一个与大自然博弈、充满不确定性和危险的过程，因此，祭海谢洋是村民生活中极为重要的事情。自20世纪中叶以来，受到国家政治的影响，该村的龙王庙、谷雨祭海节等信仰活动一度中断。20世纪八九十年代，村民巧妙地抓住国家政策松动的趋势，重新修建龙王庙，兴办谷雨祭海节。21世纪，该村又抓住国家文化政策发展机遇，将谷雨祭海节这一活动成功申遗，使其成为威海重要的地方文化标志，也为自己的信仰活动带来了全新的生机。张士闪经过充分的田野调查，发现了院夼村村民如何游走在“官方之礼和民间之俗”[2]之间来实现现实需求和建构生活意义，解释了中国礼俗传统在当代民众生活中的传承与延续，以及礼俗的“社区调谐功能与自身调适机制”[3]。

另一方面，体现在它有助于民俗学在研究中国社会和文明进程时发挥更为积极的作用。李向振认为礼俗互动的学术潜力主要表现在三个方面：“第一，探究传统中国超稳定的社会结构与运行机制；第二，理解大一统观念何以成为中国社会的主导性意识形态并显现出强大活力；第三，描述中国社会结构与基本

1 参见张士闪：《“借礼行俗”与“以俗入礼”：胶东院夼村谷雨祭海节考察》，《开放时代》2019年第6期。

2 张士闪：《“借礼行俗”与“以俗入礼”：胶东院夼村谷雨祭海节考察》，《开放时代》2019年第6期。

3 张士闪：《“借礼行俗”与“以俗入礼”：胶东院夼村谷雨祭海节考察》，《开放时代》2019年第6期。

性质。”[1]实现这一学术潜力，首先要经由具体的田野案例研究、文献经典研究等方式，深入考察中华文明礼俗传统的历史建构过程和当代民众在生活中的传承，进而更好地认知、理解、体认民族文化。例如，李涵闻的《礼俗之别：中西礼俗在澳门的互动研究》[2]，探讨了澳门这一特殊的城市在近代以来如何与葡萄牙异国礼俗碰撞、融合，形成和而不同的社会文化生态。张士闪的《中国礼俗互动传统的“澳门模式”》更进一步研究了澳门社会日常生活实践中的“化民族之异为礼俗之别、化政治之争为文化之融、化经济之壑为生活之常的文化政治智慧”[3]。理解这种澳门模式，意味着民俗学走向了民间与国家相统一的整体性社会研究之路，同样也意味着民俗学能够从民众日常生活实践中“以小见大地理解中国的独特社会理路与文化政治模式，对国际学界流行的‘普世价值观’‘历史终结论’‘文明冲突论’等理论话语也将形成一定挑战”[4]。

近年来，礼俗互动研究在国家大一统研究、边疆研究、地方－国家研究、文明社会研究等领域展现出巨大的学术潜力，并产生了丰富的田野和文献研究成果。学者们在探究礼俗互动的历史与当代延续时，实际上在探寻中国这一超复杂系统的运作机制，以及五千年文明的稳定延续。未来更深入、具体的研究将为国家解决中华文明和平崛起和社会秩序平稳运行等问题提供学术支持。

## 第三节　文明视野与民俗学本土理论的创新路径

本章将劳作模式和礼俗互动作为研究对象，讨论它们的建构历程、研究现状和学术价值，目的是探讨中国民俗学在本土理论创新时的应然和必然问题。之所以选择这两个理论为考察对象，是因为它们是具有文明视野的、能够准确

1　李向振：《礼俗互动：作为一种中国社会研究范式的可能性分析》，《民俗研究》2023年第1期。
2　李涵闻：《礼俗之别：中西礼俗在澳门的互动研究》，《文化遗产》2022年第2期。
3　张士闪：《中国礼俗互动传统的“澳门模式”》，《文化遗产》2022年第2期。
4　张士闪：《中国礼俗互动传统的“澳门模式”》，《文化遗产》2022年第2期。

反映生活传承性的本土理论成果。这一论断的得出，源自对当前中国民俗学部分研究进展的反思。

## 一、本土性与民俗学本土理论的创新

劳作模式与礼俗互动是基于深刻理解中国社会秩序和民众日常生活而提出的。就本土性这一点来说，劳作模式、礼俗互动与学界不少理论思考有着明显的区别。民俗学一向被认为是理论薄弱的学科。因而，20余年来，中国民俗学更加注重理论借鉴，借助各种理论、概念来解释中国社会事实，建构新研究范式，如日常生活理论、胡塞尔的生活世界、日本民俗学的生活革命、康德的实践理性、布尔迪厄的实践理论、鲍曼的表演理论、莫泽的民俗主义、列斐伏尔的空间理论等等。这些理论、概念在认知人类社会时确实具有一定的普适性，阐释了人类社会的一些规律。

但是这些理论在与中国研究结合的过程中，存在着“夹生”的问题。以日常生活理论为例。第二章第三节已经讨论了，当前中国民俗学日常生活研究存在两个方向的思考。一是思想基础源自胡塞尔、康德的纯粹哲学阐释上的日常生活，这类研究是纯粹逻辑推理意义上的理论思考，目的是讨论民俗学面向的是怎样的日常生活，以及要建立怎样的日常生活的问题。但中国人真正的日常生活是怎样，研究中倡导的自由平等理念在当前民众生活中是否已有体现，这一理念又多大程度上能适用于未来的生活，这些研究是无法给出答案的。这类研究只是在讨论学理上的可能性，与中国国情的结合度较低，更不要说对中国社会秩序和生活方式的深刻理解了。二是受到以赫尔曼·鲍辛格为主的日常生活研究的影响。这类研究是理论思考与田野研究相结合，相较于第一个方向，确实在思考学术研究与生活变革之间的关系问题，也提出了要考察民众正在发生的、习以为常的日常生活。但是，这类研究未能触及民众日常生活变革的核心所在，只是观察到了物质和技术层面的现象问题，而对中国社会之所以为中国社会、中国人生活变革之所以是如今这般，缺乏解释力。不仅是日常生活理论，其他理论、概念也存在类似的问题。简单来说，部分研究比较重视译介工作，重视如何用这些理论来指导中国民俗学研究，但未能深刻思考如何将理论研究与中国本土国情相结合。正因如此，劳作模式和礼俗互动的学术价值严重被低估。它们既是从中国本土国情中来，也期冀着通过学术成果再返回到中国民众生活中去，有望真正回答“中国社会之所以为中国社会，中国人之所以为中国人”的问题。

## 二、非遗研究、神话主义与民俗学理论创新的关系

21世纪以来，中国民俗学在现在学的研究倾向上，涌现出不少以当下中国社会的现实现象为研究对象的成果。但其中一些研究在对中国社会现实和当下现象的认知上存在着一定偏差。其构建的一些概念，很难被称为民俗学的理论创新点。

这一问题集中体现在近些年对民俗资本化、非遗保护、新媒体语境下民俗传承等现象的研究中，主要问题是缺乏文明视野，缺乏对生活传承这一民俗本质属性的认知。首先是近20年来学界热门的非遗研究。根据中国知网可视化数据分析，最早的“非物质文化遗产”研究论文出现在1997年[1]，大规模的非遗研究起始于2005年。这一过程中，诸多学者不仅参与到政府主导的非遗普查、申报、评定工作之中，更是发表了数量可观的研究成果，为非物质文化遗产保护工作提供了学理性支持，并生产出大量的、全新的概念。以《民俗研究》刊载的论文为例。截至2023年第3期，以“非遗”或“非物质文化遗产”为主题词的论文共计138篇，包含“活态化保护”“生产性保护”“本生态”“衍生态”“资源化实践”等概念的论文在被引用量排行上占据较高的位置。此外，非遗研究还创造出“数字化保护”“整体性保护”“民俗文化空间”“活态传

1　1997年并不代表中国最早开展非物质文化遗产研究的时间，仅代表中国知网数据库收录相关论文的最早时间。

承”“生活性保护”等概念。这鲜明展现出非遗研究概念生产的特征。

其概念生产是以联合国教科文组织的国际文书和中国政府政策法规为基础的，而不是源于对中国民众日常生活的深刻理解。非遗研究是围绕有关非遗保护工作实际开展的学术应用性研究，讨论如何进行非遗保护、改进保护方案和将其作为资源进行开发利用。联合国教科文组织的《保护非物质文化遗产公约》、中国的《关于加强我国非物质文化遗产保护工作的意见》《中华人民共和国非物质文化遗产保护法》等协定、政策、法规，核心议题都是“保护”，这与研究中创造的概念所要表达的主题相一致。这些“保护”“非物质文化遗产”等概念，本就与民俗学对民俗文化的认知存在一定差异。

民俗文化本属于生活态的文化，即在民众日常生活中转化、创新、传承的文化。非遗保护的理念源自最初联合国教科文组织对自然遗产、历史和建筑遗产等非生活态文化的保护理念。1968 年以来，教科文组织先后发布了关于文化财产、自然遗产、文化遗产（古迹、建筑群、遗址）、可移动文化财产（考古发掘、古物、艺术品、动物标本、书籍等）等实体性文化遗产的保护建议。这些遗产都是人类历史的遗留物，是非生活态的，不会随着民众生活共同发展，是需要在分类和评估价值后给予保护措施的。后来，联合国教科文组织提出保护非物质文化遗产，并建立代表作名录。部分非生活态文化保护举措在一定程度上延续到非物质文化遗产保护中，即主张文化分类以及强调抢救濒危文化。中国当前的非遗研究所面临的纠结，便是探索如何将一种生活态的文化进行遗产观视角下的非生活态保护。例如，被命名为非遗的民俗文化常以濒危性、传统性、价值性为评估标准，最“濒危”的文化遗产往往会被提议要采取优先保护原则、静态保护原则，试图以保护为手段保持或恢复其原型。但是，这种保护研究的问题在于，非生活态文化不存在主体文化传承和创造的问题，其保护的原型是确定的，而生活态文化却是与主体紧密关联的，是随着民众生活实践而发展变化的，无法确定其真正的文化原型。套用非生活态保护理念来对待生活态文化，不仅是使非遗研究的对象与民众生活相剥离，被作为“遗留物”来展览[1]，而且与民俗学现有的学理认知相矛盾。因此，非遗研究和研究过程中生产出的概念，很难被视为民俗学的理论创新点和学术进步点。

判断是否为生活态文化的研究，首先要考察其是否树立了“生活传承是民俗文化本质属性”的认知理念。钟敬文主编的《民俗学概论》定义民俗的基本特征为“集体性、传承性和扩布性、稳定性和变异性、类型性、规范性和服务性”[2]。这些特征都在表述民俗的一个共有特征，就是生活性。特定民俗传统总是生成和传承于特定地域社会或其他共同体生活之中。[3]离开了具体的生活来谈民俗，很难真正理解民俗的生成、传承、创新、转化路径，也很难生产出有益于学术发展和社会进步的民俗学学术成果。就这一层面而言，当前民俗主义、神话主义等研究，也存在着对生活态文化和民俗生活传承方式认知不清的情况。

本书第一章曾谈及民俗主义概念对学术操弄民俗现象的检讨意义。这一观点的主要持有者是周星、吴秀杰、王霄冰。但是，持此观点的民俗主义研究较少。绝大多数的民俗主义研究，讨论的是民俗主义现象与文化传统传承发展的关系，以及民俗主义研究对民俗学面向当下生活现象研究的积极意义。民俗主义进入中国的前期，以批判操弄、开发利用民俗的现象为己任。随着非遗保护理念的扩布和民俗资源化的出现，民俗学逐渐减少了对这类行为和现象的批判，而是将民俗主义视为民俗学“朝向当下”和解决乡村振兴、文化发展问题的理论源泉。这一认知实际上违背了民俗学的生活态文化、生活传承等学理观念。要知道，民俗主义概念最初的兴起和应用，都不是为了协助学术操弄文化、帮助民俗资源化，而是为了让学术更好地认知生活现象，反思自身研究问题。

不仅如此，近些年杨利慧等学者在民俗主义内涵的基础上，以当前存在的神话故事影视创作、景区神话导游词言说等为研究对象，创造出“神话主义”一词，并衍生出新神话研究方向。

神话主义较为突出的研究成果是杨利慧等人合著的书籍《神话主义：遗产

1　刘铁梁：《感受生活的民俗学》，《民俗研究》2011年第2期。

2　钟敬文主编：《民俗学概论》，高等教育出版社，2010年，第10—21页。

3　参见刘铁梁：《钟敬文民俗学思想的文明视野》，《民俗研究》2023年第4期。

旅游与电子媒介中的神话挪用和重构》。这本书关注到了当前社会中与神话相关的现象，如旅游中的神话导游词文本、电子媒介中的神话主义、网络神话段子、电子游戏中的神话、影视中的神话等。这些现象，是在走向现代化、信息化社会历程中确确实实存在的现象，并且在持续地发生着，不断地塑造着民众的神话观念。民俗学以这些现象为研究对象是非常有必要的。但是，神话主义在对这些现象的学理性分析和概念阐释时存在着一些与生活传承相悖之处。这些悖论之处，体现在对神话新传播途径和生活传承之间关系的理解上。神话新传播途径与生活传承之间的关系问题，是神话主义始终在讨论和回答的问题。杨利慧不仅强调神话主义是对神话的挪用和重构，还提出“神话主义是一种新型的文化生产模式，它与当代中国的社会文化之间存在着密切的互动关系”[1]。她还提出了民俗的生命循环观，认为神话主义有着从神话到神话主义再到神话的循环。这些都是在尝试解答前面提到的问题，但并未真正触及答案的核心。之所以这样说，要从神话主义的研究特征谈起。

一方面，在阐释媒介中的神话与生活中的神话之间的关系时，杨利慧认为这是从日常生活语境移入了新语境。这是将日常生活传承与新媒介传播传承区分开来，再以“主义”来定义新媒介、旅游情境中的神话。这一话语有将前者视为本真性、后者视为重构的倾向。然而，后者本就是生活传承的一部分，二者不能简单地被视为二元对立的关系。《神话主义：遗产旅游与电子媒介中的神话挪用和重构》在总序中所举的案例恰好体现了二者并非对立关系。2015年，杨利慧在北京师范大学向学生做过问卷调查，询问学生们是从什么途径了解到神话故事的。63个样本中，有45人是全部源自或部分源自网络、影视等新媒介途径。2009年和2010年的调查中，有超过90%的学生表示了解神话的途径来自书本、课堂、旅游景区、新媒介等。这一调查结果与笔者的个人经验相符合。例如，笔者对哪吒闹海等神话故事的了解，主要源自动画片《哪吒传奇》和

1 杨利慧等：《神话主义：遗产旅游与电子媒介中的神话挪用和重构》，中国社会科学出版社，2020年，第29页。

《哪吒闹海》，而不是长辈面对面的讲述。这意味着新媒介和旅游只是成为神话生活传承的一种新途径，塑造着一代人的神话认知，并未完全改变神话的性质。神话故事本就是在不同时代、不同群体、不同社区被不断创造、改编、传播的。以“主义”来定义神话新传播途径，忽视了生活传承具有的变异性、扩布性。

另一方面，神话主义在研究中重视“文本”与“语境”，而忽视了民俗生活传承的整体性特质。神话主义也强调了整体研究。杨利慧提出，要将“民俗的整体生命过程纳入我们的研究范畴之中”[1]。但在实际研究中，神话主义更擅长分析文本内容的构成、特征以及不同版本间的区别，在分析文本的基础上再讨论文本所处的语境。这样的分析方式，是对生活整体性的割裂。这既有旧有的文本研究范式的烙印，也受到早期表演理论进入中国时“文本”“语境”观点和非遗研究的影响。但是，生活是无法区分文本与语境的。对民俗生活传承整体关照的研究，应该是在具体生活时空中，关注民俗现象如何发生、传承和再创造的过程，将民俗作为日常生活实践的表现予以整体观察、体验、理解与阐释。

总体来说，神话主义作为中国民俗学者提出的概念，虽然具有研究价值，但其尚待商榷的方面使得现有成果难以支撑其作为民俗学的理论创新点。非遗研究和其他民俗资源化研究同样存在问题，它们往往延续旧范式和旧理念，或重复和延伸国际协定与政府政策。这些研究是否真正能够帮助民俗学认知和理解中国社会秩序与中国人日常生活，是值得反思的问题。

## 三、文明进程视野与民俗学的理论创新应然性

这些研究与民俗学真正应有的研究，根本不同在于视野的不同。同一研究对象的不同研究视野，意味着认知的方式、深度和广度不同，这不是由研究对象决定的，而是由视野决定的。当前民俗资源应用研究、神话主义研究、非遗研究等，在一定程度上都受到了非遗保护理念的影响，具有“遗产视野”。这

1　杨利慧:《民俗生命的循环：神话与神话主义的互动》,《民俗研究》2017年第6期。

一视野并非学者故意而为之，而是受到非遗研究本身性质和目的的影响。前文已说明，非遗研究是工作性质，为了配合各项非遗保护工作而开展的研究工作。神话主义研究并不是都以保护工作和向政府、景区建言献策为目的的，但其主要范式与非遗研究有着一定的相似之处，尤其是在重视分类和忽视实践主体观两个方面。神话主义仍然以分类学的眼光去看待旅游景区、新媒介中讲述和演绎的神话，但这些场景中的神话只是民众日常生活交流的一部分，承载着民众的文化记忆、地方传统、身份认同，过分强调神话主义，以神话主义文本去研究神话的变异性，实际上忽视生活的整体性。神话主义的部分研究成果忽视了实践主体观，缺少对民众这一民俗实践主体的关注。因此，以上探讨的研究类型虽然也关注民俗文化，关注当下生活现象，但很难从社区生活本位、实践主体观出发对民俗文化予以深描，更难以拥有真正认知、理解、体认本民族文化的文明视野。

正是基于对以上研究现状的反思，笔者在本章探讨民俗学的理论创新时，主要论述的是劳作模式和礼俗互动两个理论。劳作模式和礼俗互动两个理论，都是以微观视角，从民众日常生活、行为心理等方面去认知中国社会秩序和中国生活方式的。这一点正是文明视野下民俗学本土理论创新的关键点。

劳作模式讨论的是文明转型进程的问题。中华文明转型进程不仅体现在考古文物、经济统计数字和政治制度考察上，更是体现在每一个中国人的劳作方式、交往方式和身份认同之中。劳作模式就是从村落集体劳作方式的转变，考察当地民众消费方式、交往方式和村落认同的改变，进而探讨文明转型进程在每个中国人、每个村落、每个区域中的具体表现。

礼俗互动讨论的是文明主体性的问题。以往的文明主体性研究，常常是从典籍、制度、宗教和考古文物等角度去宏观诠释中华文明的类型和特征，缺乏对当下文明进程与悠久文明历史之间联结性的考察，更是缺乏鲜活的例证和比较视野。礼俗互动不仅讨论了历史上的中国社会秩序传统，更是以具体地方的民俗文化为研究对象，考察了当今普通民众如何延续礼俗传统，如何实现官方与民间、中央与边疆的和谐共生和协同合作。礼俗互动研究是对中华文明内部社会交流互动秩序的深刻体察与准确认知，也证明了中国是与西方“契约社会”差异明显的“礼俗社会”，中华文明的生命力与文化传统的坚韧性、能动性、包容性都与此有关。[1]

当然，劳作模式和礼俗互动并非尽善尽美的理论成果，其概念内涵和研究现状也存在着诸多问题。劳作模式主要强调的是村落内部的劳作和认同问题，对当今社会广泛存在的群体性劳作和认同问题缺乏关注和讨论。礼俗互动研究虽然是立志要面向当下，但相当一部分研究成果依然是面向了历史文化传统。

劳作模式和礼俗互动虽然存在着诸多问题，但其所具有的文明视野决定了它们是民俗学理论的创新点，因为文明进程视野事关中国民俗学的根本学术使命和研究方向。这一视野，是与民俗学根本动机相关联的。

早期欧洲的民俗学，尤其是德国赫尔德、格林兄弟时期，都是期待以民俗学搜集和研究民歌、民间故事来发掘与认识民族精神。日本民俗学之父柳田国男也将民俗学定位为研究日本和日本人的学问。中国民俗学的发生，也是源于20世纪初中国社会重塑民族文化传统的需要。“歌谣运动”、白话文的兴起和学者的调查行动，是一个审视传统精英文化、重建民族文化和发现民族精神的过程。[2]钟敬文晚年倡导建立民俗文化学，根本目的是希望将民俗学与中华优秀传统文化研究结合起来。这与全球范围内民俗学研究兴起的根本目的紧密相关，即从“民族整体文化”[3]观出发认知本民族文化，正确看待“民俗文化的民族凝聚力”[4]，以此更好地与其他民族文化相交流。2021年，刘铁梁在山东大学演讲时提出了文明进程视野的民俗学研究。他认为，中国民俗学如何与中华文明的历

1 参见张士闪：《礼俗互动与中国社会研究》，《民俗研究》2016年第6期。

2 例如，顾颉刚等人在妙峰山香会调查后，强调考察民众的行动可以看到“民族中的下级社会的文化保存着一点新鲜气象”，而他们认为这正是拯救民族衰老的“强壮性的血液”。

3 刘铁梁：《钟敬文“民俗文化学”的学科性质及方法论意义》，《北京师范大学学报（社会科学版）》2002年第2期。

4 刘铁梁：《钟敬文“民俗文化学”的学科性质及方法论意义》，《北京师范大学学报（社会科学版）》2002年第2期。

史与当代进程的研究发生紧密联系，是民俗学不可回避的问题意识。[1]因此，民俗学的根本动机，是认知、理解、体认本民族文化。想要实现这一根本动机，文明进程视野是不可或缺的。这一视野的提出，结合国内外民俗学的学术传统和前沿研究，继承和深化了赫尔德、钟敬文等前辈学者的学术思想，真正使民俗学研究与当下研究实际相结合，与当下生活文化变革相结合。

因此，当代民俗学的理论增长点，应该立足文明进程视野，开展体认本民族文化、理解中国社会秩序和中国人的生活方式的研究。这些研究从对中国本土国情的深刻理解出发，不仅要面向民众日常生活的衣食住行，更要树立生活传承是民俗本质属性的观念。当然，本土性和文明进程视野，并不意味着要以狭隘民族主义的思维"闭关锁国""闭门造车"，与国外和其他学科优秀理论、概念、方法进行交流也是非常重要的。本土性和文明进程视野要求的是在研究中时刻谨记自己的学术使命，以中国国情的实际需要为目的，而不是以国外理论来盲目指导中国发展，更不是跟随国际协定、政府政策的步伐建言献策。

## 本章小结：民俗学的本土理论建构与新知识生产模式

2018年，我国提出中国式"新文科"概念。[2]新文科建设意味着学术生产与社会需求更紧密地联系在一起，研究机构的知识生产应能够有效地服务于人类社会的发展和人类对社会的认知与改造。对于民俗学来说，学科应该更加关注本土化学术实践，探索全新的知识生产模式。劳作模式和礼俗互动这两个理论的建构过程，恰好体现了民俗学的本土理论实践和知识生产模式进入了全新阶段。全新阶段主要体现在三个方面。

一是以具体的现实问题为主导的学术研究，面向中国社会发展中存在的客

1 参见刘铁梁：《文明视野下的民俗观》，山东大学儒学高等研究院2021年中华古典学术传承创新暑期学校，2021年7月26日。

2 阮倩：《基于学科发展逻辑的新文科建设理念与路径》，《学术论坛》2022年第6期。

观事实，如礼俗传统的现代延续问题、国家－地方社会的联结问题、劳作模式的变革问题等等。二是以田野调查为主要研究方法，面向中国社会的现实现象，关切到具体的人和人的生活实践，理解普通人在当代社会的生存策略和生活意义，在此基础上开展学术理论创新和提出现实问题解决之道。三是以学科内的纵向深耕与学科间的横向融通相结合为主要路径选择。[1]这不仅限于本学科内部的交流，而是以具体问题为导向，与不同学科开展交流对话、学术合作，共同生产出有益于社会的知识成果。

礼俗互动和劳作模式正是民俗学在全新的知识生产模式下产出的知识成果，也是中国民俗学者基于当代社会事实提出的理论成果。这些成果不仅有助于学科内部的学术进步，更能够让人们较好地认知、理解、体认自己的民族文化，协助中国建设成更为团结、有序的文明整体。正如多萝西·诺伊斯所说："民俗学者具有典型的地方知识分子特性，虽然这个位置没什么魅力，但它比我们想象得更重要。民族国家通过地方知识分子将他们的地方现实和总体秩序整合，成为一个有活力整体而变得稳固。"[2]

---

1　参见阮倩：《基于学科发展逻辑的新文科建设理念与路径》，《学术论坛》2022年第6期。

2　［美］多萝西·诺伊斯：《低微理论》，王立阳译，［美］李·哈林编：《民俗学的宏大理论》，程鹏等译，上海社会科学院出版社，2018年，第95—96页。

# 第四章

# 当代地方民俗志书写的建构与意义

中国民俗学面向生活变革的学术转型，是为了更好地认知、体认中华文明。以地方民俗志为研究方法的文明体认研究，成为学术转型中的重要一环。

中国民俗学的文明体认研究是从地方性认同角度进行的。这与美国等国家对群体性的关注有着明显不同。地方性认同源自中华文明的特性，即主体的文明体认离不开与地方文化的情感链接。这里的“地方”，可以是由自然地域边界形成的空间范畴，也可以是由语言、信仰、权力网络等因素形成的社会共同体范畴，但后者的形成离不开前者的基础。中国人地方文化的情感链接，在一定程度上可以用人文地理学家段义孚的“恋地情结”来解释。人们的基本需求在具体地方被满足，因而也形成了对地方的依恋感。[1]地方是作为人们的精神世界而存在，地方感、地方性知识、地方等级观念等成为中国人认同自我身份的重要基础。由此可见，地方应该是考察中华文明进程的基础。

因此，地方民俗志成为研究和阐释地方文化生产、中华文明认同与民众生活意义建构的重要成果。民俗志研究也是考察文明进程的重要研究方法。作为具有时空背景的民俗志，应当在描述中体现出当地人群的地方认同感，反映出当地独特的历史进程。[2]当代地方民俗志的书写建构，经历了从传统体例民俗志

1 参见［美］段义孚：《恋地情结》，志承、刘苏译，商务印书馆，2019 年，第 150 页。

2 参见刘铁梁主编：《中国民俗文化志·北京·海淀区卷》，北京出版社，2016 年，第 5 页。

向交流式民俗志转型的历程，这意味着民俗学能够在当前正在进行的文明一国家学术建构中贡献出自己的知识成果。

## 第一节　民俗志书写及研究的发展脉络

一般认为，现代民俗学意义上的“民俗志”概念是1997年钟敬文提出的，即“民俗志是关于民俗事象的记录”[1]。这不意味着钟先生是“民俗志”的发明者。民俗记录专著在先秦时期就已经出现，如《诗经》《周礼》等。此后，不断有记录民俗或风俗[2]的笔记、史志问世。这些文献为当代民俗志书写范式提供了参考。钟敬文对民俗志的定义，为当代民俗志书写及理论研究的开展给出了战略性意见。1998年，刘铁梁在钟敬文“记录的民俗学”基础上，结合人类学的民族志研究以及社区研究的已有经验，将民俗志解释为民俗学的一种研究方式。“民俗志，一般是指记录、描述、说明和解释民俗现象的一类研究成果形式。”[3]作为学术成果的民俗志书写建构历程自此开始。本部分将古代传统民俗志与当代民俗志放置于同一发展脉络中，探讨民俗志的发展历史和主要特征。

### 一、风土与民性：传统记录式民俗志的基本特征和思考演进

学界将传统民俗志归纳为无主体、无具体时空、填空式和重复抄录前人等特色的文本，视其为当代新民俗志的反思起点。但传统与当代的转向有着清晰且连贯的思想演进脉络。当代地方民俗志的范式理念与传统体例的民俗志思想有承继关系，简单地将传统体例民俗志斥为当代民俗志的反思起点是不合理的。

1　钟敬文主编：《民间文化讲演集》，广西民族出版社，1998年，第28页。

2　现代学术意义上，风俗与民俗在概念范畴和使用语境上是不同的，但是两者所指的事象在一定程度上是重合的，本书暂时搁置两个词语的相异之处，将古代的风俗志也置于民俗志的讨论之中。

3　刘铁梁：《民俗志研究方式与问题意识》，《北京师范大学学报（社会科学版）》1998年第6期。

因此，我们需要从历时性的演进中看待当代民俗志书写建构问题。本部分以《诗经》《周礼》为起点，探讨传统记录式民俗志的基本特征和思考演进，进而分析当代民俗志书写范式的本土基础。

早期的民俗采集记录是与统治阶级教化万民与观风问俗的礼俗传统分不开的。正如祝鹏程所说："在传统社会，采风将里巷歌谣提升为国家层面的文化，成为传播教化、沟通不同阶层、推动礼俗互动的有力手段。"[1]《诗经》是先秦时期经典的采风问俗著作，其中《国风》记载了大量不同区域的民间歌谣，描写着当时民间的农耕、婚丧嫁娶等风俗，也反映出不同地区风土民情的地方性特征。如《郑风》《卫风》《齐风》《鲁颂》等部分，将不同地方的民风民情与地理风物结合在一起，展现出特征性鲜明的地方风土。这部书更是为帮助统治者了解民间社会，以便教化万民。同样成书于先秦时期的《周礼》，记载民俗，也是出于教化目的，有着强烈的与当时意识形态相结合的意图。正如张紫晨所说："一部《周礼》，与其说是周代的礼制礼法，不如说是周代民俗的礼制化和官制化。"[2]因此，先秦民俗记录，奠定了此后数千年民俗志、风俗志、风俗笔记书写的两大特征，即注重民俗书写与统治教化相结合、注重不同区域风土和民众性情的特征性描写。

两汉及魏晋南北朝时期，民俗记录文本出现了两种形式。一种是记载于方志、史志、地理书内的风俗板块记述，如东汉班固的《汉书·地理志》、北魏郦道元的《水经注》等。《汉书·地理志》关于"风""俗"的阐释对后世风俗记述有着充分的示范意义。"凡民函五常之性，而其刚柔缓急，音声不同，系水土之风气，故谓之风；好恶取舍，动静之常，随君上之情欲，故谓之俗。"[3]这一段话强调的是要整体性考察地方风俗成因，其中自然资源、人文资源、君主性格、地方名人、政策法规都应该列入风俗考察之中。在此基础上，进一步考察地方民众集体行为模式的特征和主要成因。如《汉书·地理志》描写秦地百姓重视

1　祝鹏程：《采风：一种文明生成方式的古今流变》，《民俗研究》2022 年第 5 期。

2　张紫晨：《中国民俗学史》，吉林文史出版社，1993 年，第 37 页。

3　安平丘、张传玺分史主编：《汉书》，汉语大词典出版社，2004 年，第 741 页。

农耕时："昔后稷封嫠，公刘处豳，大王徙岐，文王作酆，武王治镐，其民有先王遗风，好稼穑，务本业，故《豳诗》言农桑衣食之本甚备。"[1]这为后世方志等类书中风俗记述奠定了理论基础。当然，班固撰写《汉书·地理志》的目的也是"移风易俗"，以正教化。

另一种是专门记载著述风俗的书籍，如东汉应劭的《风俗通义》、东汉王充的《论衡》、西晋周处的《风土记》。《风俗通义》成书背景为黄巾军起义的社会动荡阶段，书中记载了丰富的节日习俗、祭祀、民间故事、谚语俗语等，其宗旨为辨风正俗以教化民心。《风土记》空间范畴为阳羡（今江苏宜兴），"分岁时、地理、人事、武备、居处、服饰、饮食、植物、动物等十项内容，主要记录了楚人和吴人的习俗，被认为是最早的民俗志书之一"[2]。在此之后，不少小区域风土书涌现出来，如《真腊风土记》《深州风土记》等。

这两类文本书写实践，在后世逐渐形成了两种民俗记述书写模式。这两种模式的主要区别在于作者的叙述视角、书写体例。

第一类发展为广泛见于地方志中的风俗、民俗部分。这类文本为客观视角，强调风土民情地方性特征，目的是教化一方。如明代永乐年间，《修志凡例》规定了"风俗"部分需要书写的门类和子目。明清时期方志中的风俗部分，使用史家笔法，记述简洁，言简意赅地描写地方民众的集体性格、独特民俗。例如，康熙《衢州府志》中的"风俗"类，分别叙述了境内几个地方的风土民情，江山"民务稼穑而健于讼"、常山"地狭民稠尚勤俭"、开化"民多好勇而易训"等。[3]这些风俗描写，既有重复摘录前人所著方志中的内容，也包含着作者本身的观察和思考，如《衢州府志》中对"三十年前"当地多有女性不育不婚和未婚女性丧葬的书写。[4]这些风俗书写，遵循方志书写规范，客观叙述风土民性，

1　安平丘、张传玺分史主编：《汉书》，汉语大词典出版社，2004年，第742页。

2　龙晓添：《"风土"民俗观——作为民俗文献的〈风土记〉》，《农业考古》2012年第6期。

3　参见《中国地方志集成·浙江府县志辑：康熙衢州府志、民国衢县志》，上海书店，1993年，第406页。

4　参见《中国地方志集成·浙江府县志辑：康熙衢州府志、民国衢县志》，上海书店，1993年，第406页。

不追求面面俱到的填空式描写，而是审视地理、历史特征后展现一地典型社会风气。

近现代以来，地方志成为一门学科，地方志编修的新范式更加遵循客观、科学、通俗、准确、简洁等准则。风俗、民俗描写也延续到新地方志修订中。新地方志风俗门类记述，除了延续突出地方特色、观风问俗以正社会风气的特征之外，更加要求科学、全面、真实、客观地记述。如王复兴主编的《省志编纂学》就将这一门类分为生产民俗、生活习俗、礼仪习俗、游艺习俗等。这类方志民俗志确实普遍存在“主要依赖已有的文献资料、很少获取和使用现实调查资料及活的口碑资料”[1]的问题。但是这种情况已有反思和改进。如1982年的《陕西省志·民俗志》编修时在全省进行了民俗普查。《山东省志·民俗志（1840—2005）》是在山东民俗学者调查的基础上完成的编修。这部民俗志虽然是采用分类学的办法，对民俗文化进行了全面而详细的记述，但因许多资料来源于实地调查，其叙述的民俗文化有着历时性变革特征和城市化特征，而且与之前的方志相比，它有了一定时空结合性视角。

20世纪以来，全国性民俗志专著也相继问世。这些长篇巨著力图记述中华大地上各区域典型的风土民情，叙述视角与方志中的民俗记述相似，秉承客观、全面的民俗书写原则。但是，不同的民俗志也有着作者个性的思考。如1922年胡朴安的《中华全国风俗志》，作者以地域为类目，在比较视角下刻画了我国大江南北不同地域的风土民性特征。[2]这一点，有着对《汉书·地理志》等典籍书写的延续，但内容更加翔实、丰富，作者也会适当地评价、比较各地风俗。

第二类发展为文人搜集、回忆、整理、记录一地风俗的民俗志专著。这类视角较为主观，一般是从作者的经验、情感出发记述地方的山川风貌、社会风气、婚丧嫁娶、饮食游艺等。此类民俗志较为突出的是文人笔记类，有《荆楚岁时记》《东京梦华录》《梦粱录》《武林旧事》《都城纪胜》《宛署杂记》《帝京

1 王守恩：《对民间风俗入志之管见》，《中国地方志》1999年第4期。

2 参见胡朴安：《中华全国风俗志》，河北人民出版社，1986年。

岁时纪胜》《帝京景物略》《广东新语》《清嘉录》《燕市积弊》《都市丛谈》《杭俗遗风》《瀛壖杂志》。[1]

这类民俗志书并无固定体例，书写内容既有作者亲身经历和他人的讲述，也有文献摘录，详略程度和价值取向由作者主观情感而定。如孟元老在随朝廷偏安江左之后，回忆起曾经都城东京汴梁的繁华景象，满怀惆怅地将自己的记忆汇编成了《东京梦华录》，以便后人能够知道当年的盛景。此书着重描写了东京的岁时习俗，街巷上的酒楼、医铺等商铺，以及相国寺的万姓交易等，非常翔实生动地叙述了北宋都城百姓的生活文化，突出了东京商贸的繁盛和百姓消费生活的便利。[2]20世纪中国民俗学研究兴起以后，文人民俗笔记也为民俗学者的民俗志书写提供了经验和借鉴。钟敬文在1928年《民俗》第4期上重点介绍了《杭俗遗风》，认为这本书真正记录了下层人民的文化和习俗，平实地将有价值的内容分门别类地记载下来。钟敬文介绍此书，一是促进眼光向下的民俗研究，二是介绍一种并不局限于奇风异俗记录的民俗志书写。20世纪90年代末，枣庄农民田传江根据亲身经历和田野调查，书写出一部厚重、生动的村落民俗志——《红山峪村民俗志》。田传江以局内人的视角充满情感地描写和阐释民俗事象，力求动态地展示红山峪村近百年来诸种民俗事象的传承、流变与现状[3]。《红山峪村民俗志》虽然循例分门别类地记述民俗事象，但是在小标题的设置上常常使用村落俗语俗话，如“五月栽茄子，到老炒不一碟子”[4]“涝死也怕旱”[5]“烟怕淹，瓜怕刮，豆子就怕大水抹”[6]等。这些标题能够体现出生产方式、劳作经验等村落特色习俗。此书突破了之前民俗志书写在时空观上缺失的问题，书写兼具了时间历时性和具体空间性特征，对21世纪新型民俗志书写，有着重要的

1 王霄冰、陈科锦:《民俗志的历史发展与文体特征》,《民俗研究》2022年第6期。
2 参见［宋］孟元老撰:《东京梦华录》，王永宽注译，中州古籍出版社，2010年。
3 参见岳永逸:《红山峪村村民生活的浓描与实录——我读〈红山峪村民俗志〉》,《民俗研究》2002年第1期。
4 田传江:《红山峪村民俗志》，辽宁文化艺术音像出版社，1999年，第20页。
5 田传江:《红山峪村民俗志》，辽宁文化艺术音像出版社，1999年，第8页。
6 田传江:《红山峪村民俗志》，辽宁文化艺术音像出版社，1999年，第37页。

启示作用。

总而言之，中国传统记录式民俗志的基本特征是风土与民性，有着强烈的人文关怀和家国情怀。所谓风土，既指一地的山川河流、土地气候、物产资源，也指在此自然环境之下形成的生活方式和生产方式。“风者，天气有寒暖，地形有险易，水泉有美恶，草木有刚柔也。俗者，含血之类，像之而生，故言语歌讴异声，鼓舞动作殊形，或直或邪，或善或淫也。”[1]古代的风土观，是人与自然相和谐的观念。区域自然环境塑造着民众的行为与观念。凡描写、记录民俗的著作，皆是从区域内整体环境和区域间的差异性谈地方习俗的。所谓民性，是指民众集体性格、心理特征，是地方文化的重要体现。[2]地理环境、地方名人、君主好恶、政策法规都是传统民俗志讨论民情的重要视角。其中，地理环境因素最为突出，即一方水土养育一方人。如《淮南子·地形训》就提出不同土地之上的民众特征：“轻土多利，重土多迟。清水音小，浊水音大。湍水人轻，迟水人重，中土多圣人。皆象其气，皆应其类。……是故坚土人刚，弱土人肥，垆土人大，沙土人细。息土人美，耗土人丑。”[3]

萧放、鞠熙在探讨古代“风俗”观时，提出中国古代风俗志并不以实证主义为书写前提，而是与实践观念有着一定相近之处。“以‘风俗’而不是‘民俗’为核心概念，中国古代的民俗志因此往往将‘风土’与‘人情’视为一体，尤其关注人类身体性的行为（例如衣食住行）、共享性的技术或观念（例如岁时节日仪式活动中的集体观念与行为）以及物质资源与环境条件（山川、物产、时鲜等）。”[4]这一总结说明中国古代风俗志的书写展现了一个地方的地理环境、政治环境等，与民众行为、观念、性格等共性身体性特征之间形成紧密的关联，是一个具有“时空、人、地物”[5]的整体性文本，与现代民俗学的理念有着相承

1　孙雪霞、陈桐生译注：《风俗通义》，中华书局，2021年，第4页。

2　参见李鼎荣：《试论民俗志编写中“民之性情”的凸现》，《零陵师专学报》1991年第1期。

3　顾迁译注：《淮南子》，中华书局，2012年，第65页。

4　萧放、鞠熙：《实践民俗学：从理论到乡村研究》，《民俗研究》2019年第1期。

5　萧放、鞠熙：《实践民俗学：从理论到乡村研究》，《民俗研究》2019年第1期。

之处。

21世纪以来，刘铁梁提出的“标志性文化统领式”民俗志书写模式，及其指导下的《中国民俗文化志》北京各区县卷的写作，实际上是对传统风土民性书写的延续和现代转化。在《中国民俗文化志》北京各区县的总序中，刘铁梁是这样规定“标志性文化”的：

> 它一般是不同程度地符合以下三个条件：一、能够反映这个地方特殊的历史进程，代表这里的民众对于自己民族、国家乃至人类文化所做出的特殊贡献；二、能够体现一个地方民众的集体性格、共同气质，具有薪尽火传的内在生命力；三、这一文化事象的内涵比较丰富，深刻地联系着一个地方社会中广大民众的生活方式，所以对于它的理解往往也需要联系当地其他诸多的文化现象。[1]

其中，一个地方“特殊的历史进程”“民众的集体性格、共同气质”是对传统民俗志中风土观的继承。但“标志性文化统领式”民俗志不是复现传统体例民俗志的书写模式。传统体例民俗志往往缺乏时空结合观，截取民俗事象的横截面进行描写，比较突出各地风土民性迥异，但是缺乏整体联系的观念。“标志性文化统领式”民俗志强调各地多姿多彩的地方传统生活方式构成了中华文明的整体生态[2]，将一地的标志性文化置于整体的文化网络中进行书写和研究。

## 二、标志性文化统领式：新式民俗志范式的探索与确立

传统记录式民俗志更侧重于资料汇编和风土民性概述，而不是将民俗志视为一种具有问题意识和学术规范的研究方式与研究成果。以20世纪20年代的

1　刘铁梁主编：《中国民俗文化志·北京·门头沟区卷》，中央编译出版社，2006年，第7页。
2　参见刘铁梁主编：《中国民俗文化志·北京·门头沟区卷》，中央编译出版社，2006年，第7页。

歌谣运动为标志，民俗成为现代学术的研究对象，学者们站在理解民众历史和文化创造的立场，开展民俗资料征集及调查研究活动，推出《歌谣周刊》《民俗》等专门刊物，出版许多民间文学、民俗资料集和研究论著。[1]

新时期以来，随着田野调查的转向和生活研究的确立，学者们有意识地建构作为学术生产成果的民俗志。一方面，各地学者开展了各类文化普查行动，具有民俗学学术规范的民俗志先后问世，如陶立璠的《中国民俗大系》[2]、齐涛的《中国民俗通志》[3]等。其中山曼的《山东民俗》[4]《齐鲁之邦的民俗与旅游》[5]是经由学者实地调查，能够展现民众观念与本土知识的民俗志。

另一方面，民俗志开始被纳入民俗学学科建设的体系之中。张紫晨提议要建立"方志民俗学"。[6]钟敬文设想"记录民俗学"为民俗学学科分支之一。[7]刘铁梁在钟敬文"记录民俗学"基础上，结合人类学的民族志研究以及社区研究的已有经验，将民俗志解释为民俗学的一种研究方式。民俗志，一般是指记录、描述、说明和解释民俗现象的一类研究成果形式。[8]在此之前，安德明[9]、刘晓春[10]、吴效群[11]等人已经在学位论文中运用了民俗志方法。2003年，董晓萍在《田野民俗志》[12]中结合人类学民族志理论、过程模式理论等，提出要进行民族志式田

1 参见刘铁梁主编：《中国民俗文化志·北京·门头沟区卷》，中央编译出版社，2006年，第5页。

2 陶立璠主编：《中国民俗大系》，甘肃人民出版社，2004年。全套31册。

3 齐涛主编：《中国民俗通志》，山东教育出版社，2007年。全套16册。

4 山曼等：《山东民俗》，山东友谊出版社，1988年。

5 山曼：《齐鲁之邦的民俗与旅游》，旅游教育出版社，1988年。

6 张紫晨：《中国民俗学史》，吉林文史出版社，1993年，第342－351页。

7 钟敬文：《建立中国民俗学派》，黑龙江教育出版社，1999年，第45－48页。

8 参见刘铁梁：《民俗志研究方式与问题意识》，《北京师范大学学报（社会科学版）》1998年第6期。

9 安德明：《渭水中上游地区的农事禳灾研究》，北京师范大学1997年博士学位论文，指导教师钟敬文。

10 刘晓春：《一个客家村落的家族与文化——江西富东村的个案研究》，北京师范大学1998年博士学位论文，指导教师钟敬文。

11 吴效群：《北京的香会组织与妙峰山碧霞元君信仰》，北京师范大学1998年博士学位论文，指导教师钟敬文。

12 董晓萍：《田野民俗志》，北京师范大学出版社，2015年。

野作业，书写主客体双向认同的民俗志。

随着民俗学研究在中国的开展和深入，民俗学者在民俗志的资料获取和书写模式上有了更多的思考和实践。20世纪80年代至21世纪初，民俗学在基本理念转型、民俗志学术规范建构领域的努力，推动了新式民俗志范式的诞生。新式民俗志的出现与书写范式的确立，是以刘铁梁提出“标志性文化统领式”民俗志为标志的。2003年，冯骥才等人发起的“中国民间文化遗产抢救工程”启动，目标是普查并整理全国的民族民间文化遗产。刘铁梁负责了《中国民俗文化志》北京各区县民俗志的调查和书写工作。2005年，他主持完成了《门头沟区卷》的编纂工作。在此过程中，他提出了“标志性文化统领式”民俗志书写模式并在《门头沟区卷》中实践了这一理论。“所谓标志性文化，是对于一个地方或群体文化的具象概括，一般是从民众生活层面筛选出一个实际存在的体现这个地方文化特征或者反映文化中诸多关系的事象。标志性文化的提出是为了书写出揭示地方文化特征的民俗志。”[1]

这一书写模式的出现，意味着民俗学学术范畴内的民俗志书写实践进入了崭新阶段。这是对纯粹民俗记录资料集民俗志的告别，也是作为学术生产成果的民俗志范式确立的开端。此后的民俗志书写实践和理论研究工作，皆是在“标志性文化统领式”民俗志所提倡的书写模式基础上进行的。2005年以后，民俗志的全新范式在学界同人的共同努力下建构起来。这一建构过程，以学术研讨会、学术论文、民俗志书写实践为主。如北京师范大学2006年举办的“民族志·民俗志的理论与实践学术研讨会”[2]，西村真志叶对标志性文化统领式民俗志“结构主义”的质疑[3]，蔡磊对西村真志叶质疑的回应[4]，高丙中对“民族志”与

1 刘铁梁：《“标志性文化统领式”民俗志的理论与实践》，《北京师范大学学报（社会科学版）》2005年第6期。

2 2006年12月16日至17日，北京师范大学主办“民族志·民俗志的理论与实践学术研讨会”。

3 参见［日］西村真志叶：《学科范式转变中的“民俗志”——以〈中国民俗文化志〉的“标志性文化统领式”民俗志为例》，《西北民族研究》2008年第4期。

4 参见蔡磊：《民俗志的学术定位与书写》，《西北民族研究》2009年第1期。

"民俗志"书写的讨论[1]，张翠霞与谷成杰对现代民俗志文化书写的提倡[2]，中央民族大学主办的"中国民俗志理论与实践"学术研讨会[3]，山东大学2016年举办的"民俗志的探索：使命、方法与实践"学术研讨会[4]，以及《中国民俗文化志》北京宣武区、朝阳区、顺义区、怀柔区、海淀区等民俗志，以及众多以民俗志为研究方法的博硕士学位论文。

相较于传统体例的民俗志，新式民俗志的全新范式有四个方面的突破，分别是时空观念与地方性、主客位关系与文化主体性、问题意识和文化阐释、生活叙事与过程视角。

第一，时空观念与地方性。新式民俗志的时空观指的是要将一地民俗的调查与书写置于具体的时空情境之内，要求时间的历时性演变和空间的共时性比较，"以地方性为着眼点，结合地方社会发展与民众生活的历史，记述特定地域中特定民族的民俗"[5]。传统体例民俗志往往缺乏时空性特征。如《东京梦华录》对民俗文化的描写是凝固的静态镜像，缺乏具体地域空间限定，也缺乏与历史结合和地方社会联系的整体视角。在具体时空情境内描绘地方，是新式民俗志的基本特征。如《门头沟区卷》在书写门头沟标志性文化"煤业生产与窑神信仰"[6]时，首先确定了门头沟煤炭生产的具体空间范围，进而讲述了煤矿生产方式的历史演变，以及门头沟煤业在北京、天津等大城市市场结构中的重要地位。在《石景山区卷》中，因处于门头沟煤炭进京城的必经之路的模式口村、麻峪村、五里坨村等地形成了标志性驼铃古道商贸业，如今建设起驼铃古道历史文化街区。这与《门头沟区卷》中书写的煤业生产与销售，共同联结成一个由京西古道串联起的、清朝中晚期以来的京西煤炭生产、销售、运输、服务的整体

---

1 参见高丙中：《"中国民俗志"的书写问题》，《文化艺术研究》2008年第1期。

2 参见张翠霞、谷成杰：《民俗志：文化书写的历史——基于"民俗志"概念及其书写范式的研究》，《青海民族研究》2011年第1期。

3 2010年10月30日至31日，中央民族大学主办"中国民俗志理论与实践"学术研讨会。

4 2016年1月16日，山东大学主办"民俗志的探索：使命、方法与实践"学术研讨会。

5 刘铁梁：《中国民俗文化志·北京·宣武区卷》，中央编译出版社，2006年，第6页。

6 刘铁梁：《中国民俗文化志·北京·门头沟区卷》，中央编译出版社，2006年，第103－133页。

文化网络。

民俗志的时空观和地方性问题既是书写模式的问题，也是民俗文化研究基本认知的问题。学者们从不同层面讨论了民俗志的时空观和地方性书写。刘宗迪强调应该从主客位结合的角度去理解当地人对空间和边界的感受，但不能拘泥于当地人的描述，应该超越主位，回归客位，给予学术的分析。[1]刘宗迪的主张，是既要求理解当地人，又要求以客位和局外人的视角去理性反思。他的观点与人类学民族志局内人局外人反思、民俗学主客位思考有着相承之处。

相较于刘宗迪的观点，刘铁梁、万建中、黄涛、程安霞、王霄冰等学者的思考，更具有方法论意义。2007年，刘铁梁受到施坚雅市场理论的影响，超越以往孤立的地方特色展示，将民俗志书写的这些地方都看成历史上互相关联和具有结构性社会空间关系的地方。[2]黄涛认为，要深入描写民俗志，首先需将民俗现象置于具体的时空情境中，让读者明确知道民俗现象的发生时间与地点。[3]2011年，程安霞也同样强调了具体时空的描写，在借助格尔茨（Geetze）的"深描"理论对洪洞走亲仪式的民俗志研究中，以深描呈现出具体时空情境，以深度解释揭示这些现象的象征意义和"乡土观点"。[4]格尔茨在《文化的解释》中论述民族志的"深描"，强调的是本土民众对自我文化的认知和解释："人类学著作本身即是解释，并且是第二和第三等级的解释。（按照定义，只有本地'人'才做出第一等的解释：因为这是他的文化。）"[5]程安霞借助"深描"理论强调"乡土观点"，在一定程度上超越以往学者主导民俗志中文化解释权的状况，将文化意义和地方知识的解释权还给"这些行为的发出者"[6]。

1 参见刘宗迪：《民俗志与时空观的地方性》，《民间文化论坛》2007年第1期。

2 参见刘铁梁：《地方社会的建构与地方民俗文化的创造——北京三个区民俗调查的视角》，《民间文化论坛》2007年第1期。

3 参见黄涛：《关于民俗志深入描写的一些初步设想》，《民间文化论坛》2007年第1期。

4 参见程安霞：《关于民俗志书写的几点思考》，《中央民族大学学报（哲学社会科学版）》2011年第2期；程安霞：《"走"出来的"亲戚"——洪洞走亲仪式的民俗志考察》，中央民族大学2011年博士学位论文，指导教师邢莉。

5 ［美］格尔茨：《文化的解释》，韩莉译，译林出版社，2014年，第19页。

6 ［美］格尔茨：《文化的解释》，韩莉译，译林出版社，2014年，第35页。

万建中在评介《传统节日的生命力》一书时反思传统民俗志研究的缺陷，提出民俗志的理想模式应该是有确切的时空概念，把“人”纳入审视的视野。[1] 自2010年起的《中国节日志》，是对节日这一具有特殊文化含义的时间点，在具体区域内演变和交流的系统性书写和解释。王霄冰在论及节日民俗志书写时，提出应该有对特定节俗的有效时空及其承载主体的辨析。[2]

总之，时空观念和地方性的书写转变，体现在两个方面：一是强调在具体时空情境内深度描写民俗现象来体现地方性；二是强调主客体结合的视角，要关心当地人的感受、认知，也要回归客体视角，给予学术的深度解释。此后刘铁梁提出的“地域等级感”，实际上就是对当地人地域空间感和空间边界感的一种学术解释。

第二，主客位关系与文化主体性。传统体例民俗志存在着以客位视角审视民俗文化的现象。其展示的风土民性，是书写者的客位客观确认。其中民性之民，是复数的、面目模糊的“民”，而非具体的、有文化话语权的主体。新式民俗志在主客位关系和文化主体的确认上，实现了阶段性的进展。“标志性文化统领式”民俗志在确认标志性文化时，首先要解决民众主观与学者客观之间的话语张力问题。刘铁梁提出：“标志性文化一直存在于特定地域民众的日常生活中，它既是主位的，也是客位的，是该群体自观和他者均共同认可的。”[3] 标志性文化的确认过程，是当地民众文化话语权在民俗志书写中得以实现的一种途径。2007年，黄龙光在评价董晓萍《田野民俗志》中倡导的民族志式田野调查时，提倡学者客位观念应该服从于民众主体，民俗志书写应该是主体生活串联式。[4]

文化主体的确认意味着，学者与民众之间的关系不再是提问者与被攫取资

1 参见万建中：《民俗志研究范式的积极探索与实践——〈传统节日的生命力〉评介》，《桂林师范高等专科学校学报》2014年第4期。

2 参见王霄冰：《节日民俗志的提出及其关注重点》，李松主编：《节日研究：第十二辑》，学苑出版社，2017年。

3 刘铁梁：《“标志性文化统领式”民俗志的理论与实践》，《北京师范大学学报（社会科学版）》2005年第6期。

4 参见黄龙光：《民俗志范式的反思》，《西北第二民族学院学报（哲学社会科学版）》2007年第5期。

料者的关系，而是在平等的对话交流中互相确认该地民俗文化的呈现。当民众在学者面前拥有了“能够自我叙述的主体”[1]的身份时，每个人（不仅是复数的“民”）都可被视为“生活的主体和文化的承载者”[2]。因此，个人生活史成为民俗志研究的一种全新尝试。2010年，朱清蓉撰写了其硕士学位论文《乡村医生·父亲——乡村医患关系的变迁（1985—2010）》[3]。此文以做乡村医生的父亲的行医经历为研究线索，深入父亲的生命历程和精神世界，探讨社会转型期的医患关系变迁和乡村社会生活变革。此论文一经呈现，便获得了刘铁梁、岳永逸等学者的高度评价，并成为此后个人生活史民俗志书写的范例。这一阶段涌现出以个体生活史为整体观察视角的民俗志研究，如尹滢的看坟人研究[4]、孙辉的下岗工人研究[5]、耿晓迪的火车维修工日常生活研究[6]、毛晓帅的“管事儿的”研究[7]、郭寒冰的被买断工龄工人研究[8]、张锎月的乡村草医研究[9]等等。

总之，主客位关系与文化主体性的书写转变，既涉及民俗志的书写内容如何确定的基本问题，也涉及民俗志之于地方文化建设的价值意义问题，更是民俗学在主体研究建构过程中，始终在讨论的田野研究中的主体间性问题。此后，交流式民俗志、“有温度的田野”等学术思考，都是在这一反思基础上延伸的。

---

1 ［日］西村真志叶：《学科范式转变中的“民俗志”——以〈中国民俗文化志〉的“标志性文化统领式”民俗志为例》，《西北民族研究》2008年第4期。

2 刘铁梁：《民俗调查中的心理观察问题》，《民间文学论坛》1996年第3期。

3 朱清蓉：《乡村医生·父亲——乡村医患关系的变迁（1985－2010）》，北京师范大学2011年硕士学位论文，指导教师刘铁梁。

4 参见尹滢：《看坟人的历史记忆与民俗生活》，北京师范大学2008年硕士学位论文，指导教师刘铁梁。

5 参见孙辉：《适应过程与生存智慧——沈阳北厂下岗工人的生活经历》，北京师范大学2013年博士学位论文，指导教师刘铁梁。

6 参见耿晓迪：《日常生活中的身体技术——以火车维修工屈师傅为个案》，北京师范大学2013年硕士学位论文，指导教师刘铁梁。

7 参见毛晓帅：《管事儿的与村落生活——以豫北大河村为个案》，北京师范大学2015年硕士学位论文，指导教师刘铁梁。

8 参见郭寒冰：《断裂与重建：被买断工龄工人的生活史——以湖北荆门楚阳磷矿为例》，山东大学2019年硕士学位论文，指导教师赵彦民。

9 参见张锎月：《作为乡村服务者的乡村草医》，山东大学2020年硕士学位论文，指导教师刘铁梁。

第三，问题意识和文化阐释。引入问题意识，是民俗志转向学术研究成果的基本要素。传统记录式民俗志主要解决的是移风易俗与礼俗教化的问题。新式民俗志不再充当礼与俗之间角逐较量的媒介，而是进入更具有普遍意义的学术知识体系建构领域，对现有学科理论进行实证性探究。这一转变，以刘铁梁提出将民俗志作为一种研究方式为开端。他指出："所谓问题意识主要是指研究者主动带着问题去进行实地研究，这些问题应该对于学科基本理论及前沿课题研究的开展具有检验的和创新性的意义。"[1]这意味着民俗志超越资料学意义，转向具有理论思考的研究范式。近些年，中国民俗学本土化的理论思考，基本是在民俗志研究中开展的，例如刘铁梁、蔡磊、李向振等人的"劳作模式"研究，张士闪主导的"礼俗互动"研究，安德明的"家乡民俗学"研究，等等。

问题意识主导下的民俗志研究，其意义不仅指向学术研究体系，更指向了理解与阐释民众日常行动意义、应对社会文化发展问题的现实应用方面。巴莫曲布嫫认为"标志性文化统领式"民俗志的意义重大："在理论和叙事的背后，许多个案研究都能成为处理基础问题而旨在应用的写作范式，对于哲学和社会科学的基础研究如何应用于社会，尤其是回应当下都城传统文化的保护和发展中诸多的现实问题也将产生积极的学术效益。"[2]博日吉汗卓娜和全信子借鉴民族志写作中对"研究对象行动'意义'的探索和解释"[3]，认为民俗志应该是解释的民俗志。王霄冰认为节日民俗志应该重点关注的内容也包含着"节日符号的文化阐释"[4]。

总之，问题意识与文化阐释的书写转向，是建构民俗志研究方式的重要基础。民俗志既是研究成果，也是研究方法，在诸多问题研究，例如灾难研究、

1　刘铁梁：《民俗志研究方式与问题意识》，《北京师范大学学报（社会科学版）》1998 年第 6 期。

2　巴莫曲布嫫：《民俗志表述范式的新探索——评〈中国民俗文化志〉北京区县卷本的阶段成果》，《民间文化论坛》2007 年第 1 期。

3　博日吉汗卓娜、全信子：《人类学田野工作的方法论意义及其对民俗志写作的启示》，《内蒙古师范大学学报（哲学社会科学版）》2013 年第 2 期。

4　王霄冰：《节日民俗志的提出及其关注重点》，李松主编：《节日研究：第十二辑》，学苑出版社，2017 年，第 24 页。

生活革命研究、群体研究等方面，起到了关键性的作用。

第四，生活叙事与过程视角。传统记录式民俗志往往只进行民俗事象的描绘，缺乏生动的生活叙事，更缺乏情境视角和过程视角。“民俗作为人们的语言、知识、行为、工具和技能等生活传承，同时也在整体地表达民众对于自身生存状态的理解和对于生活方式的选择。”[1]想充分理解民众的这种行为和选择，需要将地方民俗文化视为一个整体性传承系统。如何更好地在民俗志书写中呈现这种认知？兼有具体情境和过程的生活叙事是新书写范式建构的必由之径。如《中国民俗文化志·北京·平谷区卷》第六章《市民住农家》中，“盖二层楼”“何金义托人买空调”“魏叔叔家客房换席梦思床”“何金义家客人上厕所”“羊屎蛋不见了”五个故事生动、准确、深度地描述了乡村旅游产业下雕窝村的“滚动式”发展过程，也呈现了雕窝村村民生活的变革过程。[2]

书写这种兼有叙事的民俗志，不是简单地将田野中发现的故事讲述出来即可，其中有着深层次的书写模式和民俗认知的转变。岳永逸提出民俗志书写的过程视角：“民俗学者对于民俗事象的研究应该有如埃利亚斯终生所倡导的‘过程’（process）的视角，将民俗‘作为一种过程’，而非一种现象、结果。”[3]王杰文在探讨民俗志书写时，提出要借鉴“情境学派”以促进民俗志书写的发展。情景学派的主张是交流、情境、交流事件、过程等。[4]万建中提出了民俗志的“理想模式”，即“有确切的时空概念，把‘人’纳入审视的视野当中，不仅关注民俗行为过程，也关注民俗中的情感和体验，把普遍、平常的描述转化为具体、个别的描述，在田野中发现故事”[5]。这些情境、交流、过程、情感的展

---

1 刘铁梁:《文化巨变时代的新式民俗志——〈中国民俗文化志〉总序》,《北京师范大学学报（社会科学版）》2006年第6期。

2 参见刘铁梁主编:《中国民俗文化志·北京·平谷区卷》，北京出版社，2015年，第175－177页。

3 岳永逸:《传说、庙会与地方社会的互构——对河北C村娘娘庙会的民俗志研究》,《思想战线》2005年第3期。

4 参见王杰文:《民俗志对于民俗学意味着什么》,《广西民族研究》2008年第1期。

5 万建中:《民俗志研究范式的积极探索与实践——〈传统节日的生命力〉评介》,《桂林师范高等专科学校学报》2014年第4期。

现，都是通过一个个日常生活叙事展开的。例如李晶的《水的民俗志：一个村落的日常用水与社会生活——以泰安市二奇楼村为个案》在讲述水与日常生活的关系时，分别从当地村民的生活观念、行为习惯、村落历史建构、婚姻走向等方面进行，这些方面都是以叙事的方式呈现的。[1]在讨论二奇楼村修建水窖储水阶段时，讲述了胡宪花一家与大儿媳娘家共同修造水窖的经历，体现出缺水村落中水与日常交往、生活方式的关系。

总之，生活叙事与过程视角的书写转向，是对如何呈现地方民俗文化的整体系统和民众生活的一种书写尝试。民俗学者逐渐关注到了身体、经验、感受、交流、记忆等关键性概念，并在书写实践中不断反思个人叙事与集体叙事的关系，进而形成了个人叙事等概念。

在转型初期，民俗志书写较大程度地受到了民族志、日本民俗志、美国表演理论、格尔茨的深描等学术理论的影响。尤其是马林诺夫斯基提出"科学民族志"在调查的时候，应该"深入土著人的生活"[2]，要求"搜集资料的主体与理论研究的主体的合一"[3]，保罗·拉比诺（Paul Rabinow）在《摩洛哥田野作业反思》[4]中"反思民族志"，对民俗志转向具有理论思考、文化阐释、具体情境书写模式的理论导向作用。但新式民俗志并不等同于民族志。这种不同，不仅体现在是否为异文化研究方面，更体现在学者与书写主体的话语关系上。书写主体在民俗志内容呈现、地方文化阐释上获得了一定程度的话语权，并在书写过程中形成了新的文化认同。这种辩证关系，在日后的民俗志书写建构中得到了更

1　参见李晶：《水的民俗志：一个村落的日常用水与社会生活——以泰安市二奇楼村为个案》，山东大学2018年硕士学位论文，指导教师王加华、陈国忠。

2　［英］马林诺夫斯基：《西太平洋上的航海者》，张云江译，九州出版社，2007年，第85页。

3　高丙中：《民族志发展的三个时代》，《广西民族学院学报（哲学社会科学版）》2006年第3期。高丙中的这段话，是对马林诺夫斯基《西太平洋上的航海者》的《导论》的概括和阐释。在《导论》里，马林诺夫斯基提出民族志书写应该"掌握土著人的观点，他与生活的关系，认识'他'对'他的'世界的看法。我们必须研究人，而且必须研究与他密切相关的是什么，也就是说，研究生活作用在他身上的着力点是什么"。参见［英］马林诺夫斯基：《西太平洋上的航海者》，张云江译，九州出版社，2007年，第93页。

4　［美］保罗·拉比诺：《摩洛哥田野作业反思》，高丙中、康敏译，商务印书馆，2008年。

深层次的解读和发展。

## 三、交流和共情：民俗志反思阶段的困境与进展

21 世纪前两个十年，民俗志书写模式的转变堪称一场“书写革命”。民俗志从教化万民的风俗书、分类概述的资料集，转变为具有学术规范的、以民为书写主体的学术知识成果。这一阶段，民俗志书写基本形成了固定的模式：在一定问题意识的指导下开展田野作业获得资料，结合已有的文献资料，根据民众与学者协商的“标志性文化”，对已获得的资料进行排布、整合、书写，再结合国内外及相关学科的学术理论进行文化阐释，或者根据田野作业对现有的学术知识进行填补、矫正，最终生产出民俗志文本，或者以民俗志为研究方式的学术论文。

新书写模式的建构阶段，研究者们已经注意到了，民俗志书写的对象不是作为事象的“俗”，而是活生生的“人”。当“聚光灯”对准了“人”，学者在田野作业和民俗志内容安排上，必然要面临与普通人际交往一样所需面对的关系和伦理问题。例如，刁统菊 2007 年在某村做调查时，因将涉及某村民评价的田野资料反馈给村集体，导致评价者遭到了报复，还有她 2008 年在山西一家忙碌的奶牛养殖户做调查时所遭遇的内心愧疚。[1] 因此，民俗志研究也产生了如人类学反思民族志阶段类似的，关于自身知识生产的批判和审视。人类学反思民族志阶段，有多部对后世民族志研究影响颇深的自反性著作问世，代表着民族志走向主客体结合的书写模式，如拉比诺的《摩洛哥田野作业反思》、詹姆斯·克利福德（James Clifford）和乔治·E．马库斯（Geogre-E. Marcus）的《写文化——民族志的诗学与政治学》[2]，以及杜蒙（Dumont）的

1 参见刁统菊：《民俗学学术伦理追问：谁给了我们窥探的权利？——从个人田野研究的困惑谈起》，《民俗研究》2013 年第 6 期。

2 ［美］詹姆斯·克利福德、［美］乔治·E．马库斯编：《写文化——民族志的诗学与政治学》，高丙中、吴晓黎、李霞等译，商务印书馆，2006 年。

《头人与我》（Dumont，1978）、克拉潘扎诺的（Vincent Crapanzano）《图哈密》（Crapanzano，1980）、杜外尔（Dwyer）的《摩洛哥对话》（Dwyer，1982）[1]等。

与人类学不同，民俗学本就是研究本土文化的学科。学者与被访谈者处于一样的国家共同体中，有着一样的民族文化烙印和时代境遇，是血脉相连、心意相通的同胞。因此，在田野作业中，学者与被访谈者产生情感共鸣和文化共振是难以避免的事情。然而，传统田野作业中不平衡的权力关系，会使民俗学者产生道德上的负担和对学术本身价值的困惑。例如，2017年，笔者在北京一户人家做调查。这家老人居住在一个破旧的单位宿舍楼顶楼，他们在街道办的安排下接受了我们的访谈。在访谈过程中，他们并不关心我们所提的问题，而是关心我们的"官方"身份，反复讲述他们单位分房时的不公平，以及顶楼漏雨等问题，殷切地希望我们能够跟街道办反映，帮助他们解决楼房漏雨的问题。然而，我们作为学生，既没办法帮助他们反映问题（跟我们对接的是街道办文教科，不主管楼房质量问题），也没办法将他们关心的内容写进民俗志里（尽管民俗志内容中写到了他的工作单位，但是我们无法书写该单位分房不公）。在此后数年里，每每想到那个上午，那个局促阴暗、墙角潮湿裂皮的顶楼小屋，还有眼神里充满期待、腿脚不便的老人家，笔者都感到了难以言喻的愧疚，反复追问：我们与被访谈者到底是怎样的关系？我们的问题、我们的民俗志究竟能为被研究对象带来什么？可以说，民俗学的反思，不完全出于学术研究进步的需要，也出于研究者们的同胞共情，研究者无法抛却也不能抛却自我的存在、立场和感受。因此，民俗学有必要反思以下几个问题：（1）学者与民众的话语关系；（2）民众的行为与民俗文化变革、地方文化建设的关系；（3）民众与民俗志、民俗学研究之间的关系；（4）学者在田野作业和学术知识生产过程中的位置。

21世纪第一个十年以来，民俗学在这些问题上进行了更加深入的反思、交流和建构，并获得阶段性的成果，提出了"交流式民俗志"的概念。

田野中主客位关系，不是新近的议题。2004年，高丙中提出学者与民众不

1　高丙中：《民族志发展的三个时代》，《广西民族学院学报（哲学社会科学版）》2006年第3期。

能是单纯地利用与被利用的关系，应制定新时代的学术伦理规则。[1]吕微也强调反思了学术伦理问题，认为研究过程中应该关注“交互主体性”和学者与民众的平等对话关系。[2]如何实现这种交互主体性和平等的学术伦理，两位学者并未给出答案。

2011年，刘铁梁从学者与民众、民众生活文化之间的关系入手，提出了“感受生活的民俗学”。与研究文字、文物的学科不同，民俗学的研究无法离开具体的人去研究文化，“民俗学直接面对的却是有主人在场的生活文化”[3]。因此，“民俗学者则是经由模式化的民俗来感受生活”[4]。这一“感受”，一方面是现实生活给予学者的经验，能够使学者与被研究对象有着共通的感受，无法将自我完全置于“局外人”的位置；另一方面是学者应该与被研究对象在访谈、研究过程中共情，不能仅仅将对方当作提供资料的“工具”。这一思考，与格尔茨对“深描”的反思，有着一定的契合之处。纳日碧力戈曾这样解读格尔茨的“深描”：“格尔茨指出，要寻找文化及其意义，就要局内观察交易场，山寨，参与放牧，加入斗鸡，感觉、感知、体悟和心灵都要调动起来。”[5]刘铁梁的感受之学，也是强调在与民众的日常交流中，体会、感受他们的生活感受，理解他们对自我文化的理解。

在此基础上，他提出通过书写“个人生活史”，将凝结着每个人与群体、与社会发展密切相连的感受的民俗文化呈现出来。此后，刁统菊反思了个人田野历程中所遭遇的困惑，结合“感受生活”的思考，建议田野作业应该是“聆听式”的对话，不应只关心自己的问题意识，更应该关照到“民众个体的话语权

1 参见高丙中：《知识分子、民间与一个寺庙博物馆的诞生：对民俗学的学术实践的新探索》，《民间文化论坛》2004年第3期。

2 参见吕微：《反思民俗学、民间文学的学术伦理》，《民间文化论坛》2004年第5期。

3 刘铁梁：《感受生活的民俗学》，《民俗研究》2011年第2期。

4 刘铁梁：《感受生活的民俗学》，《民俗研究》2011年第2期。

5 纳日碧力戈：《格尔茨文化解释的解释（代译序）》，[美]克利福德·格尔茨：《地方知识：阐释人类学论文集》，杨德睿译，商务印书馆，2017年，第11页。

和民众的文化权利”[1]。此时的中国民俗学，吕微、户晓辉、刘晓春、周星、王杰文、安德明、杨利慧等众多民俗学者已经共同建构起民俗学面向当下和日常生活的研究范式。基于这种研究范式转型，民俗学者提出了“实践民俗学”的概念。“实践民俗学”指的是“面向当下的、田野作业的、主体间的、自由民主的民俗学”[2]。在实践民俗学研讨过程中，刘铁梁强调个人叙事对实践民俗学研究的重要性，并提议“我们有必要从实证的民俗志书写理念转到对话与交流的民俗志书写理念上来”[3]。

交流式民俗志的提出，意味着民俗志研究迈入了主体间性的、实践性的阶段。接下来，本部分将通过交流式民俗志的四个特征来探讨这一阶段民俗志反思性成果。

重视个人叙事，强调具体个人的生活经验和身体感受。这里的“个人叙事”，包含着两个层面的解释。

首先，个人叙事是民众交流[4]中一种基本的、表达个人经历和感受的题材。这些经历和感受，往往是以个人的、微观的视角叙述出社会变革历程和群体的经历。例如，《石景山区卷》的调查过程中，模式口村居民高凤谦非常骄傲地讲述了自己在军工厂工作、退伍后在首钢负责计算机维护、改革开放后从事首钢外贸工作的经历。这些叙事鲜活生动，是民众真正关心的事情，也是他们在叙述当地民俗文化时必然讲述的一种内容。

其次，个人叙事是交流式民俗志书写的重要体裁和主体话语权展现的重要手段。近些年来，民俗志研究将个人叙事直接引用在文中，是学者主动将地方民俗文化的解释权和话语权让渡的过程，也是将民众的讲述视为地方文化再生产的一部分。例如刁统菊的《华北乡村社会姻亲关系研究》[5]、樊枫的《“网游打

1 刁统菊：《民俗学学术伦理追问：谁给了我们窥探的权利？——从个人田野研究的困惑谈起》，《民俗研究》2013年第6期。

2 王杰文主编：《实践民俗学的理论与批评》，学苑出版社，2020年，《前言》第2页。

3 刘铁梁：《个人叙事与交流式民俗志：关于实践民俗学的一些思考》，《民俗研究》2019年第1期。

4 这种交流，不只是包括民众日常生活的交流，也包括民众与学者的交流。

5 刁统菊：《华北乡村社会姻亲关系研究》，中国社会科学出版社，2016年。

工仔”的民俗志研究》[1]、王春燕的《雁北耍孩儿演员主体传承实践的民俗志研究——以演员王斌祥和薛瑞红为个案》[2]、李书豪的《乡土情感与国家责任——东南村二仙庙庙祝的个人生活史研究》[3]等等。正如刘铁梁所说："实践民俗学开始关注个人叙事，就是要改变忽略生活实践者言说自身文化权力的倾向，将被访谈人视为有资格叙述历史的独立个体，每个人都有权讲出自己心中和身上的历史记忆。"[4]

重视共情交流，强调民众对自身文化的阐释和理解。追求平等，或者无限接近于平等的关系，是民俗学者在主体间性上始终在探讨的问题。然而，学者们也发现，这种平等是难以衡量的。当学者们以"我们"的心态"眼光平视"地进入田野时，民众未必能立刻推心置腹地将来访者视为"我们"。

基于主体间性的思考，有温度的田野和民众文化阐释在近些年得到了充分的讨论。2019年起，张士闪倡议举办了一系列"有温度的田野"学术工作坊。如何在民俗学研究中践行"有温度的田野"？如何生产出主体间性的研究成果？近些年来，学者们相继给出了不同的意见。刘铁梁从自身的民俗志书写经验出发，提出要书写"交流式民俗志"："交流的民俗志不仅把受访者看做信息提供人，还看做是民俗志调查和写作的合作者，是与我们一起进行一种共同文化实践行动的行动者。"[5]张士闪也看到了民俗志书写中的民众立场和知识问题，强调要"在生活史与心态史的双重维度体察村民感受，包括村民对自身文化的阐释"[6]。刁统菊解读"有温度的田野"的"温度"应该体现在给予被访谈对象充分的理解和尊重，以及给予他们主动、足够、必要的关注，关注个体主体性的

1 樊枫：《"网游打工仔"的民俗志研究》，山东大学2021年硕士学位论文，指导教师刁统菊。
2 王春燕：《雁北耍孩儿演员主体传承实践的民俗志研究——以演员王斌祥和薛瑞红为个案》，浙江师范大学2022年硕士学位论文，指导教师宣炳善。
3 李书豪：《乡土情感与国家责任——东南村二仙庙庙祝的个人生活史研究》，云南师范大学2022年硕士学位论文，指导教师张曙晖。
4 刘铁梁：《个人叙事与交流式民俗志：关于实践民俗学的一些思考》，《民俗研究》2019年第1期。
5 刘铁梁：《个人叙事与交流式民俗志：关于实践民俗学的一些思考》，《民俗研究》2019年第1期。
6 张士闪：《当代村落民俗志书写中学者与民众的视域融合》，《民俗研究》2019年第1期。

塑造。[1]张举文建议将“走向田野”改为“走在田野”，学者与民众的平等应该是“对‘人’‘社会’‘知识’等概念的平等态度”[2]。董秀团尝试了地方精英日志书写的形式，将民俗志书写的笔杆交给民众，让他们以日志的形式参与到民俗志书写中来。[3]“共情”“民众文化阐释”“平等态度”“共同文化实践”这些名词，解答了学者与民众之间话语关系如何平衡，以及学者在学术知识生产中如何自我定位等问题。

重视生活实践，强调本土文化传统的连续性。民俗学的实践转向以表演理论为代表，该理论关注现实、民众，以及日常生活过程和实践。[4]中国民俗学的实践转向，不仅得益于表演理论，日常生活研究、布尔迪厄的实践理论、康德的实践理性等思想都推动了实践性研究。交流式民俗志的书写，同样经历了实践转向阶段。

一方面，在书写范式上，将民众主体的实践活动视为文明历史发展的一部分，探讨在每个民众生活中的文化连续性和现代性转型。这是每一个具体的人对所在地方社会的价值的民俗学解读，真正地凸显出民众的主体性和文化平等性。注重具体人的生活实践的民俗志在近些年获得了更深入的探讨。王均霞在评议刁统菊的《华北乡村社会姻亲关系研究》一书时，提出“实践民俗志意指一种聚焦于具体的人及其民俗实践的民俗志写作方式”[5]。王春燕从主体生活而不是传承人传承的角度，探讨了两位雁北耍孩儿演员生活实践中的逻辑，以及对地方戏发展的影响。[6]

---

1 参见刁统菊：《感受、入户与个体故事：对民俗学田野伦理的思考》，《民俗研究》2020年第2期。

2 ［美］张举文：《从走向民间的田野到走在民间的实地：意识形态范式的转换》，《民俗研究》2020年第2期。

3 参见董秀团：《地方精英民俗志书写的可能性及反思——以云南大理石龙村李绚金村民日志为例》，《民俗研究》2022年第4期。

4 参见尹虎彬：《回归实践主体的今日民俗学》，王杰文主编：《实践民俗学的理论与批评》，学苑出版社，2020年，第144页。

5 王均霞：《实践民俗志与女性民俗研究的一种可能性》，《民间文化论坛》2020年第3期。

6 参见王春燕：《雁北耍孩儿演员主体传承实践的民俗志研究——以演员王斌祥和薛瑞红为个案》，浙江师范大学2022年硕士学位论文，指导教师宣炳善。

另一方面，民俗志与民众文化实践的互相成就关系。实践性和公共性是近些年中国民俗学共同探讨的重要问题，民俗志书写是使学者知识快速与地方文化建设发生意义的一种有效方式。交流式民俗志始终在期待着，在书写完成后，能够与地方上再次进行交流，实现从田野到学术资源，再到学术资本，最后再次回到民众生活实践和本土文化发展之中来，形成学术与社会的良性循环。

区域研究与主体活动联结研究兼存。新式民俗志发展的初期，其书写的区域基本上是以具有明确边界的行政区划或自然区划为范畴的，或者以某一民族的生活范围为范畴，这一范畴，往往与具体区域相连接。这是一种具体的时间和空间结合的书写方式。

近些年，对民俗志空间范畴问题的研究，较为典型的是周星关于区域本位、民族本位和事象本位的思考。他提出应该跳出行政区划的背景，发展基于自然生态环境、历史文化区、文化生态区、人文地理等背景的民俗志。[1]同时，他也希望展开跨区域和跨族群的民俗事象的比较研究。[2]周星的思考，在民俗志具体书写实践上已经有了一些尝试。例如刘晓春的《番禺民俗》，就是立足“一个地区的民俗事项进行民俗志的整体研究”[3]。袁晓倩关于驼队的民俗志研究，则是以主体活动所涉及的多个地区为空间范畴的，“以驼队的活动路线与货运流动为线索，关照与驮运有关的其他地区主体，通过多主体的共同叙事，阐述区域之中民众生活的整体性，开展多点民俗志的研究”[4]。

综上，交流与共情，是民俗志发展新阶段的主题。这两个关键词回答了新式民俗志范式建构中所遭遇的问题。学者应该以平等的态度和共情的感情进入田野中进行交流和对话。在具体书写上，民俗志应该使用个人叙事和民众的阐

1 参见周星：《中国民俗学著述中的区域本位、民族本位与事象本位》，《中央民族大学学报（哲学社会科学版）》2021年第4期。

2 参见周星：《中国民俗学著述中的区域本位、民族本位与事象本位》，《中央民族大学学报（哲学社会科学版）》2021年第4期。

3 陈蓉榕：《当代民俗志写作新的尝试——〈番禺民俗〉述评》，《民间文化论坛》2019年第4期。

4 袁晓倩：《“赶牦牛”的民俗志研究——以西藏类乌齐县扎沙村驼队之活动为例》，山东大学2022年硕士学位论文，指导教师龙圣。

释话语，更大限度地呈现民众主体的话语权。关注民众的生活实践，将生活视为生活文化传承的唯一载体，将民众实践活动视为地方文化建设和文明发展的重要组成部分，并在民俗志书写中给予充分体现，是尊重民众文化创造和保证文化平等性的民俗学举措。当然，在这一过程中，民俗志成为学术知识成果后，还应该对地方文化实践产生正向的、积极的影响，促进从学术到社会的良性交流模式。这也是民俗学者对整个社会文化发展的一种贡献。

## 第二节　当代地方民俗志书写过程及其相关问题探讨——基于《中国民俗文化志》北京几个区卷的书写经验

目前，中国民俗学界已经生产出数量不少、类型各异的民俗志成果，也积累了一定的书写经验。可是，基于自身书写经验的反思较少。如何生产一部当代地方民俗志，如何处理田野调查和民俗志书写中的内容选定、个人叙事与地方文化呈现、民众文化实践与文化再生产等问题，至今尚未有系统的阐述。当前这方面的论述主要有刁统菊的“学术伦理”[1]、毛晓帅的“城市化进程中民俗志书写的理论思考”[2]、陈曲与王志清的“交流式民俗志书写过程的思考”[3]、董秀团的“地方精英民俗志书写的反思”[4]等。但是，这些反思并非完全出于对书写过程中自身经验和重点问题的思考。

1　刁统菊：《民俗学学术伦理追问：谁给了我们窥探的权利？——从个人田野研究的困惑谈起》，《民俗研究》2013年第6期；刁统菊：《感受、入户与个体故事：对民俗学田野伦理的思考》，《民俗研究》2020年第2期。

2　毛晓帅：《城市化进程中民俗志书写的理论思考——兼论民俗志写人与写文化》，《河南科技学院学报》2020年第3期。

3　陈曲、王志清：《对话与交流式民俗志的书写及思考——师公韦锦利与民俗研究者合作的“实践民俗学”研究》，《黔南民族师范学院学报》2022年第6期。

4　董秀团：《地方精英民俗志书写的可能性及反思——以云南大理石龙村李绚金村民日志为例》，《民俗研究》2022年第4期。

相较于民俗志，民族志反思已经取得了相当的成就，并带动民族志书写进入“实验民族志”阶段。保罗·拉比诺的《摩洛哥田野作业反思》是将作者进入田野、处理田野关系等民族志生产过程，即主体性经验[1]，作为研究对象，进行系统的研究阐述和自我审视[2]。这种反思民族志的形式，让民族志书写从科学的民族志中脱离出来，走向了多声部、主体间、多地点的范式中。如今，民俗志书写也在追求着主体间性的、自反性的、交流对话式的范式，那么就有必要将研究者的书写经验作为研究对象，进行自我审视，以便更好地讨论民俗志书写的相关问题。

## 一、标志性文化的磋商与协定过程

“标志性文化统领式”民俗志提出之初，针对“标志性文化”是否能够呈现民众鲜活的生活文化，是否充分体现主体间的对话关系等问题，西村真志叶率先提出了质疑和探讨。

> “突出地方文化特征”意味着研究者主体通过与其他地方或群体社会文化之间的比较寻找该地方特有的某种文化事象；这就意味着某种文化事象成为“标志性文化”的最后依据，不完全在于该地方民众及其生活本身，更多地在于与其他地方或群体社会间的比较之中；而这一工作只能是由研究者完成的。[3]

蔡磊基于西村真志叶所提出的质疑，提出“标志性文化”是“学者自身对

1 参见王杰文：《“在场”与“生成”——反思“实验的民族志”》，《中国农业大学学报（社会科学版）》2011年第3期。

2 参见王杰文：《“在场”与“生成”——反思“实验的民族志”》，《中国农业大学学报（社会科学版）》2011年第3期。

3 ［日］西村真志叶：《学科范式转变中的“民俗志”——以〈中国民俗文化志〉的“标志性文化统领式”民俗志为例》，《西北民族研究》2008年第4期。

一地文化结构和秩序的理解与确立标志性文化的条件和原则”[1]。这里的标志性文化是具象概念，是学者他观与群体自观的双重确认过程。很快，青海师范大学的硕士生王静梅运用“标志性文化统领式”民俗志书写理念，撰写了赵各庄民俗志。该生的民俗志书写并不是在刘铁梁的直接指导下进行的，是基于个人领悟和理解。[2]其在应用过程中所产生的困惑，也意味着该民俗志书写模式在广泛的实践层面所遇到的理解不充分等问题。

> 赵各庄民俗志对“标志性文化统领式民俗志”理论的书写条件和书写要求的实践较容易实现，对记录不同留存状态的民俗和近代现代化背景下民俗变迁的原因的实践相对困难。
>
> 本文此处所要表达的是，该理论对于民俗记述的详尽程度没有给出明确的标准，对于记述这种详尽的民俗志所需要的时间和精力等因素没有给出明确的指导。[3]

这段在结论部分的文字，说明作者在田野作业、资料选择和内容安排上都对“标志性文化”存在着理解误区。这些误区的产生，也与“标志性文化统领式”民俗志目前的研究成果类型有关。成果主要集中在理论建设和民俗志成书上，但对“标志性文化”是如何在学者、官方和民众三方共同磋商和协作下产生、确定和书写的这一过程，缺少经验探讨。本部分将以笔者在《丰台区卷》的田野调查和书写经验为个案，探讨“标志性文化”的民俗志文本生产过程。

---

1 蔡磊：《民俗志的学术定位与书写》，《西北民族研究》2009 年第 1 期。

2 一种学术理论能够在学术界产生深刻影响，并不能仅限于一个学术带头人及其弟子们的研究，应该在更加广泛的学术界得到应用和讨论。在这一应用过程中，必然存在着各种各样、不同层次和视角的理解。这些理解，未必与该理论发起者和研究核心圈的见解相同，但能够折射出该理论在应用时有可能遇到了误解和困惑。因此，本部分讨论了这一篇对“标志性文化统领式民俗志”理解并不十分成熟的硕士学位论文。

3 王静梅：《赵各庄民俗志——对“标志性文化统领式民俗志”的实践与反思》，青海师范大学 2012 年硕士学位论文，指导教师文忠祥。

北京市丰台区位于北京的西南部，是北京城区的一部分。近现代以来，丰台区是北京重要的交通枢纽、军事要地、花卉蔬菜产地。南苑机场和丰台火车站承担着北京地区重要的货运、客运和军事运输的任务。卢沟桥和宛平城既是历史古迹，也是打响全国抗战的军事要地。花乡、长辛店等地在明清时期已是北京花卉、蔬菜的种植基地。而今，丰台区已是高度城市化的城区，其中，方庄小区是北京第一个商品房小区，云岗和东高地是中国航天的摇篮。来自五湖四海的人在这里生活、工作、消费，重新塑造着丰台区的现在和未来。我们在丰台区的民俗志调查和写作，是基于一个中时段的历史与当下文化展开的。

2017年6月13日，编写组的刘铁梁、毛晓帅、程浩芯3人一同前往丰台区文联，与丰台区文联常务副主席李澎、秘书长韩玉莲、办公室工作人员孟芳等同志进行了座谈。[1]通过这次座谈会，编写组对丰台区民俗文化有了进一步的认识，并初步制订了工作方案。[2]7月2日晚，编写组组长、主编刘铁梁，召集编写组10名博士生和硕士生在居住酒店内开编写预备会议。刘铁梁在会议上明确了此次调查和书写工作的基本指导思想。《丰台区卷》共分为十章，每人负责一章。内容要反映出丰台区独特的历史进程、百姓的性格特征，更要将写人与写文化联系起来；不仅要关注中时段的民俗，也要考察小时段的、新兴的民俗文化。7月3日，我们前往丰台区图书馆查阅相关资料，阅读了《北京丰台商业志》《北京丰台年鉴》《丰台建设史》《北京市丰台区地名志》《丰台区志》《古镇长辛店》等文献，初步了解了丰台区的历史文化。这些文献也成为我们后期书写过程中的重要参考资料。

7月4日，在李澎主席的组织安排下，我们在丰台图书馆与丰台区各乡镇、街道专管文化的干部进行了座谈。李澎主席在座谈会上向我们介绍了丰台区的基本概况、民俗文化特征和重要访谈对象。他作为一个专管地方文化的干部，向我们强调丰台区是一个城市化快速发展的区域，要让丰台区人民对自己所在

1 参见刘铁梁主编：《中国民俗文化志·北京·丰台区卷》，北京出版社，2018年，第387页。
2 参见刘铁梁主编：《中国民俗文化志·北京·丰台区卷》，北京出版社，2018年，第387页。

的地方有着强烈的自豪感和归属感，否则城市就是一个空壳子。[1]在这次座谈会上，刘铁梁及丰台区的文化干部都向我们传达了《丰台区卷》书写的基调，应该是将历史还给民众，让居住在这片土地上的人享用文化，促进这片土地的发展和文化资源利用。了解了丰台区的基本情况，议定了《丰台区卷》书写的基调和准则，我们进行了分组分工，按照先普查确定标志性文化题目，再深入访谈调查的原则，我们10人共分为4组，在7月14日之前，每组至少提出3个标志性文化题目，再经讨论合并为9个标志性文化题目。[2]

此次座谈会后，丰台区文联开始向各街道、乡镇文教科下达工作函，各街道或是直接联络地方文化精英，或是将任务布置给社区，由社区与我们对接。无论哪种形式，都是先在公务系统内走完工作安排程序，我们再联络街道办事处或者社区居委会，商议访谈时间、地点和形式。在等待区文联与各街道工作对接的时间里，我们开始在小区、花园等地寻找合适的访谈对象。根据之前了解到的丰台火车站历史，笔者和同组组员找到了丰台街道的铁路小区，在小区花园内对三位正在晒太阳的阿姨进行访谈。阿姨向我们讲述了她们或家属曾经做铁路工人的生活史。

7月6日，丰台街道文教科的工作人员热心地联络了3位访谈对象，并召开了一场座谈会。那天出席座谈会的访谈对象有丰台机务段的郭奇荣、空竹传承人马昌华、剪纸传承人张娟。其中，河北蔚县人张娟老师讲述了自己幼年在家乡学习剪纸，后来在张家口学习市场营销后，卖掉家乡房屋，来到北京丰台区开设剪纸艺术工作室的经历。笔者敏锐地发现了在这个大流动时代，张娟作为

1 这段话是笔者对李澎主席讲话精神的概述，是笔者在座谈会上所做笔记的总结，并非一字不差的原话。

2 第一组，程浩芯和李小真，负责普查方庄、新村街道、右安门街道、西罗园街道、马家堡街道。第二组，李晓宁、程瑶和任倩倩，负责普查南苑街道、东高地街道、东铁匠营街道、大红门街道、花乡街道。第三组，魏甜甜、刘奕伶，负责普查王佐镇、和义街道、宛平城地区、丰台街道、太平桥街道。第四组，孙桂媛和谢梦瑶，负责普查长辛店街道、云岗街道、卢沟桥街道。此外，组长、主编刘铁梁和副组长、副主编毛晓帅负责第一章《概述》的编写，以及整个编写组的工作调度和思想指导。

千千万万的北漂儿之一，她的生活史是值得我们关注和书写的。而且，她选择来北京丰台区的契机，成为我们继续深度访谈的切入点。张娟老师在经由笔者询问后，告诉笔者，之所以选择丰台区，是因为其舅舅家的表哥屈金山在这里生活，与她合作经营剪纸工作室。她舅舅是20世纪50年代为生计携妻移民北京的。屈金山自幼生活在丰台区（原丰台镇），20世纪70年代起在丰台镇商业中心正阳大街的桥南菜市场（国营）里当售货员，其人生经历见证着丰台镇的历史变迁和丰台百姓的生活方式变革。因此，笔者与张娟老师约定第二天去他们的工作室——奇正天成剪纸文化发展公司，进行深入访谈。

7月7日，笔者与同组组员来到丰台区兴隆中街的剪纸工作室。这是一间坐南朝北的临街小平房，曾是丰台区副食品公司的办公场所，如今被改造成剪纸艺术工作室。屈金山眉飞色舞地向我们讲述了他们全家移民北京的故事，以及他在桥南菜市场做售货员的人生经历。同时，他绘制了20世纪70年代至80年代丰台镇正阳大街的商铺图，讲述了他记忆中这些商铺的故事。这些鲜活故事凝结着丰台镇居民曾经的衣食住行、喜怒哀乐。他们会为到丰春楼吃饭而欢喜，也会为在菜市场多付1分钱而生气。孩子们会为到大仁堂药店买山楂丸而快乐，也会为看铁路工人俱乐部的电影而放弃晚饭。我们在剪纸工作室访谈了很多次，每次屈金山老师都会提前准备好老照片和资料，为我们讲述丰台镇的往事。而张娟老师总是在我们聊天的空隙，向我们讲述她创作剪纸的灵感和获奖经历。

7月14日之前，我们将需要普查的地方全部走访了一遍。7月14日晚，经过全体编写组成员的认真讨论，又向区文化界人士征求意见，我们确定了一些具有标志性文化意义的民俗事象，作为下一阶段的重点调查对象。[1]笔者负责第三章《正阳大街》的写作，主要内容有丰台镇的历史变迁、正阳大街及主要居民区的历史记忆与城市化变迁过程、新丰台人的移民经历。当时，笔者的访谈对象主要是张娟和屈金山。然而，两位访谈对象是远不能完全展现出丰台镇的地方文化和民众的精神文化面貌的。由于街道办事处主要介绍的是非遗传承人，

1　参见刘铁梁主编：《中国民俗文化志·北京·丰台区卷》，北京出版社，2018年，第387页。

笔者期待更多普通的丰台居民成为我们民俗志的主角，所以主动到丰台街道的各小区寻找合适的访谈对象。在这里，笔者结识了丰台人李恒。李恒回忆了丰台第一百货的情况。但是他对笔者的身份保持疑虑，甚至爽约了我们后来的约见。因此，笔者不得不再去寻找合适的访谈对象。

经过网络查询和随机访谈，笔者了解到丰台街道办事处邻近的小区便是丰台镇的回迁小区。于是，笔者多次到该小区的花园里寻找合适的访谈对象。在花园里晒太阳的孙淑敏老人跟我讲述了她父亲在正阳大街上开孙记菜铺的故事。然而，她对我保持着谨慎的距离，不愿意深入透露自己的信息和故事。因此，我将孙淑敏老人的情况反馈给了街道办事处文教科，文教科的领导热心地帮助我们联系了孙淑敏老人，并安排我们在街道办的会议室见面。有了官方的身份，孙淑敏老人减少了对笔者的警惕，非常生动地讲述了自己小时候用报纸糊墙、穿黑棉布衣、在电话局工作、在丰田镇中心小学读书等故事。这些经历充满了民俗文化的历时性特征，是丰台镇居民曾经的岁月，也支撑起他们如今共同的地域认同感。

最终，笔者确定了所负责的章、节及三级标题，这些皆是以具有标志性文化特征的名词为内容的，在题目安排顺序的逻辑上也遵循了时空结合的原则。如下：

第三章　正阳大街

　　第一节　丰台大桥

　　“骆驼桥”

　　丰台村　丰台火车站　丰台沦陷　“骆驼桥”

　　春节

　　报纸糊墙　凭票买年货　20世纪80年代的年货　元宵灯会

　　从革命婚礼到旅行结婚

　　布拉吉、喇叭裤

　　从黑棉布到列宁装　中山装与布拉吉　套装与喇叭裤

旅游结婚

节俭办婚礼　革命婚礼　旅行结婚

第二节　桥南菜市场

丰台百货商场与桥南菜市场

孙记菜谱　焊洋壶铺　四联美发　丰和轩　丰春楼　大仁堂药店　丰台百货商场　修鞋铺　澡堂　丰台桥南菜市场　铁路工人俱乐部　电话局职工孙淑敏　丰台镇中心小学

东兴里

南孔庄子

南孔庄子　东大街　校书里胡同

东兴里12号

排子房　修顶棚　弹钢珠　自建房

第三节　“京彩剪纸”

搓麻绳　摇煤球　教绣花的赵春先　张娟　奇正天成　京彩剪纸《卢沟晓月》

从《丰台区卷》第三章《正阳大街》的调查和书写经验出发，审视和反思民俗志中“标志性文化”的生产过程，可以深度阐释“标志性文化统领式”民俗志的相关疑问，同样也可以为后人应用“标志性文化统领式”民俗志书写模式提供参考。

首先，标志性文化是学者、民众、官方三方共同确认的结果。由于我们的调查和初稿写作只有45天的时间，我们无法像人类学者那样在田野中生活较长的时间，去亲身体验、参与、观察这个地方。由官方介入的深度访谈是我们最直接、最快捷的手段。我们在调查之前，已经通过文献了解到丰台区的历史文化概况，例如丰台机务段的历史，便是我们通过查阅资料关注到的。调查之初，当地文化部门为我们重点介绍了他们所关注的地方文化特征，并推荐了地方文化精英。这些文化精英的身份，无论是退休干部、非遗传承人，还是热心社区事务的居民，根本身份都是生活在这片土地上的人。他们的身体与这片土地的文化、历史血脉相连。从他们的生活史故事里，我们可以了解到更深层次的丰台区的民俗文化。例如，屈金山和张娟表兄妹，最初是以剪纸传承人的身份与我们联络。在调查过程中，他们家族的移民经历，以及在丰台镇生活的记忆，都成为呈现丰台标志性文化的重要内容。但我们与张娟、屈金山等访谈对象的关系，不是攫取资料者和被攫取资料者的关系，而是一个对话、沟通、交流的关系。在访谈的后期，他们会提前在记忆中筛选出具有地方文化特征和体现自己生命历程关键节点的故事，准备好照片和资料，按照他们的逻辑顺序讲述给我们。这些故事，是最初区文联的座谈会上没有提及的，在文献资料中也是没有记载的，却是老百姓对这片土地、这个时代最为鲜活与真切的经历和感受。这些故事如同柳田国男所追求的“史外史”，是真实发生、不曾被史书记载的历史。[1]在这一过程中，官方、学者、民众都表现出了强烈的主体意识，三方互相商榷，共同确认了“标志性文化”。

其次，在章、节题目和文章内容的表达上，尽量使用本土语汇和地方知识。我们避免使用分类意义上的物质民俗、信仰民俗等词语，而是使用在访谈过程中民众反复强调、重点讲述的词语，如布拉吉、“骆驼桥”、丰台桥南菜市场。拥有同样记忆的丰台人看到题目，就能勾起与访谈对象共同的回忆点。在文章内容表达上，我们增加了个人叙事、个人生活史的表述，增加了个人主观的感受和经历。例如，在书写大仁堂药店时，不仅有大仁堂药店的经营情况和主营业务，还记录了20世纪60年代屈金山在大仁堂药店购买山楂丸的愉快经历。这些故事，既是个人的经历，也是丰台镇居民在那个时代共同的记忆，钩沉着他们共同的身体感受和情感认同。如果只客观书写大仁堂药店概述，未必能给

1 关于柳田国男“史外史”的观点，原文为：“在被今日的历史遗弃的部分中，存在着我们想要了解的历史，我把它称为史外史。无论过去我们多么故步自封，今天到了把目光投向外史的时候了。我们必须认识到，人类复杂纷繁的生活，经过数千年悠久的变迁的历史，是我们无法穷尽的，尤其是迄今为止被忽略的常民大众的历史更是如此。”［日］柳田国男：《民间传承论与乡土生活研究法》，王晓葵、王京、何彬译，学苑出版社，2010年，第41页。

予读者，尤其是经历过这段历史的读者鲜活的时代感、地方感，但是加上屈金山放学后呼朋引伴去购买3分钱山楂丸的故事，大仁堂药店不再是冷冰冰的地点，而成为当地民众温馨的情感联结点。

最后，整体行文采用时空结合的逻辑，既突出从丰台镇到丰台街道的时间性上的流变、现代化过程中民俗文化新旧交替的特征，也突出丰台镇的具体空间位置和民众生活中的空间感。第一节和第三节都是按照时间线性顺序来安排的，如第一节讲述了丰台镇历史文化及民众生活衣食住行、婚俗、节俗的演变。我们遵照民俗文化在生活中传承的原则，不追求文化溯源。在历史文化部分，文献记载和民众记忆相结合，而民俗文化演变部分，基本以民众记忆和经验为书写重点，着重体现出地方民众的集体性格和地方民俗文化的演变历程。第三节讲述了屈金山、张娟他们先后移民至丰台区的经历，展现出新丰台人的精神风貌和新丰台文化多元、包容的特征。

## 二、个体记忆、个人叙事与地方民俗文化的整体呈现

在田野调查过程中，访谈对象常常将历史记忆、地方民俗以自我生活经历和主观感受的形式表达出来。例如，《海淀区卷》中，在谈及海淀镇的冰窨时，吴翠芝回忆起20世纪50年代舅舅和表弟为冰窨拉冰的往事。在数九寒天的刺骨北风中，她舅舅穿着单鞋，拉着数百斤的冰块不停歇地在冰道上行走，挣取每块冰两毛钱的收入。到了夏天，孩童时期的李桂香在老虎洞陪着姥姥卖冰镇汽水，这些冰镇汽水用的冰块都是从海淀的冰窨里买来的。买不起冰块的孩子会去冰窨附近捡冰核儿，魏凤琴讲述了她曾因母亲暑热难耐去冰窨捡冰核儿的经历。这三则从个人生活经历讲述的故事，恰好勾勒出20世纪中叶海淀区居民制冰、运冰、购冰和用冰的整体生活图景。

事实上，每个人的生命历程都与国家、社会、地方的命运休戚相关，其心理意识和行为模式都受到整体社会文化的形塑。因此，每个人的生活都折射出地方社会发展进程的一个侧面，也包含着对地方民俗文化的整体呈现。所以，

每个人都有资格讲述自己所见、所闻、所感、所经历的地方民俗文化，民俗志书写也应该特别关切这些精彩的个人叙事以及个人生活史的故事。这些叙事既是民众迫切想要表达的东西，是他们生命历程中的宝贵回忆，也是对地方历史发展、社会文化建构、地方性知识等集体性事件的个体记忆内容。

近年来，中国民俗学已完成了对“个人叙事”“个人生活史”“个人记忆与集体记忆”“身体记忆”等与个人相关研究的合理化建构和研究思想转向。[1]那么，从民俗志书写角度出发，民众是如何通过叙述个人乃至家族的生活史将地方民俗文化和历史进程展现给我们的？我们又如何将这些零碎的、具有主观感受性的材料梳理整合，最终呈现出民俗志文本的？

2016年7月初，我们调查组12人在北京市海淀区开展《海淀区卷》的调查和写作工作。海淀区位于北京的西部，是先行城市化区。凭借上风上水的地理位置，海淀区自元代起就与皇家文化结下了不解之缘。[2]这里不仅有著名的“三山五园”[3]，而且因靠近故宫和皇家园林，有着玉泉山和昆明湖等优质水源，海淀

1　中国民俗学与个人相关的研究，很大程度上并不是直接借用国外民俗学、人类学和哲学的理论，而是在中国民俗学在对本土社会的思考和自身研究经验的总结之上发生的。以“个人叙事”研究成果为例，不少学者贡献出了自己的理论思考和个案研究。如刘铁梁的《个人叙事与交流式民俗志：关于实践民俗学的一些思考》(《民俗研究》2019年第1期)，张成福的《个人叙事与传统建构——以即墨“田横祭海节”为例》(《青岛农业大学学报（社会科学版）》2011年第1期)，林晓平、雷天来的《个人叙事与当代风水师身份建构——以赣南地区为例》(《民俗研究》2014年第6期)，刘先福的《个人叙事与地方传统：努尔哈赤传说的文本研究》(中国社会科学出版社，2019年)，刁统菊的《感受、人户与个体故事：对民俗学田野伦理的思考》(《民俗研究》2020年第2期)，毛晓帅的《民俗学视野中的个人叙事与公共文化实践》(《民族文学研究》2019年第3期)，等等。因篇幅限制，以上仅列举了部分代表性成果，更多的研究成果展现在田野个案研究的博士、硕士学位论文中。“个人叙事”研究，不仅完成了基本概念和意义界定，而且还探讨了中国民俗学“个人叙事”的研究缘起，讲述了“个人叙事”的目的及动机、“个人叙事”的类型、“个人叙事”与“集体叙事”的关系等。这些研究成果促进了中国民俗学完成“实践主体观”的转向。因篇幅限制，本处不再列举“个人生活史”“个人记忆与集体记忆”“身体记忆”等研究成果，不可否认的是这些研究也都事关如何认知“主体”、研究“主体”、看待“学者”与“民众”的话语关系等问题。

2　参见刘铁梁主编:《中国民俗文化志·北京·海淀区卷》，北京出版社，2016年，第3页。

3　三山指的是万寿山、香山、玉泉山。五园指的是颐和园、静宜园、静明园、畅春园和圆明园。

区曾经是为皇家种植水稻、莲藕等作物的重要基地。

清朝时期，海淀区的六郎庄聚居着来自全国各地、专为皇家服务的苑户，种植水生作物是他们的工作之一。清朝覆灭后，部分有财力的苑户将御田购买下来，继续种植京西稻、菱角、莲藕等优质作物，供应给北京城内的富户。其间，莲藕杨家逐渐发展成为京西地区唯一的种植水生作物的大户。[1]在京郊的一栋小别墅里，笔者与同组组员见到了杨家的后人杨福生。

杨福生是一位能言善谈、博闻广识的老先生。第一次见面，他在一楼的小客厅里，讲述了他外祖父杨兴桥被慈禧罢官、外祖母杨周氏兴办学馆、六郎庄地名传说以及服务皇室的苑户人家的故事。这些是构筑起六郎庄人地域认同的集体历史叙事，也是事关他们家族发展历史的个人叙事。无论这些叙事是否完全真实，但他的讲述都包含着他对自己村落历史和家族往事的认知与理解。讲述个人叙事是村民形成地方感、保持村落历史连续性的最重要方式和手段之一。[2]

在这次见面中，杨福生向我们介绍了当地种植水生作物所使用的农具、种子和肥料。他还在笔者的笔记本上画出这些农具，并标注了方言名称。杨先生认真细致的叙述情态深深地打动了我们。他所讲述的农业相关知识，是六郎庄这一特殊的北方水乡的共享地方性知识，是维系着这一村落过去民众生活的重要纽带。他以客观叙述的方式分享农业知识，同时融入了自己的亲身经历，如对肥料豆饼和花生饼味道的描述，向大户卖藕时的观察以及个人心理活动等。

此后，我们组3人多次登门拜访杨福生。每次访谈之前，他都提前准备好为我们讲述的内容，声情并茂、精力充沛地将六郎庄的往事娓娓道来。记得7月25日来到他家时是一个清晨。他热情地邀请我们到二楼书房详谈。他展示了他写的半自传体小说，以及他的画。日近正午，我们听到厨房里传来他爱人做饭的声音，便意犹未尽地起身告辞。杨福生依依不舍地将我们送到一楼门口，一直诚恳地挽留我们吃午饭。午饭过后，杨福生邀请我们再次回到二楼书房，

1　参见刘铁梁主编：《中国民俗文化志·北京·海淀区卷》，北京出版社，2016年，第44页。

2　毛晓帅：《个人叙事选择与集体记忆建构——基于北京D村花钹会的田野调查》，《民间文化论坛》2020年第5期。

更加投入地讲述他所知、所闻、所经历的六郎庄往事。

他从童年开始讲起，讲述了他在小狮子胡同度过的美好时光，有杂和菜、果子干、冰镇西瓜、冰核儿、金裹银儿等小吃，也有小驴儿推磨、磕泥饽饽、脚溜子等儿童游戏。他对记忆里六郎庄的叙事是充满感受、体验、情境的。比如，他回忆起在河西捡小白菜的经历，不仅陈述了菜农剔苗和他们捡拾的过程，也详细描述了晾晒小白菜的步骤，以及小白菜干饺子的味道。正如日本学者小关隆所说，记忆是人们对过去的知识和情感的集合体。[1]他的叙述是我们与他不断对话、交流所形成的，我们提的问题唤起了他对过去事件的再次感受，并形成口头语言和肢体语言来描述给我们，以便为我们重构一个充满温情和欢乐的六郎庄。

他按照自己生命历程的时间线来叙述六郎庄乃至北京市生活文化的变迁，讲述了不同时期民众的生活图景。例如，1948年他们全家搬到市区时，曾因解放战争经历一段物资紧张的时期。他以一罐老咸汤为线索讲述了物资紧张食盐紧缺的时期民众的生活智慧和互帮互助的精神。此后，他们又回到了六郎庄，当时他们已不再是村里的种植大户。他为了贴补生计，学习了绘画并将画作拿到镇上售卖。20世纪70年代，他凭借绘画、书法和糊顶棚、刻图章的精湛手艺，获得了生产队集体的称赞。20世纪80年代后，他担任了海淀乡的第一任文化站站长，为乡里工商业免费绘制宣传画，其领导的乐团参与到海峡两岸的文化交流中。2012年，六郎庄拆迁上楼之后，他将拆迁过程书写下来，刻在村落回迁新居柳浪家园大门口的石头上。杨福生讲述的是与时代社会紧密相连、波澜起伏的一生，也细致入微地回忆起自己见闻经历的六郎庄衣食住行、婚嫁、游艺、种植、养殖等方方面面的民俗文化。我们结束访谈时已近日暮。我们走出他家时，他的女儿、女婿和外孙恰好回家。在他家院门的大树下，夕阳如晖，他挥手送别我们，并欢笑着迎接飞跑而来的外孙。

从杨福生的叙述中，我们可以发现，个体始终是在一个社会整体文化网络

---

1　转引自王晓葵:《记忆论与民俗学》,《民俗研究》2011年第2期。

的交流互动中存在的。他的生命历程和个体记忆是地方社会、国家历史进程和整体民俗文化变迁在个人身体上的凝结。我们访谈的过程，实际上完成了一次个体记忆向群体记忆、个人叙事向集体叙事转化的过程。杨福生在与我们交流对话中，首先调动起了生命过往中的闻听、体验和情感，将这些经由年龄、地域共同体、国家意识和当下社会等层层塑造后积淀在身体上的记忆唤醒，然后根据我们民俗志的写作目的和交流所感兴趣的倾向，重新构建成叙事，讲述给我们，完成了从生活到记忆再到叙事的过程。我们不仅要聆听、记录他所讲述的民俗文化，更要分析、理解和阐释他讲述这些故事背后的文化逻辑和意义系统，进而更好地形成民俗志文本。

毛晓帅负责该部分的书写，他直接以《荷藕杨家》为章题目，以荷藕杨家的兴衰和杨福生的生活史，呈现出六郎庄村的整体民俗文化图景和村落历史变迁。这种以个人或家族生活史为叙述主体、以个人叙事为题材的书写方式并非首例。弗雷德里克·巴特的《斯瓦特巴坦人的政治过程——一个社会人类学研究的范例》[1]、林耀华的《金翼：一个中国家族的史记》[2]、黄树民的《林村的故事：一九四九年后的中国农村变革》[3]，以及民俗学博硕士论文中的个人生活史书写，等等，都是此类书写模式。在北京各区县民俗志中，个人成为节题目和小节的书写主体，已经有了一定程度的实践经验。如《顺义区卷》第十一章《民间文化的守望者》，三个小节分别书写了村志编撰者史庆芬、民歌守望者陈树林、编结巧手谢兰香三人的生活史，并运用了大量的个人叙事材料。

《海淀区卷》中《荷藕杨家》一章分为三个小节，按照村落生活空间、村落劳作、杨福生个人生命经历三个层次来绘制出六郎庄20世纪的村庄生活世界。章节和小标题均使用“标志性文化”标题书写方法，以具有地方性知识的标志

1 ［挪威］弗雷德里克·巴特：《斯瓦特巴坦人的政治过程——一个社会人类学研究的范例》，黄建生译，上海人民出版社，2005年。

2 林耀华：《金翼：一个中国家族的史记》，庄孔韶、方静文译，生活书店出版有限公司，2015年。

3 黄树民：《林村的故事：一九四九年后的中国农村变革》，素兰、纳日碧力戈译，生活·读书·新知三联书店，2002年。

性文化统领内容。

第一节为《小狮子胡同》，分别书写了六郎庄历史渊源传说、六郎庄小学历史发展、六郎庄的饮食和儿童游艺。这一部分是以20世纪上半叶为时间范畴的，是杨福生津津乐道的童年生活经历。

第二节为《六郎面　紫金箍儿》，书写了被誉为六郎面的莲藕种植、采摘和烹饪知识，京西稻的种植、堆肥知识，荸荠的采摘、售卖、烹饪技术，以及因脚踩荸荠劳作而形成的地域特色女性大脚丫。这些都是村落劳作刻写在身体上的记忆，也是构筑起长时间村落认同的基础。正是有着曾经种植特色水生作物的共同劳作模式，六郎庄才不仅是地域上的聚居，即使拆迁上楼后民众在心理意识上也有着村落集体的认同感和向心力。

第三节为《油漆彩画糊》，描写了杨福生跌宕起伏、与时代共命运的人生经历。这些以个人生活为视角的经历，反而将六郎庄与整个区域社会发展和国家命运联系起来，为我们呈现出20世纪中叶至21世纪初的历史进程基本面貌。值得一提的是，对于那些具有标志性发音的方言，这一章都给予了标注拼音，如小（xiáo）面儿、金裹银（yínr）等。这些方言注音，更直观、立体地呈现出民俗文化的地方性特征。三节的内容安排，无论是在时间线还是文化逻辑上，都是遵循六郎庄民众生活世界的结构，层层递进，最终在生活中观照和描绘民俗文化的整体性。

## 三、民众文化实践、民俗志写作与地方文化再生产

杨福生之所以能够进入我们民俗志书写的视野，并成为重要的访谈对象，一方面是因为他曾在当地文化部门任职，又是土生土长的海淀人，博闻广识，能言善谈，其人生经历和阅历都符合地方文化部门所认定的地方文化精英身份；另一方面，他在六郎庄拆迁上楼的过程中，书写的《柳浪庄赋》一文被镌刻在柳浪家园门口的大石头上，成为新六郎庄的集体记忆。他还以六郎庄和个人生活史为对象，书写了一百多万字的自传体小说。他的书和他的文化书写行为，

已然成为六郎庄乃至海淀区地方文化再生产的重要一环。

我们在田野调查中，时常会遇到类似于杨福生的地方文化书写者。他们未必曾是文化官员，也未必有高学历，但出于对家乡的热爱和文化自觉的意识，拿起笔杆将自己的所见、所闻书写下来，以回忆自传等文体形式发表在报刊上、出版成书或者提供给文化部门参考。我们的民俗志书写将他们视为地方文化建构的一部分，理解他们文化实践的价值意义，并在民俗志中给予重要的篇幅书写。结合笔者参加的《海淀区卷》《丰台区卷》《石景山区卷》的调查和书写经验，民众的文化实践主要可以分为以下四类。

其一，是民众自发恢复、组织民间艺术活动和信仰活动。由于多重历史因素的影响，许多民间艺术、信仰活动一度中断。然而，在国家政策和社会认知略有松动之时，不少民间文化精英迫不及待地担当起国家与民间的桥梁，灵活运用新的政策法规，探索文化传统与中国式现代化之间的平衡关系，以便能够恢复、组织集体性活动，建构起文化实践意义上的地方性。例如，在《海淀区卷》中，西北旺村的五虎棍会和高跷秧歌会，领头者在五虎棍和高跷秧歌的传承与发展中发挥了极其关键的作用。这两会在清朝曾是皇会，迄今已有200多年的历史，几乎每年都受邀参加妙峰山庙会。20世纪六七十年代，他们的活动被迫中断。1985年，妙峰山庙会恢复后，两会的领头们立刻组织起秧歌队和五虎棍会。从此以后，他们利用业余时间想方设法地练习秧歌和五虎棍，参加各种传统节庆和庙会的演出，参加中央电视台等节目的录制，并在当地学校中培养少年五虎棍的传承人，每周五、周六晚上对少年班的孩子们进行培训。《西北旺皇会》这一章专门设置了五虎棍会和高跷秧歌会一节的内容。它首先讲述了高跷秧歌会和五虎棍会的历史、传承谱系和基本演出流程，然后叙述了老会员们为五虎棍的传承与发展所做的努力，最后重点书写了五虎棍会后勤魏长海的生活史，以他的生活经历来呈现民众文化实践对地方文化建设的意义。

其二，是民众组织、参与的地方文化调研活动。在《石景山区卷》中，模式口村有一群出于对村落文化建设责任心的居民，组织起模式口村庄记忆调研和写作工作。模式口村在1984年首钢征地后彻底转为城市社区，原有的耕地全部被征用，磨刀石塘只剩下极少的部分，不再出售，老石匠也逐渐减少。2016年，由于模式口村要发展历史文化街区旅游，拆除村落部分民居，为了更好地建设旅游街区和留住共同的村落记忆，模式口村居民自发启动历史文化街区调查行动。居民范占禄、高凤谦找到老石匠梁永安、王德江等人，并与地方文人姚淑琴合作，重新上山采石，打造磨刀石，访谈村落名人，举办模式口村民俗展览，撰写村落回忆文章，并将“模式口石文化习俗”申请为区级非遗项目。这些行动基本上是居民自发自觉的行动，是他们在城市化、现代化、工业化的社会发展潮流之下，思考自身的文化依赖与村落共同体建构之间关系的结果。

在他们的调查组中，姚淑琴是特别的存在，她并非模式口人，而是金顶街街道城管科的公务人员。在街道办准备撰写模式口村历史文化书籍时，她接下了这份工作，以“模式口人说模式口事”为理念，深入模式口村，访谈了200多名模式口村居民，搜集了大量的村落地图、古道、教育、寺庙等资料，并最终写成书籍《京西古道模式口》和《关于模式口街区传统文化挖掘提升与利用的调研报告》。她与范占禄等人不同，其是以局外人和官方视角，从地方文人的角度书写地方文化，调研内容不限于磨刀石文化，书写视野也不限于模式口村。她的文化实践与模式口人的调研组织互补，共同完成地方文化重构。

其三，是民众自发自觉地书写村落民俗志、村志、村史的实践活动。近些年，我们在北京各区县的田野调查中，总是会遇到民众自发书写村落记忆书籍的实践。与田传江的《红山峪村民俗志》不同的是，这些村落已经完成了城市化过程，集体拆迁上楼。民众们出于对村落生活的眷恋和对现代文化中价值感割裂的抵抗，以回忆文章的书写来重构个人生活和村落生活的精神世界。

丰台区马家堡村拆迁上楼之后，居民孙德才手写了一本《马家堡传》。这本书记载了马家堡的历史和村民曾经的生活。他每天下楼遛弯时都会与老居民聊天，深入地了解马家堡的往事，绘制出拆迁前马家堡村的地图，并搜集到了火车站遗址等老照片。这本书虽然没有公开出版，但是获得了本村村民的赞许和街道办工作人员的关注。街道办专门将他书写《马家堡传》的故事写进了街道的访谈录中，并在我们调查组开展工作时，为我们推荐了他。我们得以有幸步入这位对故土有着深切眷恋的老人的世界，书写他与马家堡村的故事。在他的故事里，我们可以看到中华文明中民众生活的延续性和坚韧性，也能够看到普通人对文化传承的意义。

其四，是民众建设、开办的村落民俗陈列馆和地方农具展等旧物件展览。与书写书籍不同，开办展览需要一定的财力、人力和知识储备，能够让搜集、购买来的老物件得以修缮、展示、保护。因此，这种展览馆往往是地方精英和政府通力合作的结果。例如，京西五里坨民俗陈列馆是在北京文物局要求石景山区做好古建筑、古村落保护工作后，石泰基础建设投资有限公司总经理范冬元组织建设的。[1]这个陈列馆是修缮原有钱家大院和王家大院而成，馆内不仅有凝结着村落昔日生活记忆的老物件，还组织京剧社、小车会、秧歌队、太平鼓会、旗袍制作、书场等村落文化活动，以大院为文化空间，塑造了城市化后的五里坨村共同的精神文化世界。

关注到具有高度文化自信、文化自觉的民众文化实践之后，我们的民俗志不仅书写如五虎棍会、太平鼓会等文化活动，还将其中起到关键性作用的个人生活史和他们的文化实践过程全部纳入民俗志考察当中来，将其视为地方文化再生产的行动，作为地域文化共同体建构的一部分。刘铁梁借鉴马克思主义者的生产理论来解读民俗志生产过程，提出“田野资料的生产过程至少包含着两个层面的内涵：一是作为地方知识的田野资料有一个数十年、数百年的历史生产和积累过程；二是被访谈人或受访者的讲述本身又是对这些地方性知识给予再生产的过程”[2]。

第一层内涵已经包含了地方文化生产和民众文化实践后地方文化再生产的过程。模式口村居民将驼铃古道和磨刀石生产为文化资本，以调研和书写回忆文章的形式，最终又回到了村落共同体建构的环节之中，使之成为村落文化旅游的象征符号。我们的访谈和书写，不仅是地方性知识的再生产，还是与当地民众一起，共同参与地方文化建设的过程。《石景山区卷》中《驼铃古道模

1　参见刘铁梁主编：《中国民俗文化志·北京·石景山区卷》，北京出版社，2019年，第218页。

2　刘铁梁：《个人叙事与交流式民俗志：关于实践民俗学的一些思考》，《民俗研究》2019年第1期。

式口》这一章的书写内容安排，就是以村落共同体重构和地方文化阐释为理念的。

第一节不仅像传统的民俗志那样，写到了模式口村的历史渊源、地名传说、自然资源和磨刀石塘，还书写了当时正在进行的模式口村历史文化街区调研活动和磨刀石文化申遗行为。第二节以影响模式口人地域感和身份感最为关键的驼铃古道商贸业为书写核心，按照模式口大街曾经的空间顺序，描述出模式口村曾经的生活。第三节以百年来模式口村三个家族的今昔故事为线索，书写出模式口人在时代浪潮面前艰苦奋斗、勇攀高峰的精神面貌。第四节则是写了姚淑琴个人生活史和她的模式口历史文化调研，她的调研行动激发了模式口人主动调研自己村落文化的热情。她的文章为政府对模式口村的历史文化街区建设提供了资料参考，促进了村落文化再生产和资本化的过程，也帮助了村民回忆共同岁月和思考村落身份认同。

这四小节最终形成了一个模式口村民俗志文本。这一文本深描了该村历史文化、劳作模式、生活方式、居民精神风貌和文化实践，为读者和该村居民展现出他们曾经如何共同生活在这个村落内，如何形成自己村落的地域感、如何与周边地区乃至整个北京进行交往互动，如何通过个体的行动和村落共同的行动参与到整个社会和时代的发展中。

## 四、身份、共情、互助：主体间性民俗志书写中的技术性问题

本章第一节在梳理民俗志书写发展脉络时，多次论及研究者与民众从主客体关系向主体间交往互动关系的认识转向。这一转向，既离不开学科内共同的田野实践和书写范式研究，也离不开学者基于西方哲学、人类学民族志主体间性理论的借鉴与反思。西方哲学对单数的“我”与复数的“我们”的认识论转变，表现为从主体性到主体间性的演变过程。主体间性的思想转变经历了胡塞尔的笛卡尔沉思中我与他“共在”的认识论问题、海德格尔（Martin Heidegger）生存论的“此在”问题，以及布伯（Martin Buber）主体间的交互

性原则问题。[1]主体间性所认知到的一种主体和主体的关系，是交互性的，是人在交往互动中存在的问题，也是“具有交互主体性的主体和主体共同面对特定的客体或客体世界，成为某种共同主体”[2]。基于此，人类学民族志完成了从科学民族志到反思民族志再到实验民俗志的转向。民族志将关注焦点落在了主体间题上，并使主体从实在主体转向了关系主体，即从单一或多元化的主体认识转向不同主体间的相互关系厘定。[3]民俗志研究同样也面临着主体间性的问题。主体间性不仅是先验性的结构，更是研究者必然面临的与访谈对象主体交往中人际关系、共在关系等现实问题。在我们北京各区县的调查中，主体间的交往关系始终是我们不断自我反思、反复确认厘定的问题。

首先是身份问题。研究者的身份极大程度上影响到与访谈对象的关系，以及访谈对象敞开心扉的程度。如拉比诺在摩洛哥获得政府的许可，却为他进入田野带来了一定的麻烦，使当地居民用另一种眼光去审视他。我们在北京各区县调查中，政府背书的身份却为我们带来了极大的便利。由于我们在北京各区县的调查是由市文联和区文联牵头，各街道办和社区辅助的，所以一定程度上来说，我们具有了官方身份背景。我们最初进入某区的资料室查阅资料时，因为没有官方身份，遭到了管理员的呵斥和驱赶。当我们拿着区文联开具的介绍信再次来查阅资料时，管理员的态度发生了极大的转变。当然，官方身份并非能始终给我们带来便利，也可能如拉比诺所遭遇的一样，是民众警惕的审视。我们在某个正准备拆迁的社区调查时，居委会组织当地文化精英召开了座谈会。在座谈会上，我们感受到了访谈对象的警惕和不信任。后来，我们又多次单独去几个访谈对象的家里进行访问，我们诚恳的态度逐渐打消了他们的疑虑。他们坦诚地讲述了他们与居委会的纠纷。然而，此后我们再去居委会办事，就又遭到了居委会的冷眼。或许，在居委会眼里，我们已然与这几位访谈对象站在

1 参见张再林:《关于现代西方哲学的“主体间性转向”》,《人文杂志》2000年第4期。

2 郭湛:《论主体间性或交互主体性》,《中国人民大学学报》2001年第3期。

3 参见李银兵、李丹:《自反性、主体间性与现代性：民族志书写特征探析》,《云南社会科学》2017年第5期。

同一个立场上了。

身份带给田野调查的影响，不仅在于是否有官方支持，还在于年龄、性别和个人的社会角色与社会关系。刁统菊曾专门探讨过田野访谈中的女性性别和年龄问题。[1]由于我们在北京的田野调查持有区文联介绍信，性别和年龄的影响并不突出，但个人的社会角色和社会关系影响着访谈对象的态度和访谈的完成度。我们进入丰台区之初，已经确定了书写丰台机务段。然而，街道办只为我们介绍了一位机务段职工。我们在铁路小区的随机访谈也被民众质疑。如果仅依靠原有的寻找访谈对象的方式，丰台机务段的书写进度会非常艰难。庆幸的是，负责书写丰台机务段的组员，恰好有铁路系统的关系。她的父亲和祖父在铁路系统工作，帮助她介绍了丰台机务段各个年龄段的职工。这些职工将她视为亲切、可信任的晚辈，因此，丰台机务段的调查和书写工作才得以顺利、按时完成。

民众根据研究者的身份选择不同的态度和讲述策略，是主动去选择这段关系内自我位置、是否愿意与研究者共在的一种行动。研究者不仅要根据自己的身份努力去构筑一个平等交流的主体空间，而且要去理解访谈对象的这种行为。

其次是共情问题。本章第一节的第三部分已经从民俗志发展脉络的视角讨论了“共情”的由来和研究进路，本部分将立足主体间性民俗志的书写视角，从田野和书写经验出发，探讨如何通过“共情”实现主体间性和“共情”的意义。张再林教授在解读胡塞尔的“移情论”时说：“尽管我的‘这儿’不同于他人的‘那儿’，尽管在现实中我永远不可能进入到他人的‘那儿’，但是我却可以以一种想象的方式，即以一种‘如果我在那儿的话，我的身体会是怎样的’这一假设方式，在意识中使他人的‘那儿’成为我的‘这儿’，使他人的身体成为作为‘首先建立的原本’的我的身体的复制形式，从而使我进入他人的‘亲自行为’的中心而把他人的身体领悟为和我身体一样的那种作为生命的有机体

1 参见刁统菊：《女性民俗学者、田野作业与社会性别制度——基于对22位民俗学者的访谈和个人的田野经验》，《民族文学研究》2017年第4期。

的身体。”[1]

我们的田野调查也面临同样的问题。我们再如何渴望共情和平等也无法成为“他们”，但可以从他们的语言、神情、行为等方面出发，进入此情此景下暂时建构起的主体空间中，感受他们的喜怒哀乐，理解其中的叙事逻辑和行为动因，并在书写时给予一定的体现。

2016年7月20日，北京暴雨，我们小组3人前往海淀区西北旺社区调查五虎棍会。天空下着倾盆大雨，道路上水流湍急。远远地，我们在雨幕里看到一位穿着雨衣、埋头推着自行车的大爷向我们走来。这是西北旺五虎棍会的魏长海。他一手扶着车把，一手扶着后座上的收纳箱，跟我们打招呼，告诉我们位于地下室的活动室被淹了，断电了，访谈地点临时改到村委会的板房里。话音刚落，他的收纳箱意外掉落，箱子里的资料全部掉进了水里。他顿时惊慌了，手忙脚乱地蹲下捡拾资料，向我们解释资料的重要性。我们感受到了他对资料的珍视，丢下伞帮着他一起收拾。最终，我们四个全身湿透的人护着一箱资料，来到了板房。

在这里，五虎棍会的方志刚、余光水两位老师在等待我们。他们热情地逐一向我们展示了收纳箱里的资料，里面每一张照片、每一份文字资料都被精心地放在文件夹里，有的资料已经泛黄褪色，却依然完整、干净。暴雨敲击着板房的屋顶，几乎淹没了我们的声音，但是丝毫没有影响他们讲述的热情。他们不仅拿着资料逐一向我们讲述五虎棍会和高跷秧歌会的故事，还向我们演示五虎棍的经典姿势。中午，他们让人冒雨送来了饭菜，以便下午我们能继续访谈。

暴雨里的相见，魏长海珍爱资料的急切眼神，使我们在那一瞬间就与他们共了情，感受到了他们发自内心深处对自己事业的热爱。正是出于这份热爱，他们渴望通过我们的文字使更多的人了解五虎棍，这才有了他们暴雨天在板房里一整天不知疲倦的叙述和展示。小组成员张媛媛在书写西北旺五虎棍会时，重点描写了魏长海的个人生活史，从个人生命角度去理解他的行为和情感。此

1　转引自张再林：《关于现代西方哲学的“主体间性转向”》，《人文杂志》2000年第4期。

后数年，魏长海每日都给我们组员毛晓帅发微信消息，记录五虎棍会每日的活动内容，足以见证了他的细心和热爱。

类似的事情，多次上演。2016年7月25日，我们在杨福生家里整整谈了10个小时。他为我们讲述了自己童年在六郎庄的所见、所闻、所历。跟着他声情并茂的讲述，我们在那个夏日，与他共同回到了他的童年，仿佛看到了他曾经青春飞扬的样子，他跟着长辈去卖莲藕的样子，拿着画跑去镇上挣钱的样子，拿着涂料画顶棚的样子。这些回忆是他引以为傲的人生，是他曾经存在的地方，也是他与这片土地深切的联结点。当我们感受到他的感受，理解了他叙述的逻辑和动因时，便自然而然地进入共情的田野关系之中。

田野访谈中的共情只是书写的前奏，如何将这份感受在文字中呈现出来，则是研究者必须不断探索的问题。《海淀区卷》以一章的篇幅书写了杨福生与六郎庄的今昔故事。在文字叙述中，该章作者也常将访谈现场杨福生的真实表现描述出来。比如书写六郎庄游戏“小驴儿推磨与抽‘汉奸’”时，作者用了这样的描述：

> 给杨福生留下深刻印象的不仅是果子干儿、冰镇西瓜等美味佳肴，还有与小伙伴儿们一起嬉戏的日子。无论是一起钓青蛙、捉蜻蜓、抽“汉奸”、弹玻璃球儿还是带着自己动手制作的脚溜子与冰船儿去稻田里溜冰，嬉戏中的每个细节都深深地印在杨福生的脑海中。每当回忆起这些游戏的时候，老杨的脸上总能露出灿烂的笑容。[1]

在英文中，“主体”与“主观”都使用subject一词，这段具有个人主观性的表述，恰好体现出了访谈对象的主体性，也表现出了研究者的主体在场，以主观描述性的文字说明了民俗志书写的主体间性特征。

最后是互助的问题。刁统菊曾就研究者能够给访谈对象带来什么，提出了

---

1　刘铁梁主编：《中国民俗文化志·北京·海淀区卷》，北京出版社，2016年，第55页。

如下问题："若非在长期而深入的田野作业中充分尊重访谈对象，我们如何了解他们的内心感受和地方社会的真正需要？又怎能谈及提供有意义的帮助、实现访谈双方共赢？"[1]

这些问题，在田野调查中反复萦绕在我们的脑海里。我们只是贸然闯入这个社区的外来者，是为当地街道办、社区居委会带来额外工作量的人。对于访谈对象来说，除了记录他们的人生和故事，在书籍出版后赠予他们，我们又能给予他们怎样的帮助和反馈？又怎样在访谈过程中建立良好的互动关系呢？

以正常的人际交往方式看待我们与研究对象间的关系和位置，把自我与他者都放置于交往互动的主体上，有利于建立良好的互动关系。人际交往中的互惠原则是非常适用于田野访谈的。在石景山区模式口村调查时，范占禄、胡硕子龙等人积极热情地为我们讲述模式口村的故事，他们看中了笔者的博士生身份，主动提出希望笔者帮助他们书写模式口石文化非遗申报书，以及为他们民俗展览做策划。笔者非常高兴有能力帮助到他们。后来，当模式口村的石文化成功入选区级非物质文化遗产保护名录时，范占禄老师打来电话报喜，说要为笔者颁发荣誉居民奖。这种互助关系极大地促进了《驼铃古道模式口》这一章的写作。

互助关系的原则并非是无底线和我们单方面审视的，访谈对象也同样在思量我们能够为他们带来什么，进而考虑自己在访谈中的付出。访谈对象Y是当地的文化精英，热情地为我们介绍了不少合适的访谈对象，提供场地和资料，还亲手为我们做午饭吃。但我们也发现，Y曾经借助我们的身份，甚至想拿着我们的介绍信进入自己之前无法调查的地方。同样，Y也希望获取我们的访谈资料。我们感激Y为我们提供那么多健谈的访谈对象。我们能够理解Y的行为和思量，可想而知，以个人身份进行田野调查时所遭遇的困难。正是出于对地

---

1　刁统菊：《民俗学学术伦理追问：谁给了我们窥探的权利？——从个人田野研究的困惑谈起》，《民俗研究》2013年第6期。

方文化的热爱，Y才在思考如何与我们互助合作，彼此借力。

从这些经验中，研究者与访谈对象双向互为主体的关系更加明确。这些关系并不因田野访谈而特殊存在，而是人际关系的基本特征。当研究者将访谈对象视为与日常生活中交往的人一样的主体时，田野双方共赢和互惠将更有机会和途径实现。

## 第三节　民俗志书写与民俗学介入生活变革的路径探析

日本学者菅丰提出民俗学要建设新公共之学以倡导介入式的日常实践。[1]中国学者刘铁梁同样提议建立介入民众生活变革的民俗学，通过民俗志书写与当地民众共同参与到地方文化实践中来。两位学者所提倡的“介入生活的民俗学”并非完全相同。菅丰想要突破的是日本学院派民俗学和历史民俗学的双重枷锁，让学术直接参与到地方文化的保护与再创造中，学者将民间的大众跟官方专门的机构这两方连接起来[2]，积极协调公益组织、传承群体、政府等多方关系。刘铁梁反思的是遗产研究和纯粹西方哲学思潮，他倡导能够真正地扎根中国本土、关心民众生活实践，并与民众平等交流对话的学术实践。这一学术实践实现的路径是交流式民俗志的书写。由此可见，两位学者的出发点和实践路径都不完全相同，但是有一点是相通的，便是对民俗学的学术使命和社会责任的思考。此思考都是在反思学术与民众日新月异的生活变革的关系问题之上展开的。换句话说，这些思考都是在回应，民俗学如何应对民众正在发生变革的日常生活、如何处理学术的独立立场与社会现实需求的关系、如何将学术效用融入社会文化发展建设、如何以民俗学的方法与民众共创美好生活。对这些问题的回

1　参见陆薇薇：《日本民俗学“在野之学”的新定义——菅丰“新在野之学”的倡导与实践》，《民俗研究》2017年第3期。

2　参见［日］菅丰、张帅、邢光大：《公共民俗学与新在野之学及日本民俗学者的中国研究——东京大学东洋文化研究所菅丰教授访谈录》，《民俗研究》2017年第3期。

答，恰好也回应了当前其他主张关心生活变革和与民众共创新生活的应用民俗学、公共民俗学和实践民俗学等学术思潮，提出了一种介入式的学术实践。

## 一、应用民俗学与公共民俗学的讨论

在中国公共民俗学兴起之前，应用民俗学一度得到讨论。中国应用民俗学与美国不同，不曾与公共民俗学绑定，也不存在后来的二者分立。关于应用民俗学的讨论主要集中在20世纪八九十年代，是学科恢复期在探索学科使命、社会责任等方面引发的思考，没有形成学科分支。较典型的是张紫晨在1988年发表的《发展应用民俗学》一文。

应用民俗学旨在以专业理论指导社会风俗建设，并帮助民众适应现代生活。这些主张体现了民俗学对“经世致用”属性的现代思考，寻求在新时代实现社会价值。应用民俗学回答了学术如何应用于生活的问题。在这一时期，钟敬文书写过多篇文章，倡议民俗学者应勇担社会责任。钟敬文的《金华斗牛的风俗》《中国神话的文化史价值》《民众生活模式与民众教育》和《民间文艺学的建设》等文章从民间习俗的角度探讨了中国东南地区的民间经济模式及其社会根源，并督促民俗学者承担起研究民风民俗以求提高国民素质的社会责任。[1]

这体现了中国民俗学与生俱来的应用性特征。或许由于这一特征，中国民俗学并未像美国民俗学一般，分立成学院派和公共派。当然，中国的应用民俗学也未获得长足的发展，而是湮没在非遗保护研究、公共民俗学建构、实践民俗学讨论的学术新浪潮中。

公共民俗学在20世纪六七十年代兴起于美国，是一条与学院派民俗学截然不同的学科分支，其区别主要在于对民俗的应用性实践和与大众合作的模式。在美国，公共民俗学者并非任职于大学等研究机构，而是受雇于社会上的其他组织。美国公共民俗学从事的是民俗文化的搜集整理，以及协助社区、艺术家、

1　参见陈国玲：《中国现代民俗学肇兴的时代使命》，《赣南师范大学学报》2018年第4期。

相关组织进行文化再生产的应用工作。这些工作并非绝对的文化操弄行为，也不同于汉斯·莫泽所批判的“民俗主义”现象，而是协助民众维护、保持他们自己传统的行动，帮助他们进行展演、创立民俗节日等。例如公共学者本杰明·博特金（Benjamin A. Botkin）主张“还俗于民”，坚持民众立场，要在民众的生活中去理解民俗，搜集民俗的目的是以民众能够理解和使用的方式再还给他们。[1]较为典型的是美国的史密森尼民俗节。

史密森尼民俗节首办于1967年，每年夏季举办，其项目内容“涉及音乐、舞蹈、仪式表演、工艺品与烹饪展示、故事讲述、工人文化阐释和文化叙事等不同活动或专题”[2]。在此民俗节中展演民俗文化，是为了全球范围内多元文化的交流与理解。不仅如此，公共民俗学的工作目标仍是让美国本土民众更好地生活和认知自己的社会。例如，美国公共民俗学者在面对席卷而来的疫情风暴和焦躁不安的大众情绪时，分析谣言的产生与传播，解读日常文化与口罩，倡议疫情下全新的社交距离和生活方式，“以公共学术的方式帮助民众舒缓情绪、提高生活质量、丰富社区文化生活、促进社区团结和认同”[3]。

美国公共民俗学的学术实践，是以田野工作来记录民俗文化的变革和适应过程，以此“寻找美国人独特的文化记忆和民族性格”[4]，并帮助美国人更深入地认知和认同自己的文化传统。这些学术实践虽在发展之初饱受学院派的批判，但对多国公共民俗学的诞生和发展产生了借鉴性意义。日本新公共民俗学虽不认同自己与美国公共民俗学是同义，认为与其局外人介入视角不同，但两者所秉承的基本观念是异曲同工的，即坚持民众立场，充当民众与社会组

1　关于本杰明·博特金的公共民俗学实践，详情请参见程浩芯：《还俗于民：本杰明·博特金与美国民俗学的公共性实践》，《民间文化论坛》2018年第3期。本书关于本杰明·博特金的论述也是参照了程浩芯的这篇论文。

2　毕传龙：《面向公众的生活实践——美国史密森尼民俗节概览》，《河南教育学院学报（哲学社会科学版）》2015年第2期。

3　张丽君：《新冠肺炎疫情下的美国公共民俗学实践》，《民间文化论坛》2021年第2期。

4　程浩芯：《还俗于民：本杰明·博特金与美国民俗学的公共性实践》，《民间文化论坛》2018年第3期。

织、政府之间的桥梁，协助民众更好地进行文化认同和文化再生产，并且直接参与到地方文化的建设中。例如，菅丰提倡日本新公共民俗学的做法是，“调查者不单纯是一个民俗学者，他成为当地一员之后会与当地人形成一种协同合作（collaboration）的关系，重新去构建一种民俗事象的发展。我从事的民俗学强调和当地人共同进行工作，即通过交流互动与当地共同进行传统的再生产与再创造活动”[1]。日本与美国不同的是，更强调学者立场的“局内人”和与民众文化实践的共同性。日本新公共民俗学与美国公共民俗学，都在不同程度上影响到中国民俗学的思考。

21世纪初，美国公共民俗学也被介绍到中国。安德明曾发表《美国公众民俗学的兴起、发展与实践》[2]一文。但关于中国公共民俗学真正的讨论主要集中于21世纪第二个十年期间，标志性事件便是民俗学者深度参与到非遗保护运动中。中国公共民俗学的实践与非遗运动相挂钩。周星为此发出了警惕的声音：“根据民俗学的实践性和公共性，不妨将民俗学对非物质文化遗产保护运动的参与等社会性学术实践定义为中国式的‘公共民俗学’，但也应对其学术有可能被行政权力‘同化’的危险性保持警惕。”[3]

他发出的警醒之声并未真正引起民俗学的转变，中国公共民俗学与非遗保护运动更深层次地绑定在一起。金昱彤提出建设公共民俗学，区分专业、政策、批判、公共四个民俗学分支，有利于解决民俗学学科范式困境。[4]黄龙光论及民俗学在非遗保护实践中面临的多重困境时，认为“公共民俗学作为‘他山之石’，可以为中国非物质文化遗产保护提供经验，为民俗学理论建设提供一种批评视角”[5]。谢红萍提出“非遗的理论与实践基础源于民俗学，而其行动实践是

1 ［日］菅丰、张帅、邢光大：《公共民俗学与新在野之学及日本民俗学者的中国研究——东京大学东洋文化研究所菅丰教授访谈录》，《民俗研究》2017年第3期。

2 安德明：《美国公众民俗学的兴起、发展与实践》，《民间文化论坛》2004年第3期。

3 周星：《非物质文化遗产保护运动和中国民俗学——“公共民俗学”在中国的可能性与危险性》，《思想战线》2012年第6期。

4 参见金昱彤：《扩展公共性：当代非物质文化遗产研究的新范式》，《青海社会科学》2018年第1期。

5 黄龙光：《中国非物质文化遗产保护与公共民俗学实践路径》，《民族艺术》2020年第5期。

公共民俗学”[1]。遗产旅游这一课题也成为中国公共民俗学的试验场，遗产旅游实质上是民俗旅游的另一种称呼，是以政府为主导、文化遗产为商品、经济利益为目的的旅游形式。遗产旅游研究成果导向为政府旅游部门和社会旅游公司建言献策，指导它们如何搞好遗产旅游。这与美国、日本等国家公共民俗学实践充当民众、社会组织、学术机构、政府等多元主体之间桥梁的公共行动完全不同，更谈不上践行民众立场、深入田野以及协助民众认知民族精神、认同文化传统等宗旨。

## 二、实践民俗学的理论探索和学术困境

中国应用民俗学发展未成规模。公共民俗学又深层次地与非遗保护运动挂钩，视非遗保护运动为学术实践。民俗学急需全新的、本土化的学术概念支撑起学科“经世致用”的责任重担。一是要有足够的理论建设空间，能够在学科内部形成思想交锋式的讨论热潮；二是要能够彰显出新时期民俗学的学术转型成果，也能够有足够的、与民众生活发生联系的应用性领域。“实践理性”“实践哲学”“实践社会学”中的“实践”一词进入学者们的视野。实践民俗学的提出，在一定程度上受到哲学、社会学等学科“实践”理论的影响。据萧放和鞠熙的研究，对中国民俗学的实践转向影响较大的学者有布尔迪厄、吉登斯、齐格蒙特·鲍曼和格尔茨。[2]二人探讨了中国“观风知政”风俗观中的实践传统，表明“中国本土民俗学亦有自己的实践研究传统，‘观风知政’与‘知行合一’历来是中国古代民俗论的核心取向，‘五四’以后的现代民俗学也并未放弃‘实践’与‘行动’这一明确的理论框架与行动目标”[3]。因此，中国实践民俗学建构的合理性，不仅在于与国际人文社会科学的实践转向相一致，还在于符合中国

1　谢红萍：《理论民俗学与公共民俗学：以民俗学者的学术自觉为中心》，《湖北民族大学学报（哲学社会科学版）》2022 年第 5 期。

2　参见萧放、鞠熙：《实践民俗学：从理论到乡村研究》，《民俗研究》2019 年第 1 期。

3　萧放、鞠熙：《实践民俗学：从理论到乡村研究》，《民俗研究》2019 年第 1 期。

本土国情和风俗研究传统。但是，二人强调中国本土实践传统，是为了寻找民俗学者参与非遗保护运动的合理性和可行性路径。

根据王杰文的学术史概述，目前实践民俗学研究分为两类。一是以吕微、户晓辉、高丙中、陈连山、尹虎彬等学者为代表。吕微和户晓辉发明了“实践民俗学”一词，“借以指称他们从康德的‘实践理性’的概念中挪用而来的观念，那是一种主体发挥自由的实践理性以创造合意的人生的命题”[1]。他们的思想是逻辑推演出民俗学应该如何做。二是以刘铁梁、刘晓春、周星等学者为代表。刘铁梁认为，实践民俗学是面向当下民众日常生活的理论重构，要重视个人叙事，关注作为实践主体的民众，书写对话与交流的民俗志。周星重新审视了民俗学的公共性、应用性和实践性，反思了非遗保护研究中的问题，提议“中国民俗学应该不断扩大自身的解释力，努力应对民众具有多样性的社会生活和文化实践，并朝向能够展开文化批评和社会评论的方向发展，这样才能最大限度地发挥民俗学的社会价值和应用性，以造福于国民”[2]。他们的思想是从田野经验和国外理论基础上探索而来的，以实践指导民俗学应该如何去做。

两大研究方向，虽然在理论出发点和实践路径上有着较大的分歧，但在“民众是主体、尊重民众的意志、关注民众日常生活”等问题上达成了基本共识。这一共识象征着民俗学的日常生活实践转向。然而，目前的研究状况是，纯粹哲学范畴上的讨论占据了绝大部分，以实践民俗学为理论视角的田野研究较少，应用性学术实践更是鲜见。实践民俗学能够多大程度上实现建构之初学者们所期望的“回归生活实践”[3]，“开创公民日常生活的文化科学”[4]，并且“从生活实践文化的传统及其创造性转化的视角重新认识和深刻理解中国社会正在发生的历史巨变”[5]，这是一个值得商榷的问题。

---

1 王杰文主编：《实践民俗学的理论与批判》，学苑出版社，2020年，《前言》第3页。

2 周星：《民俗主义、学科反思与民俗学的实践性》，《民俗研究》2016年第3期。

3 尹虎彬：《从“科学的民俗研究”到“实践的民俗学”》，《中央民族大学学报（哲学社会科学版）》2017年第3期。

4 高丙中：《中国民俗学的新时代：开创公民日常生活的文化科学》，《民俗研究》2015年第1期。

5 刘铁梁：《个人叙事与交流式民俗志：关于实践民俗学的一些思考》，《民俗研究》2019年第1期。

## 三、民俗志与介入生活：纾解民俗学经世致用困境的一种路径

正因如此，我们又回归到最初的问题上，民俗学应该如何应对民众日新月异的生活变革，发挥社会效用以助于社会文化发展，与民众共创美好生活。这一问题，在应用、公共、实践三个研究思潮上皆有过一定的探讨，但难以在具体学术实现路径上达成共识。之所以在学术与实践、应用、公共之间反复纠缠和争论，缘于学科所面临的学术传统、学科建设、社会需要、学者个人兴趣等多层面的问题。民俗学有着与生俱来的学术使命，期望能够从民众生活实践的角度去理解社会历史巨变，体认中华文明。然而，要求快速生产出一定数量研究成果的学术评价体系，阻挡了学者较长时间地、深入地参与到现实的民众文化实践之中去。因此，民俗学者们在深切的学术使命感和无力感之下，不断地反思学科的经世致用困境，寻求解决之道。

譬如[1]，1996年，一次关于民俗学的当代使命的博士生对话中，赵世瑜在论及民俗学如何应用时，提倡要“发掘民俗遗产的时候，能采取正常的心态，同时又能够不歪曲民俗原有的文化意义”[2]；刘晓春在谈到现代社会转型与民俗学应然作为时，认为部分民众在剧烈变革的社会文化中无所适从，“民俗学家有责任帮助他们尽快建立新的健康的价值观念，构筑符合现代化发展需要的精神世界”[3]。2011年，段宝林认为民俗学的社会责任应该是服务社会，提高民众的生活质量。[4] 2020年，李向振在反思民俗学的学术传统、日常生活转向和知识生产时，提出“结合现代性反思并继续深挖实践民俗学的知识生产能力和生产机制，

1　本部分只选择了上述问题的部分讨论。事实上，民俗学的学术转型和理论建设，始终是围绕着实现学科社会价值这一问题进行的。民俗学如何经世致用，如何解决应用性、公共性、实践性困境等问题，在学科内部有了一定程度的探讨。本部分只选择了与本书行文逻辑相符合的部分观点。

2　彭文新：《民俗学的当代使命——民俗学博士生谈民俗学与当代生活》，《民俗研究》1996年第3期。

3　彭文新：《民俗学的当代使命——民俗学博士生谈民俗学与当代生活》，《民俗研究》1996年第3期。

4　参见段宝林：《民俗学的学科地位与社会责任》，《山东社会科学》2011年第3期。

对于纾解民俗学学科之困有莫大助益”[1]。

然而，如何真正意义上，而非理论意义上实现学者们所期待的经世致用，更应该值得我们讨论。中国本土国情、学术评价体系和政府文化建设导向，决定了中国民俗学者很难像日本、美国等公共民俗学者一样行动。一是很难像日本学者菅丰一样投身到社区中，成为“他们”中的一员，理解、协助民众的文化实践，以及帮助他们与政府、社会组织沟通。而且，日本新公共民俗学究竟能够多大程度上、多长时间地实现介入式实践，仍待观察。二是很难像美国公共民俗学一样，形成独立于学院派的分支。目前，中国民俗学的学术力量基本来自各大高校和研究院，而在野派的“民俗专家”往往是“指导”民众如何“过春节”“看日子”，并不以认知、理解、体认中华文明为旨归，很难承担起中国民俗学的社会责任之担。因此，中国民俗学需要本土性的、符合中国国情的经世致用解决之道。在这一点上，交流式民俗志是一条行之有效的介入生活变革、实现民俗学社会责任的路径。

交流式民俗学是如何实现介入民众生活变革的？

首先，将交流式民俗志的田野调查过程介入民众生活变革之中。例如，我们以民俗志书写者的身份进入石景山区模式口村后，当地民众实际上是与我们共同商榷、生产民俗志内容和文本的。同样，我们的身份、我们的知识，也成为他们推动村落历史文化调查的力量之一。我们与他们，或许很难最终实现“局内人”的转换，但是在这个交流过程中，彼此是平等地、主体间性地交流，我们的民俗志调查行为也成为当地文化实践和再生产的一个成果。

其次，交流式民俗志作为知识生产成果，能够促进当地文化再生产。交流式民俗志书写的是地方民众所认同的“地方知识”，而书写出的文本，也是对地方知识的再生产。正如纳日碧力戈在解读格尔茨对巴厘岛斗鸡过程的“浓描”时所说的：“对于地方知识的民族志再现，本身是一个文化诠释的过程，它既不

1 李向振：《当代民俗学学科危机的本质是什么？——兼谈实践民俗学的知识生产问题》，《民俗研究》2020年第6期。

是‘原汁原味’的本土知识，也不是我族文化的自然投射；它是一种再创作，是自我与他者合作生产的第三种产品。”[1]交流式民俗志的生产过程，是学者与当地民众合作进行文化诠释的过程，是对地方知识再生产、地方认同再建构的过程。《石景山区卷》的序言提到：“我们希望通过这种重在呈现地方特色的新式民俗志的调查和写作，使得民俗志能够在目前文化大交流的时代，成为一种可以积极参与文化交流实践的文体。”[2]《海淀区卷》出版后，当地特意组织座谈会研讨该卷民俗志对地方文化建设的意义。而且，有访谈对象在收到成书后，给我们编委会写信，与我们商讨书籍中所呈现的地方文化内容。在多向文化交流的过程中，民俗志完成了介入地方文化实践和再生产的意义建构。

最后，交流式民俗志是介入生活变革的民俗志，更关注民俗文化在日常生活中是如何变革的。调查和书写过程中，我们关注民众如何解释、看待、践行这种生活变革，关注地方文化特征不断被建构的过程，关注每个普通人的日常生活如何与文明发生联系，并将这些内容转化为民俗志文本。不仅如此，交流式民俗志也关注到民俗文化在地方上的延续和地方间的交流。民俗志文本的书写，是以文字的力量将地方文化纳入文明大一统的格局之中，以便民众更好地理解、体认自己的文化，更好地审视、认知到自己的文化认同感和自信心，进而与民众共同建设更美好、更具凝聚力和文化自觉的文明国家。

## 本章小结：地方民俗志书写与中华文明研究

法国人类学家马塞尔·莫斯（Marcel Mauss）在《论技术、技艺与文明》一书中阐述“文明体”“文明的区域”时提出：“文明的区域是指被视为此文明标志性特征的普遍现象得以完全传播的地理范围（几乎此领域的所有社会）。文

1 纳日碧力戈：《格尔茨文化解释的解释（代译序）》，［美］克利福德·格尔茨：《地方知识：阐释人类学论文集》，杨德睿译，商务印书馆，2017年，第14页。

2 刘铁梁主编：《中国民俗文化志·北京·石景山区卷》，北京出版社，2019年，《序言》第1页。

明的区域也指由共享构成这一文明遗产的象征、实践和产物的社会所占据的全部地域。”[1]文明的标志性特征得以成为文明体内的普遍现象，首先应该是地方性的，是在具体地方民众的生活中实践着、传承着的，进而才能成为文明的遗产。

当代地方民俗志对民众生活、地方传统与中华文明的理解，是建立在地方“标志性文化”书写之上的。“在地方民俗文化中，某些事象显得特别重要和饶有深意，体现出当地民众生存发展的适应与创造能力，也证实着当地民众与外部世界交往的经历，因而成为群体自我认同，并展示于外人的事象，这就是‘标志性文化’。”[2]标志性文化是民俗学对中华文明研究的独特贡献。以“标志性文化统领式”为书写模式，以交流对话为田野伦理和书写旨归的当代地方民俗志，是民俗学探讨地方共同体之间互动，以及地方共同体与文明共同体之间互构的重要研究方式、学术智库和知识成果。

1 ［法］马塞尔·莫斯、［法］爱弥尔·涂尔干、［法］亨利·于贝儿：《论技术、技艺与文明》，蒙养山人译，世界图书出版公司北京公司，2010年，第64页。

2 刘铁梁：《“标志性文化统领式”民俗志的理论与实践》，《北京师范大学学报（社会科学版）》2005年第6期。

# 结论

21世纪以来的中国民俗学学术转型，最重要的表现在于开展了面向生活变革的研究。以往的中国民俗学，更加注重通过文献来探讨民俗事象的来龙去脉、古今演变。21世纪以来，中国民俗学学术转型的根本表现，是将生活变革视为古今一脉的中华传统文化的历史发展新阶段，将变革作为古今民俗的常态来理解。基于此，中国民俗学在21世纪以来开展的研究并不都可以称为学术转型，特别是以文化保护、抢救和资源开发为重心的非遗研究。一方面，中国民俗学探讨民俗文化的保护，早在20世纪就已经存在了，如1988年钟敬文提出应建立民俗博物馆来保护民俗[1]。但是，保护民俗不是民俗学研究的本职工作，只是出于更好地认知人类文化的目的。非遗研究的理念与民俗学研究有一定背离之处。另一方面，民俗学的学术转型指的是民俗观、民俗学基本概念反思，以及研究范式转变、研究重心转移等。非遗研究虽然创造了一些新概念，强调了田野调查的研究方法，但是未能真正在范式和方法上有所突破，也未能确立民俗文化古今一体的民俗观。因此，非遗研究与民俗学学术转型的关系并不密切。

面向生活变革之所以被视为21世纪以来中国民俗学学术转型的根本表现，原因在于，在理论上，它是与民俗学学术传统及其当代反思理论发展紧密联系

1 钟敬文提出建立民俗博物馆的想法，将保存着人类文化记忆的物品加以搜集、陈列、展示，以便人类认识自己。详细内容参见钟敬文《钟敬文谈民俗学现状》，《话说民间文化》，人民日报出版社，1990年，第160页。

在一起的。

民俗学发端时期的浪漫主义传统，就已经有通过搜集、研究民俗来了解民族精神，以及考察本民族民众日常生活的宗旨。德国思想家赫尔德吸收借鉴了维柯的思想[1]，提出“从民歌中人们能够了解到民族思想的模式及其情感语言”[2]。19世纪，出于重建德国民族文化、抵御当时法国威胁的政治目的，雅各布·格林和威廉·格林搜集、整理了大量的民间故事，这些民间故事是德国普通人日常生活与文学艺术的融合体。1935年，普依柯尔特（Will-Erich Peukert）曾这样评价格林兄弟的民俗学研究：“他们（格林兄弟）还‘民’以历史。不是公侯之家的历史——这些早在他们之前已被书写——只是‘民’自己的历史。只是‘民’自己的历史？想想吧，它实际上是德国的历史。……那些普通的事物、日常的生活、‘民’的财产变成了历史——而不是特殊人物的行为。”[3]20世纪，德国图宾根学派虽然鲜明地站在浪漫主义传统的对立面，但依然将普通民众的日常生活作为民俗学的研究对象。王霄冰在梳理、考察民俗学的浪漫主义传统时强调，中国民俗学“应该重拾浪漫主义的传统，积极参与到当前的社会改革和文化建设实践中去，以自己的人文理想和科学知识去改变社会和影响他人”[4]。面向生活变革的研究，延续了这一民俗学学术传统，从普通民众的生活变革中理解文明当代进程和文明主体性，书写文明进程中普通人的历史。

不仅如此，面向生活变革的研究也与巴赫金（M. M. Bakhtin）等学者的反思理论有着紧密关联。王杰文看到了巴赫金的思想与民俗学实践导向之间的关

1 维柯认为一个民族的深化、史诗等民间文学创作，“可以发掘一个民族的精神面貌，一个民族的历史文化以及社会习俗”。参见刘晓春：《从维柯、卢梭到赫尔德——民俗学浪漫主义的根源》，《民俗研究》2007年第3期。

2 刘晓春：《从维柯、卢梭到赫尔德——民俗学浪漫主义的根源》，《民俗研究》2007年第3期。

3 转引自王霄冰：《浪漫主义与德国民俗学》，《广西民族大学学报（哲学社会科学版）》2015年第5期。

4 王霄冰：《浪漫主义与德国民俗学》，《广西民族大学学报（哲学社会科学版）》2015年第5期。

联，重点介绍了巴赫金“哲学人类学”和“超语言学”的思想。[1]巴赫金在探讨“我与他人”等伦理哲学基本问题的基础上，强调“现实生活中的主体有能力赋予认识以价值，使它成为‘我的’认识与理解，这里不仅仅是某种意识，而且是一种有责任的意识”[2]。同时，巴赫金提出文学作品中“作者与主人公”“平等地作为自由的人的观点”[3]。巴赫金的这一思考，事实上是与生活变革研究中重视民俗主体的自我解释话语、强调主体间平等交流的学理认知相契合的。已有的生活变革研究的重要成果，一定程度上都是在人类思想发展的基础上形成的，如实践理论、交流的理念等。

因此，21 世纪以来中国民俗学的学术转型最重要的表现，是生活变革的研究。总体而言，面向生活变革的学术转型，主要体现在树立文明进程的视野，以及与民俗学实践转向、建立中国民俗学派的紧密关联上。

## 第一节 生活变革研究与文明进程的视野

面向生活变革的研究，是将民俗古今一体视为文明进程的现象进行研究的视角，本质上就是面对文明进程的研究。文明进程的视野，是中国民俗学应有的根本视野。

之所以强调文明进程视野是民俗学的根本视野，是因为文明进程视野与中国民俗学发生的历史渊源和根本动机有着密不可分的关系。中国民俗学发生于中国社会向工业文明过渡的阶段，现代民族国家的建构触动了学科的发生。改革开放后，文明进程的加速和民众生活变革的日新月异，也客观上推动了学科不得不面对现实变革问题，面向生活变革研究。民俗学研究与社会历史发展之

1 参见王杰文：《民俗研究的哲学根基——来自哲学家巴赫金的启示》，《天津社会科学》2019 年第 5 期。

2 王杰文：《民俗研究的哲学根基——来自哲学家巴赫金的启示》，《天津社会科学》2019 年第 5 期。

3 王杰文：《民俗研究的哲学根基——来自哲学家巴赫金的启示》，《天津社会科学》2019 年第 5 期。

所以有着如此密切的关联性，源自民俗学建立的根本动机，是真正认知、理解、体认本民族文化。想要认知、理解、体认中国的文化，应该将民众生活变革置于中华文明体中整体性地去考察文明类型和文明进程。以民俗研究来认知民族主体性，考察文明体与生活变革的关系，是民俗学对中华文明研究的独有贡献。

“文明”一词近些年在国内有了较高的讨论度。“中华文明探源工程”“文明互鉴”“中国式现代化文明观”“中华民族现代文明”等成为中国在倡导国际新秩序、强化共同体建设时的关键词。中国学术界的文明研究，主要讨论的是中国式崛起过程中面对的文明冲突、文明类型、文明探源、文明互鉴、文明复兴等问题。中国民俗学意识到了文明研究潮流，并加入其中，期望为文明研究贡献出民俗学的力量。不仅如此，学界还希望以文明进程视野来解决当前民俗学的理论问题、应用问题和非遗研究问题。例如，2021年刘铁梁教授在山东大学演讲的《文明视野下的民俗观》《再论文明视野下的民俗观》，2022年张士闪教授在中国艺术研究院主讲的《文明形态视域中的艺术与民俗》，2023年南京农业大学举办的“移风易俗与新时代文明实践”学术研讨会，2023年张士闪在北京师范大学演讲的《礼俗互动与中华文明形态》等，这些都是在解答民俗学如何开展文明进程研究的问题。然而，文明进程视野的基本释义、文明进程视野与民俗学的关系，至今只在刘铁梁的两次讲座中得到系统论述。经由本书的学术史考察，可以看出，文明进程视野下的生活变革研究，始终在回答“中国民俗学如何与中华文明的历史与当代进程的研究发生紧密联系”[1]这一问题。因此，文明进程视野应该是当前中国民俗学研究的根本视野。

“文明”在中国古代典籍中就已存在，指向的是人文层面。如《周易正义》中有“文明以止，人文也”[2]“其德刚健而文明”[3]。王铭铭解释中国古代的“文

1 刘铁梁：《文明视野下的民俗观》，山东大学儒学高等研究院2021年中华古典学术传承创新暑期学校，2021年7月26日。

2 ［魏］王弼注，［唐］孔颖达疏，李申、卢光明整理：《十三经注疏·周易正义》，北京大学出版社，1999年，第105页。

3 ［魏］王弼注，［唐］孔颖达疏，李申、卢光明整理：《十三经注疏·周易正义》，北京大学出版社，1999年，第76页。

明”时认为典籍中的“文明”“是指人文世界——家、国、天下——的状态达到与宇宙秩序的状态对应的境界”[1]。中国现代学术语境中所使用的“文明”并不源于此，而是源自西方词语“civilization”。早期的“文明”论述，都带有低级与高级、蒙昧与开化的进化论意味。霍布斯（Thomas Hobbes）[2]、洛克（John Locke）[3]、孟德斯鸠（Charles de Secondat，Baron de Montesquieu）[4]、伏尔泰（Voltaire）[5]、摩尔根（Lewis Henry Morgan）[6]等学者，在阐述“文明”时都带有进步、城市、更高规则和约束社会的释义。尤其是人类学者摩尔根，将“人类社会历史的发展进程由低到高的划分成了蒙昧、野蛮和文明三个阶段，为文明的进步规律提供了实证材料”[7]。这一时期，文明论述强调了人对文明发展的主体性作用。

到了19世纪，马克思、弗洛伊德（Sigmund Freud）、涂尔干[8]、韦伯[9]等学者从文明的线性进化思想中脱离出来。其中，马克思否定了人的理性决定文明发展的理论，认为是社会存在决定了社会意识，而且文明发展是具有历史辩证主义的，是充满矛盾和反复的。[10]弗洛伊德讨论了人的本性与文明的发展之间的关

1　王铭铭：《当代中国的几种文明论述》，《西北民族研究》2014年第4期。

2　参见［英］托马斯·霍布斯：《斯维坦》，陆道夫、牛海、牛涛译，群众出版社，2019年。

3　参见［英］洛克：《政府论》，张羽译，京华出版社，2000年。

4　参见［法］孟德斯鸠：《论法的精神》，张雁深译，商务印书馆，2020年。

5　参见［法］伏尔泰：《路易十四时代》，吴模信、沈怀洁、梁守锵译，商务印书馆，1982年。

6　参见［美］路易斯·亨利·摩尔根：《古代社会》，杨东莼、马雍、马巨译，商务印书馆，1977年。

7　蒋萌：《社会型构视角下的文明化进程：埃利亚斯的文明观》，《贵州社会科学》2022年第11期。关于人类文明阶段的完整论述，参见［美］路易斯·亨利·摩尔根：《古代社会》，杨东莼、马雍、马巨译，商务印书馆，1977年。

8　参见［法］埃米尔·涂尔干：《社会分工论》，渠敬东译，生活·读书·新知三联书店，2017年。

9　参见［德］马克斯·韦伯：《新教伦理与资本主义精神》，康乐、简惠美译，上海三联书店，2019年；［德］马克斯·韦伯：《中国宗教：儒教与道教》，康乐、简惠美译，上海三联书店，2020年；［德］马克斯·韦伯：《社会学的基本概念》，胡景北译，上海人民出版社，2020年。

10　参见中共中央马克思恩格斯列宁斯大林著作编译局编：《马克思恩格斯选集》第二卷，人民出版社，2012年。

系问题，认为文明的发展是人类更加压抑本性的过程。[1] 19世纪的文明理论更加多元，从社会、精神、物质、历史等不同层面来剖析文明社会的形成，文明与人的关系，以及文明阶段。如费尔南·布罗代尔（Fernand Braudel）在《文明史——人类五千年文明的传承与交流》中提出，在19世纪，“文明”一词开始有了复数的含义。“从那时起，它往往会具有一种全然不同的新义，亦即为一个时期或一个群体的集体生活所共有的各种特征。”[2] 这一新义超越了以往与野蛮、落后相对的精神特质释义，将文明的定义聚焦在某一时期、某一群体的共同生活特质上来。这些都为后期文明进程理论的形成奠定了基础。

20世纪初，社会学家诺贝特·埃利亚斯出版了深刻影响后世文明研究的巨著——《文明的进程：文明的社会起源和心理起源的研究》。“埃利亚斯在弗洛伊德文明理论的基础上，将文明的进程与人的心理结构变迁相关联。同时，他也借鉴了马克思历史唯物主义，为原本完全属于意识领域的心理结构变化找到了现实的、具体的社会关系作为基础。”[3] 埃利亚斯的文明进程研究，既有宏观层面的文明的社会发生，也有微观层面的个人行为模式、心理结构与社会组织变化的关系。他将文明视为一种过程以及一种过程的结果，聚焦于人的日常生活、个人与个人的社会关系变化。他重新定义了“个人”这一名词，超越了康德、笛卡儿（Rene Descartes）等哲学家所定义的“封闭的人”“与世界相对立的个人”，而将个人视为“开放的个人”：

> “开放的个人”的整个一生都必须向他人看齐，都必须依靠和依赖于他人。人们之间的这种互相依存与互相依赖便是将他们互相连接在一起的纽带。这些正是在这儿被称作形态的东西的核心、被称作一种由既互相看齐，

1 参见［奥地利］西格蒙德·弗洛伊德：《文明及其不满》，严志军、张沫译，浙江文艺出版社，2019年。

2 ［法］费尔南·布罗代尔：《文明史——人类五千年文明的传承与交流》，常绍民、冯棠、张文英、王明毅译，中信出版社，2017年，第7页。

3 蒋萌：《社会型构视角下的文明化进程：埃利亚斯的文明观》，《贵州社会科学》2022年第11期。

又互相依存的人们所组成的形态的核心。首先，人生来就需要互相依存；其次，这种需要也是通过社会学习、教育和社会化过程唤起的，总之是由社会唤起的。[1]

埃利亚斯认为的人，并非自我中心主义的人，而是互相需要、互相依赖而存在的人，是存在于社会关系中的人。正是有了对个人的重新定义，才有了在个人行为、心理结构层面考察社会组织变化、文明社会发生进程的基础。20世纪是文明理论百家争鸣的世纪，不仅有埃利亚斯的“文明的进程”，也有汤因比的“历史研究与文明论”[2]、亨廷顿的“文明的冲突”[3]、斯宾格勒（Oswald Arnold Gottfried Spengler）的“文明与文化”[4]等。

本书使用的“文明进程”，在一定程度上借鉴了埃利亚斯对文明进程中“社会结构变化和人的行为、心理结构变化之间的关系”[5]的思考，试图从普通中国人的日常生活角度去解决文明当代进程和文明独特性的问题。

但是，不仅如此，本书的“文明进程”也受到近些年中国学者关于“文明”“文明共同体”“文明国家”等思想的影响。费孝通针对“文明冲突论”等国际话题，提出了“各美其美，美人之美，美美与共，天下大同”[6]的观点。具体到文明间关系的讨论，他强调要“在一个更高的层次上重新构建自身文明和他人文明的认识”[7]，这样才能实现和平的、文明的沟通与对话。如何重新构建这

1 ［德］诺贝特·埃利亚斯：《文明的进程：文明的社会起源和心理起源的研究》，王佩莉译，上海译文出版社，2009年，第38页。

2 参见［英］阿诺德·汤因比著，［英］D.C. 萨默维尔编：《历史研究》，郭小凌、杜挺广、梁洁等译，上海人民出版社，2010年；［英］汤因比、［日］池田大作：《展望21世纪：汤因比与池田大作对话录》，荀春生等译，国际文化出版公司，1997年。

3 参见［美］塞缪尔·亨廷顿：《文明的冲突与世界秩序的重建》，周琪等译，新华出版社，2009年。

4 参见［德］斯宾格勒：《西方的没落》，韩耿编译，北京出版社，2008年。

5 ［德］诺贝特·埃利亚斯：《文明的进程：文明的社会起源和心理起源的研究》，王佩莉译，上海译文出版社，2009年，第5页。

6 费孝通：《文化与文化自觉》，群言出版社，2016年，第448页。

7 费孝通：《文化与文化自觉》，群言出版社，2016年，第447页。

种文明的认识，费孝通强调了经验性研究，要从人们生活调查的角度去实现。“要超越旧的各种刻板的印象（stereotype）和判断，搞清楚各种文明中的人们的社会生活，并以此为基础（而不是以某种意识形态体系为基础）来构建人类学跨文明的共同的理念。”[1]有几位学者进一步引申了费孝通的思想，强调“文明永远都是从我们自身的历史源流发展而来的一套建构和理解完整世界的方式，而且，它不仅是过去时，也是现在时和将来时”[2]。

钟敬文晚年也在思考民俗学研究、民间文化与中华文明的问题。在总结“五四”时期民俗文化学的兴起时，他认为当时民俗文化学的研究对象“体现着民族社会生活及其多数成员的思想、感情和创造能力”[3]。钟敬文在思考中国特色社会主义文化、传统精英文化、民俗文化以及西方外来文化时，倡导建立民俗文化学，根本目的是希望将民俗学与传统文化研究结合起来。这些其实都是从民俗的角度去回答中华文明主体性、连续性的问题，以及文明视野下民俗学研究原则问题。[4]

清华大学甘阳教授使用“文明国家”来代替“民族国家”讨论中国现代发展与历史渊源的关系问题。他认为，“21世纪中国人必须树立的第一个新观念就是：中国的‘历史文明’是中国‘现代国家’的最大资源，而21世纪的中国能开创多大的格局，很大程度上将取决于中国人是否能自觉地把中国的‘现代国家’置于中国源远流长的‘历史文明’之源头活水之中”[5]。甘阳给予了我们一个重新审视自己历史和现代化关系的视角。人类学者王铭铭则从“超社会体系”和“文明共同体”的视角来讨论中国的本质问题。他强调中国是一个超社会的

1 费孝通：《文化与文化自觉》，群言出版社，2016年，第449页。

2 罗祎楠、刘晗、戴昕、严海蓉、章永乐、宋念申、渠敬东：《文明研究的视野为何对人文社会科学研究是重要的？》，《东方学刊》2022年12月冬季刊。

3 钟敬文：《五四时期民俗文化学的兴起——呈献于顾颉刚、董作宾诸故人之灵》，钟敬文著，董晓萍编：《民俗文化学：梗概与兴起》，中华书局，1996年，第133页。

4 这一部分参考刘铁梁教授在“钟敬文先生诞辰120周年纪念会暨钟敬文学术思想国际研讨会”上所演讲的《钟敬文民俗学思想的文明视野》，讲演时间为2023年3月18日。

5 吴铭：《甘阳：从“民族—国家”走向“文明—国家”》，《21世纪经济报道》2003年12月29日。

文明共同体，“这个文明共同体本身并非民族性的，而是一个介于民族与世界之间的‘多元一体格局’，其生命的养分，来自使‘多’与‘一’得以协调融合的宇宙观系统”[1]。他的思考是在回答中华文明整体性格局问题，想要了解这一文明共同体，不仅要考察汉族、中原的文化，还要关注到边缘地区的文化，以及与周边诸文明之间的交流与差异。

这里的“文明进程视野”，是在这些思想的基础上进一步引申的。我们可以将其理解为以下三个方面。

第一，本书所论及的文明，更倾向于生活共同体，试图从个人日常生活的角度来发掘、思考中华文明的主体性、连续性、独特性的问题，期望从生活中传承的历史传统与现代文化来讨论文明的延续性和生命力。

第二，本书所讨论的文明进程，主要指的是当代中华文明进程。当代中华文明进程更突出地展现在广大中国人日常生活等微观层面的变革之中。中国人的生活变革，呈现出的既是文明进程特质，即从农耕文明到工业文明、现代文明转型中的集体性生活特征，又有中华文明的类型性和主体性。

第三，本书所提出的文明进程视野，是对民俗学应该如何应对文明进程，以及介入文明研究的解答。目前，对中华文明独特性和源头的讨论，主要集中在考古、政治、历史、人类学等领域，主要是从政治、经济、社会组织等宏观视角去讨论文明问题。文明进程视野的民俗学研究并不意味着一定要进行宏大叙事和宏大论证，而是进入日常交流领域，结合中华文明的独特性，采取中华文明独特历史和文明交流互鉴的视野，进行民俗生活文化实践的具体考察。

---

1 王铭铭:《把握文明共同体的生命脉搏——〈南方文物〉“华夏与欧亚诸文明”开栏语》,《南方文物》2021 年第 1 期。

## 第二节 生活变革研究与民俗学实践转向的关系

20世纪60年代以来，民俗学的实践转向在世界民俗学领域已经成为一种研究趋势。在欧洲的民俗学研究中，实践研究意味着对民众习以为常的日常生活实践的阐释，以实践来解读民间行动的总体性。同一时期，美国表演理论也具有实践转向，并提出了交流实践对社会生活的建构意义。20世纪末，美国学者西蒙·布朗纳（Simon Bronner）质疑表演理论并不具备民间生活研究的解释力，提出实践引入"认知来源和动机的深度心理学研究"[1]。中国民俗学的实践转向，与世界民俗学的进程是紧密相连的。如刘铁梁、周星、刘晓春等学者面向民众生活变革的具体现象，结合马克思的实践理论、布尔迪厄的实践理论、欧洲民族学日常生活研究、美国表演理论等，论证实践研究是面向当下生活的研究，将民众视为实践主体，注重与实践主体的交流实践。与国际民俗学的实践转向不同的是，中国民俗学将注重日常交流实践与面向生活变革构成了同盟关系，实践转向在一定程度上完成了本土化。

面向生活变革研究就是面向实践的研究，生活变革研究与实践民俗学转向有着紧密关联。二者的紧密关联体现在两个方面：一是两者在学术着力点的分歧问题上给出了相同的解答；二是两者在方法论上的一致性，即以实践为中心的研究，强调在生活中研究，而不是在文献中读民俗。这些探讨为民俗学提出适合当前的研究范式和方法论提供了示范。

第一，田野调查是民俗学生产知识成果、学术理论、社会资本的重要路径和方法。生活是民俗创造、传承、创新的根本场域，脱离生活的文化很难再被视为民俗。田野调查就是要进入当地人的生活中，理解、感受当地人的衣食住行和喜怒哀乐，给予当地人自我解释的话语权，在此基础上，检验、生产学术知识成果，考察文明当代进程、文明连续性和独特性。田野调查不意味着抛弃文献研究。中国浩瀚如海的古籍和散落乡野的民间文献，是中国文化研究不可

1 ［美］西蒙·布朗纳：《民俗和民间生活研究中的实践理论》，《民间文化论坛》2019年第4期。

或缺的宝库，也是相较于其他国家民俗学研究的优势所在。但是，生活变革研究不能仅通过文献来解读，而应该关注到具体的、正在发生的日常生活，在田野调查中考察整个生活方式的创造、传承与享用，检讨文化传统在今天的延续性和生命力。

第二，日常生活是民俗学研究的切入点和重要场域。无论是释义为“生活世界”“日常生活”的纯粹哲学分析，还是释义为现象学视角下的日常生活研究开拓，民俗学都应该关注民众现实的、习以为常的、理所当然的生活。日常生活研究意味着超越文本与语境的争议，改变城乡二元研究传统，真正将研究的目光对准每一个中国人正在经历着的日常生活。在生活中研究，是生活变革研究的路径，也是实践民俗学的路径。“实践民俗学绝不应仅仅止步于纯粹理性讨论，而必须立足经验事实，将实践还原到日常生活之中，将日常生活还原到具体生活形态之中，通过民俗来重新解读和阐释民众生活实践的逻辑和意义。”[1]因此，生活变革研究也是面向实践的，不只是如表演理论所说的以交流实践为中心，而是将整个生活文化的创造、传承和享用过程都纳入研究视野中，深刻理解中国人的日常生活。

第三，实践主体观是民俗学研究的根本观点。我们可以将中国民俗学的实践主体观分为三个方面来理解。首先，“把所有的民众都当成民俗的实践主体”[2]。民俗是不同地方、不同集体的生活文化传统，也是个人所参与创造、传承、改造的生活文化传统，同时也是形成深刻认同各种社会关系的生活文化传统。民俗的传承与变异都具有主体间性，是人们在国家政策、社会环境、个体境遇等多重因素影响下所做出的实践活动。民俗学是通过研究生活文化进而研究具体的人。其次，民俗学研究是学者与民众主体间的交流实践。民俗学研究在反思人类学异文化民族志研究的局内与局外、客体与主体之后，提出了民俗学是主体间交流与对话的学问。最后，民俗学认知、理解、体认文明，是从主体对

1　李向振：《找回日常生活：当代民俗学的学术转向与知识生产》，中国社会科学出版社，2023年，第36页。

2　刘铁梁：《个人叙事与交流式民俗志：关于实践民俗学的一些思考》，《民俗研究》2019年第1期。

地方性认同的角度展开的。在研究中树立实践主体观，有助于矫正“非遗研究”“遗留物研究”等过程中容易出现的忽视民众实践、忽视主体间性的问题。

第四，生活传承是民俗学关于研究对象属性认知的基本概念。生活传承是民俗文化的本质属性，是对民俗文化古今一体的基本认知。这里的民俗文化古今一体的传承，不能理解为民俗事象被“冻结”到今天，努力维系民俗事象的历史形态，[1]而是应该认识到，民俗文化古今一体的传承关键在于生活性，“变”才是民俗文化的常态。正如日本学者加藤秀雄对小林康正和大石泰夫观点的解读：“他们都认为个人与个人之间通过行为传承下来的技术或表现内容始终处于动态状态之中。这种关注个人行为并据此归纳性地阐释传承内容的研究，我暂且称之为‘行为论之传承理论’。”[2]因此，民俗文化的变革是与整个生活变革相一致的。民俗文化不完全是决定民众行为的古老规范，或时代规定的文化，而是他们主动介入其中的参与。特定民俗传统总是生成和传承于特定地域社会或其他共同体生活之中。[3]面向生活变革的研究就是面向生活传承，关注不同民俗文化主体是怎样改变行为模式，实践着自己的民俗文化，关心民众的现实存在感和对自我行为的认知。这与实践民俗学重视理解民众的实践的观点相一致。强调民俗文化的生活传承，就是强调民俗文化古今一体，从民俗来看人类文明历史。面向生活变革的研究，是经由考察民众日常生活行为模式的现象，来理解当代中华文明进程，以民俗文化之变来理解时代。

实践民俗学是近些年中国民俗学的全新课题，面向生活变革的研究与实践民俗学有着紧密关联，民众的生活变革促进了实践民俗学的转向。面向生活变革就是面向实践，意味着回到真正的、正在发生的日常生活世界中去，以田野调查为方法，考察文明进程中的生活变革，深刻理解民众的生活意义和行动逻辑。

---

1　参见［日］加藤秀雄：《“传承”概念的解构与重构》，［日］西村真志叶译，《文化遗产》2017年第5期。

2　［日］加藤秀雄：《“传承”概念的解构与重构》，［日］西村真志叶译，《文化遗产》2017年第5期。

3　参见刘铁梁：《钟敬文民俗学思想的文明视野》，《民俗研究》2023年第4期。

## 第三节　生活变革研究与建立中国民俗学派的关系

面向生活变革研究，与建立中国民俗学派有着紧密关联。中国民俗学派，是与中华文明主体性的研究紧密相关的。

这一紧密关联，一方面，体现在突破了以往只注重上层文化和文献资料的传统文化研究常态，转向了民众生活中传承着的整体的传统文化研究。

一般认为，中华优秀传统文化是中华文明主体性形成、发展、巩固的根本内容。但中华优秀传统文化包含哪些内容？中华优秀传统文化对中华文明主体性的巩固表现在哪些方面？针对这些问题，学术界一般聚焦于经史典籍所记载的精英文化。如山东社会科学院提出："纵观中华文明发展史，大体经历了先秦子学、两汉经学、魏晋玄学，到隋唐佛学、儒释道合流、宋明理学、清代朴学等几个重要历史时期，逐渐形成了以儒家为主导，兼容佛道的文化主体格局。"[1]不可否认的是，上述的文化格局，以文献传承为主要方式，是构成中华文明主体性的重要内容。但这不是全部内容。中华文明主体性的根本内容和根本表现，应该是一个整体的传统文化。整体的传统文化，也就是以发生、传承于中国人生活领域的文化为主体的文化。

当前中华文明主体性研究存在三点问题。第一，只注重上层文化，而忽视民间传承的文化。第二，只注重文献研究，而忽视生活研究。第三，将文明进程发生领域理解为精英文化领域。中华文明是人类历史上唯一不曾中断、绵延至今的古文明，中华文明主体性并未因全球化、现代化而改变。相较于其他文明，中华文明的一大特点是有着浩如烟海的经史典籍资料。这些资料保存完整，并在历朝历代都得到诠释、解读。因此，学术界往往将文献资料和文献资料中记载的上层文化视为中华文明主体性的全部内容。

但是经过中国民俗学大量的田野研究发现，传统文化实际上是传承于广大中国人的日常生活中的。如朱鹏对大禹传说和信仰的研究，立足登封这一地方

1　张伟、徐东：《立足中华文明，巩固文化主体性》，《大众日报》2023年7月18日第6版。

社会，看到了地方精英、普通民众两大主体对大禹传说的建构和信仰活动的实践。[1]这一实践活动，意味着传统文化整体地、鲜活地传承于生活之中。而且，当地民众不仅完成了生活意义的建构，而且也完成了中华民族文化认同和地方标志性文化生产。朱鹏的研究，有别于以往中华文明国族象征的视角，恰好反映出传统文化的整体与民众生活的传承紧密关联。这一点是对钟敬文文化三分法和民俗文化学的继承与发扬。钟敬文提出上、中、下三层文化，就是为了反思以往文化研究中只重视上层文化、经史典籍的问题，强调传统文化的整体性。

只有整体的传统文化才能充分体现中华文明主体性。对中华文明主体性的认知，不能离开生活变革领域。文明进程真正发生的领域是生活领域。生活传承是民俗学要研究的本质对象。因此，中国民俗学面向生活变革的研究，就是中华文明主体性、当代进程的问题，同样也是中国民俗学学派的问题。

另一方面，生活变革研究展现的是中华文明现实性和整体性的关系。中国民俗学派的建立，离不开考察现实的、整体的文明进程。民俗学的学术传统和学科特征，与中华文明的独特历史和类型特征，决定了中国民俗学必然要走向具有中国特色的研究道路。

只有民俗学是一国性的。[2]与人类学、社会学、民族学等相邻学科相比，各国民俗学在最初发生时都不是以追求普世价值为主要学术目的，而是重在认知本国、本民族文化。这一传统，源自开端时期赫尔德、格林兄弟等民俗学先驱的思想。德国思想家赫尔德吸收了思想家维柯对“民族精神面貌”的思想，提出从民歌中探求民族精神和民族价值。赫尔德反思了启蒙主义中人类人性的普遍一致性观点[3]，强调了主体性和主体间性的差异性，表达出主体对民族文化特有认知的情感和欲望。早期德国民俗学深刻地影响了世界范围内民俗学的发展。

1 参见朱鹏：《地方传说文化的传承实践研究——以登封大禹传说与信仰为中心》，山东大学2022年博士学位论文，指导教师刘铁梁。

2 参见钟敬文：《建立中国民俗学学派论纲》，《广西民族学院学报（哲学社会科学版）》2000年第1期。

3 参见王杰文：《反启蒙主义与民俗学——以赛亚·柏林论维柯、赫尔德》，《民间文化论坛》2019年第6期。

挪威、芬兰等国的学者，纷纷“搜集整理自己民族的古老神话、歌谣，重建正在失去的民族精神”[1]。

民俗学传到亚洲，日本学者将“folklore”译为“民俗学”，柳田国男将日本民俗学定位为“一国的民俗学”，即研究日本和日本人的学问。[2]民俗学传入中国后，中国民俗学并未局限于英国人类学派“文化遗留物”研究，而是希望通过歌谣运动、白话文运动来重建民族文化，发现民族精神。钟敬文提出中国民俗学派时，强调学术旨趣和目的，包含着“增强国民的文化史知识和民族意识与感情”[3]。总体而言，民俗学是研究本民族文化的学问，中国民俗学必然要形成具有中国特色的研究特征。

纵观和横观世界民俗学历史，只有中国民俗学提出了建立中国民俗学派。德国、英国、日本、美国等国家都未能提出建立本国民俗学派，这是由中华文明的独特历史和特殊类型所决定的。相较于西方文明等其他文明，中华文明的独特性在于，中国“自命是一个国家的文明”[4]。一般认为文明是文化实体，现代大多数文明包含着多个政治实体。当代的中华文明虽然包含了中国以外华人群体的文化，但政治实体只有中国一个。[5]这与其他国家民俗学所面临的国情完全不同。因此，中国民俗学面对的是中华文明这一课题，必然要走向建立中国民俗学学派的道路。钟敬文在定义中国民俗学学派时，重点强调了中国民俗学与中国文化、中国人生活之间的紧密关联。

---

1　刘晓春：《从维柯、卢梭到赫尔德——民俗学浪漫主义的根源》，《民俗研究》2007年第3期。

2　参见［日］柳田国男：《民间传承论与乡土生活研究法》，王晓葵、王京、何彬译，学苑出版社，2010年。

3　钟敬文：《建立中国民俗学学派论纲》，《广西民族学院学报（哲学社会科学版）》2000年第1期。

4　此观点引自［美］塞缪尔·亨廷顿：《文明的冲突与世界秩序的重建》，周琪等译，新华出版社，2009年，第23页。该观点是亨廷顿引自卢西恩·派伊的评论，此后英国学者马克·雅丁也曾引述，中国学者张维借此观点提出中国是文明型国家。

5　需要特别说明的是日本与日本文明。日本是不是独立的文明，仍存在争议。部分学者认为日本文明是中华文明的后代。除此之外，其他文明，要么历史上由多个文明交融、发展而来，要么包含着多个政治实体。相较于此，中华文明在工业化时代之前就是以华夏地域为核心的独立文明，历史悠久，又未曾中断，因此，才有了本书对中华文明独特性的论述。

> 中国的民俗学学派，指的是中国的民俗学研究，从本民族文化的具体情况出发，进行符合民族民俗文化特点的学科理论和方法论的建设。[1]

阐释中国社会和中国人生活方式的历史独特性与主体性，是中国民俗学“走自己的路”的学术使命。王铭铭在论及多个学科对文明研究的贡献时，特别强调了民俗学：“20世纪初以来的中国民俗学，已长期致力于不同于精英文化的民间文化的研究。20世纪90年代以来，这门学科与历史学一道，介入了汉族内部区域文化多样性的调查研究。这些研究表明，那种视大传统上的任何一家为中国唯一思想的观点是站不住脚的——在帝国和精英文化之外，还存在着与地缘制度关系密切的民间文化。”[2]这是民俗学的优势所在，也是民俗学实现学术抱负、学科社会价值的主要途径。

如今，有些研究忽视了这一点，专注于将学术使命定位在为政府文化政策改进、落实建言献策上，实际上是忽视了民俗学真正大有可为的领域。民俗学是中华文明研究中不可替代的学科，应该将主要学术精力放置在为当下中华文明创新性转化、创造性发展做出贡献的学术抱负中来。

如何实现这一学术抱负呢？面向生活变革是中国民俗学开展中华文明研究的必由之径。面向生活变革的研究，就是面向文明主体性和文明进程的研究。以民间、日常生活来探讨中华文明、民族文化的问题，不仅是中国民俗学研究的课题，也是中国人文社会科学的重要课题。

历史学者汪晖等在讨论20世纪三四十年代中国作家创作贴近生活的作品时，论及日常生活与文明体的关联性，强调“是‘活的日常生活’持续地使得民间形式、地方形式、旧形式、方言土语这些要素服从于来自生活的需求，进而才能生成新的形态，从而使得我们的文化或文明真正具有生生不息的活力——它是老文明，但又是新的创制，带有前瞻性和未来感”[3]。与谈者贺桂梅认

1 钟敬文：《建立中国民俗学学派论纲》，《广西民族学院学报（哲学社会科学版）》2000年第1期。

2 王铭铭：《当代中国的几种文明论述》，《西北民族研究》2014年第4期。

3 汪晖、贺桂梅、毛尖：《民族形式与革命的“文明”论》，《文艺理论与批评》2021年第2期。

同了汪晖的观点，反思了之前文明体研究往往从文字、制度等规定性要素开展，忽视了中华文明的主体性实际上存在于民众日常生活中的问题："而只要你是一个中国人、生活在中国这块土地上，可能你始终都会受到这种东西的限制，它超越了所有的朝代。这些具有长时段的稳定性和连续性的东西，也许是经过无数代人的尝试所生成的一些成功的经验，它们活生生地存在于日常生活中，用费孝通的话来说就是为人们所'行而不知'。"[1]

汪晖和贺桂梅都看到了民众日常生活中存在着文明连续性。中华文明在经史典籍、文字、制度等要素中展现出或许是固定不变的、朝向过去的面貌，但在民众日常生活中，展现出的却是具有生命力、延续性的面貌。生活的视野是不断变动的视野。在生活变革研究中，我们能够看到中华文明的过去、现在和未来，也能够看到之所以中华文明为中华文明、中国人为中国人的本质所在。

因此，面向生活变革的研究，事关文明主体性的意识和文明进程的视野，是中国民俗学发生时代性转型变革的必然选择。

1　汪晖、贺桂梅、毛尖:《民族形式与革命的"文明"论》,《文艺理论与批评》2021年第2期。

# 主要参考文献

## 一、中文类

### （一）图书


［1］〔春秋〕左丘明撰，〔晋〕杜预集解：《左传·庄公二十三年》，上海古籍出版社，2016年。

［2］〔汉〕司马迁撰：《史记》，中华书局，1963年。

［3］〔汉〕郑玄注，〔唐〕孔颖达疏，龚抗云整理：《礼记正义》（上），北京大学出版社，1999年。

［4］〔魏〕王弼注，〔唐〕孔颖达疏，李申、卢光明整理：《十三经注疏·周易正义》，北京大学出版社，1999年。

［5］包亚明主编：《现代性与空间的生产》，上海教育出版社，2002年。

［6］蔡磊：《劳作模式与村落共同体——一个华北荆编专业村的考察》，中国社会科学出版社，2015年。

［7］董晓萍：《田野民俗志》，北京师范大学出版社，2015年。

［8］刁统菊：《华北乡村社会姻亲关系研究》，中国社会科学出版社，2016年。

［9］费孝通：《乡土中国　生育制度》，北京大学出版社，1998年。

[10] 费孝通:《文化与文化自觉》，群言出版社，1999年。

[11] 费孝通:《江村经济》，戴可景译，北京大学出版社，2012年。

[12] 费孝通:《文化与文化自觉》，群言出版社，2016年。

[13] 高丙中:《民俗文化与民俗生活》，中国社会科学出版社，1994年。

[14] 高丙中:《中国人的生活世界——民俗学的路径》，北京大学出版社，2010年。

[15] 顾迁译注:《淮南子》，中华书局，2012年。

[16] 郭于华主编:《仪式与社会变迁》，社会科学文献出版社，2000年。

[17] 胡朴安:《中华全国风俗志》，河北人民出版社，1986年。

[18] 梁漱溟:《乡村建设理论》，上海人民出版社，2011年。

[19] 林耀华:《凉山夷家》，云南人民出版社，2018年。

[20] 林耀华:《金翼：一个中国家族的史记》，庄孔韶、方静文译，生活书店出版有限公司，2015年。

[21] 柳诒徵:《国史要义》，商务印书馆，2011年。

[22] 刘铁梁主编:《中国民俗文化志·北京·宣武区卷》，中央编译出版社，2006年。

[23] 刘铁梁主编:《中国民俗文化志·北京·门头沟区卷》，中央编译出版社，2006年。

[24] 刘铁梁主编:《中国民俗文化志·北京·海淀区卷》，北京出版社，2016年。

[25] 刘铁梁主编:《中国民俗文化志·北京·丰台区卷》，北京出版社，2018年。

[26] 刘铁梁主编:《中国民俗文化志·北京·石景山区卷》，北京出版社，2019年。

[27] 刘先福:《个人叙事与地方传统：努尔哈赤传说的文本研究》，中国社会科学出版社，2019年。

[28] 李向振:《找回日常生活：当代民俗学的学术转向与知识生产》，中国社会科学出版社，2023年。

[29] 黄树民:《林村的故事：一九四九年后的中国农村变革》，素兰、纳日碧力戈译，生活·读书·新知三联书店，2002年。

[30] 黄永年分史主编:《新唐书》，汉语大词典出版社，2004年。

[31] 齐涛主编:《中国民俗通志》，山东教育出版社，2007年。

[32] 上海民间文艺家协会编:《中国民间文化——上海民俗研究》，学林出版社，1991年。

[33] 上海民间文艺家协会编：《中国民间文化——都市民俗学发凡》，学林出版社，1992年。

[34] 山曼等：《山东民俗》，山东友谊出版社，1988年。

[35] 山曼：《齐鲁之邦的民俗与旅游》，旅游教育出版社，1988年。

[36] 施爱东：《中国现代民俗学检讨》，社会科学文献出版社，2010年。

[37]《十三经注疏》整理委员会整理，李学勤主编：《十三经注疏·周礼注疏（上下）》，北京大学出版社，1999年。

[38] 孙秋云：《文化人类学教程》，民族出版社，2004年。

[39] 孙雪霞、陈桐生译注：《风俗通义》，中华书局，2021年。

[40] 陶立璠主编：《中国民俗大系》，甘肃人民出版社，2004年。

[41] 王汝澜编：《域外民俗学鉴要》，宁夏人民出版社，2005年。

[42] 王杰文主编：《实践民俗学的理论与批评》，学苑出版社，2020年。

[43] 吴国盛：《时间的观念》，中国社会科学出版社，1996年。

[44] 徐赣丽：《迈向现代民俗学——都市文化研究的新路径》，中国社会出版社，2020年。

[45] 杨利慧等：《神话主义：遗产旅游与电子媒介中的神话挪用和重构》，中国社会科学出版社，2020年。

[46] 杨懋春：《一个中国村庄：山东台头》，张雄、沈炜、秦美珠译，江苏人民出版社，2012年。

[47] 叶涛主编：《新中国民俗学研究70年》，中国社会科学出版社，2019年。

[48] 叶舒宪编：《文化与文本》，中央编译出版社，1998年。

[49] 翟学伟：《中国人的关系原理：时空秩序、生活欲念及其流变》，北京大学出版社，2011年。

[50] 张双棣、张万彬、殷国光、陈涛译注：《吕氏春秋》，中华书局，2007年。

[51] 张紫晨：《中国民俗学史》，吉林文史出版社，1993年。

[52] 赵世瑜：《眼光向下的革命：中国现代民俗学思想史论：1918～1937》，北京师范大学出版社，1999年。

[53] 中国民俗学会：《中国民俗学研究（第二辑）》，中央民族大学出版社，1996年。

[54] 钟敬文著，董晓萍编：《民俗文化学：梗概与兴起》，中华书局，1996年。

［55］钟敬文主编：《民间文化讲演集》，广西民族出版社，1998年。

［56］钟敬文：《建立中国民俗学派》，黑龙江教育出版社，1999年。

［57］钟敬文：《钟敬文民俗学论文集》，上海文艺出版社，1998年。

［58］钟敬文主编：《民俗学概论》，高等教育出版社，2010年。

［59］周星主编：《民俗学的历史、理论与方法》，商务印书馆，2006年。

［60］［英］爱德华·泰勒：《原始文化》，浙江人民出版社，1988年。

［61］［德］艾约博：《以竹为生：一个四川手工造纸村的20世纪社会史》，韩巍译，吴秀杰校，江苏人民出版社，2016年。

［62］［匈］阿格妮丝·赫勒：《日常生活》，衣俊卿译，重庆出版社，2010年。

［63］［英］阿雷恩·鲍尔德温等：《文化研究导论》，陶东风等译，高等教育出版社，2004年。

［64］［英］阿诺德·汤因比：《历史研究》，刘北成、郭小凌译，上海人民出版社，2005年。

［65］［美］阿尔弗曼德·舒茨：《社会世界的意义构成》，游淙祺译，商务印书馆，2012年。

［66］［美］爱德华·萨义德：《文化与帝国主义》，李琨译，生活·读书·新知三联书店，2003年。

［67］［美］安德森：《想象的共同体：民族主义的起源与散布》，吴叡人译，上海人民出版社，2005年。

［68］［法］埃米尔·涂尔干：《社会分工论》，渠敬东译，生活·读书·新知三联书店，2017年。

［69］［美］保罗·拉比诺：《摩洛哥田野作业反思》，高丙中、康敏译，商务印书馆，2008年。

［70］［英］查·索·博尔尼：《民俗学手册》，程德祺等译，上海文艺出版社，1995年。

［71］［德］赫尔曼·鲍辛格：《技术世界中的民间文化》，户晓辉译，广西师范大学出版社，2014年。

［72］［日］岛村恭则：《大家的民俗学》，陆薇薇、魏金美译，浙江大学出版社，2022年。

［73］［美］杜赞奇：《文化、权力与国家：1900—1942年的华北农村》，王福明

译，江苏人民出版社，2020 年。

［74］［美］段义孚：《恋地情结》，志承、刘苏译，商务印书馆，2018 年。

［75］［美］凡勃伦：《有闲阶级论》，蔡受百译，商务印书馆，1964 年。

［76］［法］费尔南·布罗代尔：《文明史——人类五千年文明的传承与交流》，常绍民、冯棠、张文英、王明毅译，中信出版社，2017 年。

［77］［挪威］弗雷德里克·巴特：《斯瓦特巴坦人的政治过程——一个社会人类学研究的范例》，黄建生译，上海人民出版社，2005 年。

［78］［法］伏尔泰：《路易十四时代》，吴模信、沈怀洁、梁守锵译，商务印书馆，1982 年。

［79］［美］克利福德·格尔茨：《地方知识：阐释人类学论文集》，杨德睿译，商务印书馆，2017 年。

［80］［美］格尔茨：《文化的解释》，韩莉译，译林出版社，2014 年。

［81］［美］黄宗智：《华北的小农经济与社会变迁》，广西师范大学出版社，2023 年。

［82］［德］赫尔曼·鲍辛格等：《日常生活的启蒙者》，吴秀杰译，广西师范大学出版社，2014 年。

［83］［法］亨利·列斐伏尔：《日常生活批判》，叶齐茂、倪晓晖译，社会科学文献出版社，2018 年。

［84］［德］胡塞尔：《欧洲科学的危机与超验现象学》，王炳文译，商务印书馆，2017 年。

［85］［日］后藤兴善等：《民俗学入门》，王汝澜译，中国民间文艺出版社，1984 年。

［86］［德］卡西尔：《人论：人类文化哲学导引》，甘阳译，上海译文出版社，2013 年。

［87］［美］罗伯特·芮德菲尔曼：《农民社会与文化：人类学对文明的一种诠释》，王莹译，中国社会科学出版社，2013 年。

［88］［美］李·哈林编：《民俗学的宏大理论》，程鹏等译，上海社会科学院出版社，2018 年。

［89］［美］理查德·鲍曼：《作为表演的口头艺术》，杨利慧、安德明译，广西师范大学出版社，2008 年。

［90］［美］路易斯·亨利·摩尔根：《古代社会》，杨东莼、马雍、马巨译，商务

印书馆，1977年。

［91］［日］柳田国男：《民间传承论与乡土生活研究法》，王晓葵、王京、何彬译，学苑出版社，2010年。

［92］［英］洛克：《政府论》，张羽译，京华出版社，2000年。

［93］［英］马林诺夫斯基：《西太平洋上的航海者》，张云江译，九州出版社，2007年。

［94］［法］马塞尔·莫斯、［法］爱弥尔·涂尔干、［法］亨利·于贝儿：《论技术、技艺与文明》，蒙养山人译，世界图书出版公司北京公司，2010年。

［95］［德］马克斯·韦伯：《新教伦理与资本主义精神》，康乐、简惠美译，上海三联书店，2019年。

［96］［德］马克斯·韦伯：《中国宗教：儒教与道教》，康乐、简惠美译，上海三联书店，2020年。

［97］［德］马克斯·韦伯：《社会学的基本概念》，胡景北译，上海人民出版社，2020年。

［98］［法］孟德斯鸠：《论法的精神》，张雁深译，商务印书馆，2020年。

［99］［德］诺贝特·埃利亚斯：《文明的进程：文明的社会起源和心理起源的研究》，王佩莉译，上海译文出版社，2009年。

［100］［英］齐格蒙特·鲍曼：《流动的现代性》，欧阳景根译，中国人民大学出版社，2017年。

［101］［美］塞缪尔·亨廷顿：《文明的冲突与世界秩序的重建》，周琪、刘绯、张立平、王圆译，新华出版社，1998年。

［102］［德］斯宾格勒：《西方的没落》，韩耿编译，北京出版社，2008年。

［103］［美］施坚雅：《中国农村的市场和社会结构》，史建云、徐秀丽译，中国社会科学出版社，1998年。

［104］［法］爱弥尔·涂尔干：《宗教生活的基本形式》，渠东、汲喆译，上海人民出版社，1999年。

［105］［英］托马斯·霍布斯：《斯维坦》，陆道夫、牛海、牛涛译，群众出版社，2019年。

［106］［奥地利］西格蒙德·弗洛伊德：《文明及其不满》，严志军、张沫译，浙江文艺出版社，2019年。

［107］［美］詹姆斯·克利福德、［美］乔治·E．马库斯：《写文化——民族志的诗学与政治学》，高丙中、吴晓黎、李霞等译，商务印书馆，2006年。

［108］［美］张鹂：《城市里的陌生人——中国流动人口的空间、权力与社会网络的重构》，袁长庚译，江苏人民出版社，2017年。

## （二）期刊

［1］安德明：《家乡——中国现代民俗学的一个支点和起点》，《民族艺术》2004年第2期。

［2］安德明：《美国公众民俗学的兴起、发展与实践》，《民间文化论坛》2004年第3期。

［3］安德明、杨利慧：《1970年代末以来的中国民俗学：成就、困境与挑战》，《民俗研究》2012年第5期。

［4］安德明：《作为范畴、视角与立场的家乡民俗学》，《西北民族研究》2019年第3期。

［5］巴莫曲布嫫：《民俗志表述范式的新探索——评〈中国民俗文化志〉北京区县卷本的阶段成果》，《民间文化论坛》2007年第1期。

［6］巴莫曲布嫫：《从语词层面理解非物质文化遗产——基于〈公约〉“两个中文本”的分析》，《民族艺术》2015年第6期。

［7］毕雪飞、［日］岩本通弥、施尧：《日本民俗学者岩本通弥教授访谈录》，《民俗研究》2016年第5期。

［8］毕传龙：《面向公众的生活实践——美国史密森尼民俗节概览》，《河南教育学院学报（哲学社会科学版）》2015年第2期。

［9］博日吉汗卓娜、全信子：《人类学田野工作的方法论意义及其对民俗志写作的启示》，《内蒙古师范大学学报（哲学社会科学版）》2013年第2期。

［10］卜玉梅：《网络人类学的理论要义》，《云南民族大学学报（哲学社会科学版）》2015年第5期。

［11］蔡磊：《民俗志的学术定位与书写》，《西北民族研究》2009年第1期。

［12］蔡文娇：《纽厄尔与美国民俗学会、会刊初创期的民俗学》，《民俗研究》

2013年第6期。

［13］陈国玲:《中国现代民俗学肇兴的时代使命》,《赣南师范大学学报》2018年第4期。

［14］陈曲、王志清:《对话与交流式民俗志的书写及思考——师公韦锦利与民俗研究者合作的“实践民俗学”研究》,《黔南民族师范学院学报》2022年第6期。

［15］陈蓉、周珏、刘熠楠、金楚楚:《大学生奢侈品消费行为调查——以上海地区为例》,《现代商业》2020年第32期。

［16］陈蓉榕:《当代民俗志写作新的尝试——〈番禺民俗〉述评》,《民间文化论坛》2019年第4期。

［17］陈应槐:《先秦时代的宗教与婚丧》,《民俗》1936年第1期。

［18］程安霞:《关于民俗志书写的几点思考》,《中央民族大学学报(哲学社会科学版)》2011年第2期。

［19］程鹏:《都市民俗学与民俗学的现代化指向》,《民间文化论坛》2014年第4期。

［20］程鹏:《旅游民俗学视野下遗产旅游民俗叙事研究》,《云南师范大学学报(哲学社会科学版)》2020年第4期。

［21］程浩芯:《还俗于民：本杰明·博特金与美国民俗学的公共性实践》,《民间文化论坛》2018年第3期。

［22］程名:《网络传播的社群化特征与网络民俗的建立——以天涯虚拟社区为例》,《东南传播》2012年第9期。

［23］程艳林:《新中国民俗学发展的历史分期考述》,《民间文化论坛》2021年第6期。

［24］曾剑平、廖晓明:《时间观与民族文化——中美时间观比较研究》,《南昌大学学报(人社版)》2001年第3期。

［25］崔立颖、丁乙:《西方马克思主义城市空间理论研究的四个维度》,《重庆交通大学学报(社会科学版)》2022年第2期。

［26］刁统菊:《女性民俗学者、田野作业与社会性别制度——基于对22位民俗学者的访谈和个人的田野经验》,《民族文学研究》2017年第4期。

［27］刁统菊:《民俗学学术伦理追问：谁给了我们窥探的权利？——从个人田野研究的困惑谈起》,《民俗研究》2013年第6期。

［28］杜宪兵：《“恋旧”与“洋化”：纽约唐人街美国华人的民俗生活与文化认同》，《民俗研究》2009年第1期。

［29］董晓萍：《民俗学人文学科的建设模式》，《民俗研究》2014年第4期。

［30］董晓萍：《经典民俗学的基本问题与主要发现》，《西北民族研究》2022年第5期。

［31］董晓萍：《钟敬文学说与中国式现代化》，《西北民族研究》2023年第2期。

［32］董秀团、王丽清：《西南情境下的礼俗多维互动及其社会整合功能——以大理巍山彝族土主文化为中心的考察》，《思想战线》2022年第4期。

［33］董秀团：《地方精英民俗志书写的可能性及反思——以云南大理石龙村李绚金村民日志为例》，《民俗研究》2022年第4期。

［34］段宝林：《民俗学的学科地位与社会责任》，《山东社会科学》2011年第3期。

［35］方川：《中国城市民俗研究述论》，《民俗研究》2000年第4期。

［36］傅灵犀：《红与灰：从“锦鲤祈福”习俗透视当代青年日常生活的双重性》，《文化遗产》2021年第5期。

［37］高丙中：《“中国民俗志”的书写问题》，《文化艺术研究》2008年第1期。

［38］高丙中：《中国民俗学的新时代：开创公民日常生活的文化科学》，《民俗研究》2015年第1期。

［39］高丙中：《关于民俗主体的定义——英美学者不断发展的认识》，《湖北大学学报（哲学社会科学版）》1993年第4期。

［40］高丙中：《民族志发展的三个时代》，《广西民族学院学报（哲学社会科学版）》2006年第3期。

［41］高丙中：《日常生活的现代与后现代遭遇：中国民俗学发展的机遇与路向》，《民间文化论坛》2006年第3期。

［42］高丙中：《知识分子、民间与一个寺庙博物馆的诞生：对民俗学的学术实践的新探索》，《民间文化论坛》2004年第3期。

［43］高丙中：《中国民俗学的人类学倾向》，《民俗研究》1996年第2期。

［44］高丙中：《中国民俗学三十年的发展历程》，《民俗研究》2008年第3期。

［45］高丙中：《中国人的生活世界：民俗学的路径》，《民俗研究》2010年第1期。

［46］高丙中：《中国非物质文化遗产保护与文化革命的终结》，《开放时代》2013年第5期。

［47］高静：《城市化与城市民俗学——韩国民俗学的转型探索》，《西北民族研究》2020年第3期。

［48］高福升、张立：《韩国城市民俗学研究述略》，《凯里学院学报》2017年第4期。

［49］高艳芳：《近十年来中国民俗学转型的思考》，《湖北民族学院学报（哲学社会科学版）》2016年第3期。

［50］耿波：《礼俗互动传统中的徐复观农本政治观》，《中国政法大学学报》2014年第2期。

［51］顾颉刚：《〈孟姜女故事研究集〉自叙》，《民俗》1928年第1期。

［52］顾颉刚讲，钟敬文记：《圣贤文化与民众文化——一九二八年三月二十日在岭南大学学术研究会演讲》，《民俗》1928年第5期。

［53］郭海红：《日本城市民俗学研究述略》，《世界民族》2009年第4期。

［54］郭湛：《论主体间性或交互主体性》，《中国人民大学学报》2001年第3期。

［55］韩成艳：《在"民间"看见"公民"——非物质文化遗产保护语境下的实践民俗学进路》，《民俗研究》2013年第4期。

［56］侯长林：《卡西尔符号人学对高等教育人才培养的启示》，《贵州社会科学》2019年第10期。

［57］户晓辉：《从民到公民：中国民俗学研究"对象"的结构转换》，《民俗研究》2013年第3期。

［58］户晓辉：《德国民俗学者访谈录》，《民间文化论坛》2006年第5期。

［59］户晓辉：《民俗与生活世界》，《文化遗产》2008年第1期。

［60］户晓辉：《建构城市特性：瑞士民俗学理论新视角——以托马斯·亨格纳的研究为例》，《民俗研究》2012年第3期。

［61］户晓辉：《〈保护非物质文化遗产公约〉的实践范式》，《民族艺术》2017年第4期。

［62］户晓辉：《新时期中国民俗学基础理论研究的逻辑进程》，《东方论坛—青岛大学学报（社会科学版）》2019年第4期。

［63］户晓辉：《实践民俗学的日常生活研究理念》，《民俗研究》2019年第6期。

[64] 黄龙光:《民俗志范式的反思》,《西北第二民族学院学报(哲学社会科学版)》2007年第5期。

[65] 黄龙光:《中国非物质文化遗产保护与公共民俗学实践路径》,《民族艺术》2020年第5期。

[66] 黄涛:《关于民俗志深入描写的一些初步设想》,《民间文化论坛》2007年第1期。

[67] 霍志刚:《傣族神话研究回顾与"朝向当下"的傣族神话研究》,《长江大学学报(社会科学版)》2019年第6期。

[68] 贾芝:《发刊词》,《民间文学论坛》1982年创刊号。

[69] 江绍原:《礼的问题》,《语丝》1924年第3期。

[70] 江绍原:《〈血与天癸〉导言》,《贡献》1928年第7期。

[71] 姜义华:《中华文明现代转型的独创路径》,《人民论坛》2010年第35期。

[72] 蒋萌:《社会型构视角下的文明化进程:埃利亚斯的文明观》,《贵州社会科学》2022年第11期。

[73] 金昱彤:《扩展公共性:当代非物质文化遗产研究的新范式》,《青海社会科学》2018年第1期。

[74] 康丽:《非物质文化遗产与性别》,《民间文化论坛》2021年第3期。

[75] 康丽:《从性别麻烦到范式变革:中国女性主义民俗学的建设》,《民俗研究》2022年第3期。

[76] 科大卫、张士闪:《"大一统"与差异化——历史人类学视野下的中国社会研究——科大卫教授访谈录》,《民俗研究》2016年第2期。

[77]《"礼与俗:近现代民间儒学传统与传承"项目启动》,《文史哲》2013年第4期。

[78] 赖婷:《礼俗互动视角下的民间节日祭祖体系》,《节日研究》2019年第1期。

[79] 李富强:《礼俗互动传统中的顾炎武风俗教化观及其现代启示》,《民俗研究》2021年第5期。

[80] 李涵闻:《礼俗之别:中西礼俗在澳门的互动研究》,《文化遗产》2022年第2期。

[81] 李海云:《边界视角:新时期中国民俗学发展脉络考察》,《民俗研究》2018

年第6期。

[82] 李强、邓建伟、晓筝:《社会变迁与个人发展：生命历程研究的范式与方法》,《社会学研究》1999年第6期。

[83] 李生柱:《文字上山、礼仪下渗与村寨社会结构变迁 —— 基于瑶白侗寨民间文献的考察》,《民族艺术》2020年第6期。

[84] 李向振:《当代民俗学学科危机的本质是什么？ —— 兼谈实践民俗学的知识生产问题》,《民俗研究》2020年第6期。

[85] 李向振:《转向现代性的民俗学的几个关键词》,《华东师范大学学报（哲学社会科学版）》2021年第1期。

[86] 李向振:《日常空间：现代民俗学关注日常生活的重要维度》,《民间文化论坛》2021年第5期。

[87] 李向振:《礼俗互动：作为一种中国社会研究范式的可能性分析》,《民俗研究》2023年第1期。

[88] 李扬、王新艳:《中日两国都市民俗文化研究刍论》,《东方论坛 — 青岛大学学报（社会科学版）》2009年第4期。

[89] 李亦园:《民间文学的人类学研究》,《民族艺术》1998年第3期。

[90] 李银兵、李丹:《自反性、主体间性与现代性：民族志书写特征探析》,《云南社会科学》2017年第5期。

[91] 李晓宁:《礼俗互动视角下清代以来北京村落香会研究 —— 以刘家村五虎少林会和秉心圣会的调查为核心个案》,《民俗研究》2019年第5期。

[92] 梁君健、苏筱:《数字民俗的概念范畴与核心议题》,《西北民族研究》2022年第2期。

[93] 廖明君、岳永逸:《现代性的都市民俗学 —— 岳永逸博士访谈录》,《民族艺术》2012年第2期。

[94] 刘德增:《礼与俗的历史传统》,《民俗研究》2020年第6期。

[95] 刘敦愿:《中国古俗所见关于虎的崇拜》,《民俗研究》1986年第1期。

[96] 刘魁立:《论全球化背景下的中国非物质文化遗产保护》,《河南社会科学》2007年第1期。

[97] 刘少杰:《网络交往的时空转变与风险应对》,《社会科学在线》2022年第4期。

［98］刘铁梁：《村落集体仪式性文艺表演活动与村民的社会组织观念》，《北京师范大学学报（社会科学版）》1995 年第 6 期。

［99］刘铁梁：《民俗调查中的心理观察问题》，《民间文学论坛》1996 年第 3 期。

［100］刘铁梁：《村落——民俗传承的生活空间》，《北京师范大学学报（社会科学版）》1996 年第 6 期。

［101］刘铁梁：《中国民俗学发展的几个阶段》，《民俗研究》1998 年第 4 期。

［102］刘铁梁：《民俗志研究方式与问题意识》，《北京师范大学学报（社会科学版）》1998 年第 6 期。

［103］刘铁梁：《民间文化遗产的调查与抢救》，《温州师范学院学报（哲学社会科学版）》2001 年第 5 期。

［104］刘铁梁：《钟敬文"民俗文化学"的学科性质及方法论意义》，《北京师范大学学报（社会科学版）》2002 年第 2 期。

［105］刘铁梁：《"标志性文化统领式"民俗志的理论与实践》，《北京师范大学学报（社会科学版）》2005 年第 6 期。

［106］刘铁梁：《文化巨变时代的新式民俗志——〈中国民俗文化志〉总序》，《北京师范大学学报（社会科学版）》2006 年第 6 期。

［107］刘铁梁：《地方社会的建构与地方民俗文化的创造——北京三个区民俗调查的视角》，《民间文化论坛》2007 年第 1 期。

［108］刘铁梁：《中国民俗学思想发展的道路》，《民俗研究》2008 年第 4 期。

［109］刘铁梁：《感受生活的民俗学》，《民俗研究》2011 年第 2 期。

［110］刘铁梁：《劳作模式与村落认同——以北京房山农村为案例》，《民俗研究》2013 年第 3 期。

［111］刘铁梁：《城市化过程中的民俗学田野作业》，《文化遗产》2013 年第 4 期。

［112］刘铁梁：《村庄记忆——民俗学参与文化发展的一种学术路径》，《温州大学学报（社会科学版）》2013 年第 5 期。

［113］刘铁梁：《身体民俗学视角下的个人叙事——以中国春节为例》，《民俗研究》2015 年第 2 期。

［114］刘铁梁：《个人叙事与交流式民俗志：关于实践民俗学的一些思考》，《民俗研究》2019 年第 1 期。

［115］刘铁梁：《中国民俗学派成长在田野中国》，《民俗研究》2020 年第 6 期。

[116] 刘铁梁:《钟敬文民俗学思想的文明视野》,《民俗研究》2023年第4期。

[117] 刘锡诚:《传承与传承人论》,《河南教育学院学报(哲学社会科学版)》2006年第5期。

[118] 刘晓春:《谁的原生态?为何本真性——非物质文化遗产语境下的原生态现象分析》,《学术研究》2002年第2期。

[119] 刘晓春:《从维柯、卢梭到赫尔德——民俗学浪漫主义的根源》,《民俗研究》2007年第3期。

[120] 刘晓春:《从"民俗"到"语境中的民俗"——中国民俗学研究的范式转换》,《民俗研究》2009年第2期。

[121] 刘晓春:《资料、阐释与实践——从学术史看当前中国民俗学的危机》,《民俗研究》2011年第4期。

[122] 刘晓春:《文化本真性:从本质论到建构论——"遗产主义"时代的观念启蒙》,《民俗研究》2013年第4期。

[123] 刘晓春、崔若男:《以"日常生活"为方法的民俗学研究——"民俗学'日常生活'转向的可能性"论坛综述》,《文化遗产》2017年第1期。

[124] 刘晓春:《布尔迪厄的"生活风格"论》,《民俗研究》2017年第4期。

[125] 刘晓春:《探究日常生活的"民俗性"——后传承时代民俗学"日常生活"转向的一种路径》,《民俗研究》2019年第3期。

[126] 刘垚、沈东:《回顾与反思:中国都市民俗学研究述评》,《民间文化论坛》2015年第6期。

[127] 刘义强:《疫情改变社交、社区及流动 再造新型社会连接生态体系》,《人民论坛》2020年第15期。

[128] 刘宗迪:《民俗志与时空观的地方性》,《民间文化论坛》2007年第1期。

[129] 刘志琴:《礼俗互动是中国思想史的本土特色》,《东方论坛—青岛大学学报(社会科学版)》2008年第3期。

[130] 林晓平、雷天来:《个人叙事与当代风水师身份建构——以赣南地区为例》,《民俗研究》2014年第6期。

[131] 龙圣:《"礼俗互动:历史学与民俗学的对话"学术研讨会述评》,《民族艺术》2015年第1期。

[132] 龙晓添:《"风土"民俗观——作为民俗文献的〈风土记〉》,《农业考古》

2012 年第 6 期。

［133］卢成仁：《从社会到群体：1949 年以前西南中国人类学研究概念与视角的学术史梳理》，《云南社会科学》2015 年第 1 期。

［134］陆薇薇：《日本民俗学“在野之学”的新定义——菅丰“新在野之学”的倡导与实践》，《民俗研究》2017 年第 3 期。

［135］罗绳武：《民俗学之社会史的研究》，《礼俗》1931 年第 1 期。

［136］罗祎楠、刘晗、戴昕、严海蓉、章永乐、宋念申、渠敬东：《文明研究的视野为何对人文社会科学研究是重要的？》，《东方学刊》2022 年 12 月冬季刊。

［137］吕微：《反思民俗学、民间文学的学术伦理》，《民间文化论坛》2004 年第 5 期。

［138］吕微：《家乡民俗学——民俗学纯粹发生形式》，《民间文化论坛》2005 年第 4 期。

［139］吕微：《民俗学的哥白尼范式》，《民俗研究》2013 年第 4 期。

［140］杨成志：《民俗学之内容与分类》，《民俗》1942 年第 4 期。

［141］马光亭：《礼俗互动中的地方传统塑造——以青岛即墨小龙山龙牌及相关仪式为例》，《民族艺术》2019 年第 5 期。

［142］马戎：《中华文明的基本特质》，《学术月刊》2018 年第 1 期。

［143］马星宇：《校园“惊魂”：校园恐怖传说探析——以山东大学校园传说为例》，《民俗研究》2016 年第 6 期。

［144］毛晓帅：《中国民俗学转型发展与表演理论的对话关系》，《民俗研究》2018 年第 4 期。

［145］毛晓帅：《民俗学视野中的个人叙事与公共文化实践》，《民族文学研究》2019 年第 3 期。

［146］毛晓帅：《城市化进程中民俗志书写的理论思考——兼论民俗志写人与写文化》，《河南科技学院学报》2020 年第 3 期。

［147］毛晓帅：《个人叙事选择与集体记忆建构——基于北京 D 村花钹会的田野调查》，《民间文化论坛》2020 年第 5 期。

［148］裴诗贇：《离村与归来——一场陕北花会背后的时间观变迁》，《民艺》2019 年第 4 期。

［149］彭牧：《民俗与身体——美国民俗学的身体研究》，《民俗研究》2010 年第

9期。

［150］彭牧:《同异之间：礼与仪式》,《民俗研究》2014年第3期。

［151］彭牧:《身体与民俗》,《民间文化论坛》2018年第9期。

［152］彭牧:《田野中的身体：作为身体实践的田野作业》,《民俗研究》2022年第2期。

［153］彭晴:《“活态化”传播与网络新民俗》,《东吴学术》2020年第5期。

［154］彭文新:《民俗学的当代使命——民俗学博士生谈民俗学与当代生活》,《民俗研究》1996年第3期。

［155］邵凤丽:《文人礼书“以礼化俗”的基本类型——以朱子〈家礼〉祭礼为例》,《中国文化论衡》2018年第1期。

［156］邵卉芳:《记忆论：民俗学研究的重要方法》,《云南社会科学》2014年第6期。

［157］沈燕:《民俗学之都市养老研究的路径》,《文化遗产》2022年第3期。

［158］施爱东:《以破为立，欲速难达》,《民间文化论坛》2014年第3期。

［159］施爱东:《学术史的范式意义》,《民间文化论坛》2016年第3期。

［160］施爱东:《网络谣言的语法》,《民族艺术》2016年第5期。

［161］施爱东:《民俗学是一门国学——中山大学民俗学会的工作计划与早期民俗学者对学科的认识》,《民俗研究》2017年第2期。

［162］施爱东:《民俗学的未来与出路》,《民间文化论坛》2019年第2期。

［163］施爱东:《中国民俗学的学派、流派与门派》,《清华大学学报（哲学社会科学版）》2020年第6期。

［164］宋文杰:《宗经与从俗：论司马光家礼的创制原则——以司马光〈书仪〉为研究中心》,《文教资料》2020年第7期。

［165］孙华月、刁统菊:《传统神话角色在网络语境中的形象转型研究——以对饕餮的非盈利创作为切入点》,《民间文化论坛》2022年第5期。

［166］孙九霞、李怡飞:《流动的手工艺社会：从“同乡同业”到“全域同业”的白族银器村》,《开放时代》2020年第4期。

［167］孙文刚:《网络民俗：民俗学科的新生长点》,《民间文化论坛》2013年第5期。

［168］孙正国:《文化转型催生狂欢化新民俗》,《中央民族大学学报（哲学社会

科学版）》2004年第1期。

［169］阮倩：《基于学科发展逻辑的新文科建设理念与路径》，《学术论坛》2022年第6期。

［170］谭同学：《有限差序的社会结合及其现代性转化——基于新化数码快印“同乡同业”的思考》，《南京农业大学学报（社会科学版）》2020年第5期。

［171］陶思炎：《都市民俗探论》，《东南大学学报（哲学社会科学版）》2005年第4期。

［172］万建中：《民俗志研究范式的积极探索与实践——〈传统节日的生命力〉评介》，《桂林师范高等专科学校学报》2014年第4期。

［173］王杰文：《民俗志对于民俗学意味着什么》，《广西民族研究》2008年第1期。

［174］王杰文：《“在场”与“生成”——反思“实验的民族志”》，《中国农业大学学报（社会科学版）》2011年第3期。

［175］王杰文：《“民俗主义”及其差异化的实践》，《民俗研究》2014年第2期。

［176］王杰文：《北京市高层集合住宅的生活及生活世界的变迁》，《日常与文化》2015年第1期。

［177］王杰文：《新媒介环境下的日常生活——兼论数码时代的民俗学》，《现代传播》2017年第8期。

［178］王杰文：《“实践民俗学”的“实践论”批评》，《民俗研究》2018年第3期。

［179］王杰文：《民俗研究的哲学根基——来自哲学家巴赫金的启示》，《天津社会科学》2019年第5期。

［180］王杰文：《反启蒙主义与民俗学——以赛亚·柏林论维柯、赫尔德》，《民间文化论坛》2019年第6期。

［181］王京：《中日联合江南地区民俗调查及其学术史意义》，《民间文化论坛》2020年第6期。

［182］王加华：《个人生活史：一种民俗学研究路径的讨论与分析》，《民俗研究》2020年第2期。

［183］王加华：《农民的时间感——以山东省淄博市聚峰村为中心》，《民俗研究》2006年第3期。

[184] 王加华：《农事与时间：中国传统时间观的特点、成因及其社会影响》，《山东省民俗学会2012年学术年会论文集》。

[185] 王娟：《新形势下的新定位——关于民俗学的“民”与“俗”的新思考》，《民俗研究》2002年第1期。

[186] 王均霞：《从“事象”到“情境”：中国女性民俗研究的范式转换与目标生成》，《民俗研究》2014年第4期。

[187] 王均霞：《实践民俗志与女性民俗研究的一种可能性》，《民间文化论坛》2020年第3期。

[188] 王铭铭：《把握文明共同体的生命脉搏——〈南方文物〉“华夏与欧亚诸文明”开栏语》，《南方文物》2021年第1期。

[189] 王铭铭：《当代中国的几种文明论述》，《西北民族研究》2014年第4期。

[190] 王素珍：《民俗学的制度与礼俗研究谫论》，《民间文化论坛》2022年第3期。

[191] 王霄冰：《民俗主义论与德国民俗学》，《民间文化论坛》2006年第3期。

[192] 王霄冰：《浪漫主义与德国民俗学》，《广西民族大学学报（哲学社会科学版）》2015年第5期。

[193] 王霄冰：《中国民俗学：从民俗主义出发去往何方？》，《民俗研究》2016年第3期。

[194] 王霄冰：《民俗关系：定义民俗与民俗学的新路径》，《民间文化论坛》2018年第6期。

[195] 王霄冰、禤颖：《身体民俗学的历史、理论与方法》，《文化遗产》2019年第2期。

[196] 王霄冰、陈科锦：《民俗志的历史发展与文体特征》，《民俗研究》2022年第6期。

[197] 王霄冰：《节日民俗志的提出及其关注重点》，李松主编：《节日研究：第十二辑》，学苑出版社，2017年。

[198] 王晓葵：《记忆论与民俗学》，《民俗研究》2011年第2期。

[199] 汪晖、贺桂梅、毛尖：《民族形式与革命的“文明”论》，《文艺理论与批评》2021年第2期。

[200] 韦晓娟：《民间口承故事的表演性研究》，《长春师范学院学报》2004年第

4期。

［201］魏甜甜：《当代中国非遗研究热的冷思考》，《民俗研究》2023年第1期。

［202］乌丙安等：《都市民俗学研究的意义、内容及方法探讨》，《民间文化论坛》2014年第4期。

［203］吴重庆：《“同乡同业”：“社会经济”或“低端全国化”？》，《南京农业大学学报（社会科学版）》2020年第5期。

［204］吴世文、何羽潇：《媒介、情感与社交关系：网友的QQ记忆与技术怀旧》，《现代传播（中国传媒大学学报）》2021年第9期。

［205］吴翔之：《民俗视野中的女性话语建构——以女性禁忌民俗为例》，《江西社会科学》2011年第4期。

［206］西德基、蔡德贵：《东方婚俗漫谈》，《民俗研究》1986年第1期。

［207］萧放：《关于非物质文化遗产传承人的认定与保护方式的思考》，《文化遗产》2008年第1期。

［208］萧放、鞠熙：《实践民俗学：从理论到乡村研究》，《民俗研究》2019年第1期。

［209］萧放、何斯琴：《礼俗互动中的人生礼仪传统研究》，《民俗研究》2019年第6期。

［210］谢红萍：《理论民俗学与公共民俗学：以民俗学者的学术自觉为中心》，《湖北民族大学学报（哲学社会科学版）》2022年第5期。

［211］邢莉、刘兴禄：《城市民俗的中国渊源与城市民俗学的兴起》，《云南师范大学学报（哲学社会科学版）》2018年第1期。

［212］胥志强：《现代民俗学中的礼俗互动问题》，《民俗研究》2022年第6期。

［213］徐赣丽：《体验经济时代的节日遗产旅游：问题与经验》，《青海社会科学》2014年第5期。

［214］徐赣丽：《中产阶级生活方式：都市民俗学新课题》，《民俗研究》2017年第4期。

［215］徐赣丽：《当代都市空间的混杂性：以上海田子坊为例》，《华东师范大学学报（哲学社会科学版）》2019年第2期。

［216］徐赣丽：《从乡村到城市：中国民俗学的研究转向》，《民俗研究》2021年第4期。

[217] 徐瑞华:《网络民俗研究》,《贵州社会科学》2012年第11期。

[218] 阎云翔:《民间故事的表演性》,《民间文学》1985年第7期。

[219] 阎云翔:《欧美民俗学略说》,《北京师范大学学报(社会科学版)》1997年第6期。

[220] 杨成志:《现代民俗学——历史与名词》,《民俗》季刊第一卷第1期,1936年9月。

[221] 杨宏海:《试论深圳新民俗文化——兼论中国民间文化的发展方向》,《民间文学论坛》1988年第4期。

[222] 杨丽:《华南研究的历史人类学实践——读〈皇帝与祖宗:华南的国家与宗族〉》,《东方论坛—青岛大学学报(社会科学版)》2011年第5期。

[223] 杨利慧、安德明:《理查德·鲍曼及其表演理论——美国民俗学者系列访谈之一》,《民俗研究》2003年第1期。

[224] 杨利慧:《表演理论与民间叙事研究》,《民俗研究》2004年第1期。

[225] 杨利慧:《民间叙事的表演——以兄妹婚神话的口头表演为例,兼谈中国民间叙事的方法问题》,"民间文化青年论坛",2004年。

[226] 杨利慧:《"民俗主义"概念的涵义、应用及其对当代中国民俗学建设的意义》,《民间文化论坛》2007年第1期。

[227] 杨利慧:《语境、过程、表演者与朝向当下的民俗学——表演理论与中国民俗学的当代转型》,《民俗研究》2011年第1期。

[228] 杨利慧:《遗产旅游与民间文学类非物质文化遗产保护的"一二三模式"——从中德美三国的个案谈起》,《民间文化论坛》2014年第1期。

[229] 杨利慧:《遗产旅游语境中的神话主义——以导游词底本与导游的叙事表演为中心》,《民俗研究》2014年第1期。

[230] 杨利慧:《民俗生命的循环:神话与神话主义的互动》,《民俗研究》2017年第6期。

[231] 杨利慧《"朝向当下"的神话学论纲:路径、视角与方法》,《西北民族研究》2019年第4期。

[232] 杨志刚:《礼俗与中国文化》,《复旦学报(社会科学版)》1990年第3期。

[233] 叶涛:《当代山东的民俗调查与民俗研究》,《中国民俗学研究(第二辑)》,中央民族大学出版社,1996年。

[234] 尹虎彬：《从"科学的民俗研究"到"实践的民俗学"》，《中央民族大学学报（哲学社会科学版）》2017年第3期。

[235] 於芳：《民俗主义的时代——民俗主义理论研究综述》，《河南教育学院学报（哲学社会科学版）》2007年第3期。

[236] 袁崇和：《浅谈潍坊风筝》，《民俗研究》1986年第1期。

[237] 田欢：《当代移民社会的文化流动——以深圳为主线的考察》，《学术研究》2017年第11期。

[238] 苑利、顾军：《非物质文化遗产保护的十项原则》，《学习与实践》2006年第11期。

[239] 原理：《网络时代的组织时间观转变》，《中国人民大学学报》2021年第4期。

[240] 岳永逸：《传说、庙会与地方社会的互构——对河北C村娘娘庙会的民俗志研究》，《思想战线》2005年第3期。

[241] 岳永逸：《红山峪村村民生活的浓描与实录——我读〈红山峪村民俗志〉》，《民俗研究》2002年第1期。

[242] 岳永逸：《中国都市民俗学的学科传统与日常转向——以北京生育礼俗变迁为例》，《云南师范大学学报（哲学社会科学版）》2018年第1期。

[243] 岳永逸：《"杂吧地儿"：中国都市民俗学的一种方法》，《民俗研究》2019年第3期。

[244] 张翠霞、谷成杰：《民俗志：文化书写的历史——基于"民俗志"概念及其书写范式的研究》，《青海民族研究》2011年第1期。

[245] 张翠霞：《民俗学"生活世界"研究策略——从研究范式转化及常人方法学的启示谈起》，《民俗研究》2011年第3期。

[246] 张翠霞：《现代技术、日常生活及民俗学研究思考》，《民俗研究》2018年第5期。

[247] 张成福：《个人叙事与传统建构——以即墨"田横祭海节"为例》，《青岛农业大学学报（社会科学版）》2011年第1期。

[248] 张多、泓杨：《网络漫画：中国神话数字化重构的图像形式——以〈非人哉〉为个案》，《长江大学学报（社会科学版）》2021年第4期。

[249] 张多：《当代中国神话的大众化重构——基于新兴自媒体对神话资源转化

的分析》,《文化遗产》2021年第2期。

[250] 张多:《抖音里的神话:移动短视频对中国神话传统的重构》,《西北民族研究》2021年第1期。

[251] 张多:《元宇宙:数字时代的宇宙观及其神话学批评》,《长江大学学报(社会科学版)》2022年第1期。

[252] 张丽君:《新冠肺炎疫情下的美国公共民俗学实践》,《民间文化论坛》2021年第2期。

[253] 张巧运:《浴"难"重生:一个羌族村寨灾难旅游和遗产旅游的案例研究》,《民俗研究》2014年第1期。

[254] 张士闪:《礼俗互动与中国社会研究》,《民俗研究》2016年第6期。

[255] 张士闪:《当代村落民俗志书写中学者与民众的视域融合》,《民俗研究》2019年第1期。

[256] 张士闪:《"借礼行俗"与"以俗入礼":胶东院夼村谷雨祭海节考察》,《开放时代》2019年第6期。

[257] 张士闪:《中国礼俗传统的田野考察与文化阐释》,《民族艺术》2020年第6期。

[258] 张士闪、刘仁健:《中国礼俗互动传统的"澳门模式"》,《民俗研究》2022年第2期。

[259] 张兴宇:《礼俗传统与当代社会治理——"礼俗互动:近现代中国社会研究"国际学术研讨会述评》,《民族艺术》2015年第4期。

[260] 张兴宇、季中扬:《礼俗互动:农村网格化管理与新乡贤"德治"协同逻辑》,《南京农业大学学报(社会科学版)》2020年第1期。

[261] 张再林:《关于现代西方哲学的"主体间性转向"》,《人文杂志》2000年第4期。

[262] 张紫晨:《发展应用民俗学》,《民俗研究》1988年第1期。

[263] 赵李娜:《关注日常生活与个体实践的学术转向:"技术与民俗"诸议题实质蠡析》,《民俗研究》2021年第3期。

[264] 赵世瑜、李松、刘铁梁:《"礼俗互动与近现代中国社会变迁"三人谈》,《民俗研究》2016年第6期。

[265] 赵爽:《中国社会个体化的产生及其条件》,《长安大学学报(社会科学

版)》2011 年第 2 期。

[266] 赵旭东:《网络民族志的涌现——当下世界人类学书写的文化转型》,《广西民族大学学报 (哲学社会科学版)》2021 年第 5 期。

[267] 郑长天:《歌与唱:民间文学的文本分层与意义间隔——以湘西瑶族"冈介"活动为例》,《民俗研究》2007 年第 1 期。

[268] 郑莉:《东南亚华人的同乡同业传统——以马来西亚芙蓉坡兴化人为例》,《开放时代》2014 年第 1 期。

[269] 钟敬文:《介绍一部六十多年前的风俗书:"杭俗遗风"》,《民俗》1928 年第 4 期。

[270] 钟敬文:《钟敬文教授谈民俗学研究》,《采风》1982 年第 1 期。

[271] 钟敬文:《民俗学的历史问题和今后工作》,《中国民俗学会会刊》1984 年第 2 期。

[272] 钟敬文:《谈谈民族的下层文化》,《群言》1986 年第 11 期。

[273] 周大鸣:《互联网研究:中国人类学发展新路径》,《学习与探索》2018 年第 10 期。

[274] 周连华:《礼俗互动视角下的当代宗族建构现象分析——鲁中大鸾桥村王氏宗族考察》,《民俗研究》2019 年第 2 期。

[275] 周星:《非物质文化遗产保护运动和中国民俗学——"公共民俗学"在中国的可能性与危险性》,《思想战线》2012 年第 6 期。

[276] 周星:《民俗主义、学科反思与民俗学的实践性》,《民俗研究》2016 年第 3 期。

[277] 周星:《"生活革命"与中国民俗学的方向》,《民俗研究》2017 年第 1 期。

[278] 周星:《生活革命、乡愁与中国民俗学》,《民间文化论坛》2017 年第 2 期。

[279] 周星:《乡村旅游与民俗主义》,《旅游学刊》2019 年第 6 期。

[280] 周星:《中国民俗学著述中的区域本位、民族本位与事象本位》,《中央民族大学学报(哲学社会科学版)》2021 年第 4 期。

[281] 周如南、陈敏仪:《日常生活批判视野下的视觉表意实践——"云养猫"网络文化分析》,《广西民族大学学报(哲学社会科学版)》2018 年第 5 期。

[282] 祝鹏程:《祛魅型传承:从神话主义看新媒体时代的神话讲述》,《民俗研究》2017 年第 6 期。

［283］祝鹏程：《改革开放以来的中国民俗学：热点回顾与现状反思》，《民俗研究》2019年第2期。

［284］祝鹏程：《采风：一种文明生成方式的古今流变》，《民俗研究》2022年第5期。

［285］邹明华、高丙中：《谁是“民” 什么是“俗”》，《民间文化》2000年第3期。

［286］朱振华：《道士下山：乡村公共空间的共建与分化——以鲁中“锦屏山”的神圣建构为例》，《民俗研究》2021年第5期。

［287］［美］阿伦·邓迪斯著：《“民”指什么人？》，王克友、侯萍萍译，《民俗研究》1994年第1期。

［288］［日］菅丰、张帅、邢光大：《公共民俗学与新在野之学及日本民俗学者的中国研究——东京大学东洋文化研究所菅丰教授访谈录》，《民俗研究》2017年第3期。

［289］［日］加藤秀雄：《“传承”概念的解构与重构》，［日］西村真志叶译，《文化遗产》2017年第5期。

［290］［日］门田岳久著：《叙述自我——关于民俗学的“自反性”》，中村贵、程亮译，《文化遗产》2017年第5期。

［291］［韩］那秀昊：《美国关于vernacular和制度之间关系的研究》，庞建春译，《日常与文化》2021年第9期。

［292］［德］沃尔夫冈·卡舒巴：《民俗学在今天应该意味着什么？——欧洲经验与视角》，彭牧译，《民俗研究》2011年第2期。

［293］［德］沃尔夫冈·卡舒巴：《城市，一个硕大的自拍照？——在舞台与舶来品之间游弋的城市性》，包汉毅译，《民俗研究》2018年第6期。

［294］［日］西村真志叶、岳永逸：《民俗学主义的兴起、普及以及影响》，《民间文化论坛》2004年第6期。

［295］［日］西村真志叶：《学科范式转变中的“民俗志”——以〈中国民俗文化志〉的“标志性文化统领式”民俗志为例》，《西北民族研究》2008年第4期。

［296］［美］张举文：《民俗研究视域下的身体与性别民俗实践》，刘怀荣主编：《中国传统文化研究》第三辑，中国海洋大学出版社，2021年。

［297］［美］张举文：《美国华裔散居民民俗的研究现状与思考》，《文化遗产》2009年第3期。

［298］［美］张举文：《迈向民俗认同的新概念：美国散居民民俗研究的转向》，

《文化遗产》2016年第4期。

［299］［美］张举文:《美国华裔文化的形成：散居民民俗和身份认同的视角与反思》，惠嘉译,《文化遗产》2016年第4期。

［300］［美］张举文:《美国亚裔民俗研究的新视角》，桑俊、王继超译,《文化遗产》2016年第4期。

［301］［美］张举文:《一位追求格物致知的民俗学家——丹·本·阿默思（Dan Ben-Amos）》,《民间文化论坛》2018年第2期。

［302］［美］张举文:《从走向民间的田野到走在民间的实地：意识形态范式的转换》,《民俗研究》2020年第2期。

［303］［美］张举文:《民俗认同是日常生活与人文研究的核心》,《文化遗产》2021年第1期。

［304］［美］张举文:《探索互联网民俗研究的新领域》,《西北民族研究》2021年第1期。

［305］［日］中村贵:《通往“新都市民俗学”之路——从日本都市民俗学及其问题谈起》,《华东师范大学学报（哲学社会科学版）》2021年第1期。

## （三）报纸

［1］曲昌荣、曹树林:《黄帝故里拜祖大典在新郑举行》,《人民日报》2007年4月20日第4版。

［2］吴铭、甘阳:《从“民族－国家”走向“文明－国家”》,《21世纪经济报道》2003年12月29日第2版。

［3］徐涟:《“中国民间文化遗产抢救工程”启动》,《中国文化报》2003年2月21日第1版。

［4］张伟、徐东:《立足中华文明，巩固文化主体性》,《大众日报》2023年7月18日第6版。

［5］张清俐:《礼俗互动逻辑是理解中华文明的重要维度》,《中国社会科学报》2014年12月1日第A01版。

## （四）学位论文

［1］安德明：《渭水中上游地区的农事禳灾研究》，北京师范大学 1997 年博士学位论文，指导教师钟敬文。

［2］白晓荣：《边缘群体的城市适应——兰州“东乡村”及其民俗生活研究》，西北民族大学 2006 年硕士学位论文，指导教师郝苏民。

［3］包汉毅：《卡舒巴文化观以及基于此的城市文化思想》，山东大学 2017 年博士后研究工作报告。

［4］陈科锦：《区域社会转型中的生计与地域等级认同——以浙江旧盐区海星村为例》，山东大学 2020 年硕士学位论文，指导教师刁统菊。

［5］陈悦：《妖怪文化爱好者的在线交往和民俗实践——基于网络社区的虚拟民俗志研究》，云南大学 2021 年硕士学位论文，指导教师高健。

［6］程安霞：《“走”出来的“亲戚”——洪洞走亲仪式的民俗志考察》，中央民族大学 2011 年博士学位论文，指导教师邢莉。

［7］刁统菊：《姻亲关系的秩序与意义——以山东枣庄红山峪村为个案》，北京师范大学 2004 年博士学位论文，指导教师刘铁梁。

［8］樊枫：《“网游打工仔”的民俗志研究》，山东大学 2021 年硕士学位论文，指导教师刁统菊。

［9］耿晓迪：《日常生活中的身体技术——以火车维修工屈师傅为个案》，北京师范大学 2013 年硕士学位论文，指导教师刘铁梁。

［10］郭海红：《继承下的创新轨辙——70 年代以来日本民俗学热点研究》，山东大学 2008 年博士学位论文，指导教师刘铁梁。

［11］郭寒冰：《断裂与重建：被买断工龄工人的生活史——以湖北荆门楚阳磷矿为例》，山东大学 2019 年硕士学位论文，指导教师赵彦民。

［12］韩雪春：《想挣钱与凑热闹：豫东 Y 村采棉女工行动逻辑的民俗志研究》，山东大学 2023 年博士学位论文，指导教师王加华。

［13］李晶：《水的民俗志：一个村落的生活用水与社会生活——以泰安市二奇楼为个案》，山东大学 2018 年硕士学位论文，指导教师王加华、陈国忠。

［14］李静：《一个特殊时代里的一个特殊群体其民俗文化变迁与再认同——以

黑龙江省伊春市金山屯区为中心》，西北民族大学2012年硕士学位论文，指导教师郝苏民。

[15] 李书豪：《乡土情感与国家责任——东南村二仙庙庙祝的个人生活史研究》，云南师范大学2022年硕士学位论文，指导教师张曙晖。

[16] 李西香：《乡村旅游从业者的日常生活实践》，山东大学2020年博士学位论文，指导教师刘铁梁。

[17] 李向振：《劳作模式的变革与村落生活的变迁——以冀东南王长林村为个案》，北京师范大学2012年硕士学位论文，指导教师刘铁梁。

[18] 李向振：《城边村日常生活与生计策略的民俗志研究——京北姚村故事》，山东大学2016年博士学位论文，指导教师张士闪、李松。

[19] 李晓宁：《交流与认同：北京市丰台区方庄小区居民关系的民俗学研究》，山东大学2020年博士学位论文，指导教师刘铁梁。

[20] 李雪梅：《乡村振兴战略下海南"村人"生计方式变迁研究——以海口石山镇为例》，广东技术师范大学2022年硕士学位论文，指导教师符昌忠。

[21] 李园：《现代城市广场舞中个体的自我建构与社会互动研究——以沈阳市Y社区的广场舞团队为对象》，辽宁大学2015年硕士学位论文，指导教师隋丽。

[22] 刘晓春：《一个客家村落的家族与文化——江西富东村的个案研究》，北京师范大学1998年博士学位论文，指导教师钟敬文。

[23] 吕品：《现代性背景下网络趣缘群体对自我认同的建构——以"同人女"群体以及耽美现象为例》，华中师范大学2008年硕士学位论文，指导教师张小山。

[24] 罗瑞霞：《隐匿的边界：广州红村"超生游击队"的生活史》，山东大学2018年硕士学位论文，指导教师赵彦民。

[25] 毛晓帅：《管事儿的与村落生活——以豫北大河村为个案》，北京师范大学2015年硕士学位论文，指导教师刘铁梁。

[26] 毛晓帅：《乡村社会礼俗掌控人研究》，山东大学2019年博士学位论文，指导教师刘铁梁。

[27] 庞昱：《作为一种生活方式的麻将——以重庆Y街道为例》，山东大学2020年硕士学位论文，指导教师王加华。

[28] 秦娇娇：《都市空间下的民俗文化生产——以上海田子坊为例》，华东师范大学2018年硕士学位论文，指导教师徐赣丽。

[29] 尚小芳：《互联网与新型的村落劳作模式——以鲁西南孙庄村为个案》，山东大学 2020 年硕士学位论文，指导教师刘铁梁。

[30] 孙桂媛：《城市化过程的集体记忆与广场舞——以潍坊市滨海开发区吉祥健身队为个案》，山东大学 2018 年硕士学位论文，指导教师刘铁梁。

[31] 孙辉：《适应过程与生存智慧——沈阳北厂下岗工人的生活经历》，北京师范大学 2013 年博士学位论文，指导教师刘铁梁。

[32] 覃奕：《民俗志写作方法的新尝试——以书写漫迷群体的 cosplay 实践为例》，北京师范大学 2014 年硕士学位论文，指导教师万建中。

[33] 唐钰儿：《曹妃甸区"老漂族"家庭角色作用研究》，山东大学 2021 年硕士学位论文，指导教师刘铁梁。

[34] 王春燕：《雁北耍孩儿演员主体传承实践的民俗志研究——以演员王斌祥和薛瑞红为个案》，浙江师范大学 2022 年硕士学位论文，指导教师宣炳善。

[35] 王杰文：《邻里纠纷与村落惯例——山西省柳林县明家焉村个案研究》，北京师范大学 2003 年硕士学位论文，指导教师刘铁梁。

[36] 王静梅：《赵各庄民俗志——对"标志性文化统领式民俗志"的实践与反思》，青海师范大学 2012 年硕士学位论文，指导教师文忠祥。

[37] 王雅宏：《在都市中寻找田园——北京素食主义群体的生存现状研究》，北京师范大学 2012 年硕士学位论文，指导教师岳永逸。

[38] 吴效群：《北京的香会组织与妙峰山碧霞元君信仰》，北京师范大学 1998 年博士学位论文，指导教师钟敬文。

[39] 谢开来：《城市春节文艺志——对京广两市春节民间文艺活动的调查与比较分析》，北京师范大学 2012 年硕士学位论文，指导教师董晓萍。

[40] 杨苗苗：《女性广场舞的民俗志研究——以豫北河东镇为例》，山东大学 2022 年硕士学位论文，指导教师刁统菊。

[41] 杨培元：《互联网语境下亚文化青年群体的民俗学考察——以"王者荣耀"玩家为例》，山东大学 2021 年硕士学位论文，指导教师王加华。

[42] 杨艳群：《垛田村落劳作模式研究——以里下河地区东庄村为个案》，华东师范大学 2022 年硕士学位论文，指导教师范长风。

[43] 尹澧：《看坟人的历史记忆与民俗生活》，北京师范大学 2008 年硕士学位论文，指导教师刘铁梁。

［44］袁晓倩:《“赶牦牛”的民俗志研究——以西藏类乌齐县扎沙村驼队之活动为例》，山东大学2022年硕士学位论文，指导教师龙圣。

［45］张锎月:《作为民俗服务者的乡村草医——以晋南西村“半褂子医生”刘凤为个案》，山东大学2020年硕士学位论文，指导教师刘铁梁。

［46］张婷:《当代校园恐怖传说研究——以北京师范大学为个案》，北京师范大学2009年硕士学位论文，指导教师杨利慧。

［47］张媛媛:《大山、记忆与劳作模式——豫北移民村村落认同个案研究》，北京师范大学2018年硕士学位论文，指导教师彭牧。

［48］赵龙:《论新时期民俗学的发展阶段》，山东大学2007年硕士学位论文，指导教师叶涛。

［49］朱鹏:《地方传说文化的传承实践研究——以登封大禹传说与信仰为中心》，山东大学2022年博士学位论文，指导教师刘铁梁。

［50］朱振华:《乡民艺术与民间自治传统——以鲁中地区三德范村年节“扮玩”为个案》，山东大学2017年博士学位论文，指导教师张士闪、刘德龙。

［51］朱清蓉:《乡村医生·父亲——乡村医患关系的变迁（1985—2010）》，北京师范大学2011年硕士学位论文，指导教师刘铁梁。

## （五）网络资料

［1］《沧桑巨变七十载　民族复兴铸辉煌——新中国成立70周年经济社会发展成就系列报告之一》，国家统计局网，http://www.stats.gov.cn/sj/zxfb/202302/t20230203_1900355.html，发表时间：2019年7月1日。

［2］《城镇化水平不断提升　城市发展阔步前进——新中国成立70周年经济社会发展成就系列报告之十七》，国家统计局网，http://www.stats.gov.cn/sj/zxfb/202302/t20230203_1900425.html，发表时间：2019年8月15日。

［3］《王萍萍：人口总量保持增长　城镇化水平稳步提升》，中国经济网，http://www.ce.cn/xwzx/gnsz/gdxw/202201/18/t20220118_37264987.shtml，发表时间：2022年1月18日。

［4］《2021年市场规模将突破100亿！85页报告深度解读汉服产业发展现状

及趋势》，微信公众号“艾媒咨询”，https://mp.weixin.qq.com/s/nFaoBq0qYwWt6RcKCJX6dA，发表时间：2021 年 12 月 1 日。

［5］《中国汉服市场报告：汉服爱好者基数不断扩大，市场迎来井喷》，微信公众号“艾媒咨询”，https://baijiahao.baidu.com/s?id=1666709815617107811&wfr=spider&for=pc，发表时间：2020 年 5 月 15 日。

［6］《第七次全国人口普查主要数据情况》，国家统计局网，http://www.stats.gov.cn/xxgk/sjfb/zxfb2020/202105/t20210511_1817195.html，发表时间：2021 年 5 月 11 日。

［7］《中国统计年鉴 2021》，国家统计局网，http://www.stats.gov.cn/zs/tjwh/tjkw/tjzl/202302/t20230215_1907978.html，发表时间：2021 年 10 月 9 日。

［8］《国务院办公厅关于加强我国非物质文化遗产保护工作的意见》，中华人民共和国文化和旅游部，https://www.mct.gov.cn/whzx/bnsj/fwzwhycs/201111/t20111128_765122.htm，发表时间：2010 年 1 月 12 日。

［9］《你所经历的 2008 年北京奥运会是怎样的？》，知乎网，https://www.zhihu.com/question/48157186，发表时间：2016 年 7 月 5 日 —2018 年 8 月 11 日。

［10］@假装在采访：《来说说＃你 08 年奥运会的记忆＃吧，想重温北京奥运会开幕式了》，微博，https://weibo.com/5095435677/Kq6Ps6Ykz，发表时间：2021 年 7 月 23 日。

［11］刘锡诚：《我与民间文学三套集成》，中国民俗学网，https://www.chinesefolklore.org.cn/web/index.php?NewsID=19555，发布时间：2019 年 12 月 19 日。

［12］《山东胶州口罩村暴富记：沾了环境问题的光》，网易财经，https://www.163.com/money/article/9JQVF37F00253G87.html，发表时间：2014 年 1 月 30 日。

［13］《为什么疫情都阻挡不了上海人喝咖啡？》，北京日报客户端，https://bj.bjd.com.cn/5b165687a010550e5ddc0e6a/contentShare/5b1a1310e4b03aa54d764016/AP623d958de4b0e463dace829a.html，发表时间：2022 年 3 月 25 日。

［14］《王淼：救火救命一样进行“文化抢救”》，浙江日报，https://baijiahao.baidu.com/s?id=1600677456017798971&wfr=spider&for=pc，发表时间：2018 年 5 月 17 日。

［15］中华人民共和国国务院新闻办公室：《中国互联网状况》，中央政府门户网站，www.gov.cn，发表时间：2010 年 6 月 18 日。

［16］中国互联网络信息中心：《第 49 次中国互联网络发展状况统计报告》，第 19—27 页，网络下载资料，下载地址 https://www.cnnic.cn/n4/2022/0401/c88-1131.html，发表时间：2022 年 2 月 25 日。

## 二、外文类

［1］Erving Goffman，The Presentation of Self in Everyday Life，Anchor Books，1959.

［2］Hermann Bausinger，Volkskultur in der technischen Welt，Campus Verlag GmbH，1986.

［3］Hans Moser，Vom Folklorismus in unserser Zeit，Zeischrift für Volkskunde，1962，No.58.

［4］Lynne Hume，Jane Mulcock，Anthropologists in the Field：Gases in Participant Observation，Columbia University Press，1998.

［5］Lee Haring，Grand Theory in Folkloristics，Indiana University Press，2016.

［6］Pierre Bourdieu，Esquisse dune théorie de la pratique:précédé de trois études dethnologie kabyle，Éditions du Seuil，2000.

［7］Richard Bauman，Roger D，Abrahams and Susan Kalci，American Folklore and American Studies，American Quarterly，Vol.28，No.3，1976.

# 后　记

本书是由我的博士学位论文修改而来的，论文最初的题目是《文明进程的视野：21世纪以来中国民俗学面向生活变革的学术转型》。2017年，在导师刘铁梁教授的建议下，论文的开题立意是考察2000年以来朝向当下的全部学术转型成果。这是一个较为宏大的课题设计，希冀以当代学术史研究的方式来辨明学科的正确发展道路和学术使命问题。这样的命题，源自刘铁梁教授对中国民俗学学术发展的深切忧虑。当时，他总结面向当下转型出现了两个方向：一是面向当下的客观研究，主要是非遗抢救与保护研究方面，将民俗看作一种断裂的过程，研究特点是狭窄的、向后看的、缺乏整体性的；二是介入民众日常生活文化实践中的研究，将日常生活和民俗文化视为连续过程，关注生活整体变革，注重主体间性的研究转型。显然，刘教授是主张后者的，通过对后者的学术史研究来证明前者对学科学术发展的非助益性。因此，开题后题目定为《朝向当下与介入生活变革的民俗学——2000年以来中国民俗学当代转型的学术史研究》。

在2017年至2023年的论文写作过程中，中国民俗学界出现了几件对我的研究影响较大的事件，这些促使我在反复思考下调整了文章的主题和内容。

首先是实践民俗学研究的异军突起，又声浪渐息。实践民俗学是在学科面向当下转型和田野作业取得一定成果，又急需理论支持的情况下被提出的。吕微、户晓辉两位致力于以哲学理论来检讨民俗学研究的学者，在西方实践理性的启发下提出了实践民俗学。这一概念的问世，可以说引发了较大的反响，不仅有高丙中、王杰文、尹虎彬等学者在纯粹哲学基础上的理论建构，也有刘铁梁、刘晓春、周星等学者在田野经验基础上对民俗学的“实践”应包含怎样的学术伦理和如何面向日常生活的解答。较多的讨论集中在纯粹理论思考和为民俗学参与非遗保护运动增加理论支持的层面，这些讨论有着较强的时代烙印。但是，很多青年学者很难较快地理解哲学思想和纯粹理论，因而理论指导具体研究的路径受阻。正是在这种情况下，实践民俗学近两年的讨论热度略减，鲜有青年学者和博硕士的相关文章问世。这也引发了我的思考，民俗学到底需要怎样的研究？建构怎样的理论？这些研究成果和理论创新与中国人生活的关系是怎样的？因此，我将最初较为散乱的章节设置重新整合，将民俗学的理论创新专设一章讨论，此外又在民俗志研究的第三节中，以实践民俗学、公共民俗学等为参照检讨了学科的应用性问题。

其次是周星教授提出“生活革命”概念。“生活革命”是周星教授2016年在北京师范大学的讲座上提出的。他在2017年先后发表了三篇文章，阐述了“生活革命”的缘起、基本内涵以及研究的必要性。在北京开展田野调查时，刘铁梁教授多次在晚上组会时赞扬“生活革命”的意义，并强烈要求我们阅读周教授的文章。当时，中国民俗学面对民众日常生活的变革现象，还没有“发明”专门的词来概括，多使用日常生活、生活变迁等名词。“生活革命”概念虽源自日本的“生活革命”研究，但也促进了学界更加关注到生活方式相关的变革现象。我在具体的学术史研究时发现，“生活革命”存在着一定的问题，它主要是以对照日本相关研究为基础，面向消费领域、物质领域的变革研究，对民众生活中的劳作领域、交往领域并未涉及，而后者恰恰是山东大学民俗学研究所和我的导师刘铁梁教授更加关注的研究领域。这一情况，也促使我反思“生活革命”这一词语的准确性和研究范畴的恰当性。以此为对照，我反观中国民俗学主要研究方向，发现学科有着中国特色的学术传统，在“生活革命”提出之前已经关注到广大民众在生活变革中的主体性实践，如都市民俗志书写、劳作模式变革研究、网络民俗研究等。因此，在本书中，我在第一章第一节重点与

“生活革命”对话，检讨学科面对的生活变革挑战，在第二章讨论了民俗学面对如此社会现实时转向的新研究视角。

再次是非遗研究愈加火热的情况。非遗研究迄今已开展了近20年，中国民俗学者参与非遗保护研究的热情愈加高涨。刘铁梁教授最初建议我做这个学术史研究，也是源于反思非遗研究对民俗学发展的负面影响。在我写作论文的这几年里，非遗研究有了全新的动向，即建立非物质文化遗产学科。建立非遗学科是无法阻挡的潮流，这一学科前途是否光明尚未知晓。但在当今中国，非物质文化遗产保护早已在概念普及度和社会认知度上获得了极高的提升。无论在普罗大众还是政府、商界、媒体视野里，非遗不仅是一个联合国教科文组织提出的工具性概念，更是建构地方文化、获得经济效益、提升地方知名度、提高地方认同的文化资本。正因如此，学者们的研究行为更不应该“任性为之”。但事实是，有些研究很难有学术担当，而是纯粹跟随政府行动、商业行为，不仅对中国的文化发展毫无裨益，而且影响到了中国民俗学正在蓬勃开展的学术转型进程。因此，我在2022年再次返回到非遗研究的检讨中，以民俗学研究与非遗研究的根本不同为立足点，讨论了民俗学者非遗研究出现的问题，以及民俗学研究的根本视野——文明进程视野。《非遗研究热的冷思考》这篇文章荣幸地发表在《民俗研究》2023年第1期上。以这篇文章为研究基础，我重新撰写了绪论和第一章第二节，并在结论中重点论述了“文明进程视野”的重要性。

最后由于最初的课题较为宏大，我当时作为知识储备有限的青年学生，难以驾驭这样的课题，因此，在此后几年中，我的论文范畴不断缩小，针对的问题更加专、精。最终，我将“面向生活变革”确定为21世纪以来中国民俗学学术转型研究的核心议题。这一过程，有赖于刘铁梁教授的指导，也有赖于山东大学民俗学研究所诸位老师的建议。由此，在图书出版时，我将题目定为《面向生活变革——21世纪以来中国民俗学的学术转型》。相较于我的博士学位论文题目，本书的题目更加精简，核心议题更加突出，期望的是“生活变革”能够获得更多读者的关注和讨论。

回顾整个研究历程，我的内心充满了感激和感恩之情。在博士学位论文的致谢中，我感谢了很多人。在本书的后记中，我仍然要充分表达我的感谢。作为一个刚到而立之年的青年学者，我能够在当代学术史研究中取得一点成果，这点成果也获得了不少前辈的肯定和支持，是非常荣幸的事情。这本书将成为我学术生涯的起点，也肯定是永远闪耀在我生命历程中的灯塔，引领着我前进，再前进。

首先，我要感谢导师刘铁梁教授。自2015年起，我就得以跟随刘老师学习，跟随他一起在北京各区县进行田野调查和民俗志写作。这些田野经验，为我的学术史研究工作提供了强有力的经验底蕴，让我的写作不仅是从逻辑到逻辑的推理过程，还能够成为真正与社会现实联结的学术成果。刘老师在学业上给予了我最大可能的帮助。刘老师为了指导我更好地进行写作，一次能为我讲述四五个小时，常常忘记吃午饭。今生不知如何报答师恩，只渴望老师能够健康长寿，也希望自己能够在未来的学术生涯中将老师的思想发扬光大。

感谢山东大学民俗学研究所的各位老师。感谢我们研究所亲爱的老师张士闪、王加华、朱以青、刘宗迪、刁统菊、李浩、龙圣、任雅萱、李海云、刘晨、林海聪，是你们的指导和支持，给予我在学术上不断前进的动力。特别要感谢的是张士闪教授和刁统菊教授。在我读博最为困惑艰难的时候，张士闪教授在邮件里为我解答心中的困惑，鼓励我坚持自己的想法。刁统菊教授不仅多次在学术上给我指导，还在人生道路上为我指点迷津，更是在我生活困难的时候给予了我很大的帮助。感谢与我并肩做田野、搞研究的伙伴们，特别是毛晓帅和李晶，我们也在共同学习中产生了深厚的友谊。毛晓帅师兄无数次地为困境中的我伸出援手，让我感受到学术伙伴的力量。

感谢我的家人们一如既往的关爱和支持。感谢我的父亲魏德洋、我的母亲侯爱苓、我的妹妹魏美华，他们无限度地爱我、关心我、照顾我、包容我。感谢我的姥爷侯立明。2023年10月，就在我提交论文匿名评审的前一天，我的姥爷永远离开了我们。犹记得年少之时，姥爷鼓励我努力读书，要努力读到博士，获得最高学历。可惜，无常的生活带走了我亲爱的姥爷，他最终也没有看到我的博士毕业证，没有看到我穿上大红色的博士学位服。最最要感谢的是我的爱人，翟新鹤。正是有着他的鼓励和支持，我才得以在学术史研究的道路上坚持下来。

本书能够出版，还要特别感谢学苑出版社的洪文雄社长。学术史研究书籍的出版，对于出版社来说是需要勇气的，而且民俗学也非热门学科。洪社长能够肯定和支持当代民俗学学术史研究，我由衷地感谢。这对于民俗学整个学科的发展都是大有裨益的。

本书写作期间，我无数次思考、追问民俗学的使命和意义问题，追问从事研究工作的我，能够为这个社会做什么贡献。这些疑问督促着我在文献的汪洋大海里确立前进方向，寻找学术人生的灯塔。人类追问意义，本就是一件艰难的、危险的事情。无数人在追问意义的过程中怀疑自我，怀疑社会，怀疑自己脚下的路和前方的门，好在学术史的研究得以让我有了更多与前辈先哲灵魂对话的机会。在与他们的对话中，我逐渐看到了意义的曙光。正是这道曙光，让我勇敢面对学术的一座座高峰。因此，后记的最后一部分，我要感谢的是民俗学的众位前辈，他们的思想光辉和社会责任感，推动了我们学科的进步，也为热爱民俗学研究的后辈们铺就了学术大道。

魏甜甜

2024 年 2 月 23 日